国家文化产业资金支持媒体融合重大项目

微课

职业教育教学改革融合创新型教材·会计类

Kuaiji Xinxihua Shiwu
(Gongyinglianpian)

会计信息化实务（供应链篇）

第二版

曾玲芳 张莹 主编 | 李骁寅 陈玲 副主编

东北财经大学出版社
Dongbei University of Finance & Economics Press
大连

图书在版编目（CIP）数据

会计信息化实务（供应链篇）/ 曾玲芳，张莹主编 . —2 版 . —大连：东北财经大学出版社，2020.5

（职业教育教学改革融合创新型教材 · 会计类）

ISBN 978-7-5654-3738-0

Ⅰ . 会…　Ⅱ . ①曾…②张…　Ⅲ . 会计信息-财务管理系统-高等职业教育-教材　Ⅳ . F232

中国版本图书馆 CIP 数据核字（2019）第 289556 号

东北财经大学出版社出版

（大连市黑石礁尖山街 217 号　邮政编码　116025）

网　　址：http：//www.dufep.cn

读者信箱：dufep@dufe.edu.cn

大连日升彩色印刷有限公司印刷　东北财经大学出版社发行

幅面尺寸：185mm×260mm　字数：378 千字　印张：17.5

2020 年 5 月第 2 版　2020 年 5 月第 1 次印刷

责任编辑：张旭凤　魏　巍　责任校对：何　力

封面设计：冀贵收　版式设计：钟福建

定价：39.00 元

教学支持　售后服务　联系电话：（0411）84710309

如有印装质量问题，请联系营销部：（0411）84710711

富媒体智能型教材出版说明

“财经高等职业教育富媒体智能型教材开发系统工程”入选国家新闻出版广电总局新闻出版改革发展项目库，并获得文化产业专项资金支持，是“国家文化产业资金支持媒体融合重大项目”。项目以“融通”“融合”“共建”“共享”为特色，是东北财经大学出版社积极落实国家推动传统媒体与新媒体融合发展的重要举措之一。

“财道书院”智能教学互动平台是该工程项目建设成果之一。该平台通过系统、合理的架构设计，将教学资源与教学应用集成于一体，具有教学内容多元呈现、课堂教学实时交互、测试考评个性设置、用户学情高效分析等核心功能，是高校开展信息化教学的有力支撑和应用保障。

富媒体智能型教材是该工程项目建设成果之二。该类教材是我社供给侧改革探索性策划的创新型产品，是一种新形态立体化教材。富媒体智能型教材秉持严谨的教学设计思想和先进的教材设计理念，为财经职业教育教与学、课程与教材的融通奠定了基础，较好地避免了传统教学模式和单一纸质教材容易出现的“两张皮”现象，有助于教学质量的提高和教学效果的提升。

从教材资源的呈现形式来说，富媒体智能型教材实现了传统纸质教材与数字技术的融合，通过微课建立链接，将VR、微课、视频、动画、音频、图文和试题库等富媒体资源丰富呈现给用户；从教材内容的选取整合来说，其实现了职业教育与产业发展的融合，不仅注重专业教学内容与职业能力培养的有效对接，而且很好地解决了部分专业课程学与训、训与评的难题；从教材的教学使用过程来说，其实现了线下自主与线上互动的融合，学生可以在有网络支持的任何地方自主完成预习、巩固、复习等，教师可以在教学中灵活使用随堂点名、作业布置及批改、自测及组卷考试、成绩统计分析等平台辅助教学工具。

富媒体智能型教材设计新颖，一书一码，使用便捷。使用富媒体智能型教材的师生首先下载“财道书院”APP或者进入“财道书院”（www.idufep.com）平台完成注册，然后登录“财道书院”输入教材封四学习卡中的激活码建立或找到班级和课程对应教材，就可以开启个性化教与学之旅。

“重塑教学空间，回归教学本源！”“财道书院”平台不仅仅是出版社提供教学资源和服务的平台，更是出版社为作者和广大院校创设的一个自主选择和自主探究的教与学的空间，作者和广大院校师生既是这个空间的使用者和消费者，也是这个空间的创造者和建设者，在这里，出版社、作者、院校共建资源，共享回报，共创未来。

最后，感谢各位作者为支持项目建设所付出的辛劳和智慧，也欢迎广大院校在教学中积极使用富媒体智能型教材和“财道书院”平台，东北财经大学出版社愿意也必将陪伴广大职业教育工作者走向更加光明而美好的职教发展新阶段。

东北财经大学出版社

第二版前言

“会计信息化”课程包括财务链和供应链两部分。其中，供应链教材既可作为财会类专业财务链教材的必要延伸，也可作为工商管理、信息管理、物流管理等专业独立学习的内容。

为了贯彻落实《国家职业教育改革实施方案》（国发〔2019〕4号）文件精神、适应核算型会计向管理型会计转型、更好地体现业财融合的职业趋势，在行业专家的指导下，我们从财经类专业人才培养需要和一线老师教学需求两个角度出发，对本教材进行了改版，改版后的教材具有以下3方面特点：

1.匹配流行软件，校企双元合作开发。

本教材以用友ERP-U8 V10.1版本为蓝本，该软件是管理型软件中市场占有率较高的产品，也是目前高校中应用较为普遍的软件产品，软件包含财务链和供应链等模块，业财融合的模块化设计能较好地满足会计由核算型向管理型转变。本教材改版过程中，用友新道科技有限公司湖北分公司的技术人员参与了编写，并给予了更贴近企业实际的业务指导。

2.配套信息化教学资源，适应教学模式改革需要。

本教材顺应“互联网+”职业教育时代信息化教学模式改革的需求，提供了适合线上线下混合教学的课程大纲和丰富的微课视频、在线测试等信息化助教助学资源，为普及项目教学、案例教学、工作过程导向和任务驱动等教学方法，推广混合式教学、模块化教学和移动教学等教学模式改革提供了可能。

3.落实1+X证书制度，实现课证融通。

为配合1+X证书制度试点，本教材在业务选取上，融入财务数字化应用职业技能等级标准和业财一体信息化应用职业技能等级标准相关内容，可以由企业人员和院校教师共同组织，将该技能等级证书考试与课程考试相结合，采取以证代考，实现课证融通。

本教材由武汉交通职业学院曾玲芳、张莹任主编，武汉交通职业学院李晓寅和陈玲任副主编，长江职业学院徐盛秋、武汉商贸职业学院罗瑞雪、新道科技有限公司湖北分公司胡世杰参编。全书由曾玲芳负责总体架构设计、修改、补充和统纂定稿。

为了方便教师教学和学生自学，对本教材配套资源如有需要，欢迎访问东北财经大学出版社网站（www.dufep.cn）和财道书院（www.idufep.com）免费下载使用。

由于编者水平有限，书中疏漏之处在所难免，恳请读者在使用过程中提出宝贵意见（联系邮箱为zlfwhw@126.com），以便修订时改进。

编 者

2020年3月

目 录

二维码资源目录

项目一

走进供应链管理系统

知识目标

通过本项目的学习，了解用友ERP-U8软件供应链管理系统的主要功能模块；了解各功能模块的基本业务流程；理解供应链管理系统与财务链管理系统数据传递的关系；理解供应链管理系统在整个企业管理中的意义。

能力目标

通过本项目的学习，掌握用友ERP-U8软件供应链管理系统在财务业务一体化背景下的应用方案选择。

微课1-1

走进供应链管理系统

任务1 认识供应链管理系统

21世纪，随着企业竞争的加剧和信息技术的大发展，部门级、企业级管理软件逐步发展为ERP（Enterprise Resource Planning）管理软件。供应链管理思想对于推动ERP管理软件的发展，起到了重要作用。供应链管理系统作为ERP软件家族的重要成员，具有信息数据量大，管理涉及面广等特点。只有深入了解软件的特点、功能、业务流程及操作要领，才能充分利用软件及时有效地调整管理方针及业务控制点，最大限度地提高企业管理效率和竞争力。

一、供应链与供应链管理

（一）供应链

供应链（SC，即Supply Chain）是围绕核心企业，通过对信息流、物料流、资金流的控制，从采购原材料开始，制成中间产品以及最终产品，最后由销售网络把产品送到消费者手中，将供应商、制造商、分销商、零售商，直到最终用户连成一个整体的功能网链结构模式。它不仅是一条连接供应商到用户的物料链、信息链、资金链，还是一条增值链，物料在供应链上因加工、包装、运输等过程而增加了价值，给相关企业带来效益。

（二）供应链管理

供应链管理（SCM，即Supply Chain Management）是一种集成的管理思想和方法，它履行供应链中从供应商到最终用户的物流计划和控制等职能。它是一种通过前馈的信息流和反馈的物料流及信息流，将供应商、制造商、分销商、零售商，直到最终用户变成一个整体的管理模式。

供应链管理主要涉及四个领域：供应、生产计划、物流和需求。我们可以把这四大领域细分为职能领域和辅助领域。职能领域主要包括产品工程、产品技术保证、采购、生产控制、库存控制、仓储管理、分销管理；而辅助领域主要包括客户服务、制造、设计工程、会计核算、人力资源、市场营销。

二、供应链管理系统介绍

面对快速多变的市场和日益激烈的竞争环境，历经二十多年的发展，用友ERP-U8软件已可以提供财务管理、供应链管理、生产制造管理、客户关系管理、人力资源管理、办公自动化和商业智能等集成化功能。用友ERP-U8软件供应链管理系统包括合同管理、售前分析、销售管理、出口管理、采购管理、委外管理、库存管理、存货核算、质量管理、WEB业务和进口管理。企业通过ERP-U8软件供应链管理系统实现销售、生产、采购、财务部门的高效协同，逐步消除管理瓶颈，建立竞争优势。

（一）采购管理子系统

用友ERP-U8系统通过普通采购、直运采购、受托代销采购等采购流程对不同的采购业务进行有效控制和管理，以便帮助企业降低采购成本，提升竞争力。采购管理系统的主要功能包括：

（1）采购管理系统初始设置。该项功能主要包括设置采购管理系统业务处理所需要的采购参数、基础信息及采购期初数据。

（2）采购业务处理。该项功能主要包括对请购、订货、入库、采购发票、采购结算等业务全过程的管理。企业可根据实际业务情况，对采购业务处理流程进行设置。

（3）采购账簿及采购分析。系统可以提供采购明细表、增值税抵扣明细表、各种统计表及采购账簿供用户查询。同时提供采购成本分析、供应商价格对比分析、采购类型结构分析、采购资金比重分析、采购费用分析、采购货龄综合分析。

（二）销售管理子系统

销售管理子系统主要提供对企业销售业务全流程的管理。该系统可以处理普通销售、委托代销、直运销售、分期收款销售、销售调拨及零售等业务类型。用户可以根据实际情况构建自己的销售管理平台。销售管理子系统的主要功能包括：

（1）销售管理系统初始设置。该项功能主要包括设置销售管理系统业务处理所需要的各种选项、基础档案信息及销售期初数据。

（2）销售业务管理。该项功能主要包括处理销售报价、销售订货、销售发货、销售调拨、销售退回、发货折扣、委托代销、零售业务等，并根据审核后的发票或发货单自动生成销售出库单，处理随同货物销售所发生的各种代垫费用，以及在货物销售过程中发生的各种销售支出。

（3）销售账簿及销售分析。系统可以提供销售明细账、销售明细表及各种统计表。销售管理子系统还提供各种销售分析及综合查询统计分析信息。

（三）库存管理子系统

库存管理是在物流过程中对商品数量的管理，它接收采购部门从供应商那里采购来的材料或商品，并且管理着生产的领料、销售的出库等。库存管理子系统可以单独使用，也可以与采购管理、销售管理、物料需求计划、存货核算系统集成使用。库存管理子系统的主要功能包括：

（1）日常收发存业务处理。该项功能主要包括对采购管理子系统、销售管理子系统及库存管理子系统填制的各种出入库单据进行审核，并对存货的出入库数量进行管理。除管理采购业务、销售业务形成的入库和出库业务外，还可以处理仓库间的调拨业务、盘点业务、组装拆卸业务、形态转换业务等。

（2）库存控制。系统支持批次跟踪、保质期管理、委托代销商品管理、不合格商品管理、现存量（可用量）管理、安全库存管理，对超储、短缺、呆滞积压、超额领料等情况进行报警。

（3）库存账簿及统计分析。系统可以提供出入库流水账、库存台账、受托代销商品备查簿、委托代销商品备查簿、呆滞积压存货备查簿供用户查询，同时提供各种统计汇总表。

（四）存货核算子系统

存货核算子系统主要针对企业存货的收发存业务进行核算，掌握存货的耗用情况，及时准确地把各类存货成本归集到各成本项目和成本对象上，为企业的成本核算提供基础数据。存货核算子系统的主要功能包括：

（1）出入库业务处理。入库业务包括采购入库、产成品入库和其他入库；出库业务包括销售出库、材料出库和其他出库。存货核算系统可以修改出、入库单据上的单价和金额。

（2）单据记账与调整。该项功能包括将所输入的各种出入库单据记入存货明细账、差异明细账、受托代销商品明细账，当发现出入库单据金额有问题时进行及时调整。

（3）暂估处理。存货核算子系统对采购暂估入库业务提供了月初回冲、单到回冲、单到补差三种处理方式。

（4）凭证处理。将各种出入库单据中涉及存货增减和价值变动的单据生成凭证传递到总账。

（5）存货账簿及统计分析。存货核算子系统提供了存货明细账、出入库流水账、出入库汇总表、差异分摊表、收发存汇总表、暂估材料余额分析等多种统计账表及统计分析。

任务2　了解供应链管理系统应用方案及数据关系

用友ERP-U8以集成的信息管理为基础，以规范企业运营、改善经营成果为目标，帮助企业实现“精细管理、敏捷经营”，并整合合作伙伴的方案。

一、供应链管理系统应用方案

供应链管理系统应用通常可以采取各模块单独使用、供应链系统模块集成使用及供应链与财务管理系统集成应用（即财务业务一体化）3种方案。

财务业务一体化应用是指用户将使用总账、UFO报表、应收款管理、应付款管理、工资管理、固定资产等财务软件，以及采购管理、委外管理、销售管理、库存管理、存货核算等业务软件，并且业务系统可以自动生成财务系统对应的单据及凭证的应用模式。在财务业务一体化方案下，各模块间通过单据、凭证传递大量的财务和业务数据，为企业信息化管理提供了广泛的决策依据。

二、供应链管理系统数据关系

（一）财务业务一体化总体数据关系分析

财务业务一体化应用的关键是业务单据在业务流程经过的各系统之间自动生成，同时业务单据可以自动生成对应财务凭证。比如，根据采购订单生成库存系统的采购入库单，根据采购入库单生成与采购到货对应的总账凭证；根据采购订单生成采购发票，采购发票记入应付明细账，采购发票生成总账凭证等。又比如，根据销售订单生成库存系统的销售出库单，根据销售出库单生成与销售出库对应的总账凭证；根据销售订单生成销售发票，销售发票记入应收明细账，销售发票生成总账凭证等。具体如图1-2-1所示。

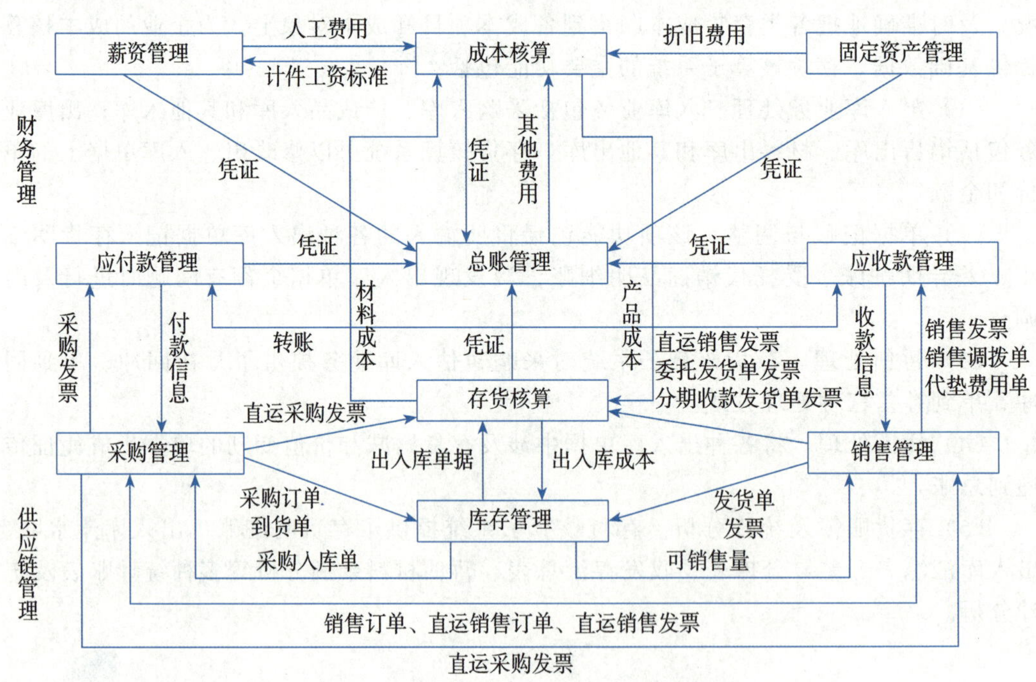

图1-2-1 财务业务一体化数据关系图

（二）供应链各系统数据关系分析

1.采购管理系统

采购管理系统既可以单独使用，也可以与库存管理、存货核算、销售管理、应付款管理系统集成使用，采购管理系统与其他管理系统的主要关系如图1-2-2所示。

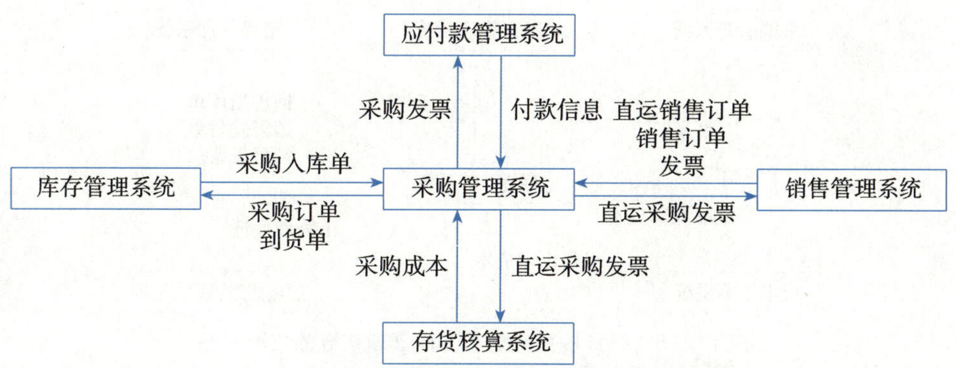

图 1-2-2 采购管理系统与其他管理系统的主要关系

2. 销售管理系统

销售管理系统与其他管理系统的主要关系如图 1-2-3 所示。

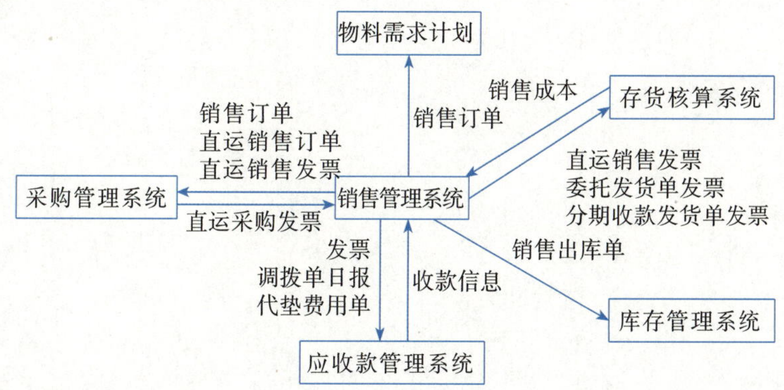

图 1-2-3 销售管理系统与其他管理系统的主要关系

3. 库存管理系统

库存管理系统既可以和采购管理、销售管理、存货核算系统集成使用，也可以单独使用。在集成使用时，库存管理系统与其他管理系统的主要关系如图 1-2-4 所示。

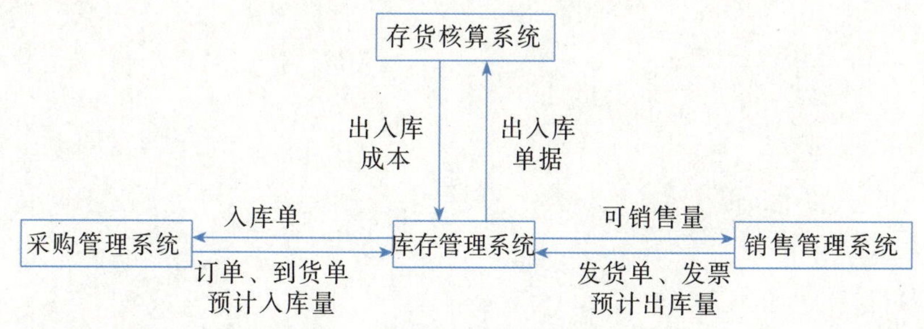

图 1-2-4 库存管理系统与其他管理系统的主要关系

4. 存货核算系统

存货核算系统既可以和采购管理、销售管理、库存管理系统集成使用，也可以与库存管理系统联合使用，还可以单独使用。如果存货核算系统单独使用，那么所有的出、入库单据均由存货核算系统填制。如果与采购管理、销售管理、库存管理系统集成使用，其主要关系如图 1-2-5 所示。

任务测试 1-1

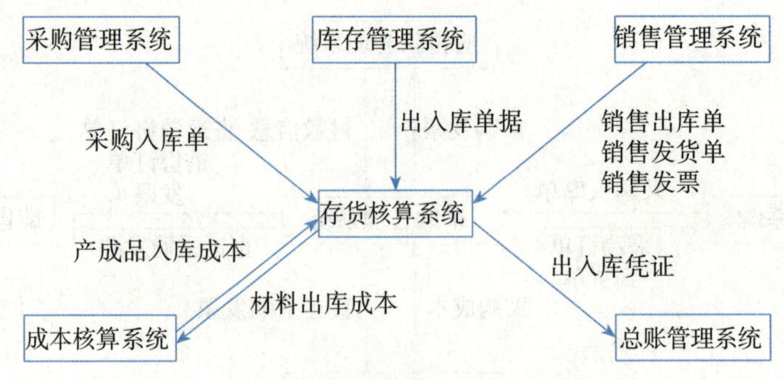

图 1-2-5 存货核算系统与其他管理系统的主要关系

项目二

供应链管理系统建账

知识目标

通过本项目的学习，了解系统管理模块的主要功能；了解用友ERP-U8系统用户和权限种类；了解账套数据备份的两种方式；理解进行用户财务分工的意义；理解系统管理模块在整个供应链管理系统中的意义。

能力目标

通过本项目的实训，掌握用友ERP-U8软件用户设置、账套建立与参数修改、用户权限设置，以及账套数据输出、引入的操作方法。

微课2-1

用户管理

任务1 用户管理

任务资料

用户资料见表2-1-1。

表2-1-1 用户资料

编号	姓名	口令
001	张明	1
002	李伟	2
003	王刚	3

相关知识

用友ERP-U8财务链管理系统由多个子系统组成，各子系统既相互独立，又彼此联系，共同服务于企业的财务管理业务。各子系统共享基础信息和基础数据库，可以有效完成企业的财务管理工作。

系统管理是一个对用友软件多个功能系统的操作进行集中管理的控制平台，它为各子系统提供公共账套与年度账，提供各子系统所需的用户和权限，便于对各子系统进行统一操作管理和数据维护，能够随时掌握企业的信息系统状态。

一、系统管理的主要功能

（一）账套管理

账套是指一组相互关联的数据。一般来说，系统既可以为企业中的每个独立核算的单位建立账套，也可以为多个单位建立账套，并且各账套之间相互独立、互不影响。系统最多可以建立999个账套。账套管理包括账套的建立、修改、引入、输出和删除。

（二）年度账管理

用友ERP-U8管理系统不仅可以为不同企业（部门）建立多个账套，每个账套中还可以存放不同年度的会计数据，即年度账。年度账管理包括年度账的建立、引入、输出，以及清空年度数据和结转上年数据。

（三）用户及其操作权限的集中管理

为了保证系统的安全性及数据的保密性，系统管理提供了用户及其操作权限的集中管理功能。对不同用户的分工及其权限进行管理，一方面可以避免与业务无关的人员进入系统，另一方面可以对系统所包含的各子系统间的操作进行协调，保证用户各负其责、分工明确。用户及其操作权限管理主要包括设置用户、定义角色及设置用户权限。

（四）设立统一的安全机制

系统管理提供了查看功能列表、上机日志、数据自动备份等安全机制，有权限的用户还可以适时进行异常任务的清除和单据锁定清除。

二、角色与用户管理

角色是指在企业管理中拥有某一类职能的组织。在实际工作中，角色可以理解为岗位（或职位）的名称（如会计和出纳）。

用户可以理解为具体的操作人员，因此用户也被称为操作员。用友ERP-U8软件的用户根据其权限的不同可以分为以下3类：

（1）系统管理员。系统管理员名为“admin”，由系统预设，不能删除。系统管理员负责整个系统的管理与维护工作，可以建立、删除、引入和输出账套，设置用户及其权限，设置备份计划，监控系统运行过程，以及清除异常任务等。系统管理员只能进入系统管理模块，不能进入具体账套进行业务操作。

（2）账套主管。账套主管由系统管理员在建账时从普通用户中指定，或建账后对某用户赋予账套主管的权限。账套主管拥有所辖账套的所有权限，可以对所辖账套进行任何业务操作，如修改账套参数、进行账套（包括年度账）的管理，以及设置账套用户的操作权限等。账套主管既可以进入系统管理模块，也可以登录企业应用平台进入所主管的账套进行业务操作。

用友ERP-U8软件只允许以系统管理员和账套主管的身份注册进入系统管理。

（3）普通用户。普通用户由系统管理员增加，由系统管理员或账套主管赋予其具体操作权限。普通用户只能对有权限操作的业务进行处理。

用友软件中可以有多个用户，一个用户可以对多个账套进行权限范围内的操作。在不同账套中，用户的编号必须唯一。一个角色可以指派给多个用户，一个用户也可以对应多个角色。

设置好角色以后，就可以定义角色的权限，如果用户归属此角色，则该用户就会自动继承相应角色的权限。此功能的好处是方便控制操作员权限，可以依据职能统一进行权限的划分。用友软件的角色管理功能主要完成账套中角色的增加、删除、修改等工作。当然，也可以不启用角色管理功能，单独赋予用户权限，用户可以不归属任何角色。

设置好用户以后，系统对于登录操作要进行合法性检查，其作用类似于Windows操作系统的用户账号，只有设置了具体的用户之后，才能进行相关的操作。用友软件的用户管理功能主要用于本账套用户的增加、删除、修改等工作。

任务实施

一、注册系统管理

【操作步骤】

(1) 以系统管理员“admin”的身份，执行“开始”→“程序”→“用友ERP-U8 V10.1”→“系统服务”→“系统管理”命令，进入系统管理注册窗口，如图2-1-1所示。

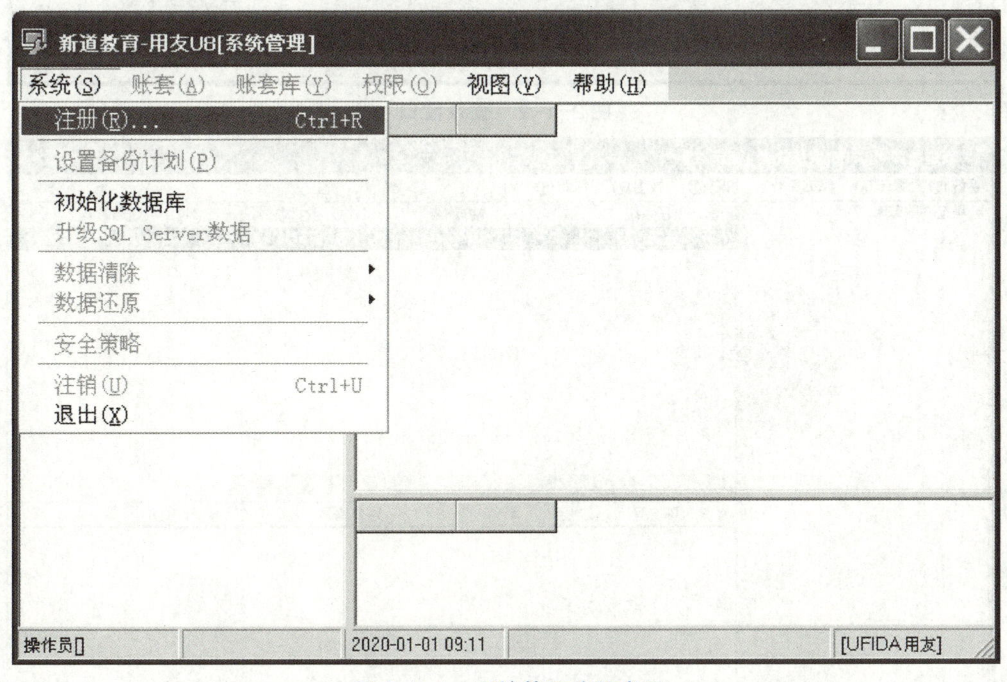

图2-1-1 系统管理注册窗口

(2) 执行“系统”→“注册”命令，打开“登录”对话框，如图2-1-2所示。单击“登录”按钮，以系统管理员的身份进入“系统管理”。

(3) 登录后显示“系统管理”界面，如图2-1-3所示。界面分为上、下两部分，上半部分列示的是正在登录的各子系统的名称、运行状态和注册时间，下半部分列示的是各系统中正在执行的功能。查看时，用户可在上半部分用鼠标选中一个子系统，下半部分将自动列示出该子系统正在执行的功能。这两部分的内容都是动态的，它们将根据系统的执行情况自动进行更新。

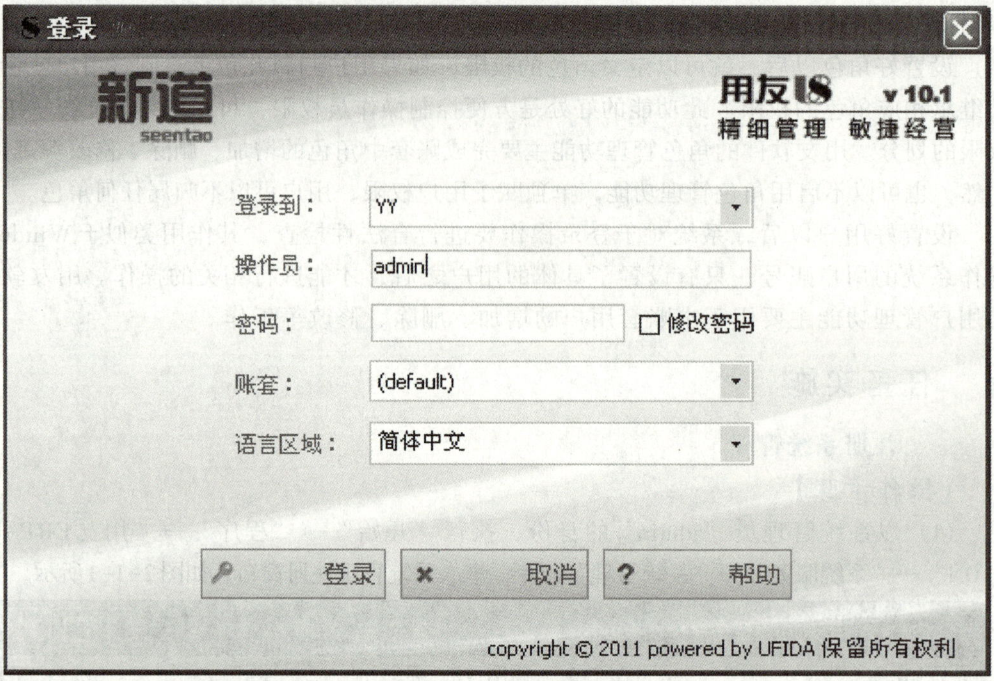

图 2-1-2 登录窗口

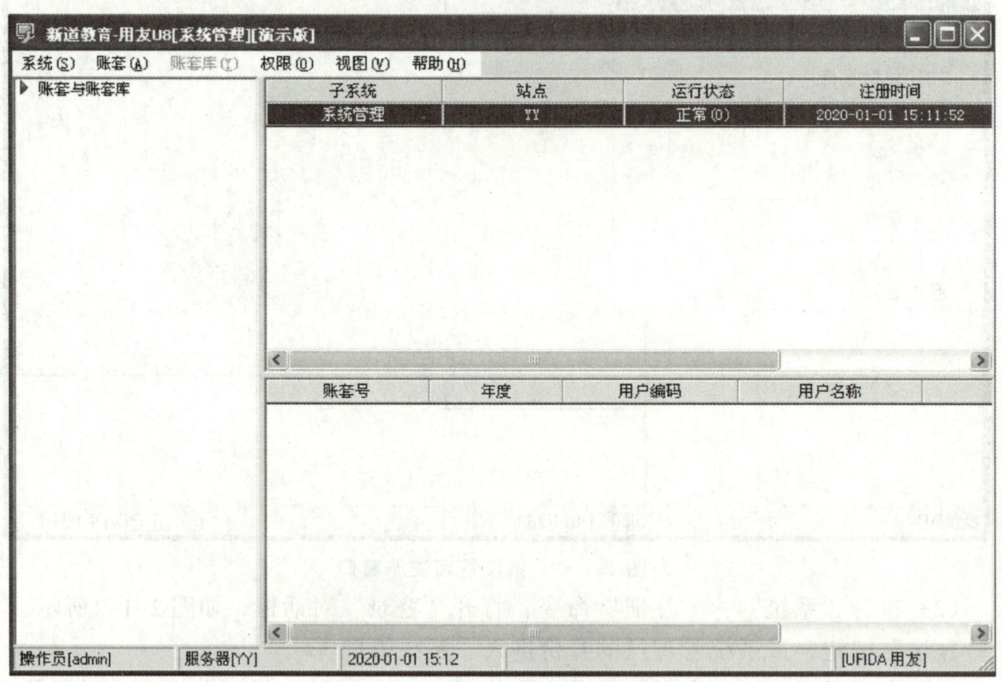

图 2-1-3 系统管理界面

二、增加用户

【操作步骤】

（1）以系统管理员“admin”身份在系统管理窗口，执行“权限”→“用户”命令，打开“用户管理”窗口，如图2-1-4所示。

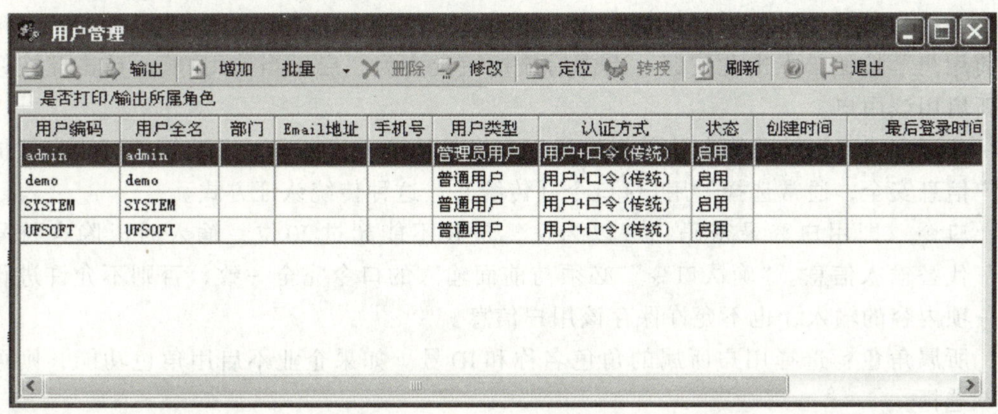

用户管理

输出 增加 批量 删除 修改 定位 转授 刷新 退出

是否打印/输出所属角色

用户编码	用户全名	部门	Email地址	手机号	用户类型	认证方式	状态	创建时间	最后登录时间
admin	admin				管理员用户	用户+口令(传统)	启用		
demo	demo				普通用户	用户+口令(传统)	启用		
SYSTEM	SYSTEM				普通用户	用户+口令(传统)	启用		
UFSOFT	UFSOFT				普通用户	用户+口令(传统)	启用		

图2-1-4 用户管理窗口

（2）在“用户管理”窗口，点击“增加”按钮，显示“操作员详细情况”窗口，如图2-1-5所示。

操作员详细情况

编号 001

姓名 张明

用户类型 普通用户

认证方式 用户+口令(传统)

口令 * 确认口令 *

所属部门

Email地址

手机号

默认语言 中文(简体)

不允许修改登录日期

所属角色

角色编码	角色名称
DATA-MANAGER	账套主管
MANAGER-BG01	预算主管
OPER-HR20	普通员工

定位 增加 取消 帮助(H)

图2-1-5 操作员详细情况窗口

编号：必须输入，不能为空。用户编号不允许重复，不允许修改。

姓名：必须输入，不能为空，不能输入数字、字母、汉字之外的非法字符。

注销当前用户：如果需要暂时停止使用该用户，可以单击“姓名”，弹出“注销当前用户”按钮，点击此按钮。点击后该按钮会变为“启用当前用户”，单击此按钮重新启用该用户。

认证方式：指的是用友软件提供的用户身份认证方式，通过系统管理模块来保护用户信息安全，通常选择“用户+口令（传统）”这种传统认证方式。

口令：即用户登录密码，可以为空，最长不能超过20位，输入时以隐含符号“*”代替输入信息。“确认口令”必须与前面输入的口令完全一致，否则不允许进行下一项内容的输入，也不允许保存该用户信息。

所属角色：选择用户所属的角色名称和ID号。如果企业不启用角色功能，则可以不选择。

（3）输入结束后，单击“取消”按钮，返回“用户管理”窗口，所有操作员以列表方式显示。最后单击工具栏上的“退出”按钮，返回“系统管理”窗口。

在“用户管理”窗口，还可以对用户进行其他操作：

任务测试2-1

①如果要修改某用户信息，点击“修改”按钮，可进入修改状态，但正在启用的用户只能修改口令、所属部门、Email、手机号和所属角色等信息，已经增加的用户编号不能修改。

②如果要删除某用户，点击“删除”按钮，可删除该用户。但正在启用的用户不能删除。

任务2 建立账套

微课2-2

建立账套

任务资料

账套资料如下：

1.账套信息

账套号：888；

账套名称：供应链分项；

账套路径：默认；

启用会计期：2020年1月；

会计期间设置：2020年1月1日至2020年12月31日。

2.单位信息

单位名称：武汉顺达科技有限公司；

单位简称：顺达科技；

单位地址：武汉市武昌区徐东路178号；

法人代表：李德宝；

邮政编码：430083；

联系电话及传真：027-88515678；

电子邮件：sdkj@126.com；

统一社会信用代码：G1042010303920955T。

3.核算类型

记账本位币：人民币（RMB）；

企业类型：工业；

行业性质：2007年新会计制度科目；

账套主管：张明；

要求按行业性质预置会计科目。

4.基础信息

该企业无外币核算，进行经济业务处理时，需要对存货、客户、供应商进行分类。

5.分类编码方案

科目编码级次：4-2-2-2-2；

部门编码级次：1-2；

客户分类编码级次：1-2；

结算方式编码级次：1-2；

收发类别编码级次：1-1；

存货分类编码级次：2-2-2；

其他编码项目保持默认值。

6.数据精度

该企业对存货数量、单价的小数位数定为2。

7.建账完成

启用总账、应收、应付、采购、销售、库存、存货系统，启用日期为2020年1月1日。

相关知识

在使用用友软件之前，必须将单位手工账建立在计算机系统中，形成电子账套，方便单位的使用和管理。

一、账套与账套库

新建账套就是利用软件在计算机中为本单位建立一套独立完整的账簿核算体系，账套的建立标志着会计软件中已经有了一套专门为本单位服务的财务系统。

在系统管理功能中，与账套相联系的还有账套库。企业是持续经营的，因此企业的日常工作是一种连续性的工作，用友ERP-U8软件支持在一个账套库中保存连续多年的数据，理论上一个账套可以在一个账套库中一直使用下去，但是由于某些原因，如需要调整重要基础档案、调整组织机构、调整部分业务，或者由于一个账套库中的数据过多影响了业务处理性能，需要使用新的账套库并重置一些数据等，就需要新建账套库。单位在已有账套库的基础上，建立新账套库，系统将自动把老账套库的基本档案信息结转到新的账套库中，对于以前的产品余额等信息，则需要在新账套库初始化操作完成后，从老账套库自动转入新账套库的下年数据中。

在用友ERP-U8软件中，账套和账套库是有一定区别的，具体体现在以下2个方面：

第一，账套是账套库的上一级，由一个或多个账套库组成。一个账套对应一个经营实体或核算单位，账套中的某个账套库对应这个经营实体的某年度区间内的业务数据。例如，某单位建立“001正式账套”后在2019年使用，2020年年初建立2020年账套库继续使用，则“001正式账套”有两个账套库，即“001正式账套2019年”和“001正式账套2020年”；如果希望连续使用也可以不建新账套库，直接录入2020年的数据，这时“001正式账套”只有一个账套库，即“001正式账套2019—2020年”。

第二，拥有多个核算单位的客户，可以拥有多个账套（最多可以拥有999个账套）。

二、编码方案

为了便于对经济业务数据进行分级核算、统计和管理，系统要求预先设置某些基础资料的编码规则，即规定各种编码的级次及各级的长度。这种设置编码级次和各级编码长度的方案即为编码方案。这里通常采用群码方案，这是一种分段组合编码，每一段都有固定的位数。编码的分段数称为级数，每段的固定位数称为级长，编码的总长度等于各段级长的总和。

编码级次及各级编码长度的设置，决定了核算单位如何对经济业务资料进行分级核算、统计和管理。例如，某企业会计科目编码方案为4-2-2，即科目级次为3级，一级科目编码长度为4位，其余各级科目编码长度均为2位，则编码“1002”代表一级科目“银行存款”，编码“100201”可代表二级科目“银行存款-工行存款”，编码“10020101”可代表“银行存款-工行存款-人民币存款”。

任务实施

一、建立账套

【操作步骤】

（1）以系统管理员“admin”的身份，在“系统管理”窗口执行“账套”→“建立”命令，打开“建账方式”对话框，默认选中“新建空白账套”复选框，单击“下一步”按钮，进入“账套信息”窗口，如图2-2-1所示。

（2）输入账套信息：

已存账套：系统将已存在的账套以下拉列表框的形式显示，用户只能查看，不能输入或修改。

账套号：用来标示某账套，不允许与已存账套号重复。

账套名称：用以标示某账套，它与账套号一起显示在系统正在运行的窗口上。

账套路径：用来确定新建账套将要被放置的位置，系统默认的路径为C：\U8SOFT\Admin，建账时用户可以点击“…”按钮进行修改。

启用会计期：必须输入。系统默认为计算机的系统日期。

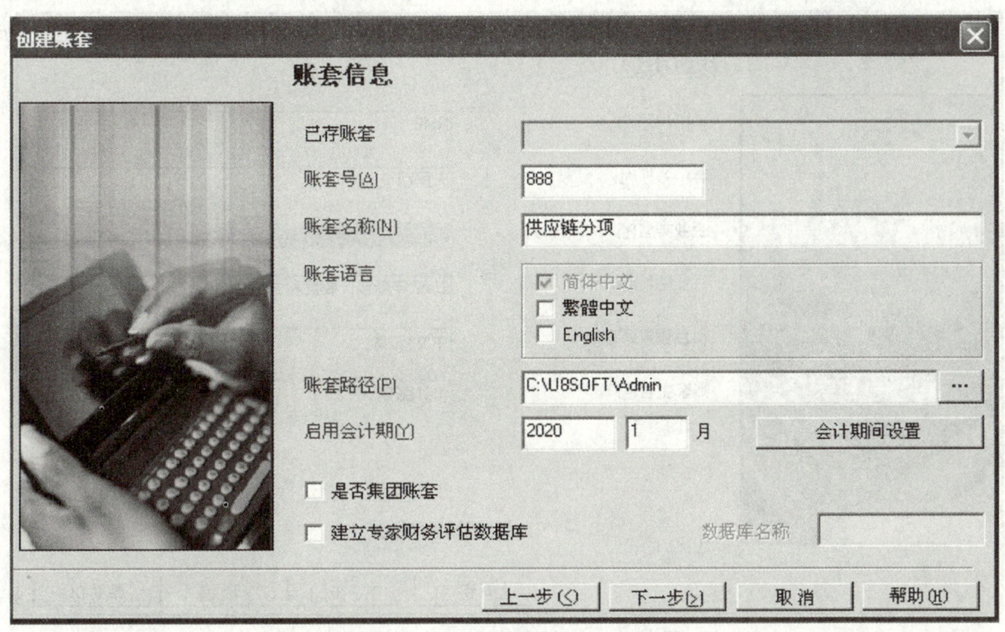

图 2-2-1　创建账套（账套信息）

特别提示：

系统将自动默认系统日期为启用会计期，注意按实训资料进行修改（此信息建账完毕后不能修改），否则影响企业系统初始化和日常业务处理等内容的操作。

（3）信息录入完成后，单击“下一步”按钮，进行单位信息设置，输入单位信息，如图 2-2-2 所示。

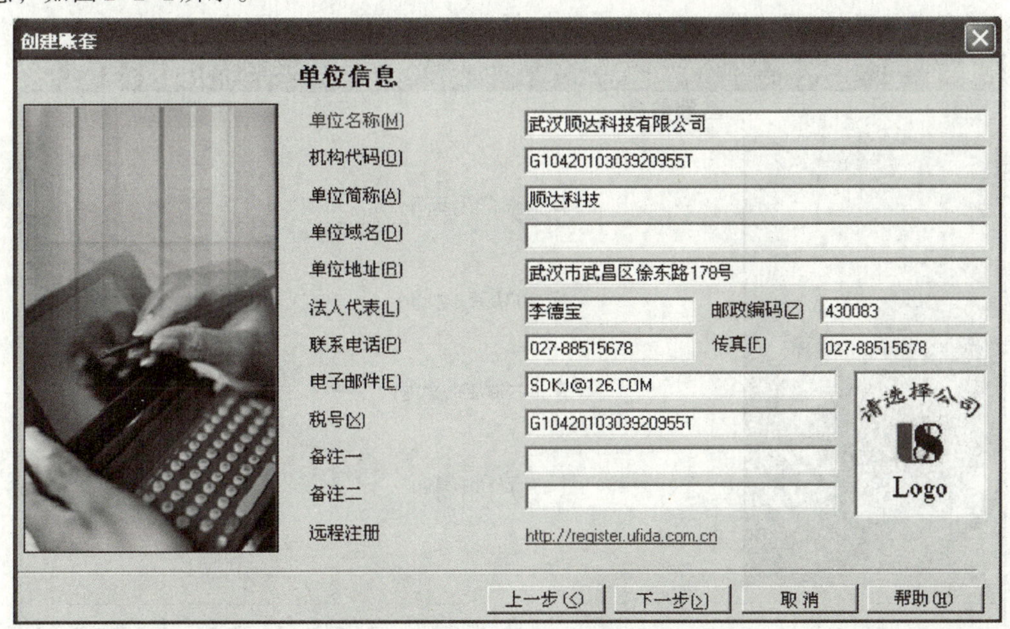

图 2-2-2　创建账套（单位信息）

（4）单击“下一步”按钮，打开“核算类型”对话框，输入对应信息，如图 2-2-3 所示。

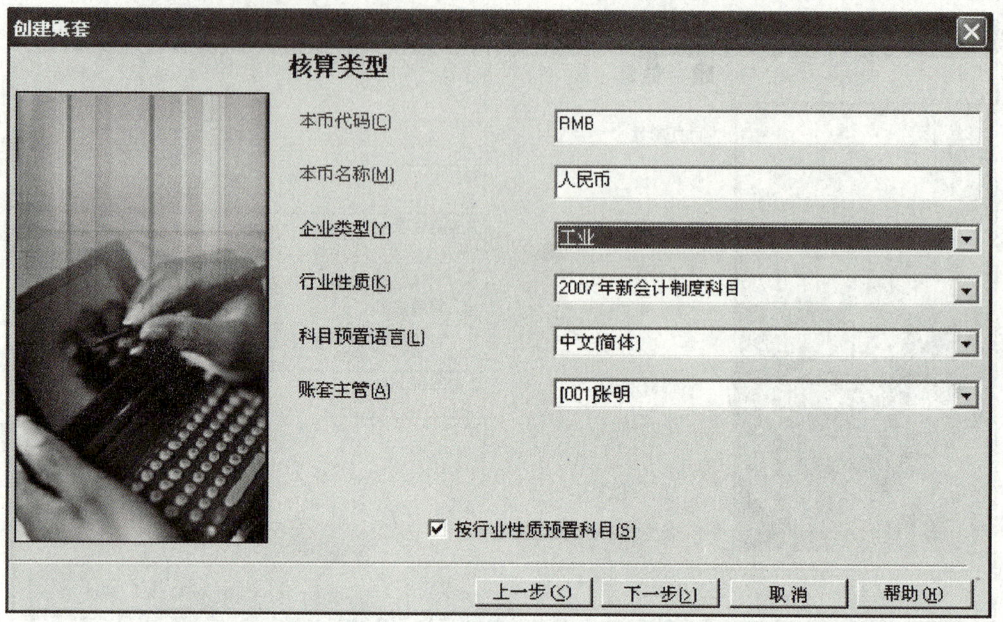

图2-2-3　创建账套（核算类型）

特别提示：

①只有选择“工业”企业类型，供应链系统才能正确处理产成品入库、限额领料等业务；只有选择“商业”企业类型，供应链系统才能处理受托代销业务。

②行业性质决定系统预置科目的内容（建账完毕后不能修改），须选择正确。

（5）单击“下一步”按钮，打开“基础信息”对话框，分别选中“存货是否分类”“客户是否分类”“供应商是否分类”复选框，如图2-2-4所示。

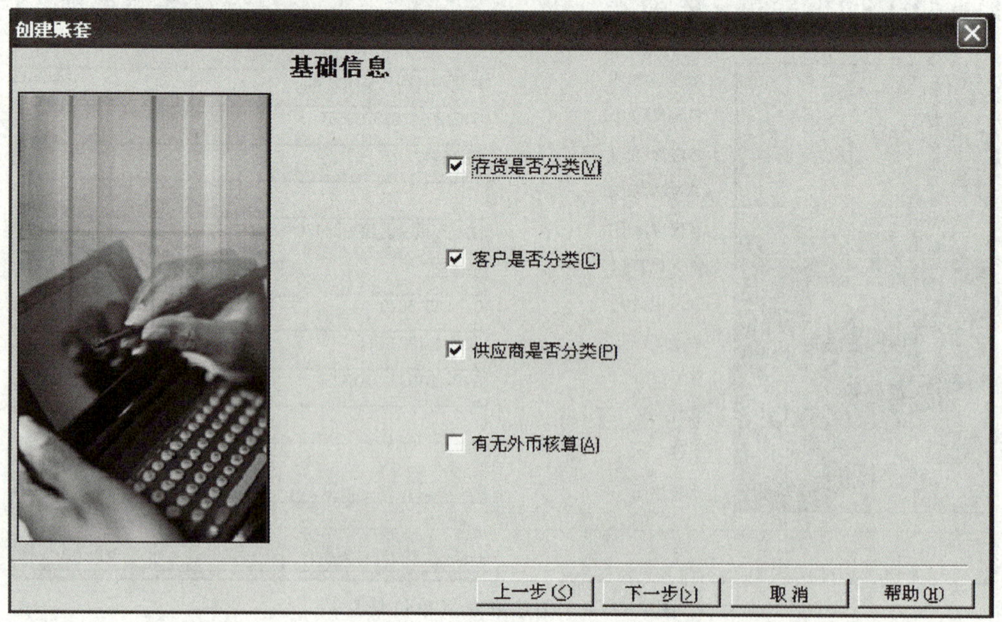

图2-2-4　创建账套（基础信息）

（6）单击“下一步”按钮，打开“创建账套-开始”对话框，系统准备建账，单击“完成”按钮，系统弹出“可以创建账套了么?”，单击“是”按钮，系统进行建账处理。

（7）建账完成后，系统弹出“编码方案”对话框，按任务资料修改编码方案，如图2-2-5所示。

编码方案

项目	最大级数	最大长度	单级最大长度	第1级	第2级	第3级	第4级	第5级	第6级	第7级	第8级	第9级
科目编码级次	13	40	9	4	2	2	2	2				
客户分类编码级次	5	12	9	1	2							
供应商分类编码级次	5	12	9	2	3	4						
存货分类编码级次	8	12	9	2	2	2						
部门编码级次	9	12	9	1	2							
地区分类编码级次	5	12	9	2	3	4						
费用项目分类	5	12	9	1	2							
结算方式编码级次	2	3	3	1	2							
货位编码级次	8	20	9	2	3	4						
收发类别编码级次	3	5	5	1	1							
项目设备	8	30	9	2	2							
责任中心分类档案	5	30	9	2	2							
项目要素分类档案	6	30	9	2	2							
客户权限组级次	5	12	9	2	3	4						

确定(O)　取消(C)　帮助(F)

图2-2-5　创建账套（编码方案）

单击“确定”按钮，再单击“取消”或右上角“关闭”按钮，进入“数据精度”对话框，按任务资料设置数据精度，如图2-2-6所示。

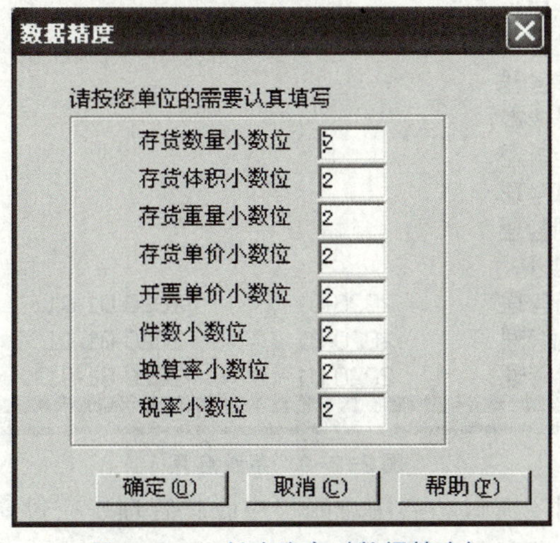

图2-2-6　创建账套（数据精度）

特别提示：

编码方案的设置将影响基础资料的编码级次和长度，如果设置错误，可以由账套主管在“系统管理”模块修改账套参数，也可以由账套主管在“企业应用平台”基础设置中进行修改。

（8）在“数据精度”对话框单击“确定”按钮后，弹出“创建账套”提示框，如图2-2-7所示。

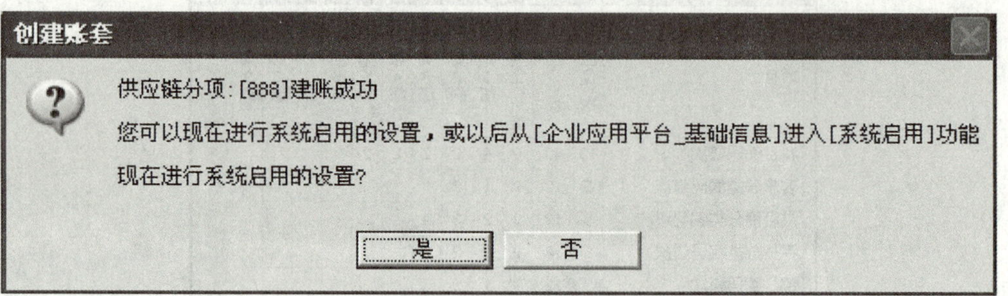

图2-2-7　创建账套

单击“是”按钮，进入“系统启用”用窗口，如图2-2-8所示。

系统启用

全启　刷新　退出

[888]供应链分项账套启用会计期间2020年1月

系统编码	系统名称	启用会计期间	启用自然日期	启用人
☑GL	总账	2020-01	2020-01-01	admin
☑AR	应收款管理	2020-01	2020-01-01	admin
☑AP	应付款管理	2020-01	2020-01-01	admin
☐FA	固定资产			
☐NE	网上报销			
☐NB	网上银行			
☐WH	报账中心			
☐SC	出纳管理			
☐CA	成本管理			
☐PM	项目成本			
☐FM	资金管理			
☐BM	预算管理			
☐CM	合同管理			
☐PA	售前分析			
☑SA	销售管理	2020-01	2020-01-01	admin
☑PU	采购管理	2020-01	2020-01-01	admin
☑ST	库存管理	2020-01	2020-01-01	admin

图2-2-8　系统启用

（9）在“系统启用”窗口，启用总账、应收款管理、应付款管理、采购管理、销售管理、库存管理、存货核算系统，启用自然日期为2020年1月1日。

系统启用完毕后，关闭当前窗口，系统弹出“请进入企业应用平台进行业务操作!”，单击“确定”按钮，返回“系统管理”窗口，完成建账工作。

特别提示：

系统启用也可以由账套主管在“企业应用平台”基础信息中进行。

二、修改账套参数

【操作步骤】

（1）在“系统管理”窗口，执行“系统”→“注册”命令，进入“登录”对话框。

（2）在操作员栏输入“001”或“张明”；在“密码”栏输入“1”；在账套栏选择“888（DEFAULT）供应链分项”；操作日期改为“2020-01-01”。单击“确定”按钮，进入“系统管理”窗口。

（3）执行“账套”→“修改”命令，如图2-2-9所示。

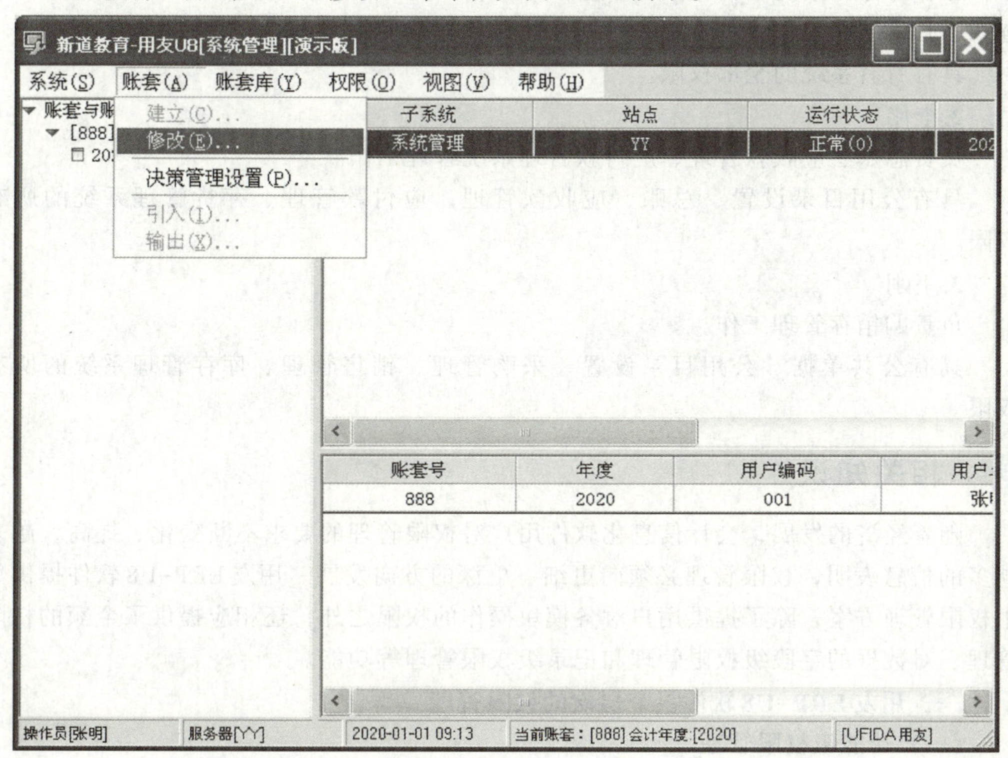

图2-2-9 修改账套

打开“修改账套”对话框，依次修改账套信息后，单击“完成”按钮，系统提示“确认修改账吗?”，单击“是”按钮，确定“编码方案”和“数据精度”，单击“确认”按钮，系统提示“修改账套成功!”。

（4）单击“确定”按钮，返回“系统管理”窗口。

特别提示：

①账套修改功能也可供检查、核实账套信息使用。

②以“001”登录系统时，如果显示“口令不正确”，则应以“admin”身份进行

任务测试2-2

用户口令查询和修改后，再以“001”登录；如果显示“读取数据源出错：不存在的用户或已被注销!”，则应检查001用户在888账套中是否被授予账套主管权限，或检查该用户是否已被注销。

任务3　权限分工

任务资料

微课2-3

权限分工

权限分配资料如下：

1.张明

负责软件运行环境的建立，以及各项初始设置工作；负责系统的日常运行管理工作，监督并保证系统有效、安全、正常运行；负责总账系统的凭证审核、记账、账簿查询、月末结账工作；负责报表管理及其财务分析工作。

具有所有系统的全部权限。

2.李伟

负责总账、应收款管理、应付款管理系统管理工作。

具有公用目录设置、总账、应收款管理、应付款管理、存货管理系统的所有权限。

3.王刚

负责购销存管理工作。

具有公共单据、公用目录设置、采购管理、销售管理、库存管理系统的所有权限。

相关知识

随着经济的发展，会计信息化软件用户对权限管理的要求不断变化、提高，越来越多的信息表明，权限管理必须向更细、更深的方向发展。用友ERP-U8软件提供集中权限管理方案，除了提供用户对各模块操作的权限之外，还相应提供了金额的权限管理、对数据的字段级权限管理和记录级权限管理等功能。

一、用友ERP-U8软件三个层次的权限管理

（一）功能级权限管理

功能级权限管理包括对各功能模块相关业务的查看和权限的分配。例如，赋予用户“System”对某账套拥有总账系统、薪资管理系统的全部权限。

（二）数据级权限管理

数据级权限管理包括两个方面：一是字段级权限控制；二是记录级权限控制。例如，设定用户“张明”只能录入某一种类别的凭证。

（三）金额级权限管理

金额级权限管理主要用于完善内部金额控制，实现对具体金额数量划分级别，对不同岗位和职位的操作员进行金额控制，限制他们制单时可以使用的金额数量，不涉

及内部系统控制的不在管理范围内。例如，设定用户“张明”只能录入金额在10 000元以下的凭证。

二、权限的设置

功能级权限在“系统管理”→“权限”中设置，数据级权限和金额级权限由账套主管在“企业应用平台”→“系统服务”→“权限”中设置。数据级权限和金额级权限的设置必须在功能级权限设置完成后才能进行。

任务实施

用户权限管理

【操作步骤】

（1）在“系统管理”窗口，执行“权限”→“权限”命令，进入“操作员权限”对话框。

（2）在“操作员权限”窗口，选择“888账套”，时间为2020年，从窗口左侧操作员列表中选择“001张明”，可以看到“账套主管”复选框为选中状态，如图2-3-1所示。

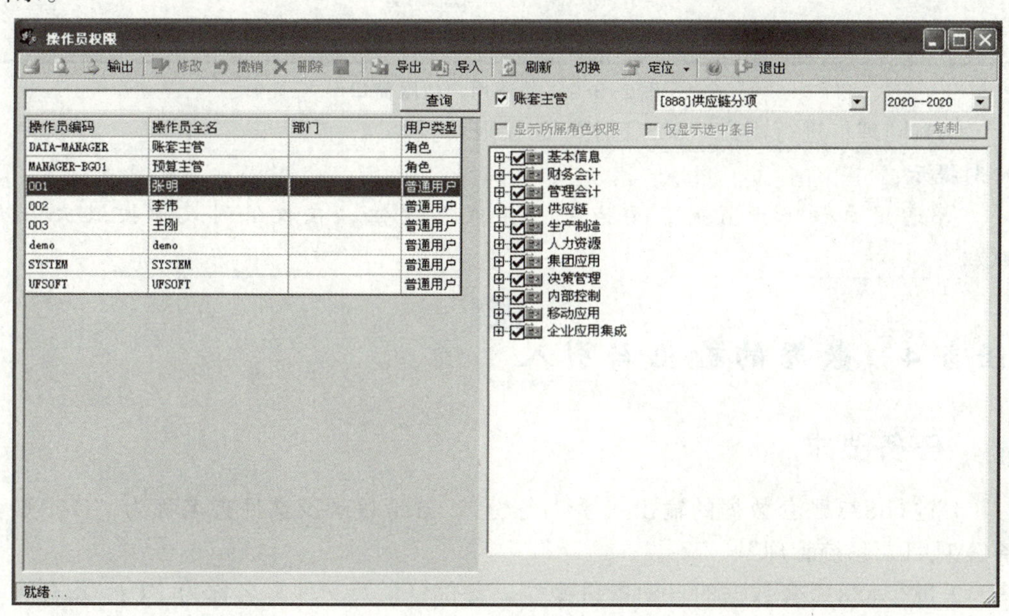

图2-3-1 账套主管权限窗口

特别提示：

①账套主管如果在建账过程中选择“在‘操作员权限’窗口指定”，账套主管拥有该账套所有权限，无须为其另外赋权。

②设置权限时，特别要注意分别选中“用户”和相应的“账套”，即将二者联系起来。

（3）在“操作员权限”窗口，选中用户“002李伟”，选择“888账套”，时间为2020年，单击“修改”按钮，在右侧权限列表中，选中“公用目录设置”“总账”

“应收款管理”“应付款管理”“存货核算”复选框，单击“保存”按钮，如图 2-3-2 所示。

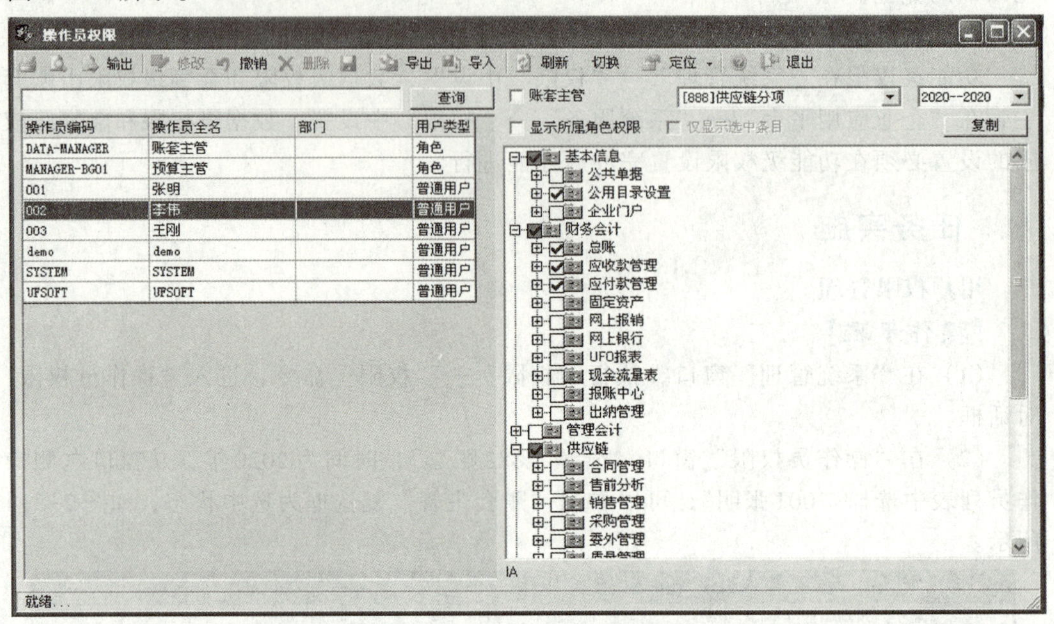

图 2-3-2 普通用户权限窗口

任务测试 2-3

（4）同理，进行用户“003 王刚”的权限设置。

特别提示：

普通用户权限设置时，要点击“修改”按钮，在权限列表中按级次依次赋权。

微课 2-4

数据的输出与引入

任务 4 数据的输出与引入

任务要求

1. 进行 888 账套数据的输出（手工备份），备份目录及文件夹名称为“C：\账套备份\项目二系统管理”。

2. 进行 888 账套数据的自动备份操作，备份目录及文件夹名称为“C：\账套自动备份”。

3. 进行 888 账套数据的引入操作，引入目录为“C：\账套备份\项目二系统管理”。

相关知识

会计信息化软件数据存放的介质和路径与手工环境不同，为了确保数据的安全性，用户需要定期进行数据管理。账套数据管理包括账套数据的输出、引入、删除、结转和清空等。

一、账套输出

账套输出是指将所选的账套数据进行备份输出。定时对企业的数据进行备份并存储到不同的介质上（如软盘、光盘、网盘等），对于确保数据的安全性是非常重要的。如果企业受不可预知因素（如地震、火灾、计算机病毒、人为误操作等）的影响需要对数据进行恢复，此时备份数据就可以将企业的损失降到最小。当然，对于异地管理的企业来说，这种方法还可以解决审计和数据汇总方面的问题。

二、手工备份和系统自动备份

手工备份是账套输出的一种方式，是由系统管理员（账套）或账套主管（账套库）根据数据管理的需要，在系统管理模块执行账套输出或账套库输出功能，时间可以灵活安排，输出路径可以手动指定。手工备份一次只能输出一个账套或账套库的数据。

系统自动备份则需要提前设置备份计划，由系统自动定时按备份计划对设置好的账套进行输出（备份）。系统自动备份的好处在于可以同时输出多个账套，这在很大程度上减轻了系统管理员的工作量，也可以更好地管理系统。

三、账套引入

账套引入也称账套恢复，是指将保存在光盘或磁盘上的数据恢复到硬盘的指定目录中，或将系统外某账套的数据引入本系统中。该功能的作用主要体现在以下2个方面：

第一，当系统账套数据遭到破坏时，将最近备份的账套数据引入本账套中，降低损失。

第二，有利于集团公司的操作，子公司的账套数据可以定期引入母公司系统中，以便进行账套数据的分析、审核和合并。

任务实施

一、账套输出（手工备份）

【操作步骤】

（1）以系统管理员的身份进入“系统管理”窗口。

（2）执行“账套”→“输出”命令，弹出“账套输出”对话框，选择需要输出的账套，如图2-4-1所示。

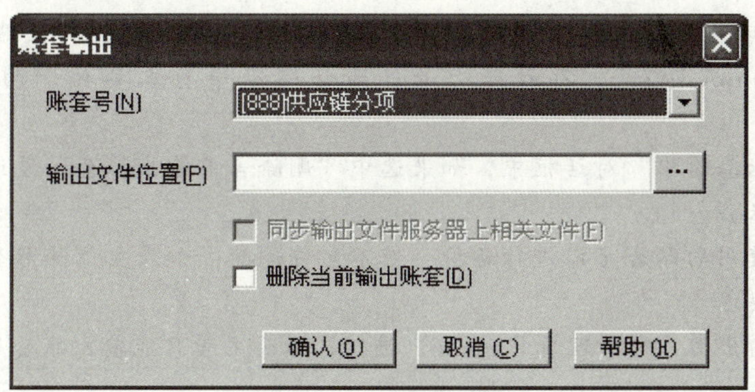

图2-4-1　账套输出

（3）点击“输出文件位置”栏的“…”按钮，系统弹出“请选择账套备份路径”对话框，选中C盘根目录，点击“新建文件夹”按钮，建立“账套备份”文件夹，然后选中“账套备份”文件夹，继续点击“新建文件夹”按钮，建立“项目二系统管理”文件夹，如图2-4-2所示。单击“确定”按钮，确认输出路径无误，单击“确定”按钮，系统提示“输出成功”。

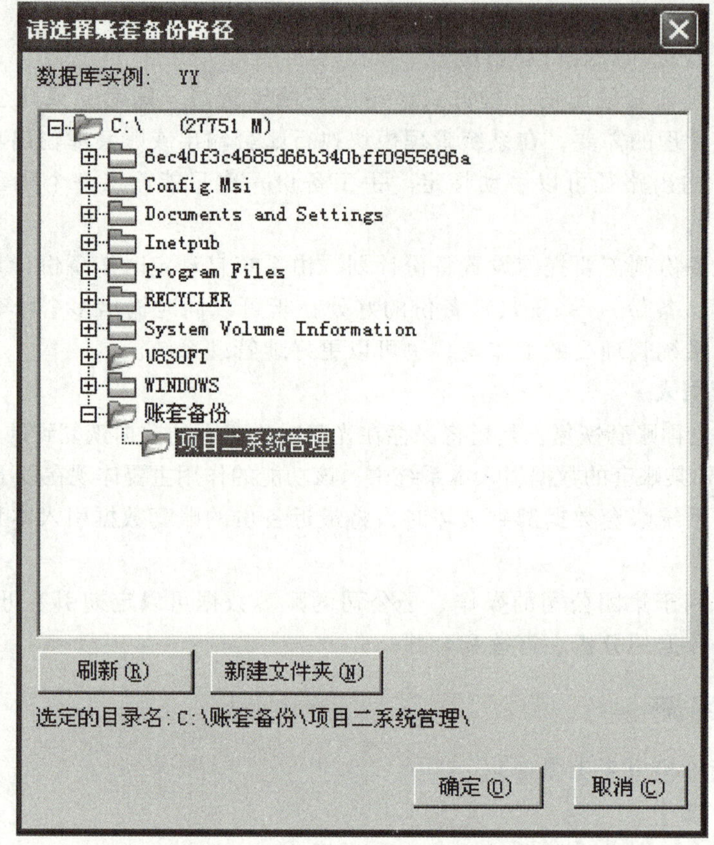

图2-4-2 选择账套备份路径

特别提示：

①账套输出时一定要双击打开选中的文件夹，否则输出完成后，文件夹是空的。输出后的账套文件有两个：一个是“UFDATA.BAK”，存放账套数据；另一个是“UfErpAct.Lst”，存放账套号、账套路径等基本参数。两个文件缺一不可。

②在“账套输出”对话框中，如果选中“删除当前输出账套”复选框，可同时删除当前的账套。

③正在使用的账套可以进行备份，但不允许删除。如果要删除账套，必须关闭所有系统模块。

④账套输出由系统管理员“admin”进行，账套主管只能输出账套库。

二、账套输出（自动备份）

【操作步骤】

（1）以系统管理员的身份进入“系统管理”窗口。

（2）执行“系统”→“设置备份计划”命令，弹出“备份计划设置”对话框，单击“增加”按钮，系统弹出“备份计划详细情况”对话框，如图2-4-3所示。

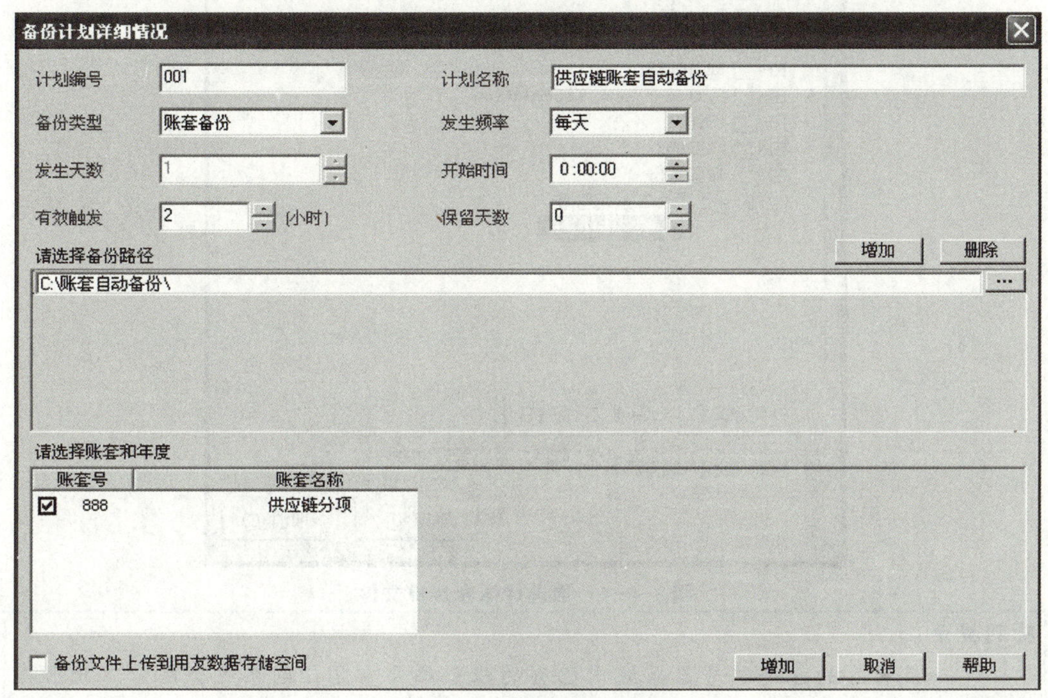

图2-4-3　备份计划详细情况

（3）选择要进行自动备份的账套（可选中多个账套同时备份），输入计划编号、计划名称、发生频率、开始时间等内容，单击“请选择备份路径”后的“增加”按钮，在C盘建立“账套自动备份”文件夹，确定自动备份的路径，选择窗口下方的“账套号”和“账套名称”，单击窗口下方的“增加”按钮，即可完成自动备份计划的设置。

（4）系统将按照备份计划中的时间和路径，自动备份指定账套。

三、账套引入

【操作步骤】

（1）以系统管理员的身份进入“系统管理”窗口。

（2）执行“账套”→“引入”命令，弹出“请选择账套备份文件”对话框，如图2-4-4所示。

（3）在“请选择账套备份文件”对话框中，选择要引入的账套备份文件，单击“确定”按钮，系统弹出“请选择账套引入的目录”对话框，单击“确定”按钮，即可引入数据，系统出现“账套引入成功”提示框。

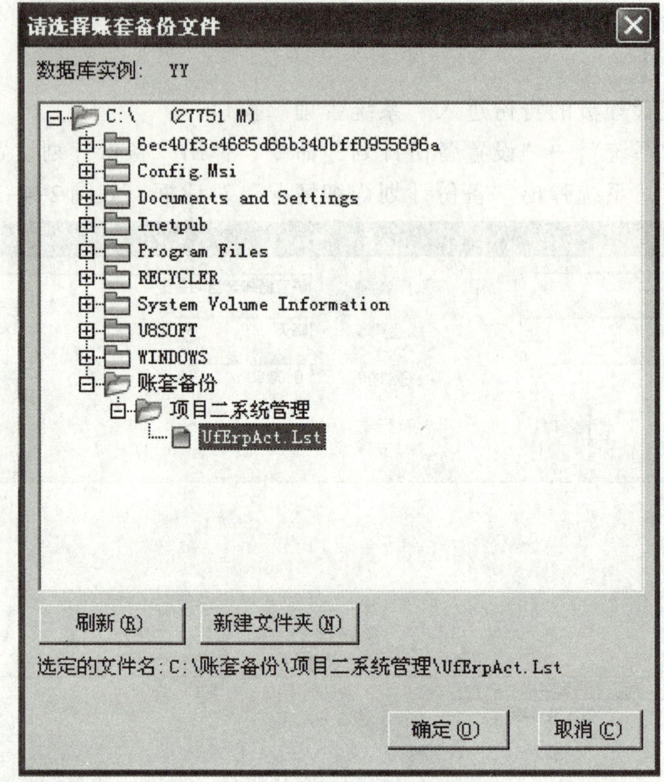

图2-4-4 请选择账套备份文件

任务测试2-4

特别提示：

①如果引入的账套编号与系统中已存的账套编号重复，则系统会提示“此项操作将覆盖账套当前的所有信息，继续吗？”，选择覆盖或放弃。

②账套引入时最好先关闭杀毒软件。

项目三

供应链管理系统基础设置

知识目标

通过本项目的学习，了解用友ERP-U8软件供应链管理子系统基础档案包含的内容；理解基础设置对整个供应链管理系统正常使用的意义。

能力目标

通过本项目的实训，掌握用友ERP-U8软件供应链管理各子系统基础档案数据的录入方法。

微课3-1

设置机构人员信息

任务1 设置机构人员信息

任务资料

1.部门档案（见表3-1-1）

表3-1-1 部门档案

部门编码	部门名称	部门属性	部门编码	部门名称	部门属性
1	管理部	管理部门	301	销售一部	专售成品
101	经理办公室	综合管理	302	销售二部	专售配套件
102	人事部	人事管理	4	采购部	采购供应
2	财务部	财务管理	5	组装部	成品组装
3	销售部	市场营销			

2.人员类别

人员类别设置：在“正式工”下设置管理人员（10101）、采购人员（10102）、销售人员（10103）、生产人员（10104）。

3. 人员档案（见表3-1-2，“是否业务员”均勾上）

表3-1-2　人员档案

人员编码	人员名称	行政部门	人员类别	性别
001	李德宝	经理办公室	管理人员	男
002	何林	人事部	管理人员	女
003	张明	财务部	管理人员	男
004	李伟	财务部	管理人员	女
005	王刚	财务部	管理人员	男
006	赵军	销售一部	销售人员	男
007	宋飞	销售二部	销售人员	女
008	孙朋	组装部	生产人员	男
009	周军	采购部	采购人员	男

相关知识

机构人员信息包括部门档案、人员档案、人员类别等信息。

一、部门档案

部门档案主要用于记录本单位的部门，可以是实际部门，也可以是虚拟部门（也就是说，如果该部门不进行财务核算或业务管理，则可以不在系统中设置部门档案）。部门档案信息包括部门编码、部门名称、负责人、部门属性等。

二、人员类别

为了对职员进行更好的管理，企业可以对职员进行分类设置和管理，定义职员类别，职员类别通常是按树形层次结构进行分类的，系统预置了正式工、合同工、实习生三类顶级类别，企业可以自定义扩充人员子类别。

三、人员档案

人员档案是指企业各职能部门中需要进行核算和业务管理的职员信息，并非企业的所有员工，信息包括人员编号、名称、所属部门及职员属性等，在设置人员档案之前必须先设置部门档案。

任务实施

一、定义部门档案

【操作步骤】

（1）以账套主管“001张明”身份进入企业应用平台，执行“基础设置”→“基础档案”→“机构人员”→“部门档案”命令。

（2）点击“增加”按钮，录入部门基础信息，如图3-1-1所示。

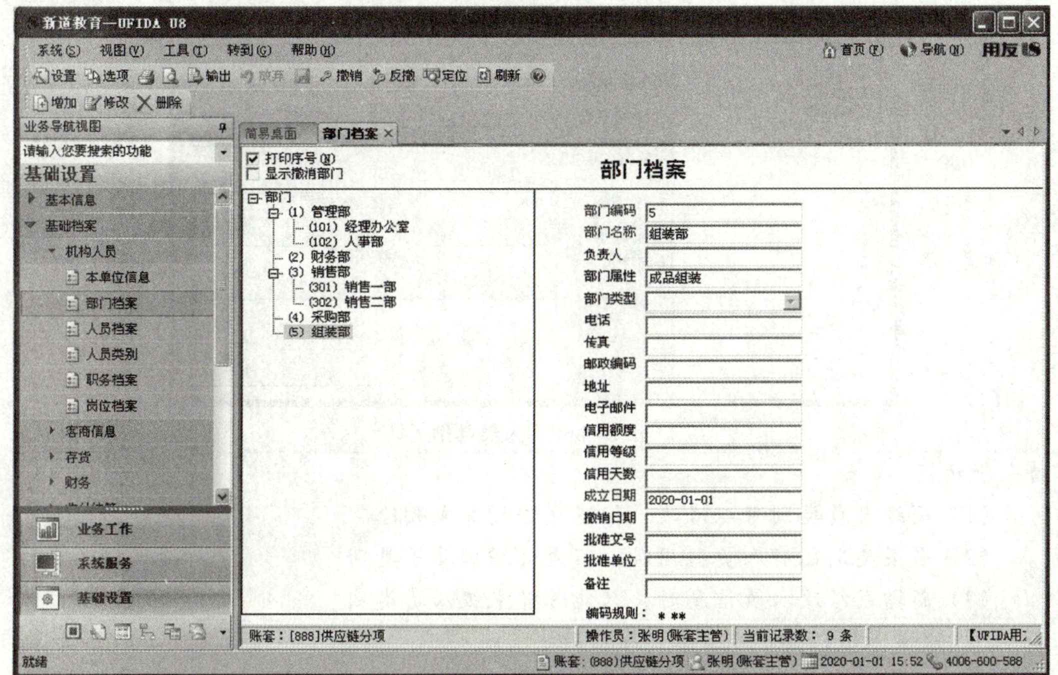

图3-1-1 部门档案

特别提示：

（1）“部门编码”“部门名称”“成立日期”必须录入，其他信息可以为空，“成立日期”一般系统默认为输入时的系统时间，可修改。

（2）“负责人”必须在设置人员档案之后，在“修改”状态下才能参照输入。

（3）在部门档案设置中，如果存在多级部门，必须先建立上级部门，才能增加其下级部门，下级部门编码应包含上级部门编码。

（4）修改部门档案时，部门编码不能修改。

（5）已经使用过的部门不允许删除。

二、定义人员类别

【操作步骤】

（1）进入企业应用平台，执行“基础设置”→“基础档案”→“机构人员”→“人员类别”命令。

（2）选择要增加类别的上级节点“正式工”，点击“增加”按钮录入信息，如图3-1-2所示。

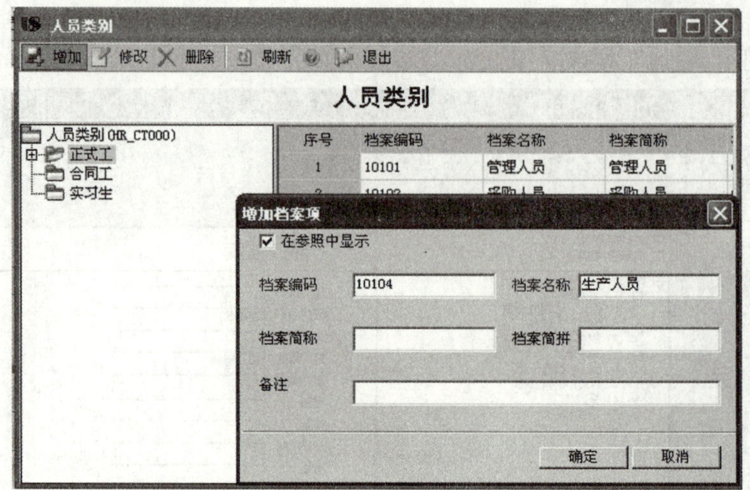

图 3-1-2　人员类别

特别提示：

（1）顶级人员类别可以修改，但不允许增加或删除。

（2）当某类别已有人员引用时，不允许增加其子类别。

（3）新增或修改人员信息时，只能选择末级人员类别。

三、定义人员档案

【操作步骤】

（1）进入企业应用平台，执行“基础设置”→“基础档案”→“机构人员”→“人员档案”命令。

（2）点击“增加”扭钮，录入信息。如图 3-1-3 所示。

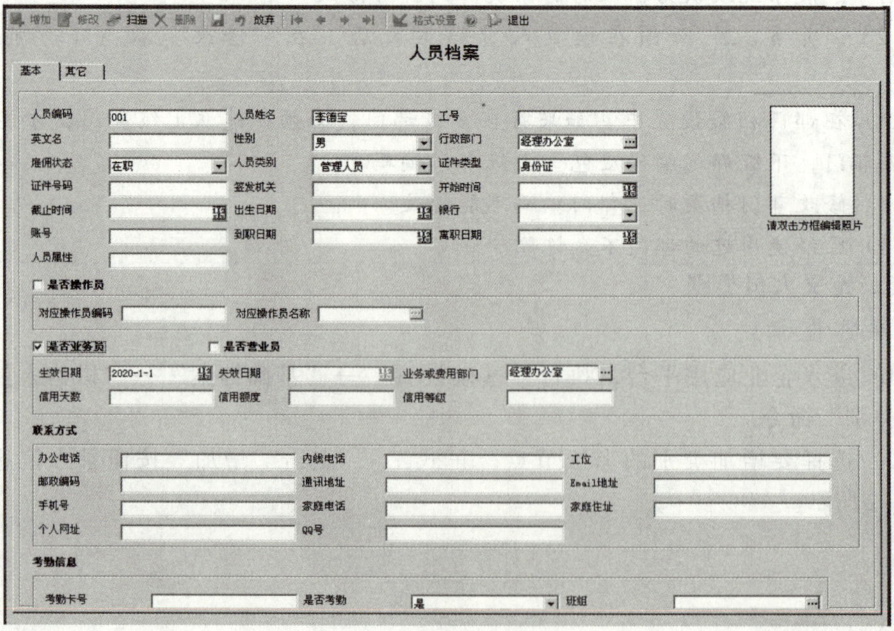

图 3-1-3　人员档案

特别提示：

（1）“人员编码”“人员姓名”“性别”“行政部门”“雇佣状态”“人员类别”必须输入，其他信息可以为空。

（2）人员编码可以由用户自行定义编码规则，但必须唯一且不能重复。

（3）“是否业务员”如果不勾选，则处理业务报销时人员信息无法显示在业务员列表中。

任务测试3-1

任务2 设置收付结算信息

任务资料

1.结算方式（见表3-2-1）

表3-2-1 结算方式

结算方式编码	结算方式名称	是否进行票据管理
1	现金结算	否
2	支票结算	是
201	现金支票	是
202	转账支票	是
3	汇票	是
4	其他	否

微课3-2

设置收付结算信息

2.付款条件（见表3-2-2）

表3-2-2 付款条件

付款条件编码	信用天数	优惠天数1	优惠率1（%）	优惠天数2	优惠率2（%）	优惠天数3	优惠率3（%）
01	30	10	2	20	1	30	0
02	60	10	4	30	2	60	0

3.开户银行

编码：01；

开户银行：工商银行湖北分行徐东支行；

账号：831657788234。

相关知识

收付结算信息包括结算方式信息及付款条件信息。

一、结算方式

为了便于提高与银行对账的效率，系统提供了设置银行结算方式的功能，该功能主要用来建立和管理用户在经营活动中所涉及的结算方式，其设置应该与财务结算方式一致。

二、付款条件

付款条件是指企业为了鼓励客户偿还贷款而允诺在一定期限内给予规定的折扣优待，比如可以定义一个付款条件为“2/10，1/20，N/30”，表示客户在10天内付款可以得到2%的折扣；在11—20天内付款可以得到1%的折扣，21—30天内付款无折扣。付款条件将主要在采购订单、销售订单、采购结算、销售结算、客户目录、供应商目录中引用，系统最多同时支持4个时间段的折扣优待。

任务实施

一、设置结算方式

【操作步骤】

（1）进入企业应用平台，执行“基础设置”→“基础档案”→“收付结算”→“结算方式”命令，进入“结算方式”窗口。

（2）点击“增加”按钮，输入结算方式后保存，如图3-2-1所示。

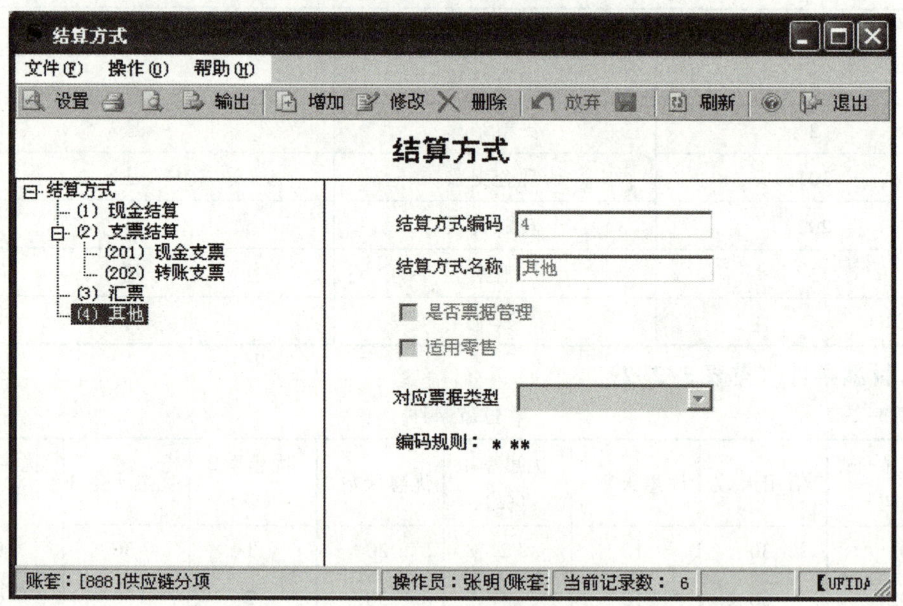

图3-2-1 结算方式

特别提示：

（1）“结算方式编码”和“结算方式名称”必须输入，编码要符合编码规则。

（2）票据管理标志是为方便出纳对银行结算票据的管理而设置的功能，需要进行票据登记的结算方式应选择此项功能。

二、设置付款条件

【操作步骤】

（1）进入企业应用平台，执行“基础设置”→“基础档案”→“收付结算”→“付款条件”命令，进入“付款条件”窗口。

（2）单击“增加”按钮，输入信息后保存，如图3-2-2所示。

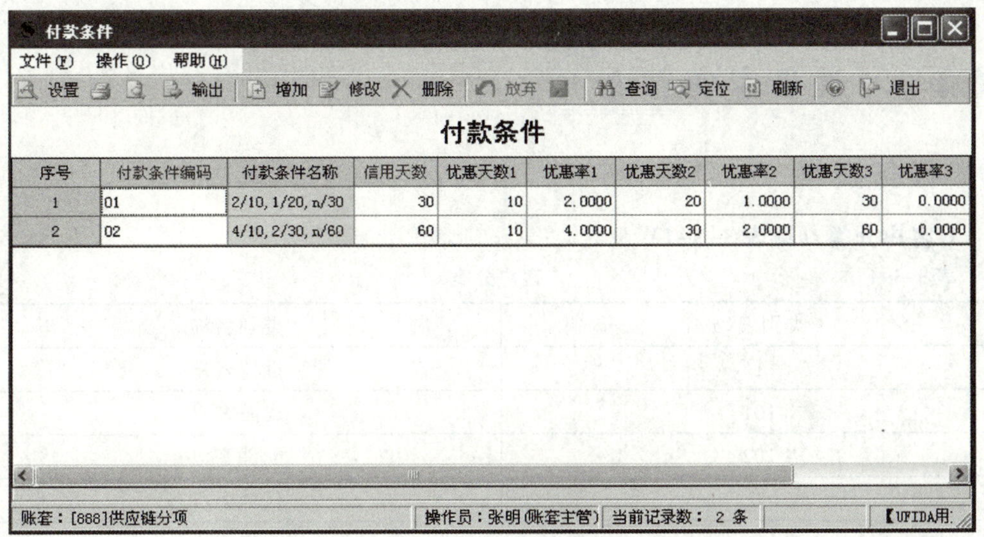

付款条件

文件(F) 操作(O) 帮助(H)

设置 输出 增加 修改 删除 放弃 查询 定位 刷新 退出

付款条件

序号	付款条件编码	付款条件名称	信用天数	优惠天数1	优惠率1	优惠天数2	优惠率2	优惠天数3	优惠率3
1	01	2/10, 1/20, n/30	30	10	2.0000	20	1.0000	30	0.0000
2	02	4/10, 2/30, n/60	60	10	4.0000	30	2.0000	60	0.0000

账套：[888]供应链分项　操作员：张明(账套主管)　当前记录数：2 条　【UFIDA用:

图3-2-2　付款条件

特别提示：

（1）“付款条件编码”应唯一，最多3个字符。

（2）输入信用天数、优惠天数和优惠率，自动形成付款条件名称，不可修改。

三、开户银行

【操作步骤】

（1）进入企业应用平台，执行“基础设置”→“基础档案”→“收付结算”→“开户银行”命令，进入“开户银行”窗口。

（2）单击“增加”按钮，输入信息后保存，如图3-2-3所示。

增加本单位开户银行

退出

编码	01	银行账号	831657788234
账户名称		开户日期	
币种	人民币	□ 暂封	
开户银行	工商银行湖北分行徐东支行	所属银行编码	01
客户编号		机构号	
联行号		开户银行地址	
省/自治区		市/县	
签约标志	⊙ 检查收付款账号	○ 只检查付款账号	

图3-2-3　增加本单位开户银行

任务测试3-2

任务3　设置客商信息

任务资料

微课3-3

设置客商信息

1.客户分类（见表3-3-1）

表3-3-1　客户分类

类别编码	类别名称
1	批发客户
101	成品客户
102	配件客户
2	代销客户
3	零售客户

2.客户档案（见表3-3-2）

表3-3-2　客户档案

客户编码	客户名称	客户简称	所属分类	税号	开户行	账号	地址	邮编	信用额度	付款条件
001	武汉精益公司	武汉精益	101	914201127227211111	工行	73853654	武汉武昌区中北路1号	430011	20万元	02
002	武汉利群公司	武汉利群	101	914201127227222222	建行	69325581	武汉洪山区武珞路2号	430022	15万元	02
003	黄石讯达商城	讯达商城	102	914201127227233333	建行	36542234	黄石下陆区天平路3号	420011	5万元	01
004	武汉美联商行	美联商行	2	914201127227244444	中行	43810587	武汉青山区厂前路4号	430033		
005	零散客户	零散客户	3							

3.供应商分类（见表3-3-3）

表3-3-3　供应商分类

类别编码	类别名称
01	成品供应商
01001	批发商
01002	代销商
02	配件供应商
02001	批发商
02002	代销商

4.供应商档案（见表3-3-4）

表3-3-4　　供应商档案

供应商编码	供应商名称	供应商简称	所属分类	税号	开户银行	银行账号	地　址	邮政编码
001	武汉兴隆公司	武汉兴隆	01001	91420112722725555 5	建行	48723367	武汉市武昌区徐东路5号	430044
002	北京方正公司	北京方正	01001	914201127227266666	建行	76473293	北京市海淀区小营路6号	100033
003	武汉明盛公司	武汉明盛	02001	914201127227277777	工行	55561275	武汉市武昌区东湖路7号	430055
004	武汉伟达公司	武汉伟达	02001	914201127227288888	工行	85115076	武汉市汉阳区琴台路8号	430066
005	上海光明公司	上海光明	02002	914201127227299999	工行	64224567	上海市徐汇区和平路3号	200088

相关知识

供应链管理不局限于企业内部的采购、生产、销售等生产经营活动，它还包括企业下游的供应商和上游的客户。如果企业的供应商和客户较多，分布较广，则需要对供应商和客户进行分类，以便管理。

一、客户分类

客户分类与客户档案是分开设置的，企业可根据业务需要对客户进行分类，这样便于管理，如将客户按行业、地区等标准进行划分，然后，根据不同的分类建立客户档案。如果建立账套时未勾选“客户是否分类”项，则不能使用本功能。

二、设置客户档案

客户档案用于设置客户的档案信息，以便于客户资料录入、统计分析和管理。如果在建立账套时选择了客户分类，则必须设置完成客户分类档案后再编制客户档案。

建立客户档案主要是为企业的销售管理、库存管理和应收账款管理服务。在填制销售出库单、销售发票，进行销售结算、应收款结算和有关客户统计时都会用到客户档案，因此必须正确设立客户档案，以减少工作差错。在输入单据时，如果单据上的客户不在客户档案中，则需要在此建立该客户的档案。

三、供应商分类

企业对供应商进行分类管理，建立供应商分类体系，可将供应商按行业、地区等进行划分后，根据不同的类别建立供应商档案。

四、供应商档案

建立供应商档案主要是为企业的采购管理、库存管理和应付款管理服务。填制采购入库单、采购发票、进行采购结算、应付款结算和有关供应商统计时都会用到供应商档案，因此必须正确设立供应商档案，以减少工作差错，在输入单据时，如果单据上的供货单位不在供应商档案中，则需要在此建立该供应商的档案。

任务实施

一、定义客户分类

【操作步骤】

（1）进入企业应用平台，执行“基础设置”→“基础档案”→“客商信息”→“客户分类”命令。

（2）单击“增加”按钮，录入信息后保存，如图3-3-1所示。

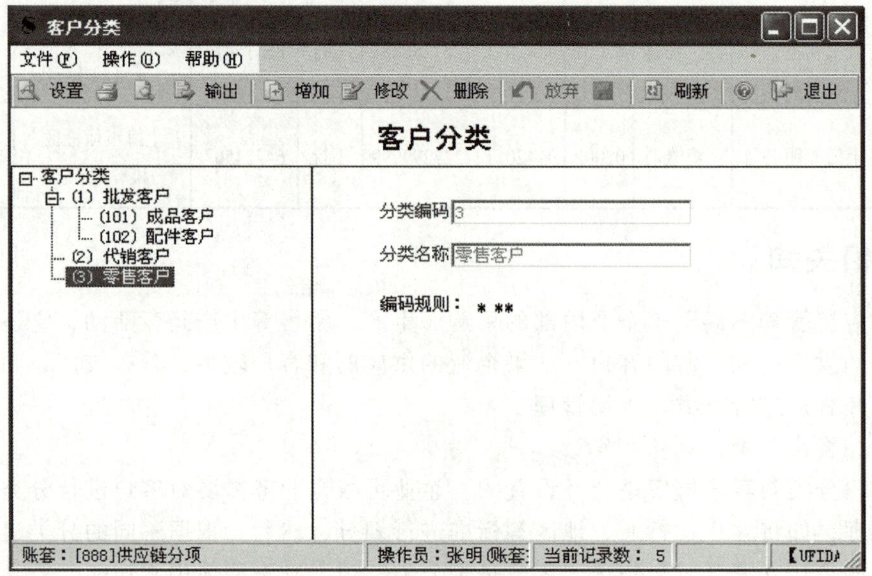

图3-3-1　客户分类

特别提示：

（1）分类编码必须符合编码方案中定义的编码规则。

（2）分类中如果已经录入了客户档案，则该客户分类资料不能修改、删除。

（3）建立下级分类时，其上级分类必须存在，且下级分类编码中要包含其上级分类编码。

（4）如果发现分类编码方案不合适，可在客户分类数据为空时，修改客户分类编码方案。

二、设置客户档案

【操作步骤】

（1）进入企业应用平台，执行“基础设置”→“基础档案”→“客商信息”→“客户档案”命令。

（2）选择最末级客户分类，单击“增加”按钮，弹出“增加客户档案”窗口，其中包括“基本”“联系”“信用”“其它”4张选项卡，录入相关信息，选项卡中蓝色字体栏目为必填项，如图3-3-2所示。

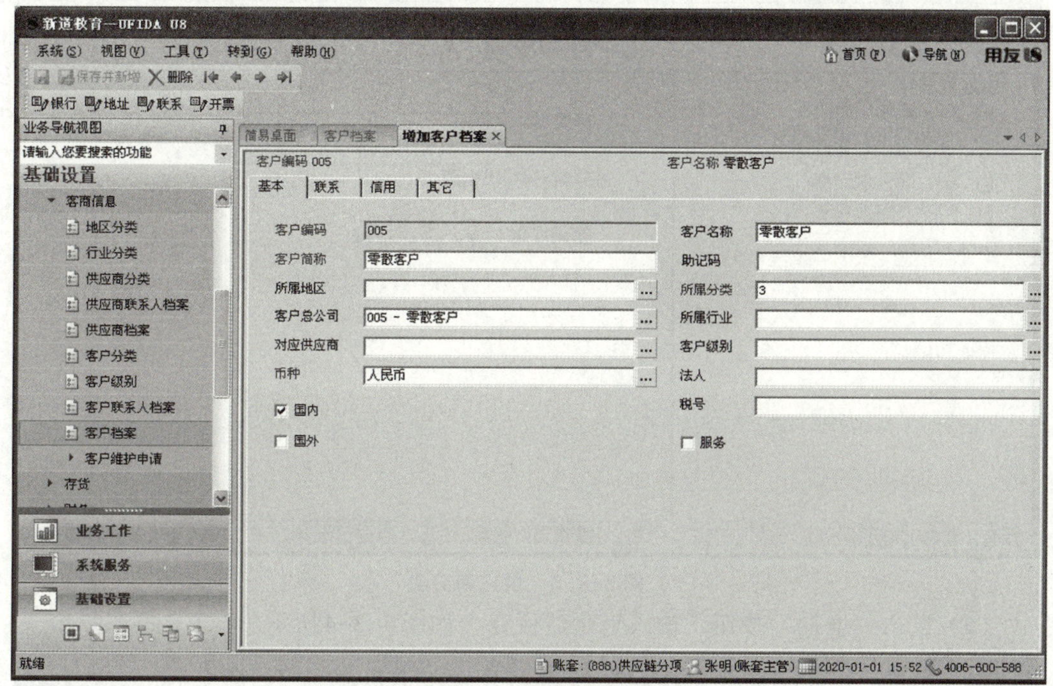

图3-3-2　设置客户档案

特别提示：

（1）“客户编码”“客户简称”“所属分类”“币种”必须输入。

（2）客户编码必须唯一，一旦保存，不能修改。尚未使用的客户编码可以删除后重新增加。

（3）如果要填写“联系”选项卡中的“发货方式”“发货仓库”信息，则需要先在“基础档案”中设置“发运方式”和“仓库档案”。

（4）如果系统提供的客户档案内容仍不能满足企业的需要，可利用系统提供的“自定义项”功能增加自定义栏目，并设置自定义栏目的内容。

三、供应商分类

【操作步骤】

（1）进入企业应用平台，执行“基础设置”→“基础档案”→“客商信息”→“供应商分类”命令。

（2）点击“增加”按钮，录入信息后保存，如图3-3-3所示。

四、设置供应商档案

【操作步骤】

（1）进入企业应用平台，执行“基础设置”→“基础档案”→“客商信息”→“供应商档案”命令。

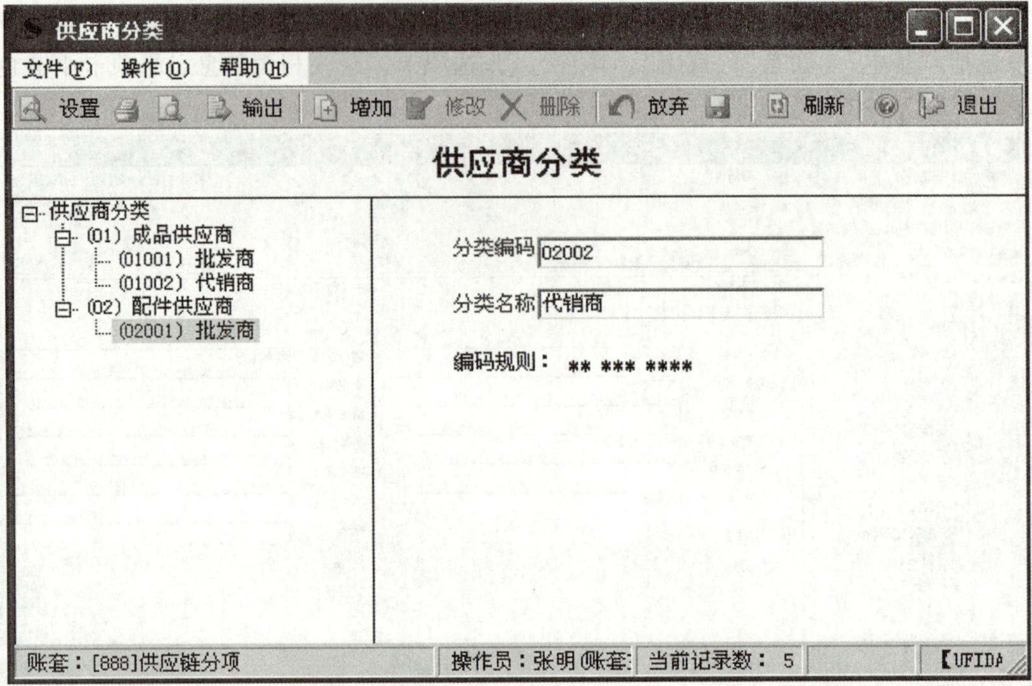

图3-3-3　供应商分类

（2）点击“增加”按钮，输入信息后保存，如图3-3-4所示。

图3-3-4　设置供应商档案

任务测试3-3

微课 3-4

设置存货信息

任务 4 设置存货信息

任务资料

1. 存货分类（见表 3-4-1）

表 3-4-1 存货分类

存货类别编码	存货类别名称
01	成品
0101	计算机
0102	打印机
02	配套品
0201	主机
0202	显示器
0203	键盘
0204	鼠标
03	应税劳务

2. 计量单位组（见表 3-4-2）

表 3-4-2 计量单位组

计量单位组编码	计量单位组名称	计量单位组类别
01	无换算关系	无换算率

3. 计量单位（见表 3-4-3）

表 3-4-3 计量单位

计量单位编码	计量单位名称	所属计量单位组名称
01	盒	无换算关系
02	台	无换算关系
03	只	无换算关系
04	条	无换算关系
05	千米	无换算关系

4.存货档案（见表3-4-4）

表3-4-4　　存货档案

存货编码	存货名称	所属类别	计量单位	税率（%）	存货属性
001	奔腾CPU	0201	盒	13	外购、生产耗用、内销
002	金邦内存条	0201	盒	13	外购、生产耗用、内销
003	西部数据硬盘	0201	盒	13	外购、生产耗用、内销
004	华硕主板	0201	盒	13	外购、生产耗用、内销
005	华硕显卡	0201	盒	13	外购、生产耗用、内销
006	三星光驱	0201	盒	13	外购、生产耗用、内销
007	航嘉机箱	0201	台	13	外购、生产耗用、内销
008	长城电源	0201	只	13	外购、生产耗用、内销
009	三星显示器	0202	台	13	外购、生产耗用、内销
010	键盘	0203	只	13	外购、生产耗用、内销
011	鼠标	0204	只	13	外购、生产耗用、内销
012	计算机	0101	台	13	外购、内销、自制
013	惠普打印机	0102	台	13	外购、内销
014	运输费	03	千米	9	外购、应税劳务

相关知识

存货是企业的一项重要经济资源，涉及企业供应链管理的整个流程，是企业物流管理和财务核算的主要对象，存货设置主要包括存货分类设置、计量单位设置和存货档案设置等。

一、存货分类设置

如果企业存货较多，可以按一定方式对存货进行分类管理，可按照存货固有的特征和属性，将存货划分为不同的类别，便于企业统计和分析业务数据。

二、计量单位设置

企业的存货种类繁多，不同的存货具有不同的计量单位，同一种存货用于不同业务，其计量单位也可能不同。例如，1支笔在库存和零售时可能是以“支”作为计量单位，采购、批发时可能以12支为1打，10打为1盒，因此出入库业务处理时，系统会自动换算，所以在设置存货档案之前要先设置计量单位。计量单位是系统在进行存货核算时，为不同存货设置的计量标准，存货的计量单位可以是单计量单位，也可以是多计量单位。

设置计量单位前，应先对计量单位进行分类，系统提供的计量单位组可分为无换算率计量单位组、浮动换算率计量单位组和固定换算率计量单位组3种，每个计量单位组中有一个主计量单位和多个辅助计量单位，可以设置主、辅两种计量单位之间的换算率，还可以设置采购、销售、库存和成本系统默认的计量单位。

无换算率计量单位组：该组下的所有计量单位都以单独形式存在，各计量单位之间无换算率，系统默认为主要计量单位。

浮动换算率计量单位组：设置为浮动换算率时，可以选择的计量单位组中只能包含两个计量单位，此时需要将该计量单位组中的主计量单位、辅助计量单位显示在存货卡片上。

固定换算率计量单位组：设置为固定换算率时，可以选择的计量单位组中可以包含两个以上的计量单位，且每一个辅助计量单位对主计量单位的换算率不为空，此时需要将该计量单位组中的主计量单位显示在存货卡片上。

三、存货档案设置

存货档案用于保存企业生产经营中的存货信息，是供应链所有子系统核算的依据和基础，必须科学、合理地对其分类，准确、完整地提供存货档案数据。

存货档案主要是对企业全部存货目录的设立和管理，包括随同发货单或发票一起开具的应税劳务，也应设置在存货档案中。

任务实施

一、设置存货分类

【操作步骤】

（1）进入企业应用平台，执行“基础设置”→“基础档案”→“存货”→“存货分类”命令。

（2）点击“增加”按钮，录入信息后保存，如图3-4-1所示。

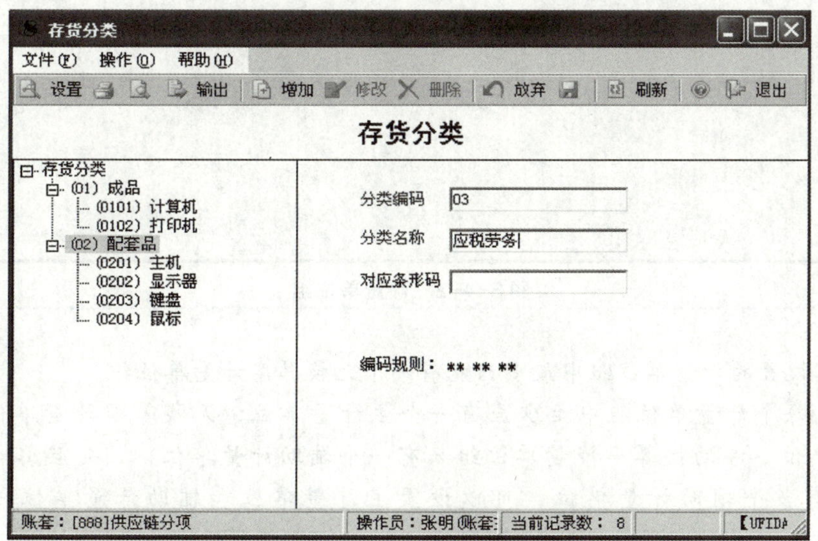

图3-4-1 存货分类

特别提示：

（1）“存货分类编码”“名称”为必填项，注意存货分类必须逐级增加。

（2）只能修改类别名称，不能修改类别编码。

（3）已经使用过的类别不能删除，非末级分类不能删除。

（4）在企业购销业务中，经常会发生一些劳务费用，如“运输费”“装卸费”“包装费”等，这些费用也是构成企业存货成本的一个组成部分，并且它们一般具有与其他存货不同的税率。为了正确反映和核算这些劳务费用，应该在存货分类中单独设置一类“劳务费用”或“应税劳务”。

二、定义计量单位

【操作步骤】

（1）进入企业应用平台，执行“基础设置”→“基础档案”→“存货”→“计量单位”命令。

（2）点击“分组”按钮，显示“计量单位组”界面。

（3）点击“增加”按钮，输入计量单位组的编码、名称、类别等信息，点击“保存”按钮，如图3-4-2所示。

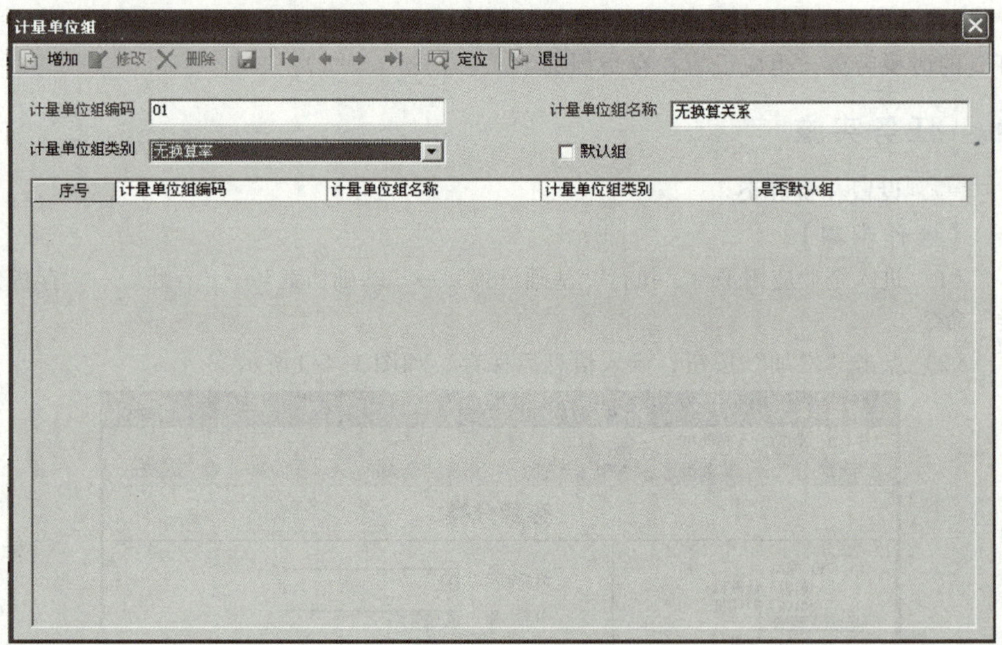

图3-4-2　计量单位组

特别提示：

（1）设置的计量单位组中最多只能有一个无换算率计量单位组。

（2）每个计量单位组中至少应有一个主计量单位，无换算率计量单位组无辅助计量单位，浮动换算率计量单位组只有一个辅助计量单位，固定换算率计量单位组可有多个辅助计量单位，可以设置主计量单位和辅助计量单位之间的换算率。

（4）点击“退出”按钮，退出计量单位分组设置窗口，显示计量单位组列表。

（5）点击“计量单位”窗口工具栏上的“单位”按钮，系统弹出“计量单位设置”窗口，点击工具栏上的“增加”按钮，输入信息后保存，如图3-4-3所示。

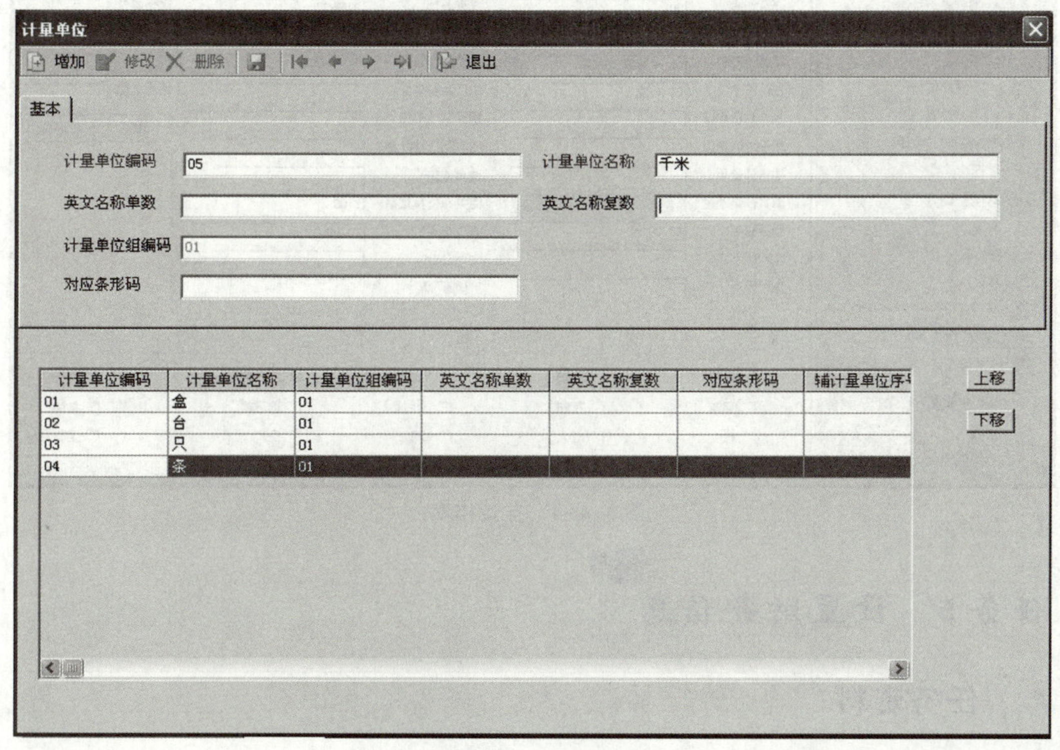

图3-4-3 计量单位

特别提示：

（1）必须先输入计量单位组中的主计量单位，才能进行计量单位设置，“计量单位编码”和“名称”为必填项。

（2）未使用的计量单位的类别可随时修改；已被存货档案引用的计量单位所在的计量单位组的类别不能修改。

三、设置存货档案

【操作步骤】

（1）进入企业应用平台，执行“基础设置”→“基础档案”→“存货”→“存货档案”命令。

（2）单击“增加”按钮，系统弹出“增加存货档案”窗口，存货档案设置窗口包含“基本”“成本”“控制”“其它”“计划”“MPS/MRP”“图片”“附件”8张选项卡，选项卡中蓝色字体栏目为必录项，录入信息后保存，如图3-4-4所示。

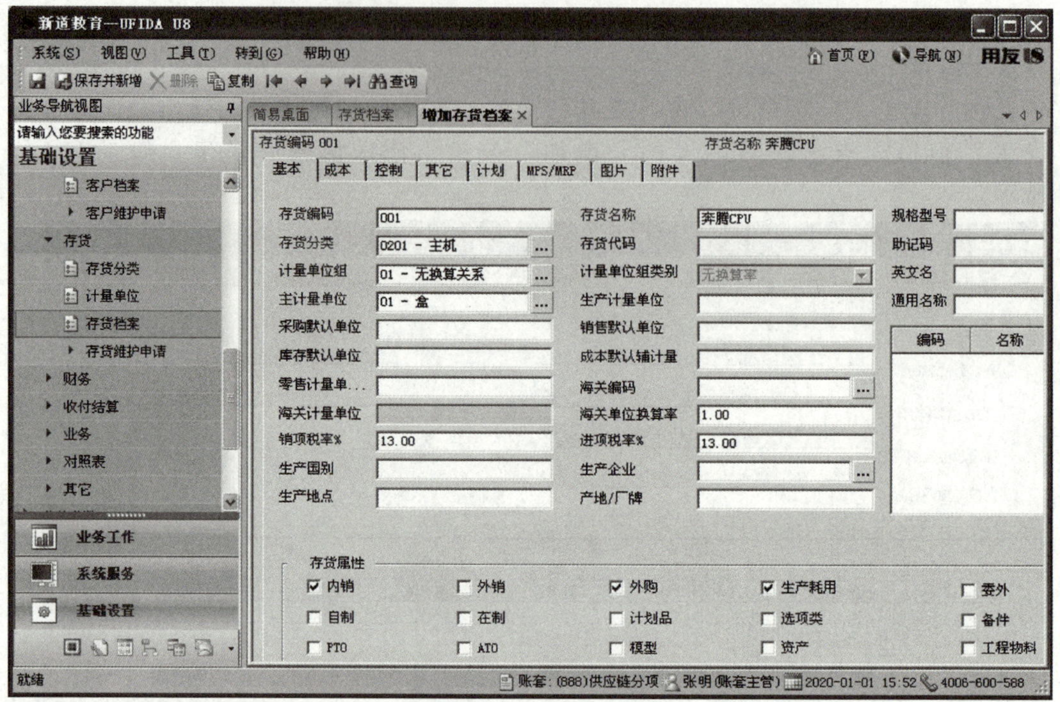

图 3-4-4　存货档案

任务 5　设置财务信息

任务测试3-4

任务资料

1.修改会计科目

修改会计科目“应收账款”“应收票据”“预收账款”辅助核算为“客户往来”，受控于应收款系统；修改会计科目“应付票据”“应付账款”“预付账款”辅助核算为“供应商往来”，受控于应付款系统；

2.增加会计科目

增加“222101 应交增值税”“22210101 进项税额”“22210102 销项税额”“6702 信用减值损失”4个会计科目。

3.设置凭证类别（见表3-5-1）

表 3-5-1　凭证类型

凭证类别	限制类型	限制科目
收款凭证	借方必有	1001，1002
付款凭证	贷方必有	1001，1002
转账凭证	凭证必无	1001，1002

相关知识

财务信息设置主要包括会计科目增加、修改，凭证类别设置等操作，为各个供应链系统与财务会计总账系统建立财务信息桥梁。

任务实施

一、修改会计科目

【操作步骤】

（1）进入企业应用平台，执行“基础设置”→“基础档案”→“财务”→“会计科目”命令，进入“会计科目”窗口。

（2）双击需要修改的会计科目，点击“修改”按钮，设置辅助核算项目，如图3-5-1所示。

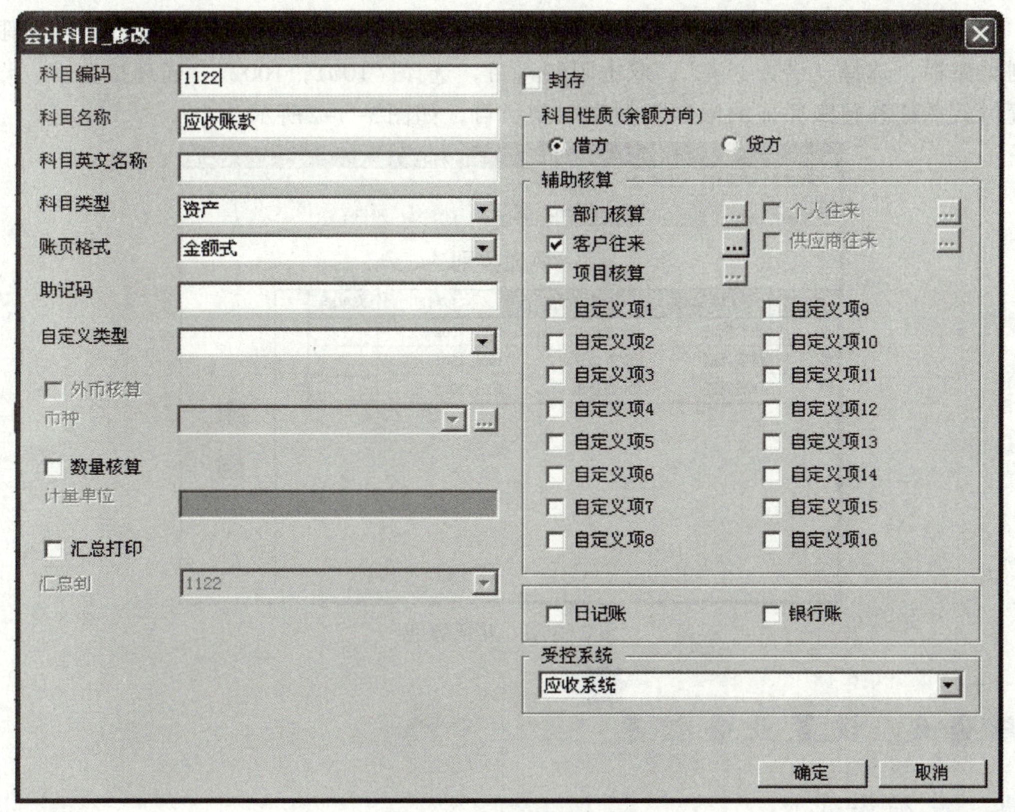

图3-5-1 修改会计科目

特别提示：

（1）在会计科目使用前一定先检查系统预置的会计科目是否能够满足需要，如果不能满足，则以增加或修改的方式进行调整；如果有一些会计科目是不需要的，也可以删除。

（2）在修改“应收账款”等往来会计科目时，右下角下拉框受控系统若显示为应收、应付系统，则往来业务凭证不能在总账系统完成，只能通过应收、应付系统制单并传递到总账系统；若选择为空白，则该往来业务可以在总账系统中进行制单。

二、增加会计科目

【操作步骤】

（1）进入企业应用平台，执行“基础设置”→“基础档案”→“财务”→“会计科目”命令，进入“会计科目”窗口。

（2）点击“增加”按钮，新增会计科目。

三、设置凭证类别

【操作步骤】

（1）进入企业应用平台，执行“基础设置”→“基础档案”→“财务”→“凭证类别”命令，进入“凭证类别设置”窗口。选择“收款凭证、付款凭证、转账凭证”分类方式。

（2）单击“确定”按钮，进入“凭证类别”窗口。选中“收款凭证”行，双击限制类型栏，选择“借方必有”；双击限制科目，选择“1001，1002”。同理按要求，设置付款凭证和转账凭证的限制类型和限制科目，如图3-5-2所示。

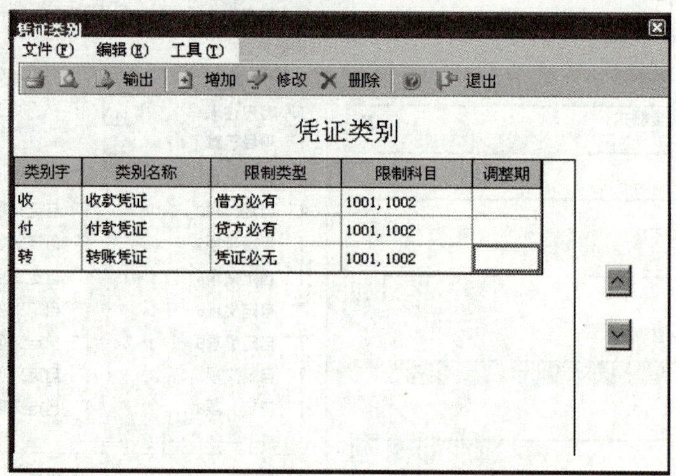

图3-5-2　凭证类别

任务6　设置业务信息

任务资料

微课3-5

设置业务信息

1.仓库档案（见表3-6-1）

表3-6-1　仓库档案

仓库编码	仓库名称	计价方式
1	成品仓库	移动平均法
2	配套品仓库	移动平均法

2.收发类别（见表3-6-2）

表3-6-2 收发类别

收发类别编码	收发类别名称	收发标志	收发类别编码	收发类别名称	收发标志
1	正常入库	收	3	正常出库	发
11	采购入库	收	31	销售出库	发
12	产成品入库	收	32	领料出库	发
13	调拨入库	收	33	调拨出库	发
2	非正常入库	收	4	非正常出库	发
21	盘盈入库	收	41	盘亏出库	发
22	其他入库	收	42	其他出库	发

3.采购类型（见表3-6-3）

表3-6-3 采购类型

采购类型编码	采购类型名称	入库类别
1	普通采购	采购入库
2	代购	采购入库

4.销售类型（见表3-6-4）

表3-6-4 销售类型

销售类型编码	销售类型名称	出库类别
1	普通销售	销售出库
2	代销	销售出库

5.费用项目

费用项目分类：1代垫费用；2其他费用。

费用项目：01运费（所属分类1）；02安装费（所属分类1）；03其他费用（所属分类2）。

相关知识

一、仓库档案

仓库是用于存放存货的场所，对存货进行核算和管理，首先应对仓库进行管理，因此，设置仓库档案是供应链管理系统的重要基础工作之一，设置的仓库可以是企业实际在用的仓库，也可以是虚拟的仓库。

二、收发类别

收发类别，是为用户对材料的出入库情况进行分类、汇总、统计而设置的，表示材料的出入库类型。收发类别不一定单指材料，也可包括商品出入库类型，用户可根据各单位需要自由灵活地进行设置。

三、采购类型

采购类型是由用户根据企业需要自行设定的项目，用户在使用用友采购管理系统，填制采购入库单等单据时，会涉及采购类型栏目，便于企业进行分类统计，如果企业需要按采购类型进行统计，那就应该建立采购类型项目。

四、销售类型

用户在处理销售业务时，可以根据自身的实际情况自定义销售类型，以便于按销售类型业务数据进行统计和分析，完成本功能对销售类型的设置和管理后，用户可以根据业务需要方便地增加、修改、删除、查询和打印销售类型。

五、费用项目

用户在处理销售业务中代垫费用和销售支出费用时，应先行在本功能中设定这些费用项目。完成对费用项目的设置和管理后，用户可以根据业务的需要方便地增加、修改、删除、查询和打印运输方式。

任务实施

一、仓库档案

【操作步骤】

（1）进入企业应用平台，执行“基础设置”→“基础档案”→“业务”→“仓库档案”命令，进入“仓库档案”窗口。

（2）点击“增加”按钮，显示“增加仓库档案”界面，录入信息后保存，如图3-6-1所示。

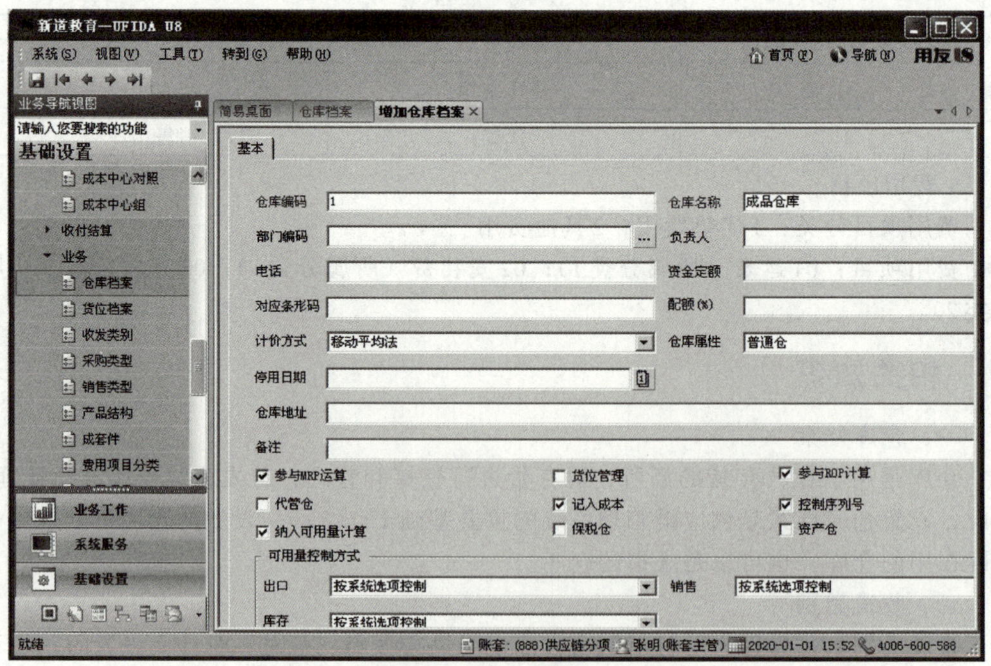

图3-6-1 仓库档案

特别提示：

（1）"仓库编码""仓库名称"为必填项，名称可重复，编码不能重复。

（2）每个仓库必须选择一种计价方式，系统提供六种计价方式：工业企业包括计划价法、全月平均法、移动平均法、先进先出法、个别计价法；商业企业有售价法、全月平均法、移动平均法、先进先出法、个别计价法。

（3）仓库属性下拉框有3种选择：普通仓、现场仓、委外仓。系统默认为普通仓。普通仓用于对正常的材料、产品、商品的出入库、盘点的管理；现场仓用于对生产过程的材料、半成品、产成品的管理；委外仓用于对发给委外商的材料的管理。

（4）若仓库已经使用，只可修改以下几项：负责人、电话、资金定额、仓库地址、备注，且不允许删除。

二、收发类别

【操作步骤】

（1）进入企业应用平台，执行"基础设置"→"基础档案"→"业务"→"收发类别"命令，进入"收发类别"窗口。

（2）点击"增加"按钮，录入信息后保存，如图3-6-2所示。

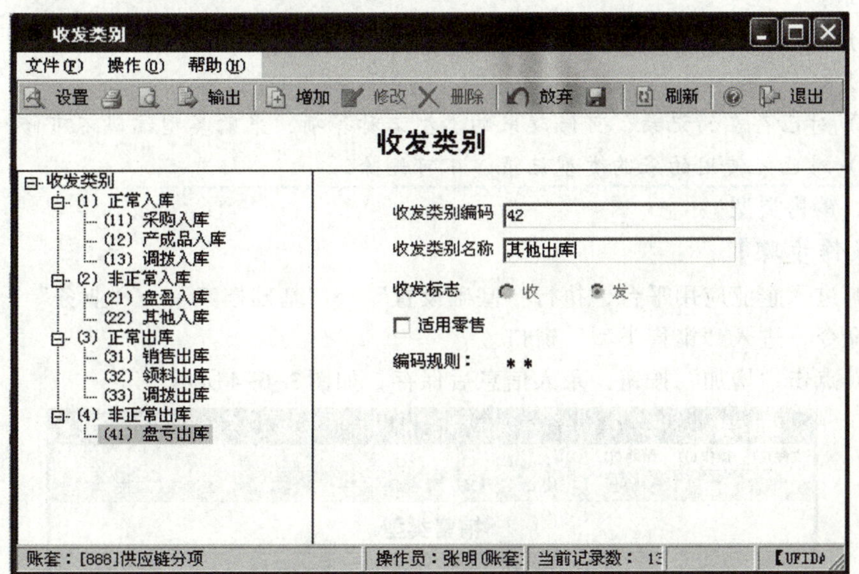

图3-6-2 收发类别

特别提示：

（1）"收发类别编码""收发类别名称"必须输入，类别编码不允许重复。

（2）对已经使用的收发类别记录，不可删除。

（3）对已存在的记录，可修改收发类别名称，收发类别编码不可修改。

三、采购类型

【操作步骤】

（1）进入企业应用平台，执行"基础设置"→"基础档案"→"业务"→"采购类型"命令，进入"采购类型"窗口。

（2）点击“增加”按钮，录入信息后保存，如图3-6-3所示。

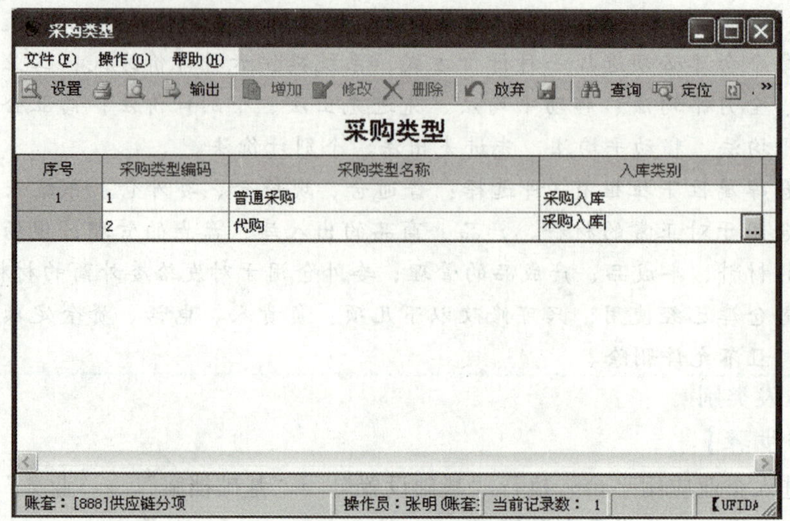

序号	采购类型编码	采购类型名称	入库类别
1	1	普通采购	采购入库
2	2	代购	采购入库

图3-6-3 采购类型

特别提示：

（1）“采购类型编码”“采购类型名称”“入库类别”必须输入，采购类型编码不允许重复。

（2）对已存在的记录，可修改采购类型名称等项，采购类型编码不可修改。

（3）对已经使用的采购类型记录，不可删除。

四、销售类型

【操作步骤】

（1）进入企业应用平台，执行“基础设置”→“基础档案”→“业务”→“销售类型”命令，进入“销售类型”窗口。

（2）点击“增加”按钮，录入信息后保存，如图3-6-4所示。

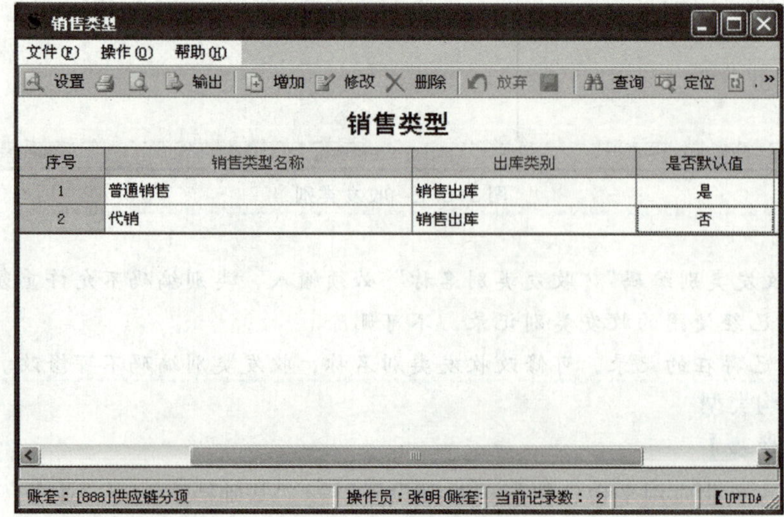

序号	销售类型名称	出库类别	是否默认值
1	普通销售	销售出库	是
2	代销	销售出库	否

图3-6-4 销售类型

特别提示：

（1）“销售类型编码”“销售类型名称”“出库类别”必须输入，销售类型编码、销售类型名称不能重复。

（2）对已存在的记录，可修改销售类型名称等项，销售类型编码不可修改。

（3）对已经使用的销售类型记录，不可删除。

五、费用项目

【操作步骤】

（1）进入企业应用平台，执行“基础设置”→“基础档案”→“业务”→“费用项目分类”命令，进入“费用项目分类”窗口。

（2）点击“增加”按钮，录入信息后保存，如图3-6-5所示。

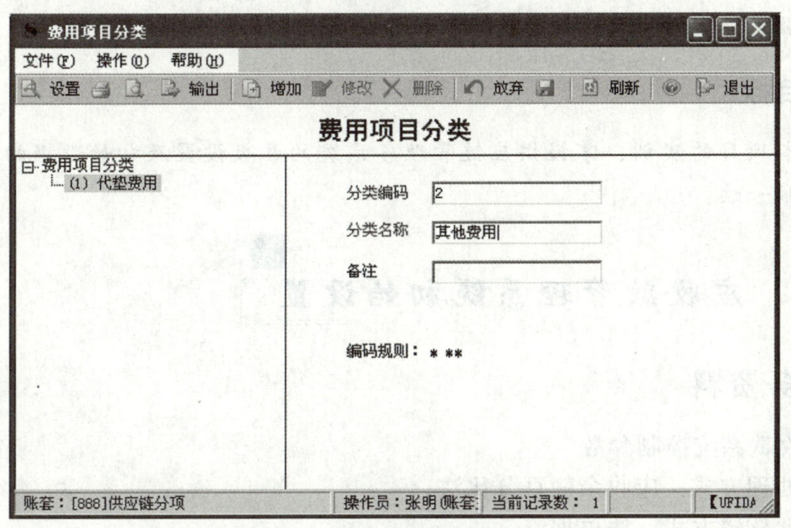

图3-6-5 费用项目分类

（3）进入企业应用平台，执行“基础设置”→“基础档案”→“业务”→“费用项目”命令，进入“费用项目档案”窗口。

（4）点击“增加”按钮，录入信息后保存，如图3-6-6所示。

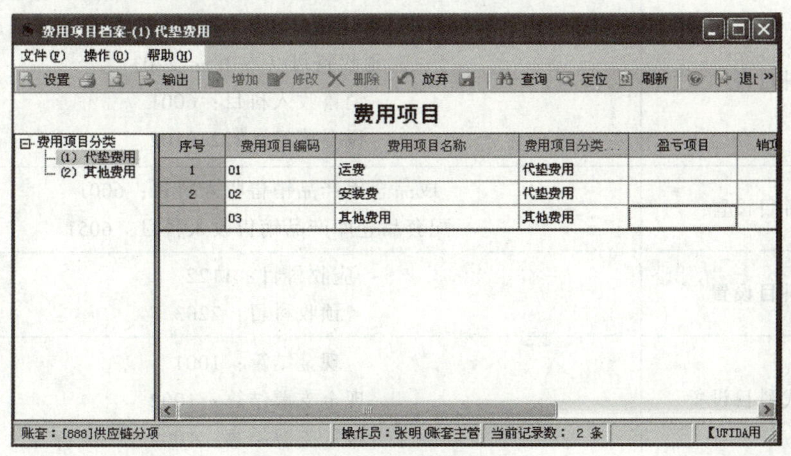

图3-6-6 费用项目档案

任务测试3-5

项目四

供应链管理系统初始设置

知识目标

通过本项目的学习，了解供应链管理各子系统控制参数的类型及内涵，理解各子系统期初数据产生的原因，体会各子系统初始数据之间的联系。

能力目标

通过本项目的实训，掌握供应链管理各系统的参数设置及初始数据的录入方法，并做到对账一致。

任务1　应收款管理系统初始设置

微课4-1

应收应付款管理系统初始设置

任务资料

1.应收款系统控制参数

坏账处理方式：应收余额百分比法；

应收款核销方式：按单据。

2.科目设置（见表4-1-1）

表4-1-1　科目设置

科目类别	科目设置方式
基本科目设置	应收科目（本币）：1122 预收科目（本币）：2203 销售收入科目：6001 税金科目：22210102
产品科目设置	成品仓库产品销售收入科目：6001 配套品仓库产品销售收入科目：6051
控制科目设置	应收科目：1122 预收科目：2203
结算方式科目设置	现金结算：1001 现金支票结算：1002 转账支票结算：1002

3.坏账准备设置（见表4-1-2）

表4-1-2 坏账准备设置

控制参数	参数设置
提取比例	0.5%
期初余额	761
坏账准备科目	1231
对方科目	6702

4.账龄区间设置（见表4-1-3）

表4-1-3 账期内账龄区间设置

序号	起止天数	总天数
01	0—30天	30天
02	31—60天	60天
03	61—90天	90天
04	91天以上	

5.应收账款期初余额

应收账款科目的期初余额为152 200元，其中，应收单相关数据见表4-1-4。

表4-1-4 应收单相关数据

日期	科目编号	客户	销售部门	金额	摘要
2019-11-12	1122	讯达商城	销售一部	5 350	代垫运费

销售专用发票相关数据见表4-1-5。

表4-1-5 销售专用发票相关数据

日期	客户	销售部门	科目	货物名称	数量	无税单价	税率	金额
2019-11-12	讯达商城	销售一部	1122	计算机	10	4 500	13%	50 850

销售普通发票相关数据见表4-1-6。

表4-1-6 销售普通发票相关数据

日期	客户	销售部门	科目	货物名称	数量	含税单价	金额
2019-12-12	武汉精益	销售二部	1122	奔腾CPU	200	480	96 000

相关知识

在联用应收款管理系统与销售管理系统的情况下，两个系统存在着数据传递关系。因此，启用销售管理系统的同时，应该启用应收款管理系统。应收款管理系统参数设置和期初余额录入，都是系统的初始化工作，应该在处理日常业务之前完成。

一、参数设置

应收款管理系统参数设置主要包括应收账款核销方式、单据审核日期依据、汇兑损益处理方式、坏账处理方式、代垫费用类型、应收账款核算类型等参数设置，基本科目、控制科目、产品科目、结算方式科目等科目设置，坏账准备、账龄区间、报警级别及单据类型等。

二、期初余额录入

应收款管理期初余额，包括未结算完的发票和应收单、预收款单据、未结算完的应收票据，这些期初数据必须是账套启用会计期间前的数据。

期初发票是指还未核销的应收账款，在系统中以单据的形式列示，已核销部分金额不显示。

期初应收单是指还未结算的其他应收单，在系统中以应收单的形式列示，已核销部分金额不显示。

期初预收单是指提前收取的客户款项，在系统中以收款单的形式列示。

当进入第二年年度处理时，系统自动将上年度未处理完的单据转为下一年度的期初余额。

任务实施

一、系统参数控制

【操作步骤】

(1) 执行“业务工作”→“财务会计”→“应收款管理”→“设置”→“选项”命令，进入“账套参数设置”窗口，点击“编辑”按钮，在“常规”选项卡下，坏账处理方式选择为“应收余额百分比法”，其余选项为默认设置，如图4-1-1所示。

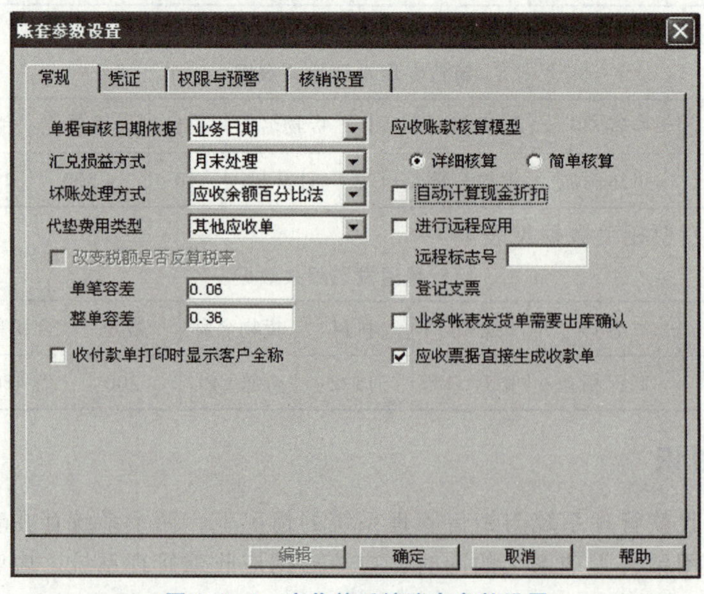

图4-1-1　应收款系统账套参数设置

（2）在“核销设置”选项卡下，默认“按单据”应收账款核销方式，单击“确定”按钮。

二、科目设置

【操作步骤】

（1）执行“业务工作”→“财务会计”→“应收款管理”→“设置”→“初始设置”命令，选择“设置科目”下“基本科目设置”，单击“增加”按钮，录入基础科目种类、科目及币种，如图4-1-2所示。

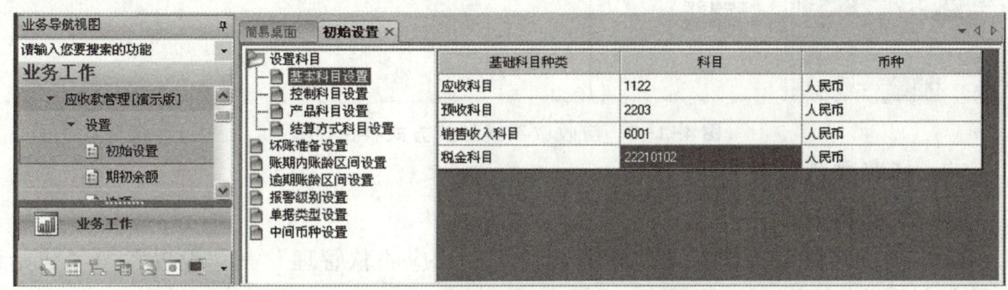

图4-1-2 应收款系统基本科目设置

（2）执行“业务工作”→“财务会计”→“应收款管理”→“设置”→“初始设置”命令，选择“设置科目”下“产品科目设置”，单击“增加”按钮，录入类别名称及销售收入科目，如图4-1-3所示。

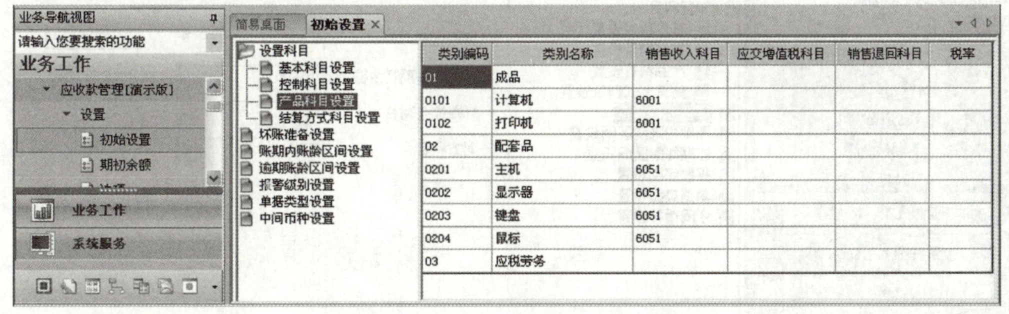

图4-1-3 应收款系统产品科目设置

（3）执行“业务工作”→“财务会计”→“应收款管理”→“设置”→“初始设置”命令，选择“设置科目”下“控制科目设置”，单击“增加”按钮，录入客户编码、客户简称及应收、预收科目，如图4-1-4所示。

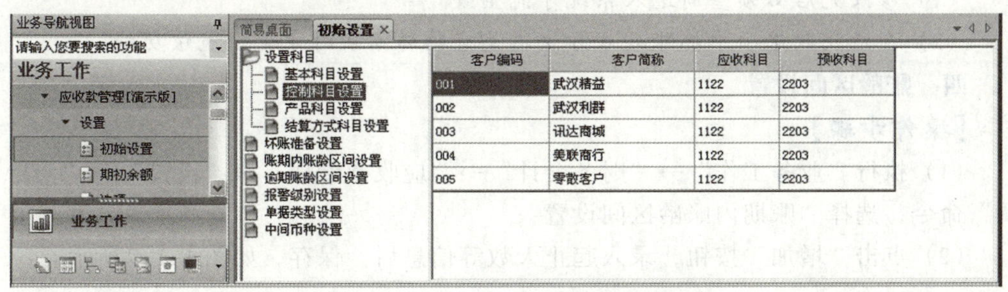

图4-1-4 应收款系统控制科目设置

（4）执行“业务工作”→“财务会计”→“应收款管理”→“设置”→“初始设

置”命令，选择“设置科目”下“结算方式科目设置”，单击“增加”按钮，录入结算方式及科目，如图4-1-5所示。

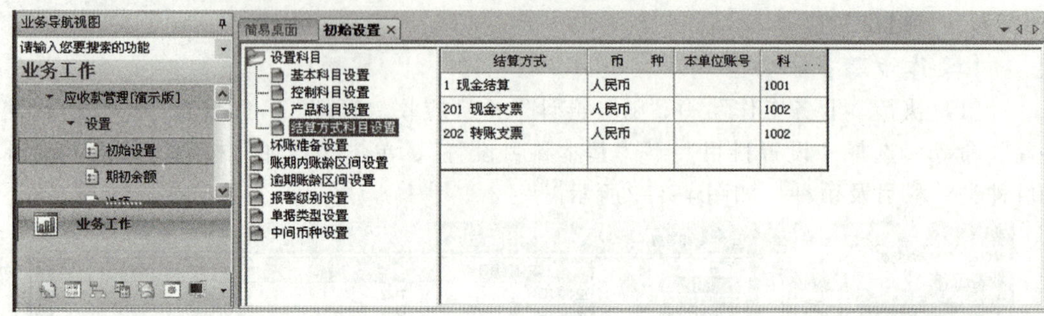

图4-1-5　应收款系统结算方式科目设置

三、坏账准备设置

【操作步骤】

（1）执行“业务工作”→“财务会计”→“应收款管理”→“设置”→“初始设置”命令，选择“坏账准备设置”。

（2）录入提取比例、坏账准备期初余额、坏账准备科目等信息后，点击“确定”按钮，如图4-1-6所示。

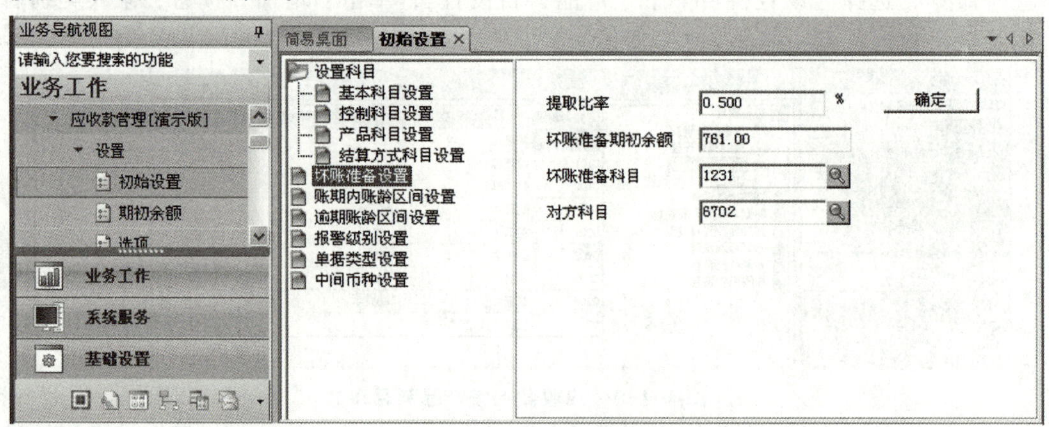

图4-1-6　坏账准备设置

特别提示：

（1）修改完后必须重新进入系统才能生效。

（2）在应收款选项中坏账处理方法不是直接转销法时才会出现该功能。

四、账龄区间设置

【操作步骤】

（1）执行“业务工作”→“财务会计”→“应收款管理”→“设置”→“初始设置”命令，选择“账期内账龄区间设置”；

（2）点击“增加”按钮，录入起止天数等信息后，保存，如图4-1-7所示。

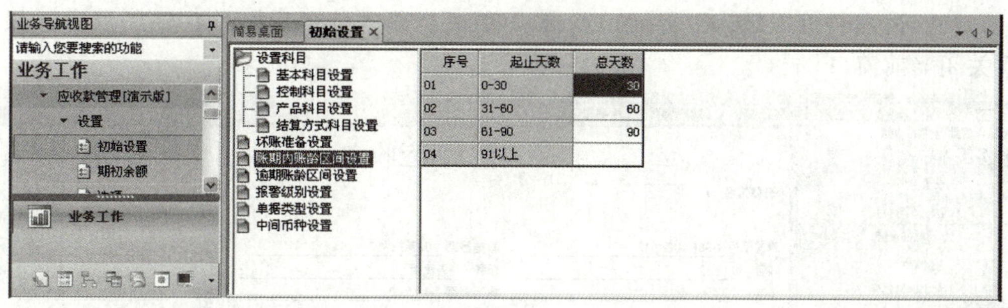

图 4-1-7　账期内账龄区间设置

五、应收账款期初余额设置

【操作步骤】

（1）进入企业应用平台，执行“业务工作”→“财务会计”→“应收款管理”→“设置”→“期初余额”命令，进入“期初余额-查询”窗口，单击“确定”按钮，如图 4-1-8 所示。

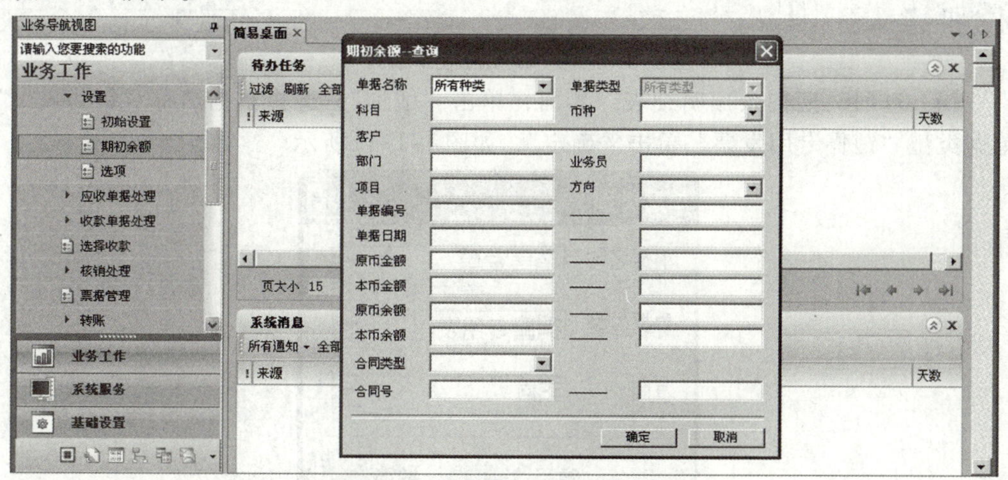

图 4-1-8　期初余额-查询窗口

（2）系统弹出“期初余额明细表”界面，单击“增加”，选择“应收单”，单击“确定”，如图 4-1-9 所示。

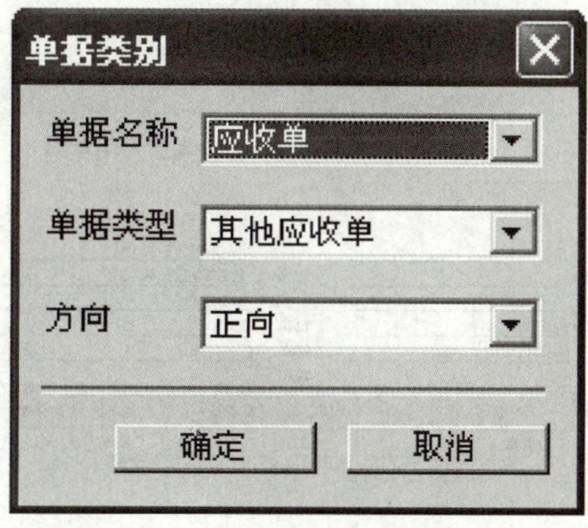

图 4-1-9　应收单单据类别

（3）进入“单据录入”界面，点击“增加”，录入信息后如图4-1-10所示，保存后关闭当前窗口。

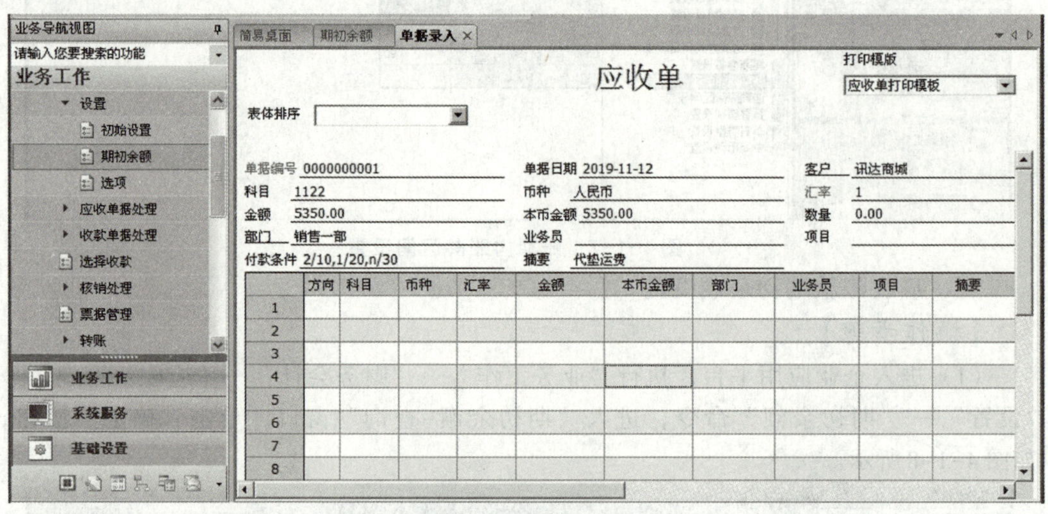

4-1-10　期初应收单录入

（4）返回“期初余额明细表”界面，单击“增加”，选择单据名称“销售发票”，单据类型“销售专用发票”单击“确定”，如图4-1-11所示。

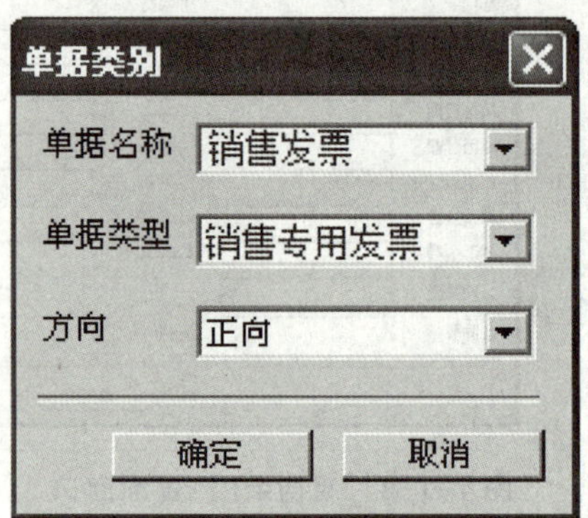

图4-1-11　选择单据类别

（5）进入“期初销售发票”界面，点击“增加”，录入信息后如图4-1-12所示，保存后关闭当前窗口。

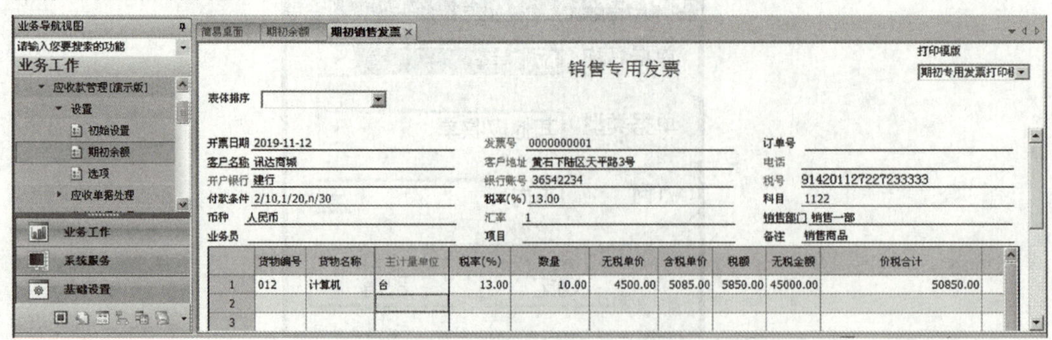

图4-1-12　期初销售专用发票录入

（6）同样方法进入“期初销售发票”界面，录入销售普通发票，录入信息后如图4-1-13所示，保存退出，点击“刷新”按钮，如图4-1-14所示。

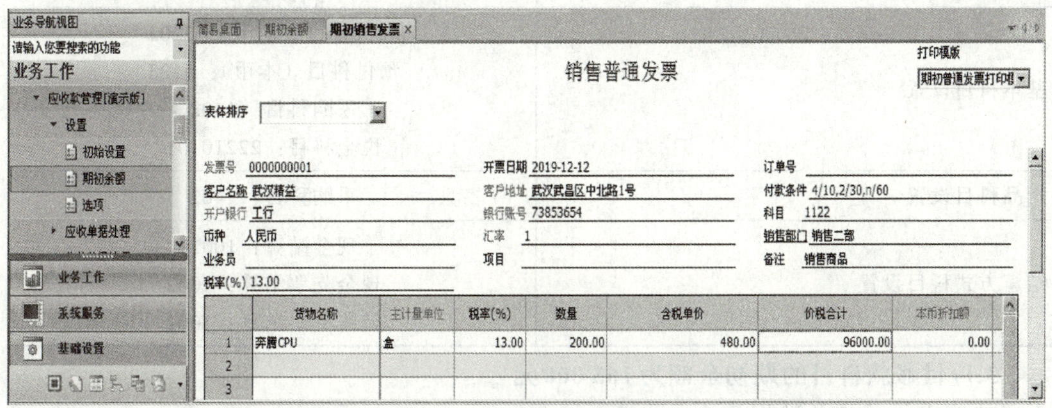

图4-1-13　期初销售普通发票录入

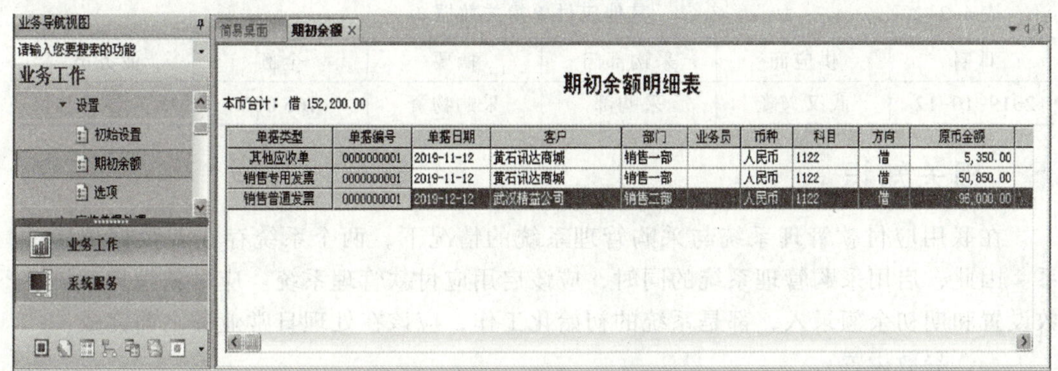

图4-1-14　期初余额明细表

特别提示：

（1）单据日期必须早于该账套启用日期。

（2）应收款管理系统与总账系统的期初余额必须对账平衡。

（3）第一个会计期间记账后，以后会计期间期初余额只能查看，不能修改。

任务2　应付款管理系统初始设置

任务资料

1.应付款系统控制参数

应付款核销方式：按单据。

2.科目设置

应付款核销方式设置见表4-2-1。

表4-2-1 应付款核销方式设置

科目类别	设置方式
基本科目设置	应付科目（本币）：2202 预付科目（本币）：1123 采购科目：1402 税金科目：22210101
产品科目设置	采购科目：1402
结算方式科目设置	现金结算：1001 现金支票结算：1002 转账支票结算：1002

3.应付账款科目的期初余额为165 000元

其他应付单相关数据见表4-2-2。

表4-2-2 其他应付单相关数据

日期	供应商	采购部门	摘要	金额	业务员
2019-10-12	武汉兴隆	采购部	采购物资	165 000	周军

相关知识

在联用应付款管理系统与采购管理系统的情况下，两个系统存在着数据传递关系。因此，启用采购管理系统的同时，应该启用应付款管理系统。应付款管理系统参数设置和期初余额录入，都是系统的初始化工作，应该在处理日常业务之前完成。

一、参数设置

应付款管理系统参数设置主要包括应付账款核销方式、单据审核日期依据、汇兑损益处理方式、费用支出单类型、应付账款核算类型等参数设置，基本科目、控制科目、产品科目、结算方式科目等科目设置，账龄区间、报警级别及单据类型等。

二、期初余额录入

应付款管理期初余额，包括未结算完的发票和应付单、预付款单据、未结算完的应付票据，这些期初数据必须是账套启用会计期间前的数据。

期初发票是指还未核销的应付账款，在系统中以应付单形式列示，已核销部分金额不显示。

期初应付单是指还未结算的其他应付单，在系统中以应付单的形式列示，已核销部分金额不显示。

期初预付单是指提前支付给供应商的款项，在系统中以付款单的形式列示。

任务实施

一、系统参数控制

【操作步骤】

执行“业务工作”→“财务会计”→“应付款管理”→“设置”→“选项”命

令，进入“账套参数设置”窗口，在“核销设置”选项卡下，单击“编辑”按钮，选择“按单据”应付账款核销方式。单击“确定”按钮，如图4-2-1所示。

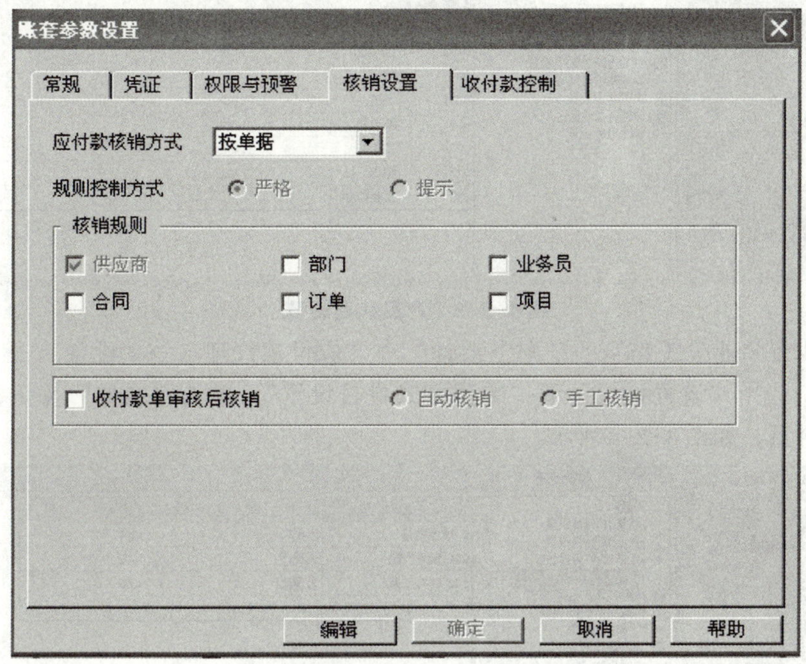

图4-2-1　应付款系统账套参数设置

二、科目设置

【操作步骤】

（1）执行“业务工作”→“财务会计”→“应付款管理”→“设置”→“初始设置”命令，选择“设置科目”下“基本科目设置”，单击“增加”按钮，录入基础科目种类及科目，如图4-2-2所示。

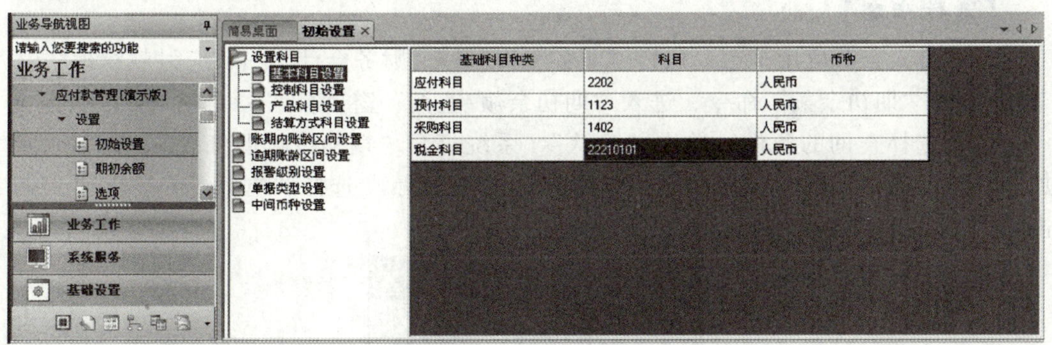

图4-2-2　基本科目设置

（2）执行“业务工作”→“财务会计”→“应付款管理”→“设置”→“初始设置”命令，选择“设置科目”下“产品科目设置”，单击“增加”按钮，录入类别编码、类别名称及采购科目，如图4-2-3所示。

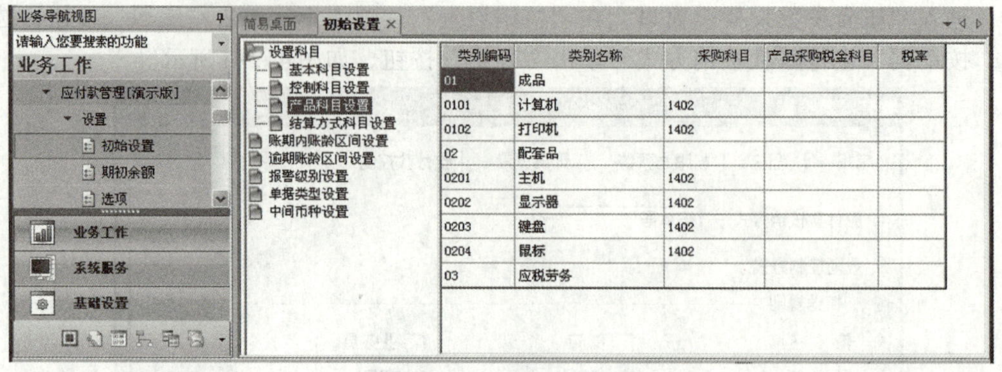

图4-2-3　产品科目设置

（3）执行“业务工作”→“财务会计”→“应付款管理”→“设置”→“初始设置”命令，选择“设置科目”下“结算方式科目设置”，单击“增加”按钮，录入结算方式及科目，如图4-2-4所示。

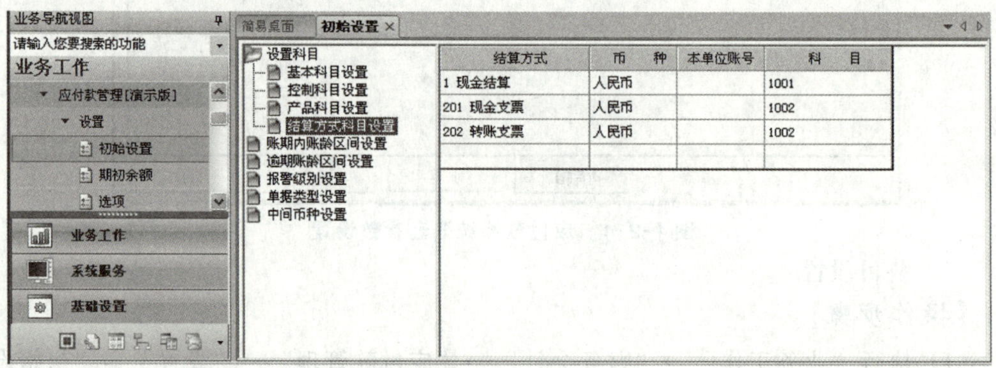

图4-2-4　结算方式科目设置

三、应付账款期初余额设置

【操作步骤】

（1）进入企业应用平台，执行“业务工作”→“财务会计”→“应付款管理”→“设置”→“期初余额”命令，进入“期初余额-查询”窗口。

（2）选择查询的条件，单击“确认”，系统打开“期初余额明细表”，单击“增加”，选择“应付单”，单击“确认”，如图4-2-5所示。选择“单据录入”界面，点击“增加”，如图4-2-6所示。

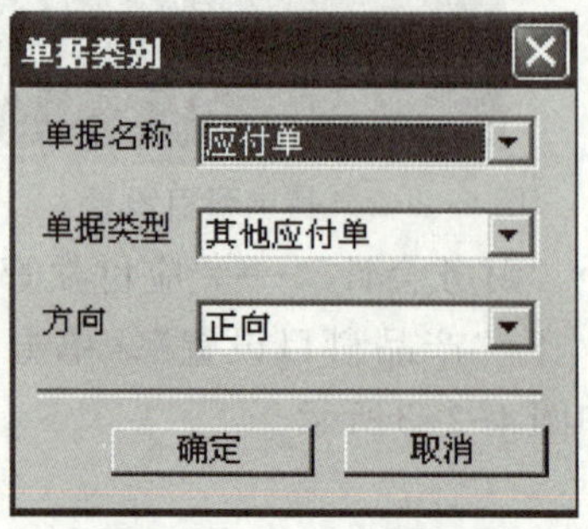

图4-2-5　单据类别选择

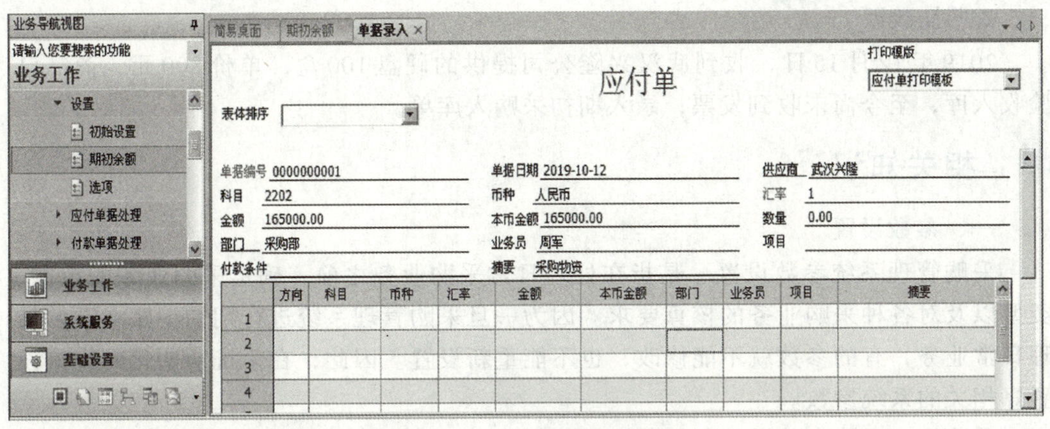

图 4-2-6 期初应付单录入

（3）录入信息后保存退出，显示“期初余额明细表”，如图 4-2-7 所示。

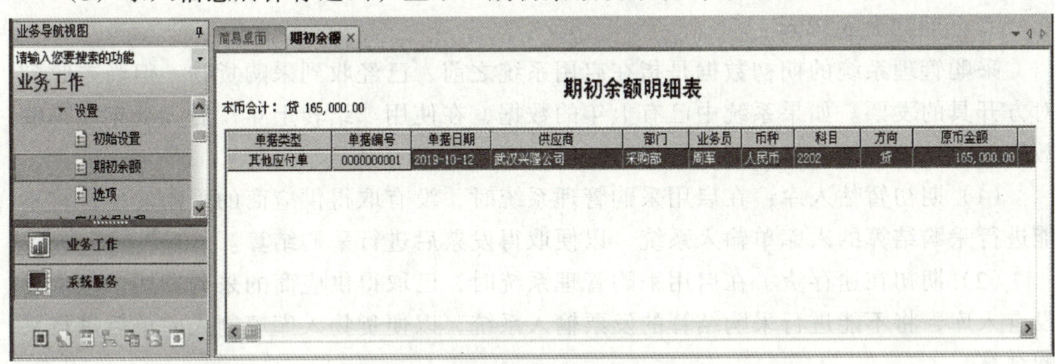

4-2-7 应付款系统期初余额明细表

特别提示：

（1）单据日期必须早于该账套启用日期。

（2）发票和应付单的方向包括正向和负向。

（3）增加预付款时，可以通过选择单据类型（收款单、付款单）来达到增加预收款、预付款的目的。

（4）应付款系统与总账系统的期初余额必须对账平衡。

（5）第一个会计期间记账后，以后会计期间期初余额只能查看，不能修改。

任务测试 4-1

任务 3 采购管理系统初始设置

任务资料

1. 系统控制参数

专用发票默认税率为 13%；允许超订单到货及入库。

在基础设置“单据设置”中将采购专用发票、采购普通发票、采购运费发票等单据改为“手工改动，重号时自动重取”。

微课 4-2

供应链管理系统初始设置

2.期初数据

2019年12月15日，收到武汉兴隆公司提供的硬盘100盒，单价800元，商品已验收入库，至今尚未收到发票，录入期初采购入库单。

相关知识

一、参数设置

采购管理系统参数设置，是指在处理日常采购业务之前，确定采购业务的范围、类型以及对各种采购业务的核算要求。因为一旦采购管理系统进行期初记账或开始处理日常业务，有的参数就不能修改，也不能重新设置。因此，在系统初始化时应该设置好相关的系统参数。

采购管理系统参数设置包括业务及权限控制设置、公共及参照控制设置及采购预警和报警设置。

二、期初余额录入

采购管理系统的期初数据是指在启用系统之前，已经收到采购货物，但尚未收到对方开具的发票。如果系统中已有上年的数据，在使用“结转上年”后，上年度采购数据将自动结转至本年。期初数据包括：

（1）期初暂估入库：在启用采购管理系统时，没有取得供应商的采购发票，将不能进行采购结算的入库单输入系统，以便取得发票后进行采购结算。

（2）期初在途存货：在启用采购管理系统时，已取得供应商的采购发票，但货物没有入库，将不能进行采购结算的发票输入系统，以便货物入库填制入库单后进行采购结算。

（3）期初受托代销商品：在启用采购管理系统时，将没有与供应商结算完的受托代销商品数据输入系统，以便在受托代销商品销售后，能够进行受托代销结算。

期初记账是将采购期初数据记入有关采购账，期初记账后，期初数据不能增加、修改，除非取消期初记账。在采购期初记账前，需要先将期初暂估入库、期初在途存货和期初受托代销商品录入采购系统中。

任务实施

一、系统控制参数

【操作步骤】

（1）执行“业务工作”→“供应链”→“采购管理”→“设置”→“采购选项”命令，按要求对设置进行更改，单击“确定”按钮，如图4-3-1及4-3-2所示；

（2）执行“基础设置”→“单据设置”→“单据编号设置”命令，选择要修改的单据，点击“修改”按钮，选中“手工改动，重号时自动重取”，如图4-3-3所示，单击“保存”按钮，依次对其他单据进行修改，保存后退出。

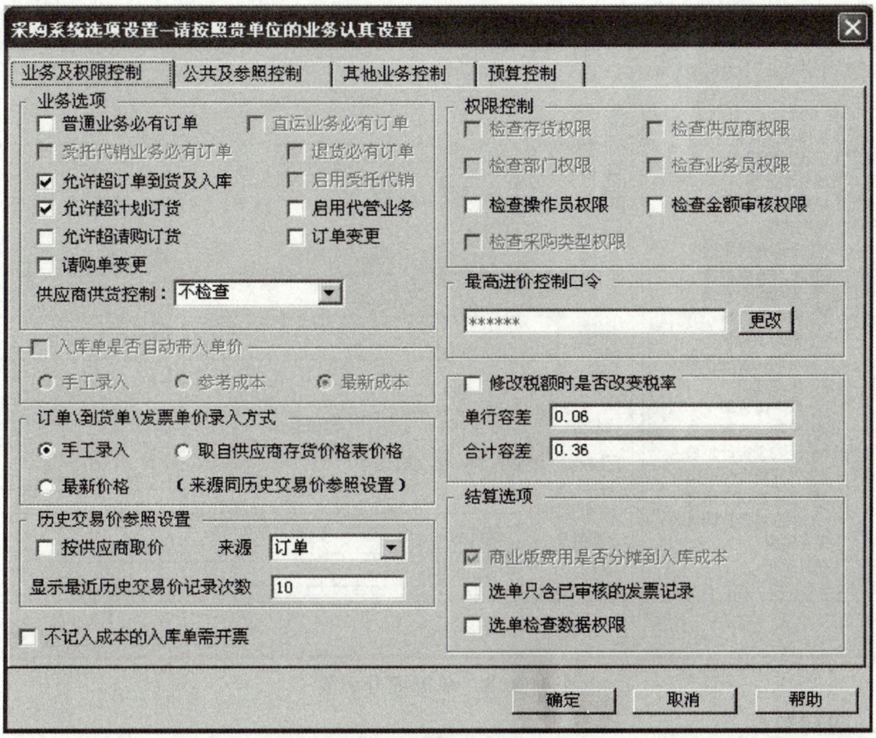

采购系统选项设置—请按照贵单位的业务认真设置

业务及权限控制 | 公共及参照控制 | 其他业务控制 | 预算控制

业务选项
- [ ] 普通业务必有订单
- [ ] 直运业务必有订单
- [ ] 受托代销业务必有订单
- [ ] 退货必有订单
- [x] 允许超订单到货及入库
- [ ] 启用受托代销
- [x] 允许超计划订货
- [ ] 启用代管业务
- [ ] 允许超请购订货
- [ ] 订单变更
- [ ] 请购单变更

供应商供货控制：不检查

- [ ] 入库单是否自动带入单价

( ) 手工录入　( ) 参考成本　(•) 最新成本

订单\到货单\发票单价录入方式

(•) 手工录入　( ) 取自供应商存货价格表价格

( ) 最新价格　（来源同历史交易价参照设置）

历史交易价参照设置
- [ ] 按供应商取价

来源　订单

显示最近历史交易价记录次数　10

- [ ] 不记入成本的入库单需开票

权限控制
- [ ] 检查存货权限
- [ ] 检查供应商权限
- [ ] 检查部门权限
- [ ] 检查业务员权限
- [ ] 检查操作员权限
- [ ] 检查金额审核权限
- [ ] 检查采购类型权限

最高进价控制口令

******　更改

- [ ] 修改税额时是否改变税率

单行容差　0.06

合计容差　0.36

结算选项
- [x] 商业版费用是否分摊到入库成本
- [ ] 选单只含已审核的发票记录
- [ ] 选单检查数据权限

确定　取消　帮助

图 4-3-1　采购系统参数设置

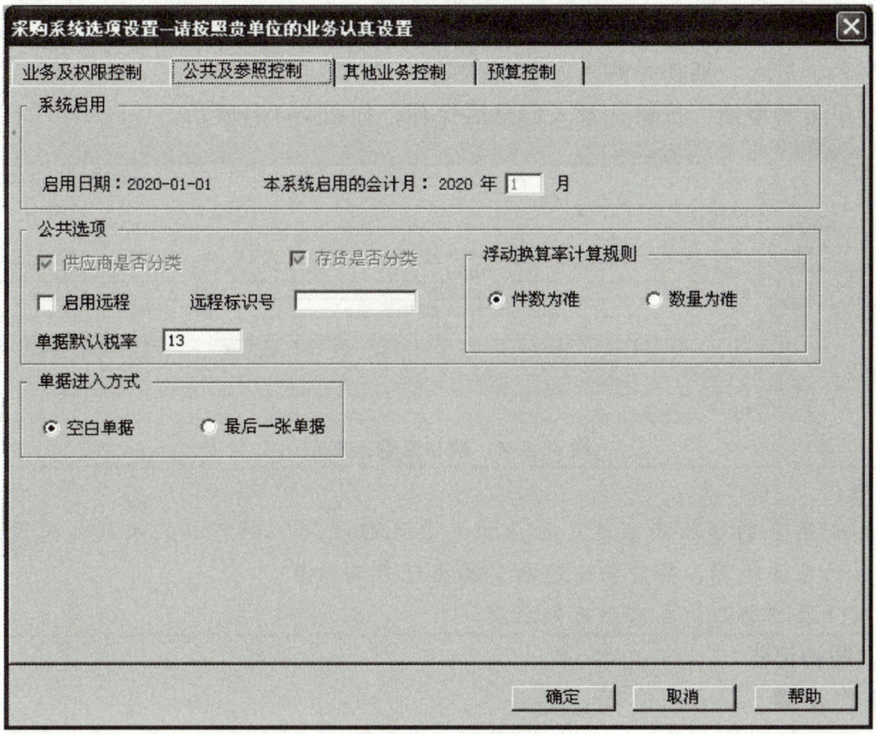

采购系统选项设置—请按照贵单位的业务认真设置

业务及权限控制 | 公共及参照控制 | 其他业务控制 | 预算控制

系统启用

启用日期：2020-01-01　本系统启用的会计月：2020 年 1 月

公共选项
- [x] 供应商是否分类
- [x] 存货是否分类
- [ ] 启用远程

远程标识号

单据默认税率　13

浮动换算率计算规则

(•) 件数为准　( ) 数量为准

单据进入方式

(•) 空白单据　( ) 最后一张单据

确定　取消　帮助

图 4-3-2　税率设置

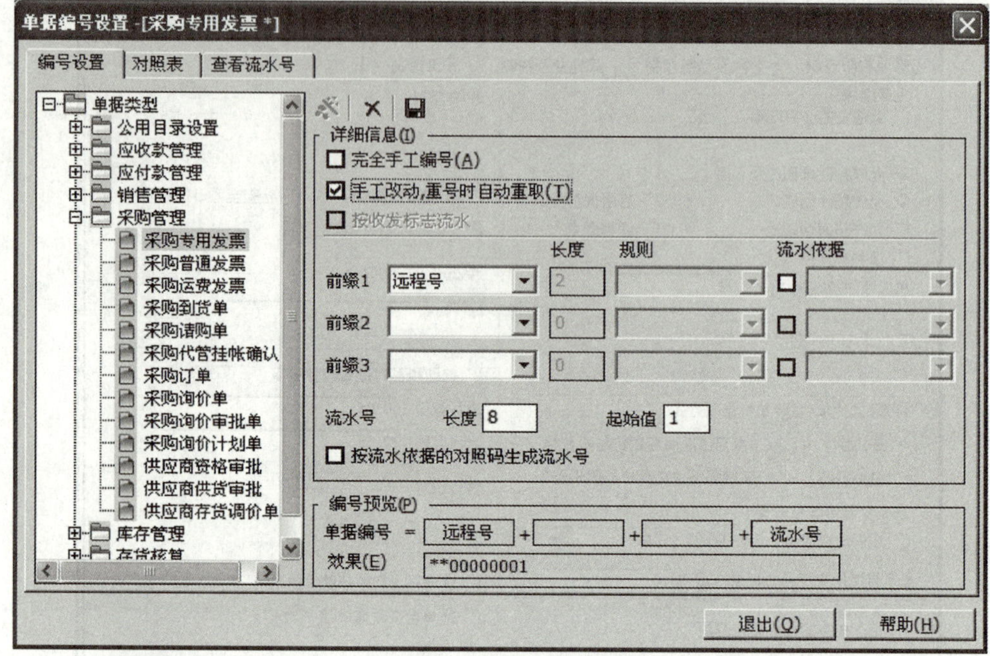

图4-3-3　单据编号设置

二、期初数据

【操作步骤】

(1) 执行“业务工作”→“供应链”→“采购管理”→“采购入库”→“采购入库单”命令，进入“期初采购入库单”窗口。

(2) 单击“增加”按钮，录入信息后保存，如图4-3-4所示。

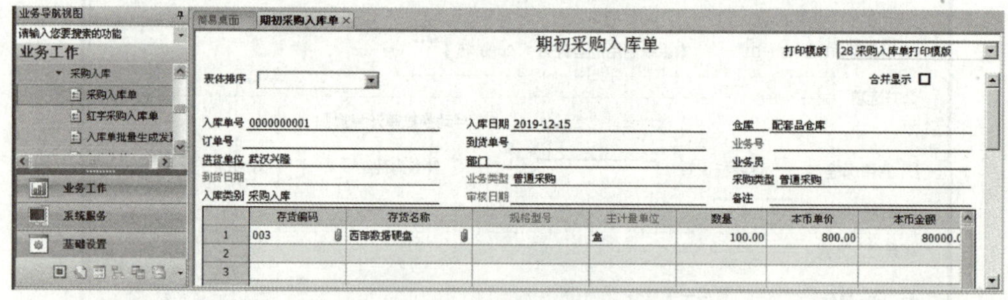

图4-3-4　期初采购入库单

特别提示：

(1) 如果采购货物尚未运达企业但发票已经收到，则可以录入期初采购发票，表示企业的在途物资，待货物运达后，再办理采购结算。

(2) 开票日期必须在启用日期之前。

三、期初记账

【操作步骤】

(1) 执行“采购管理”→“设置”→“采购期初记账”命令，进入“期初记账”窗口，如图4-3-5所示。

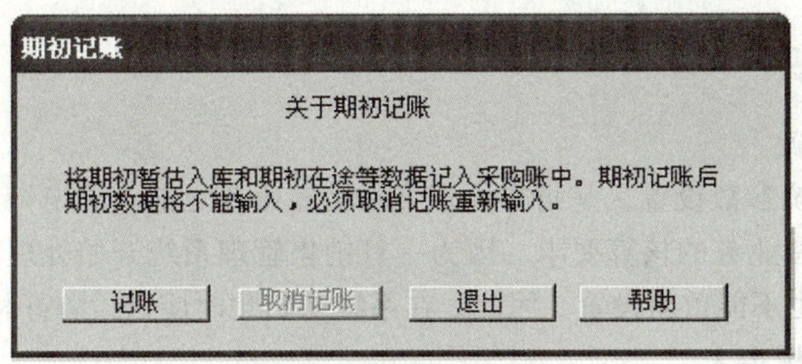

图 4-3-5　采购期初记账

（2）单击“记账”按钮，显示“期初记账完毕！”，如图4-3-6所示。

图 4-3-6　期初记账完毕

特别提示：

（1）没有期初数据时，也可以期初记账，以便输入日常采购单数据。

（2）记账后，如要取消记账，则单击“取消记账”按钮，系统将把期初记账数据设置为未期初记账状态。

（3）在采购管理系统期初记账前，录入采购入库单、采购发票和受托代销单，系统会自动显示为期初入库单、期初采购发票和期初受托代销单。期初记账后，所录入的采购入库单、采购发票和受托代销单都可以在后期执行正常的业务操作。

（4）采购管理系统期初记账前，期初入库单等期初数据可以修改、删除，期初记账后，不允许修改或删除。

任务 4　销售管理系统初始设置

任务资料

1. 系统控制参数

有零售日报业务；有委托代销业务；有分期收款业务；有直运销售业务；销售生成出库单；不选择“报价含税”；新增退货单默认参照发货；新增发票默认参照发货；其余默认。

在基础设置“单据设置”中将销售专用发票、销售普通发票等单据改为“手工改动，重号时自动重取”。

2. 期初数据

2019年12月5日，销售一部向讯达商城出售计算机10台，报价为4 500元/台，由成品仓库发货。该发货单尚未开票。

相关知识

一、参数设置

销售管理系统参数设置，是指在处理日常销售业务之前，确定销售业务的范围、类型以及对各种销售业务的核算要求。因为一旦销售管理系统开始处理日常业务，有的参数就不能修改，也不能重新设置。因此，在系统初始化时应该设置好相关的系统参数。

二、期初余额录入

销售系统期初数据是指在启用系统之前尚未处理完成的数据，录入期初数据，以保证数据的连贯性。对于已经发货尚未开具发票的货物，应该作为期初发货单录入销售管理系统的期初数据，以便将来开具发票后，进行发票复核，即销售结算，如果系统中已有上年的数据，在使用“结转上年”后，上年度销售数据将自动结转至本年。期初单据审核有效，在本月末结账时记入有关销售账中。

销售系统期初数据包括：

（1）期初发货单：在启用系统日期前已经发货、出库，但尚未开发票的业务，包括普通销售发货单、分期收款发货单。

（2）期初委托代销发货单：在启用系统之前已经发生但未完全结算的委托代销发货单。

（3）期初分期收款发货单：在启用系统之前已经发生但未完全结算的分期收款发货单。

任务实施

一、系统控制参数

【操作步骤】

（1）执行“业务工作”→“供应链”→“销售管理”→“设置”→“销售选项”命令，在“业务控制”中按要求对设置进行更改，如图4-4-1所示。

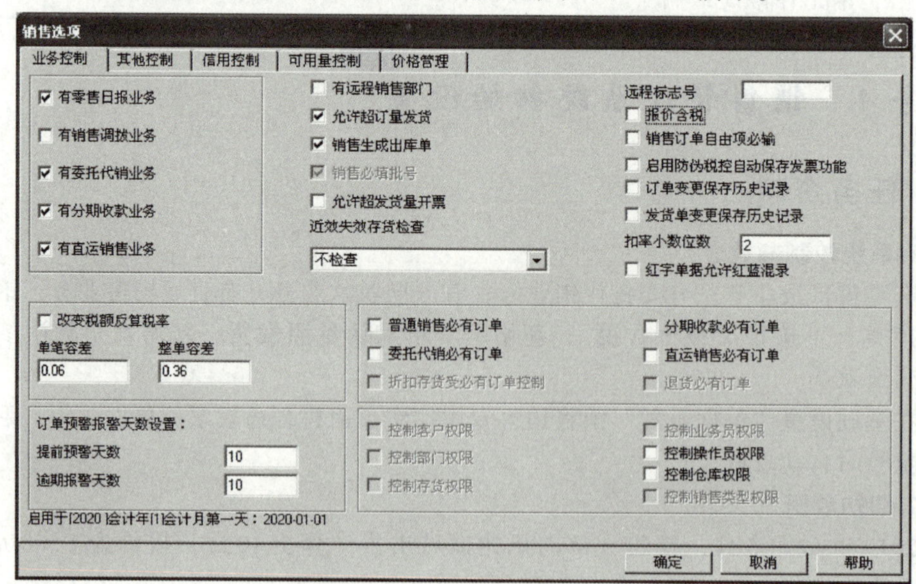

图4-4-1　销售选项-业务控制

（2）在“其他控制”中按要求对设置进行更改，单击“确定”按钮，如图4-4-2所示。

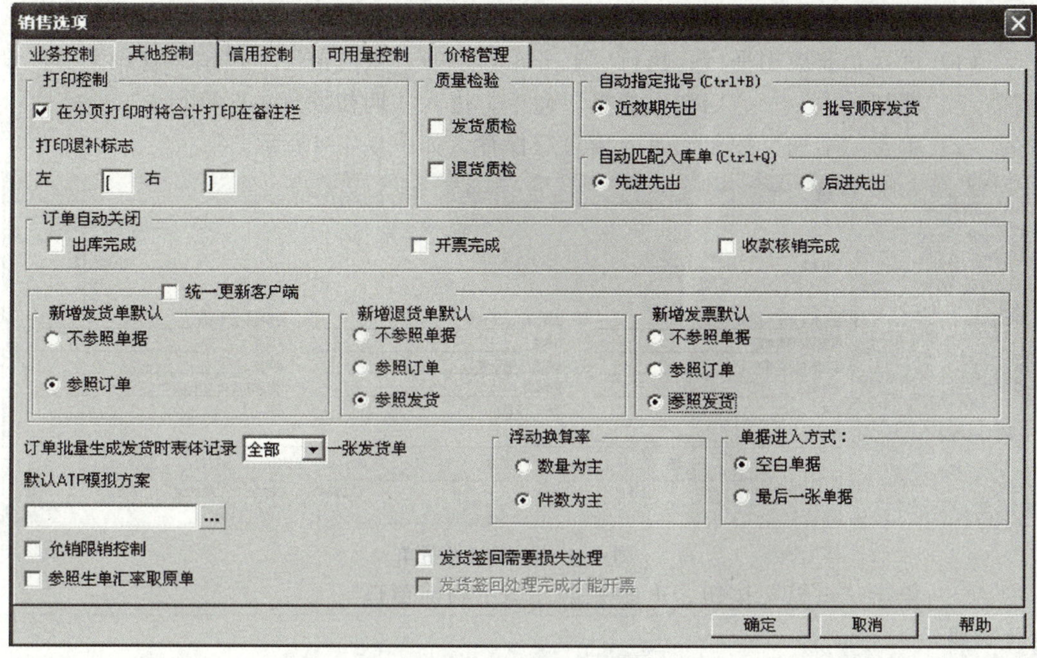

图4-4-2 销售选项-其他控制

（3）执行“基础设置”→“单据设置”→“单据编号设置”命令，按要求对设置更改，保存后退出，如图4-4-3所示。

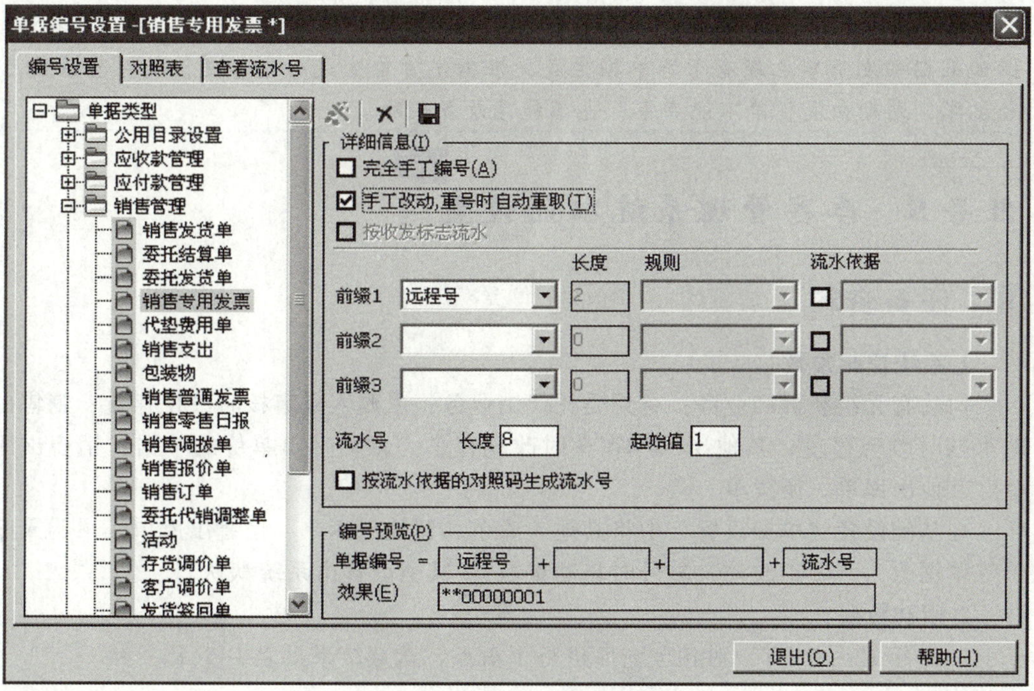

单据编号设置 -[销售专用发票 *]

编号设置 对照表 查看流水号

单据类型 公用目录设置 应收款管理 应付款管理 销售管理 销售发货单 委托结算单 委托发货单 销售专用发票 代垫费用单 销售支出 包装物 销售普通发票 销售零售日报 销售调拨单 销售报价单 销售订单 委托代销调整单 活动 存货调价单 客户调价单 发货签回单

详细信息(I) 完全手工编号(A) 手工改动，重号时自动重取(T) 按收发标志流水

长度 规则 流水依据

前缀1 远程号 2

前缀2 0

前缀3 0

流水号 长度 8 起始值 1

按流水依据的对照码生成流水号

编号预览(P) 单据编号 = 远程号 + + + 流水号

效果(E) **00000001

退出(Q) 帮助(H)

图4-4-3 单据编号设置

二、期初数据

【操作步骤】

（1）进入企业应用平台，执行“业务工作”→“供应链”→“销售管理”→“设置”→“期初录入”→“期初发货单”命令，进入“期初发货单”窗口。

（2）单击“增加”按钮，录入信息后保存，如图4-4-4所示。

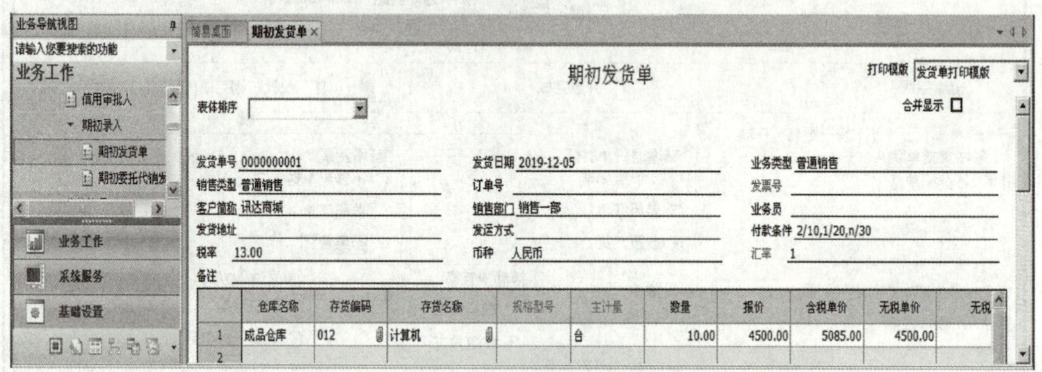

图4-4-4 期初发货单

（3）单击“审核”按钮，审核单据，退出当前窗口。

特别提示：

（1）期初发货单按照正常发货单录入，发货日期早于系统启用日期。

（2）期初发货单不影响现存量、可用量和待出库数等数据。

（3）期初发货单在销售管理系统中的开票处理同正常发货单，但要加期初标记。

（4）如果要修改或删除期初发货单，则必须先取消审核，即单击“弃审”按钮。但如果期初发货单已经有下游单据生成，根据发货单生成的销售发票或存货系统已经记账，则期初发货单不能弃审，也不能修改或删除。

任务5 库存管理系统初始设置

任务资料

1.系统控制参数

勾选有无组装拆卸业务；有无委托代销业务；采购入库审核时改现存量；销售出库审核时改现存量；其他出入库审核时改现存量；自动带出单价的单据：销售出库单、其他出库单、调拨单。

在基础设置“单据设置”中将其他入库单、其他出库单、销售出库单、采购入库单等单据改为“手工改动，重号时自动重取”。其他设置由系统默认。

2.期初数据

2019年12月31日，对各个仓库进行了盘点，盘点结果见表4-5-1。

表 4-5-1 盘点结果

仓库名称	存货名称	数量	结存单价	金额
成品仓库	计算机	30	4 000	120 000
	惠普打印机	20	1 800	36 000
合计		50		156 000
配套品仓库	奔腾 CPU	100	480	48 000
	金邦内存条	150	160	24 000
	西部数据硬盘	250	800	200 000
	华硕主板	80	780	62 400
	华硕显卡	50	600	30 000
	三星光驱	50	150	7 500
	三星显示器	20	1 800	36 000
	键盘	40	100	4 000
	鼠标	50	50	2 500
合计		790		414 400

相关知识

一、参数设置

库存管理系统参数设置，是指在处理日常库存业务之前，确定库存业务的范围、类型以及对各种库存业务的核算要求。因为一旦库存管理系统开始处理日常业务，有的参数就不能修改，也不能重新设置。因此，在系统初始化时应该设置好相关的系统参数。

二、期初余额录入

初次使用库存管理系统时，应先输入全部末级存货的期初余额。如果系统中已有上年数据，在使用“结转上年”后，上年度各存货结存将自动结转至本年。存货核算的期初余额和库存管理系统中的期初余额分开录入，可以两边相互取数和对账。

库存系统期初数据包括期初结存和期初不合格品。

（1）期初结存：在系统启用前各仓库各存货的期初结存情况（即启用库存管理系统时的库存现状，所以需要在此时进行盘点，然后将盘点的数据输入库存管理系统中作为期初结存）。不进行批次和保质期管理的企业，只需要录入各存货期初结存的数量；进行批次管理、保质期管理和出库跟踪入库管理的企业，需录入各存货期初结存的详细数据，如批号、生成日期、失效日期和入库单号等；进行货位管理的企业，还需要录入货位。

（2）期初不合格品：在系统启用前发生的不合格品结存量，以不合格品记录单的形式录入。企业外购或生产完工，对产品进行检验后，对于严重不合格不能再使用的不合格品可当时销毁；对于可作为不合格品继续使用或等待以后处理的不合格品可先办理入库，记入不合格品备查簿，和合格品分开进行专门保管。对于在存货保管过程中，由于保管不善或其他原因产生的不合格品，也要登记不合格品备查簿，以便进行相应的处理。

任务实施

一、系统控制参数

【操作步骤】

（1）执行“业务工作”→“供应链”→“库存管理”→“初始设置”→“选项”命令，在“通用设置”中按要求对设置进行更改，如图4-5-1所示；

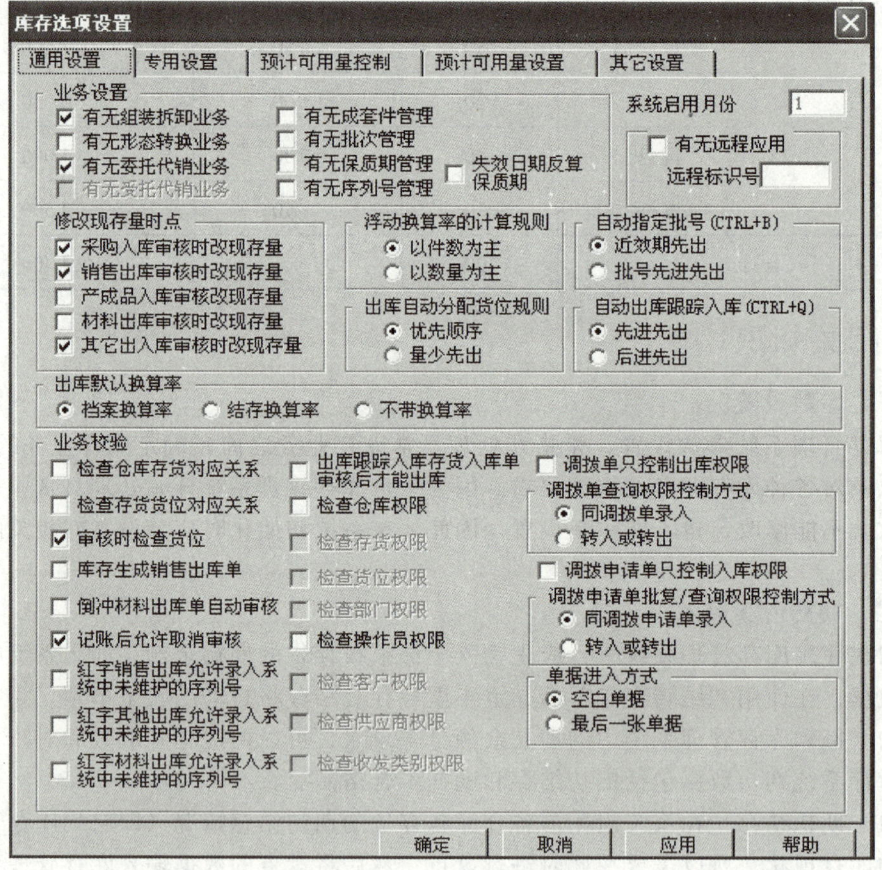

图4-5-1 库存选项-通用设置

（2）在“专用设置”中按要求对设置进行更改，单击“确定”按钮，如图4-5-2所示；

（3）执行“基础设置”→“单据设置”→“单据编号设置”命令，按要求对设置进行更改，保存后退出，如图4-5-3所示。

库存选项设置
通用设置
专用设置
预计可用量控制
预计可用量设置
其它设置
业务开关
允许超发货单出库
允许超调拨单出库
允许超调拨申请单调拨
允许货位零出库
允许超生产订单领料
允许超限额领料
允许超采购订单入库
允许超生产订单入库
允许超委外订单入库
允许超委外订单发料
允许超作业单出库
允许超领料申请出库
允许未领料的产成品入库
按领料比例控制
只控制关键物料
允许超采购到货单入库
允许超委外到货单入库
允许修改调拨单生成的其他出入库单据
倒冲盘点领料不足倒冲生成其它入库单
生产领料考虑损耗率
生产领料时允许使用替代料
领料必有来源单据
退料必有来源单据
补料必有来源单据
条码设置
維深条码驱动
预警设置
保质期存货报警
最高最低库存控制
按仓库控制盘点参数
按仓库控制最高最低库存量
按供应商控制库存量
PE预留临近预警天数 0
PE预留逾期报警天数 0
在库检验临近预警天数 0
在库检验逾期报警天数 0
修改税额时修改税率
单行容差 0.06
合计容差 0.36
自动带出单价的单据
采购入库单
采购入库取价按采购管理选项
销售出库单
产成品入库单
材料出库单
其他入库单
其他出库单
调拨申请单
调拨单
不合格品记录单
不合格品处理单
盘点单
组装单
拆卸单
形态转换单
入库单成本
最新成本
参考成本
计划单价
按计价方式取单价
出库单成本
最新成本
参考成本
计划单价
按计价方式取单价
确定
取消
应用
帮助

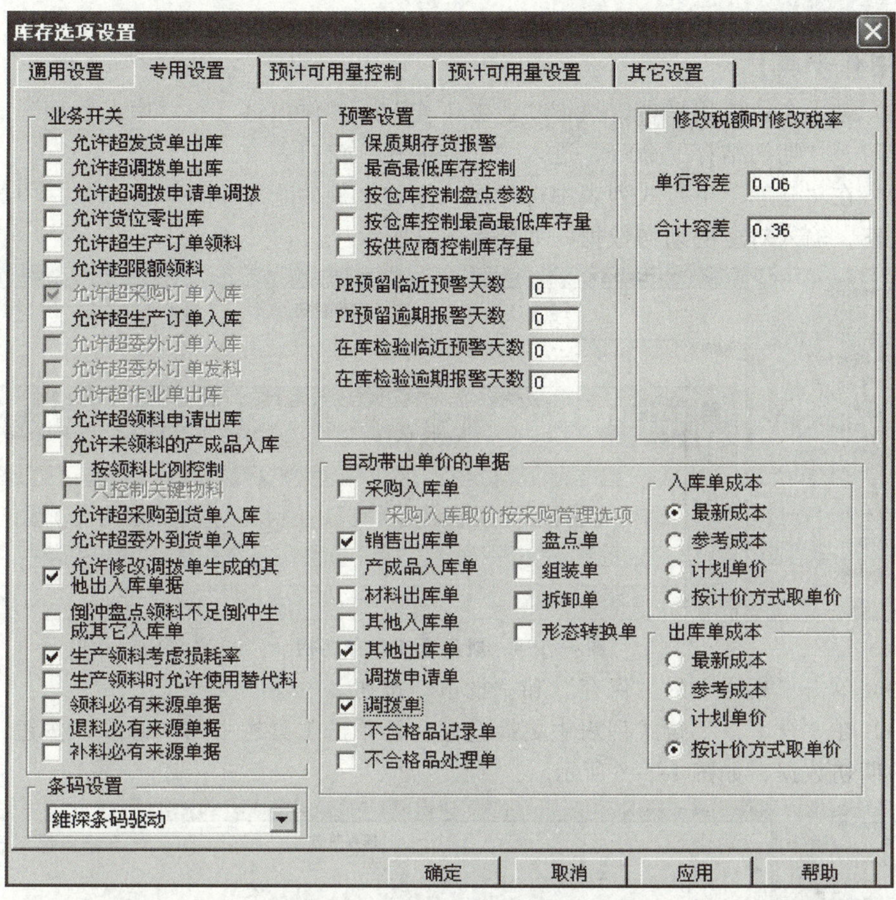

图 4-5-2　库存选项-专用设置

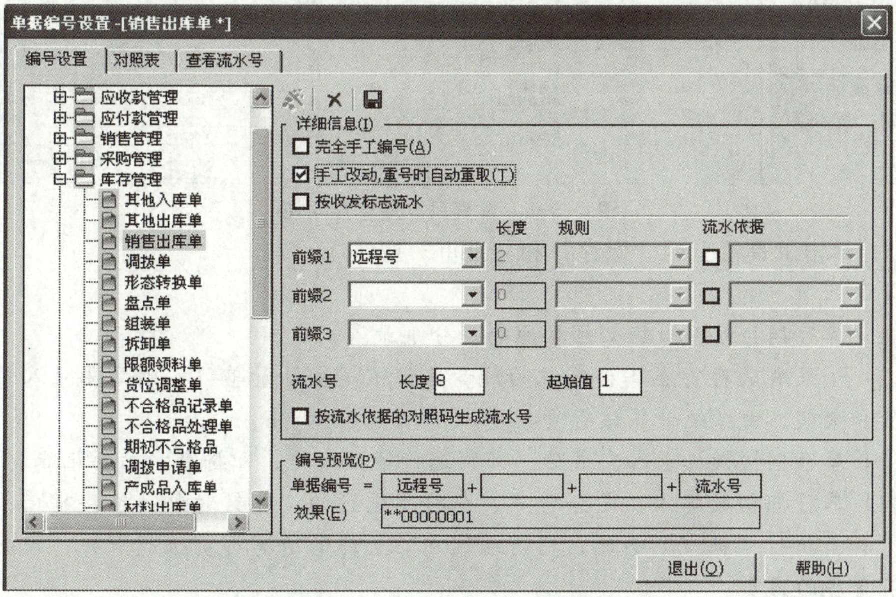

单据编号设置 -[销售出库单 *]
编号设置
对照表
查看流水号
应收款管理
应付款管理
销售管理
采购管理
库存管理
其他入库单
其他出库单
销售出库单
调拨单
形态转换单
盘点单
组装单
拆卸单
限额领料单
货位调整单
不合格品记录单
不合格品处理单
期初不合格品
调拨申请单
产成品入库单
材料出库单
详细信息(I)
完全手工编号(A)
手工改动,重号时自动重取(T)
按收发标志流水
长度
规则
流水依据
前缀1 远程号 2
前缀2 0
前缀3 0
流水号 长度 8 起始值 1
按流水依据的对照码生成流水号
编号预览(P)
单据编号 = 远程号 + + + 流水号
效果(E) **00000001
退出(Q)
帮助(H)

图 4-5-3　单据编号设置

二、期初结存

【操作步骤】

（1）进入企业应用平台，执行“业务工作”→“供应链”→“库存管理”→“初始设置”→“期初结存”命令，进入“库存期初”窗口。

（2）在“仓库”下拉式列表中选择录入期初余额的仓库，再单击工具栏中的“修改”按钮，输入对应的期初数据，如图4-5-4所示。

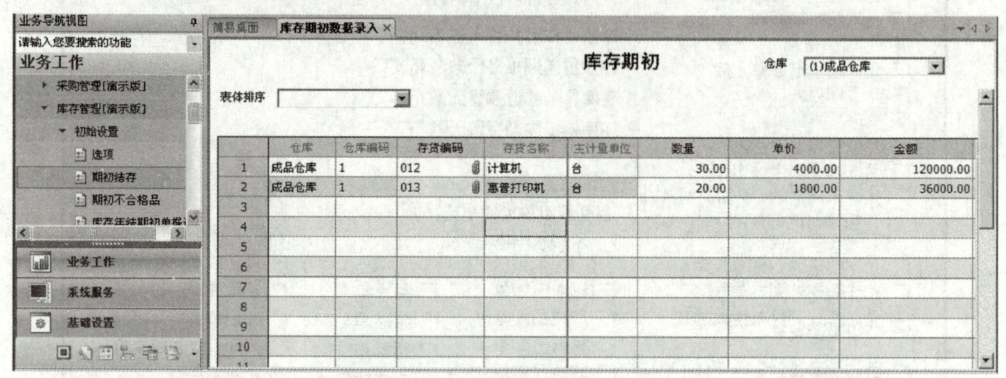

图4-5-4　成品仓库库存期初

（3）单击工具栏上的“保存”和“批审”按钮。

（4）在“仓库”下拉式列表中更换仓库，再单击工具栏中的“修改”按钮，输入对应的期初数据，如图4-5-5所示。

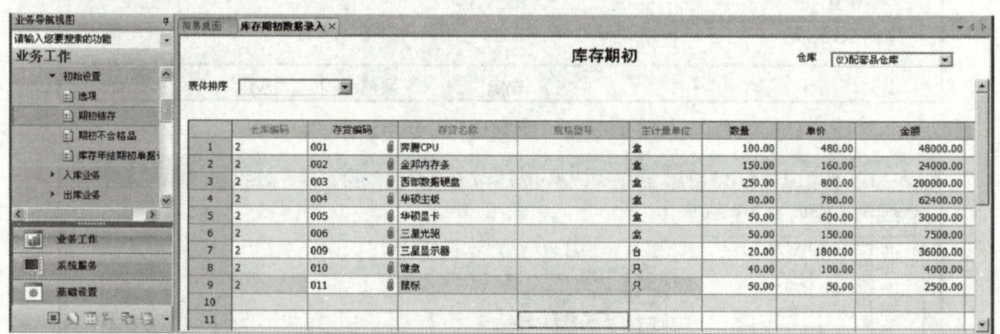

图4-5-5　配套品仓库库存期初

（5）单击工具栏上的“保存”和“批审”按钮。

特别提示：

（1）库存期初结存数据必须按照仓库分别录入。

（2）如果默认存货在库存系统的计量单位不是主计量单位，则需要录入该存货的单价和金额，由系统计算该存货数量。

（3）库存期初数据录入完成后，必须进行审核工作，即将期初结存记账。

（4）库存期初数据审核是分仓库、分存货进行的，即针对每一条存货记录进行审核。如果执行“批审”功能，则是对选中的仓库的所有存货执行审核，但并非审核所有仓库的存货。

（5）审核后的库存期初数据不能修改、删除，但可以弃审后进行修改或删除。

任务6 存货核算系统初始设置

任务资料

系统控制参数

核算方式：按仓库核算；

暂估方式：单到回冲；

销售成本核算方式：销售发票；

委托代销成本核算方式：按发出商品核算；

在基础设置“单据设置”中将出入库调整单等单据改为“手工改动，重号时自动重取”。其他设置由系统默认。

按仓库设置存货科目，见表4-6-1。

表4-6-1 按仓库设置存货科目

仓库	存货科目	委托代销发出商品科目	分期收款发出商品科目
成品仓库	1405	1406	1406
配套品仓库	1403	1406	1406

按收发类别设置对方科目，见表4-6-2。

表4-6-2 按收发类别设置对方科目

收发类别名称	对方科目	收发类别名称	对方科目
采购入库	成品仓库：在途物资1402 配套品仓库：在途物资1402	销售出库	成品仓库：主营业务成本6401 配套品仓库：其他业务成本6402
产成品入库	生产成本5001	领料出库	生产成本5001
盘盈入库	待处理财产损溢1901	盘亏出库	待处理财产损溢1901

相关知识

一、参数设置

存货核算系统参数设置，是指在处理日常存货业务之前，确定存货业务的范围、类型以及对各种存货业务的核算要求。因为一旦存货管理系统开始处理日常业务，有的参数就不能修改，也不能重新设置。因此，在系统初始化时应该设置好相关的系统参数。

二、期初余额录入

初次使用存货核算时，应先输入全部末级存货的期初余额。如果系统已有上年的数据，在使用“结转上年”后，上年各存货结存将自动结转至本年。按计划价或售价核算出库成本的存货，都应有期初差异或差价。初次使用存货核算系统时，只能从存货核算系统录入这些存货的期初差异余额或期初差价余额。

任务实施

一、系统控制参数

【操作步骤】

（1）执行“业务工作”→“供应链”→“存货核算”→“初始设置”→“选项”→“选项录入”命令，在“核算方式”中按要求对设置进行更改，如图4-6-1所示。

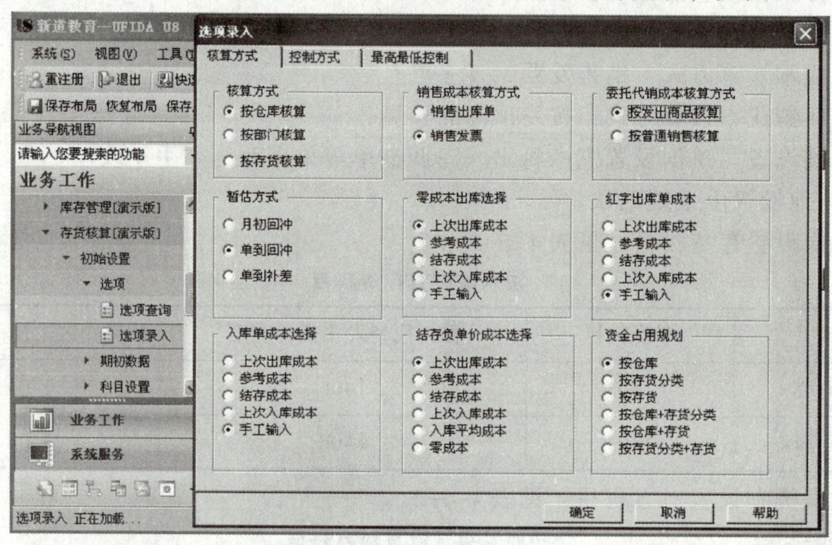

图4-6-1 存货系统选项录入

（2）执行“基础设置”→“单据设置”→“单据编号设置”命令，按要求对设置进行更改，保存后退出，如图4-6-2所示。

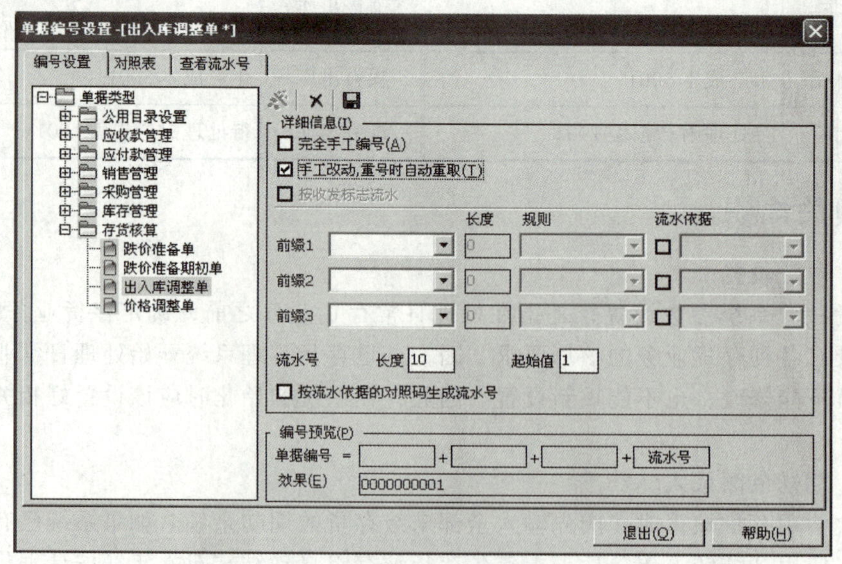

图4-6-2 单据编号设置

（3）执行“业务工作”→“供应链”→“存货核算”→“初始设置”→“科目设

置”→“存货科目”命令，按要求录入科目，如图4-6-3所示。

存货科目

仓库编码	仓库名称	存货分类编码	存货分类名称	存货编码	存货名称	存货科目编码	存货科目名称	分期收款发出…	分期收款发出…	委托代销发出…	委托代销发出…
1	成品仓库					1405	库存商品	1406	发出商品	1406	发出商品
2	配套品仓库					1403	原材料	1406	发出商品	1406	发出商品

图4-6-3 存货科目

（4）执行“业务工作”→“供应链”→“存货核算”→“初始设置”→“科目设置”→“对方科目”命令，按要求录入科目，如图4-6-4所示。

对方科目

收发类别编码	收发类别名称	存货分类编码	存货分类名称	存货编码	存货名称	项目大类编码	项目大类名称	对方科目编码	对方科目名称
11	采购入库	01	成品					1402	在途物资
11	采购入库	02	配套品					1402	在途物资
12	产成品入库							5001	生产成本
21	盘盈入库							1901	待处理财产损溢
31	销售出库	01	成品					6401	主营业务成本
31	销售出库	02	配套品					6402	其他业务成本
32	领料出库							5001	生产成本
41	盘亏出库							1901	待处理财产损溢

图4-6-4 存货对方科目

二、期初数据

【操作步骤】

（1）执行“业务工作”→“供应链”→“存货核算”→“初始设置”→“期初数据”→“期初余额”命令，进入“期初余额”窗口。

（2）在“仓库”下拉式列表中选择录入期初余额的仓库，再单击工具栏中的“取数”按钮，如图4-6-5所示。

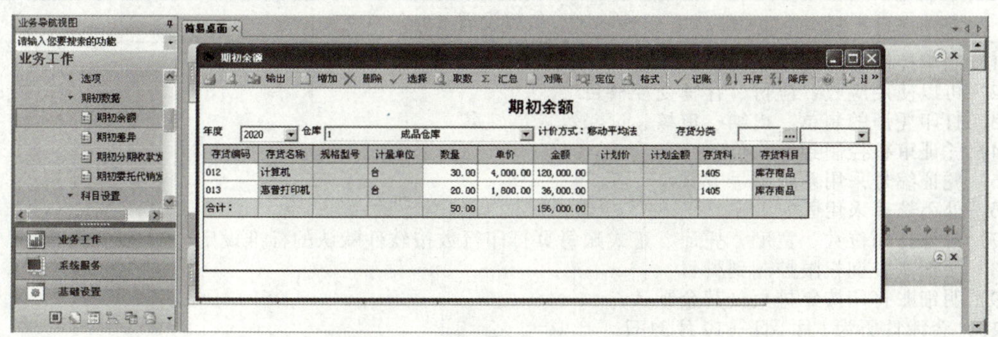

期初余额

年度 2020 仓库 1 成品仓库 计价方式：移动平均法 存货分类

存货编码	存货名称	规格型号	计量单位	数量	单价	金额	计划价	计划金额	存货科…	存货科目
012	计算机		台	30.00	4,000.00	120,000.00			1405	库存商品
013	惠普打印机		台	20.00	1,800.00	36,000.00			1405	库存商品
合计：				50.00		156,000.00				

图4-6-5 期初存货数据

（3）更换仓库录入所有数据后，单击工具栏中的“记账”按钮，如图4-6-6所示。

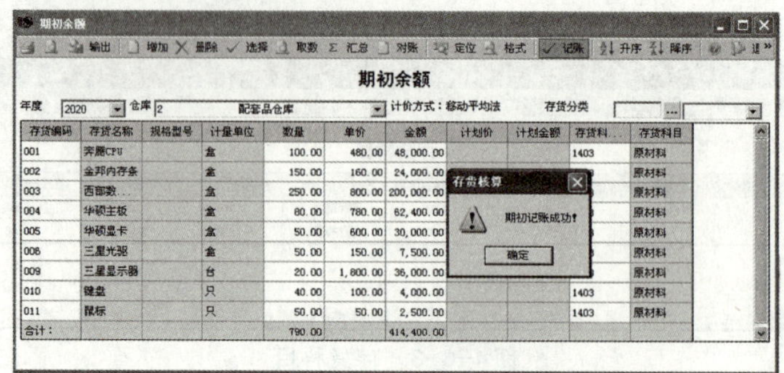

图4-6-6　存货期初记账

特别提示：

（1）企业若有分期收款发出商品业务或委托代销发出商品业务，则应录入发出商品期初余额，该数据来源于销售系统，可以点击“取数”按钮，从销售系统取数。

（2）期初数据录入完毕，期初记账后，才能开始日常业务核算，但在记账前，可进行单据的录入和账簿查询。

（3）如果没有期初数据可以不输入期初数据，但必须执行记账操作。

（4）如果期初数据有错误，可以点击“恢复”按钮，取消期初记账，修改期初数据，重新执行期初记账。

（5）如果期初数据是使用“结转上年”功能得到的，为未记账状态，需要在执行记账功能后，才能进行日常业务的处理。

（6）存货核算系统在期初记账前，可以修改存货计价方式，期初记账后，不能修改计价方式。

任务7　总账系统初始设置

任务资料

1.总账控制参数设置（见表4-7-1）

表4-7-1　总账控制参数设置

参数设置
（1）制单控制选择制单序时控制
（2）可以使用应收、应付、存货受控科目
（3）打印凭证的制单、出纳、审核、记账等人员姓名
（4）凭证审核控制到操作员
（5）凭证编号采用系统编号方式
（6）外币核算采用固定汇率
（7）账簿打印位数、宽度，凭证、正式账每页打印行数按软件默认的标准设定
（8）明细账查询权限控制到科目
（9）明细账打印按年排页（其余默认）
（10）会计日历为1月1日—12月31日
（11）数量小数位和单价小数位设为2位
（12）部门、个人、项目按编码方式排序

2.总账期初数据（见表4-7-2）

表4-7-2 **期初数据**

科目编码	科目名称	方向	期初余额
1001	库存现金	借	900
1002	银行存款	借	50 000
1122	应收账款	借	152 200
1231	坏账准备	贷	761
1403	原材料	借	414 400
1405	库存商品	借	156 000
1601	固定资产	借	50 000
1602	累计折旧	贷	2 000
2202	应付账款	贷	165 000
4001	实收资本	贷	500 000
4104	利润分配	贷	155 739

相关知识

总账管理系统初始设置是由企业根据自身的行业特性和管理需求，将通用的总账管理系统设置为适合企业自身特点的专用系统的过程。总账管理系统初始设置主要包括会计科目设置、凭证类别设置、项目目录设置、系统选项设置和期初数据录入等内容。其中，会计科目设置、凭证类别设置属于基础档案设置内容，前文已经涉及，本项目只介绍系统选项设置和期初数据录入的相关内容。

一、系统选项设置

系统在建立新账套后，由于具体情况需要或业务变更需要，会发生账套信息与核算内容不符的情况，这时可以通过系统选项设置调整。用户可对凭证、账簿、凭证打印、预算控制、权限、会计日历、其他、自定义项核算等操作控制选项进行修改。

二、期初数据录入

总账管理系统需要输入的期初数据包括期初余额和累计发生额，企业建账的时间不同，输入的期初数据也会不同。

如果选择年初建账，则只需要准备各账户上年年末的余额作为新一年的期初余额，且年初余额和月初余额是相同的。比如，某企业2020年1月开始启用总账管理系统，则只需要整理该企业2019年12月末各账户的期末余额作为2020年1月初的期初余额，因为2020年没有累计数据发生，所以2020年1月的月初余额也是2020年的年初余额。

任务实施

一、总账系统设置

【操作步骤】

（1）以“001张明”身份进入企业应用平台。

（2）执行“业务工作”→“财务会计”→“总账”→“设置”→“选项”命令，进入“选项”窗口。

（3）单击“编辑”按钮，按照任务资料，在“选项”窗口各选项卡下，勾选或去掉相应的参数。设置完毕后，如图4-7-1所示。单击“确定”按钮退出。

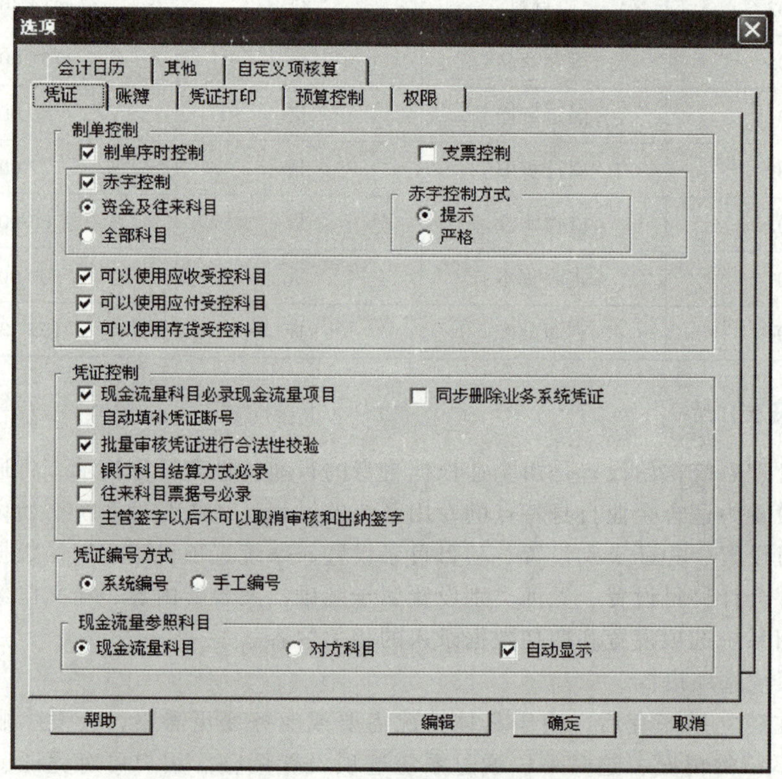

图4-7-1 总账系统选项

二、录入总账期初数据

【操作步骤】

（1）执行“业务工作”→“财务会计”→“总账”→“设置”→“期初余额”命令，进入“期初余额录入”窗口。

（2）按照任务资料，在“期初余额”栏直接录入库存现金、银行存款、坏账准备、原材料、库存商品、固定资产、累计折旧、实收资本和利润分配等科目的期初余额。

（3）在“期初余额录入”窗口，双击“应收账款”科目行，进入“辅助期初余额”窗口。单击“往来明细”按钮，进入“期初往来明细”窗口。

（4）单击“引入”按钮，系统提示“确定要引入期初吗？”，如图4-7-2所示。

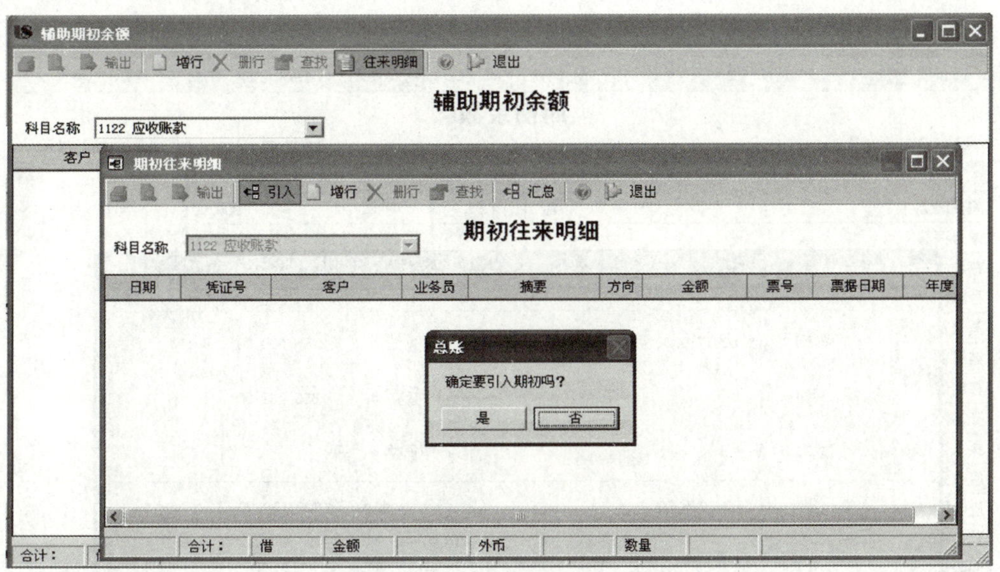

图 4-7-2　往来期初引入

（5）单击“是”按钮，系统将从应收款系统引入期初数据，单击“汇总”按钮，系统提示是否汇总，如图4-7-3所示。

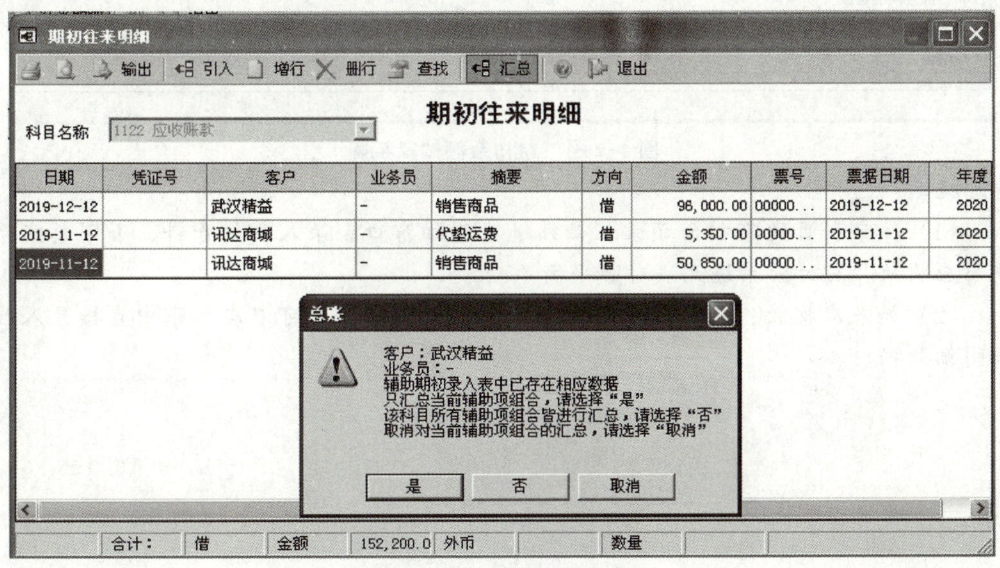

图 4-7-3　往来期初汇总

（6）单击“是”按钮，完成汇总。单击“退出”按钮，返回“辅助期初余额”窗口，继续单击“退出”按钮，返回“期初余额”窗口。

（7）同理，录入应付账款期初余额。

（8）期初余额录入完毕后，单击“期初余额录入”窗口的“试算”按钮，进行试算平衡，如图4-7-4所示。

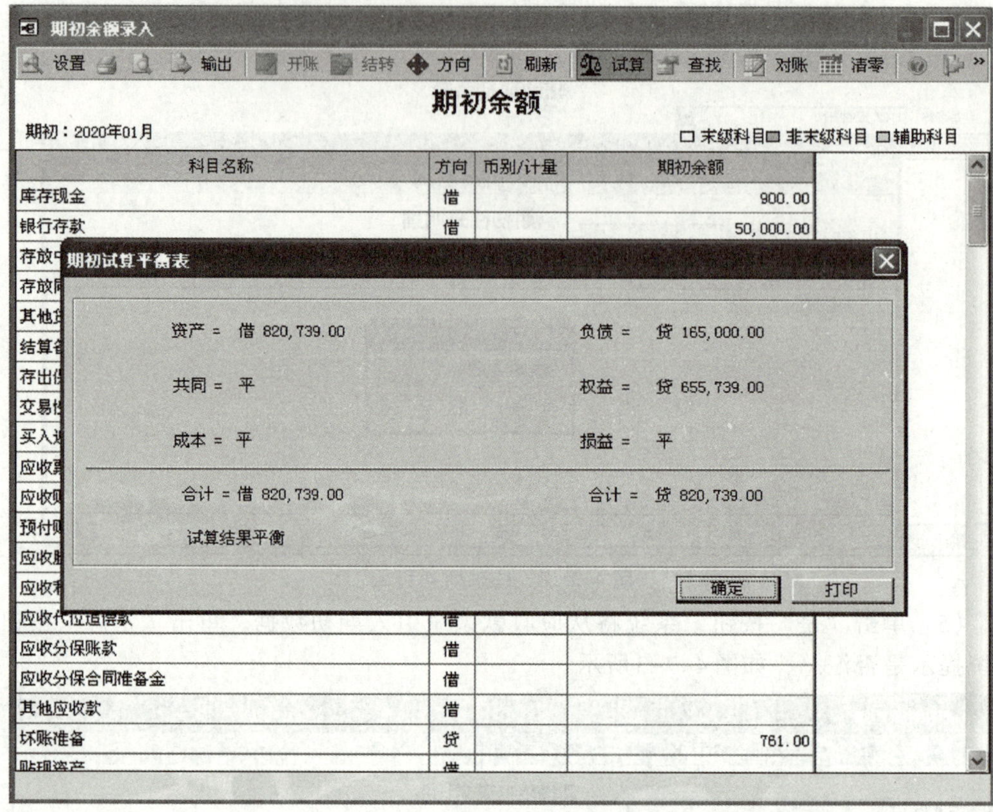

图 4-7-4　期初余额试算平衡

特别提示：

（1）往来科目的期初余额录入必须进入明细窗口，录入明细资料，否则总账系统与应收款、应付款系统无法对账平衡。

（2）如果应收款、应付款系统没有录入期初数据，则可以在总账中直接录入往来明细数据。

项目五

采购管理系统

知识目标

通过本项目的学习，掌握企业普通采购业务的处理以及特殊业务，如受托代销业务、采购退货业务、暂估业务的处理，掌握采购系统的月末处理，理解采购系统与其他系统月末处理的关系，了解各种采购报表的查询及分析。

能力目标

通过本项目的学习和实训，掌握请购单、采购订单、到货单、采购入库单、采购发票、采购结算在普通业务和特殊业务下的填制及处理流程。

任务1　普通采购业务处理

任务资料

2020年1月发生的采购业务如下：

业务一：1月2日，业务员周军向武汉伟达公司询问键盘价格，觉得90元/只的价格合适，提出请购要求，请购数量为250只。1月2日，上级主管同意上述请购单，要求到货日期为1月13日，同日签订采购订货合同。1月4日收到该货物的专用发票一张，不含税单价90元/只。1月13日，收到所订购的键盘250只。将所收到的键盘验收入配套品仓库。采购部将采购发票交给财务部门，财务部门据此确认应付账款，并确认采购成本。（普通赊购业务）

业务二：1月14日，向武汉伟达公司购买鼠标300只，单价为50元，验收入配套品仓库，并收到采购专用发票一张。立即以转账支票支付货款，支票号为Z0011。（普通现购业务）

业务三：1月15日，向武汉伟达公司购买内存条100盒，单价为180元，验收入配套品仓库，收到专用发票一张；另外，在采购过程中，发生了运费500元，以现金支付。收到武汉速达运输公司（供应商编码为006，供应商分类为03劳务类）货运业增值税专用发票一张，税率为9%。（采购运输业务）

相关知识

一、普通采购业务类型

1.采购请购

采购请购是指企业内部向采购部门提出采购申请，或参照MPS/MRP计划生成采购申请，或是采购部门汇总企业内部采购需求提出采购清单。

请购是采购业务处理的起点，也是MPS/MRP计划与采购订单的中间过渡环节，用于描述和生成采购需求，如采购什么货物、采购多少、何时使用、谁用等内容，同时，也可为采购订单提供建议内容，如建议供应商、建议订货日期等。

2.采购订货

采购订货是指企业根据采购需求，与供货单位之间签订采购合同、购销协议。采购订单是企业与供应商之间签订的采购合同、购销协议等，主要内容包括采购数量、采购金额、供应商、到货时间、到货地点、运输方式、运费等。它可以是企业采购合同中关于货物的明细内容，也可以是一种订货的口头协议，通过对采购订单的管理，可以帮助企业对采购业务进行事前预测、事中控制与监督。

3.采购到货

采购到货是采购订货和采购入库的中间环节，一般由采购业务员根据提货通知或送货单填写，确认对方所送货物、数量、价格等信息，以入库通知单的形式传递到仓库作为存管员收货的依据。

4.采购入库

采购入库是通过采购到货、质量检验环节，对合格到货的存货进行入库验收。普通采购到货填写采购入库单。采购入库单是根据采购到货签收的实收数量填制的单据。对于工业企业，采购入库单一般是指采购原材料验收入库时所填制的入库单据。对于商业企业，采购入库单一般指商品进货入库时填制的入库单据。

5.采购发票

采购发票是供应商开出销售货物的发票，用户根据采购发票确认采购成本，进行记账和付款核销。采购发票分为：

（1）增值税专用发票：增值税专用发票扣税类别默认为应税外加，不可修改。

（2）普通发票：其中废旧物资收购凭证、农副产品收购凭证、其他收据扣税类别默认为应税内含，不可修改；其他普通发票默认税率为0，可以修改。

6.采购结算

采购结算是对采购入库单、采购发票进行勾对的过程，采购结算单记录采购入库单与采购发票的对应关系，采购结算单在存货核算系统进行制单，生成凭证。

二、普通采购单据流程

普通采购单据流程如图5-1-1所示。

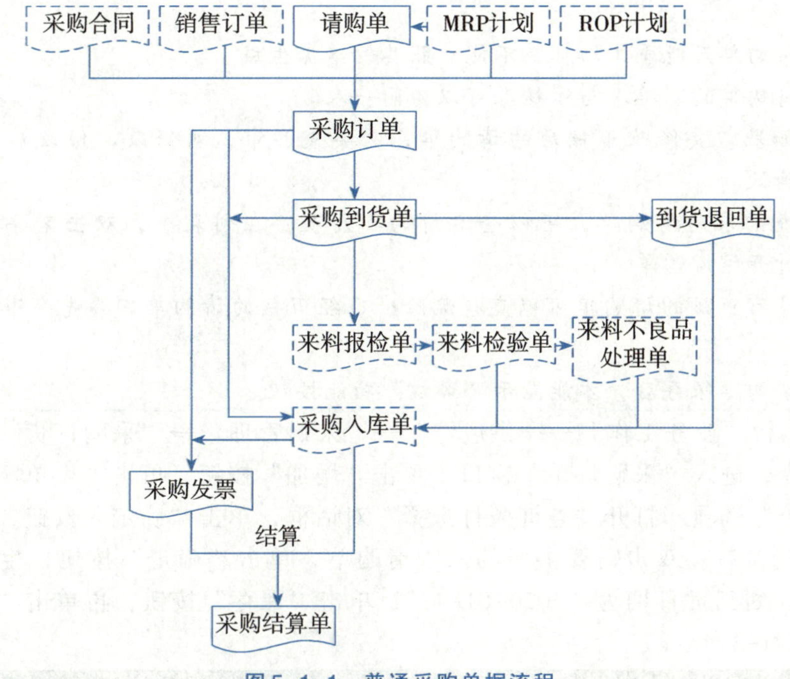

图 5-1-1 普通采购单据流程

任务实施

业务一

【操作步骤】

1.1 月 2 日，在采购管理系统填制并审核采购请购单、采购订单

如何进行普通赊购业务处理

（1）以“003 王刚”身份进入企业应用平台，执行“业务工作”→“供应链”→“采购管理”→“请购”→“请购单”命令，进入“采购请购单”窗口。单击“增加”按钮，显示“采购请购单”窗口，录入信息后保存。单击“审核”按钮，直接审核该请购单，如图 5-1-2 所示。

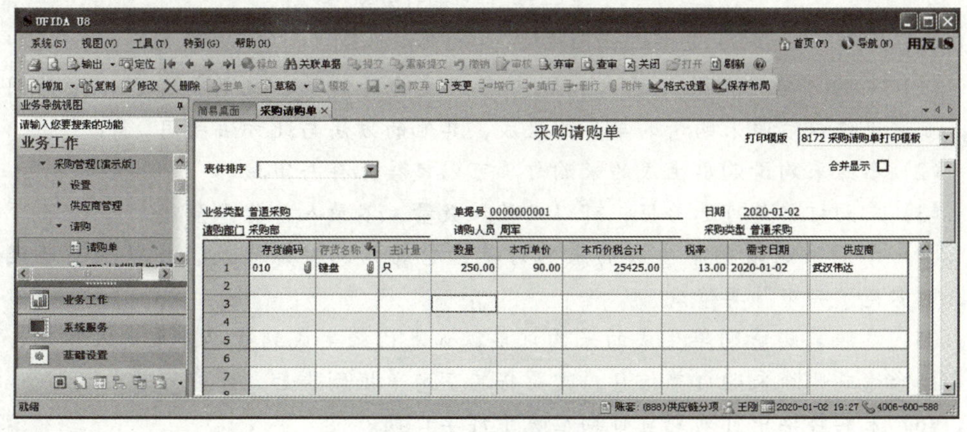

	存货编码	存货名称	主计量	数量	本币单价	本币价税合计	税率	需求日期	供应商
1	010	键盘	只	250.00	90.00	25425.00	13.00	2020-01-02	武汉伟达

图 5-1-2 采购请购单

特别提示：

（1）请购单只能手工增加，不能参照其他单据生成。

（2）请购单的制单人与审核人可以为同一人。

（3）如果需要修改审核后的请购单，需要先弃审，再修改，修改后单击“保存”按钮确认。

（4）查询采购请购单，可以查看请购单列表，在列表中，双击需要查询的单据，可以打开该请购单。

（5）没有审核的请购单可以直接删除；已经审核的请购单需要先弃审，然后才能删除。

（6）请购单保存后，才能显示“审核”功能按钮。

（2）执行“业务工作”→“供应链”→“采购管理”→“采购订货”→“采购订单”命令，进入“采购订单”窗口。单击“增加”按钮，单击“生单”按钮，选择“请购单”选项。打开“查询条件选择”对话框，单击“确定”按钮，进入“拷贝并执行”窗口。双击需要参照的采购请购单，单击“确定”按钮，生成采购订单，修改计划到货日期为“2020-01-13”，单击“保存”按钮，再单击“审核”按钮，如图5-1-3所示。

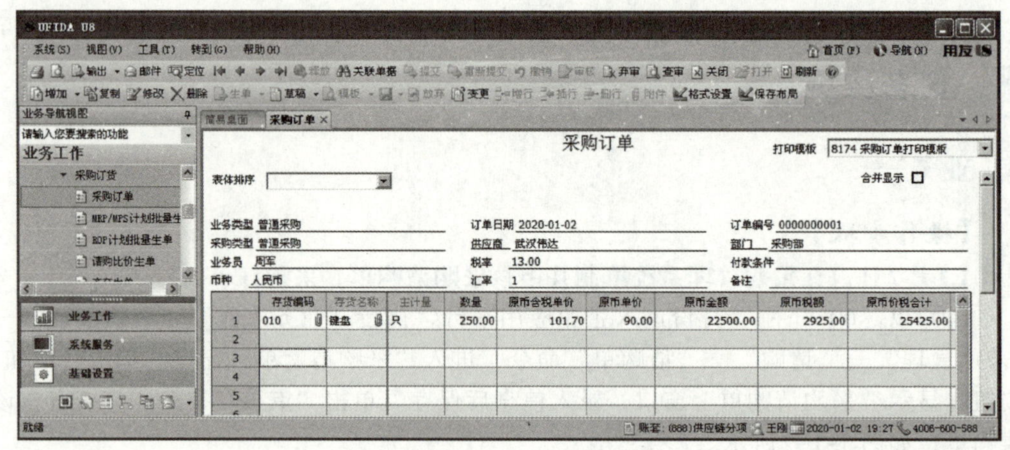

图5-1-3　采购订单

特别提示：

（1）采购订单可以手工录入，也可参照采购请购单、采购订单、ROP计划生成，在这里仅以参照采购请购单为例生成，其他的方法与此方法相同。

（2）参照采购请购单生成的采购订单可以直接保存并审核。

（3）采购订单是可选单据，可以只录入数量，不录入单价和金额。

（4）参照采购请购单生成的采购订单，它的信息可以修改，但是如果已经审核，则需先“弃审”再修改。

（5）参照采购请购单生成的采购订单，如果已经生成到货单或采购入库单，不能直接修改或删除采购订单信息，需要将其下游单据删除后，才能修改。

（6）采购订单中计划到货日期应晚于订单日期。

2.1月4日，在采购管理系统填制采购发票

（1）执行“业务工作”→“供应链”→“采购管理”→“采购发票”→“专用采购发票”命令，进入“采购专用发票”窗口。

（2）单击“增加”按钮，单击“生单”按钮，选择“采购订单”选项，打开“查询条件选择”对话框，单击“确定”按钮，进入“拷贝并执行”窗口。

（3）双击需要参照的采购订单，单击“确定”按钮，自动生成专用发票，单击“保存”按钮，如图5-1-4所示。

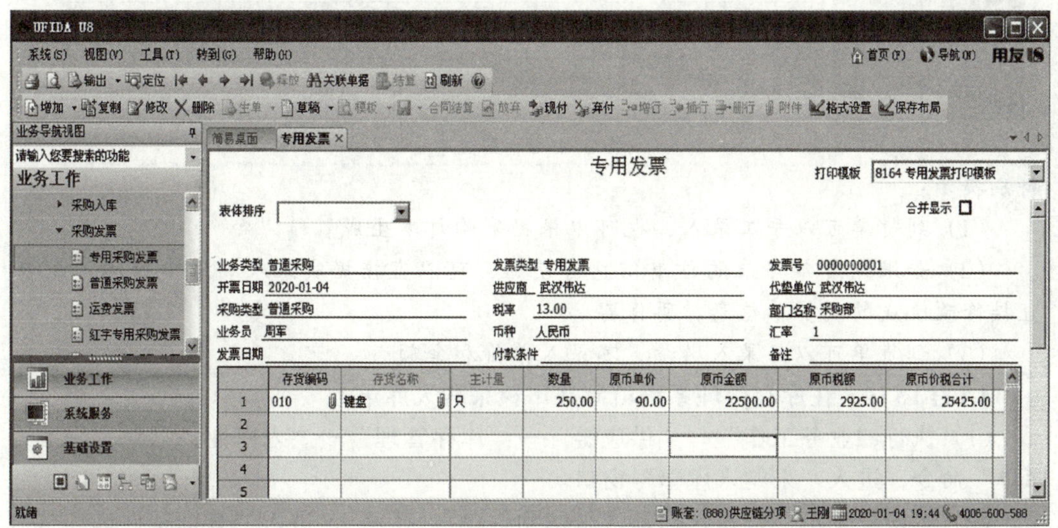

图5-1-4 采购专用发票

特别提示：

（1）采购发票可以手工录入也可以根据采购订单、采购入库单生成。

（2）企业在收到供货单位的发票后，如果没有收到供货单位的货物，可以对发票进行压单处理，待货物到达后，再输入系统结算；也可以先将发票输入系统，以便实时统计在途物资。

（3）如果录入采购专用发票，需要先在基础档案中设置有关开户银行信息，否则，只能录入普通发票。

（4）专用发票的单价为无税单价，普通发票的单价为含税单价。

（5）运输发票的存货只能是在存货当中设定属性为“应税劳务”的存货。

3.1月13日，在采购管理系统填制并审核到货单

（1）执行“业务工作”→“供应链”→“采购管理”→“采购到货”→“到货单”命令，进入“到货单”窗口。单击“增加”按钮，单击“生单”按钮，选择“采购订单”选项，打开“查询条件选择”对话框，单击“确定”按钮，进入“拷贝并执行”窗口。

（2）双击需要参照的采购订单，单击“确定”按钮，系统自动生成到货单，单击“保存”按钮，再单击“审核”按钮，如图5-1-5所示。

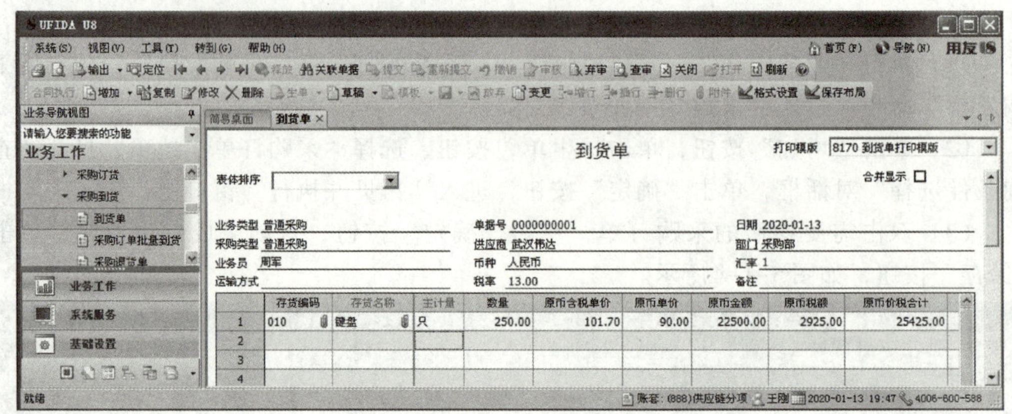

图 5-1-5　到货单

特别提示：

（1）到货单可以手工录入，也可以根据采购订单生成。

（2）如果到货单与采购订单信息有差别，可以直接据实录入到货单信息，或者直接修改生成的到货单信息，再保存。

（3）到货单可以只录入数量，不录入单价和金额。

4. 1 月 13 日，在库存管理系统填制并审核采购入库单

（1）执行“业务工作”→“供应链”→“库存管理”→“入库业务”→“采购入库单”命令，进入“采购入库单”窗口。

（2）单击“生单”按钮，选择“采购到货单”（蓝字），进入“查询条件选择”对话框，单击“确定”按钮，进入“到货单生单列表”窗口，选择需要参照的到货单，单击“确定”按钮，系统生成采购入库单。

（3）仓库选择“配套品仓库”，单击“保存”按钮，然后单击“审核”按钮，如图 5-1-6 所示。

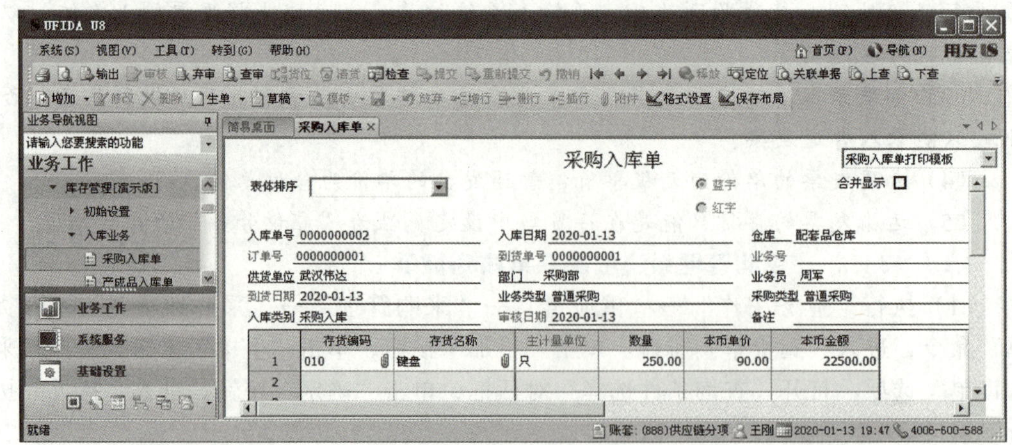

图 5-1-6　采购入库单

特别提示：

生单时参照的单据是采购管理系统中已审核未关闭的采购订单或到货单。

5.1月13日，在采购管理系统进行采购结算

执行"业务工作"→"供应链"→"采购管理"→"采购结算"→"自动结算"命令，进入"查询条件选择"对话框，选择结算模式为"入库单和发票"，单击"确定"按钮，系统显示结算成功，如图5-1-7所示。单击"确定"按钮。

图5-1-7 自动结算成功提示

特别提示：

（1）要修改或删除入库单、采购发票，必须先取消采购结算，即删除采购结算单。取消结算在"结算单列表"中删除该结算单即可。取消了结算的入库单、发票，其左上角的"已结算"红色标记消失。

（2）以下情况不能取消入库单的结算：

①采购入库单已被存货核算系统记账。

②再结算的入库单，已在存货核算系统做暂估处理。

（3）本月已做月末结账后，不能再做本月的采购结算，只能下个月再做。如果采购结算确实应核算在已结账的会计月内，那么可以先取消该月的月末结账后再做采购结算。

6.1月13日，在应付款管理系统审核采购发票并制单

（1）以"001张明"身份进入企业应用平台，执行"系统服务"→"权限"→"数据权限控制设置"命令，进入"数据权限控制设置"窗口，如图5-1-8所示。单击"全消"按钮，单击"确定"按钮退出。

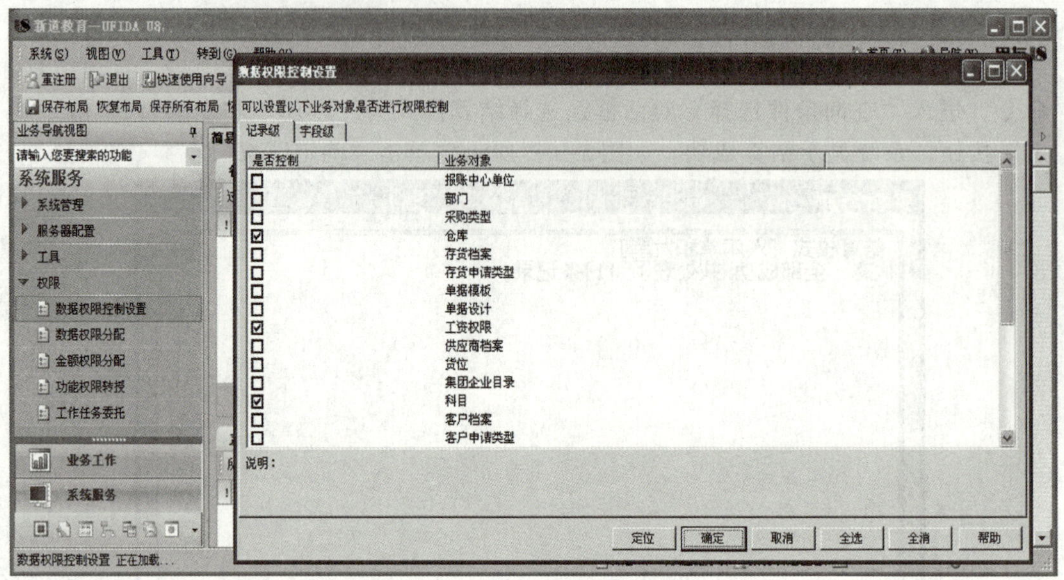

图 5-1-8　数据权限控制设置

（2）以“002李伟”身份进入企业应用平台，执行“业务工作”→“财务会计”→“应付款管理”→“应付单据处理”→“应付单据审核”命令，打开“应付单查询条件”对话框，勾选“未完全报销”，单击“确定”按钮，进入“单据处理”窗口。

（3）选择需要审核的单据，单击“审核”按钮，系统弹出“本次审核成功单据［1］张”，如图5-1-9所示，单击“确定”按钮后退出。

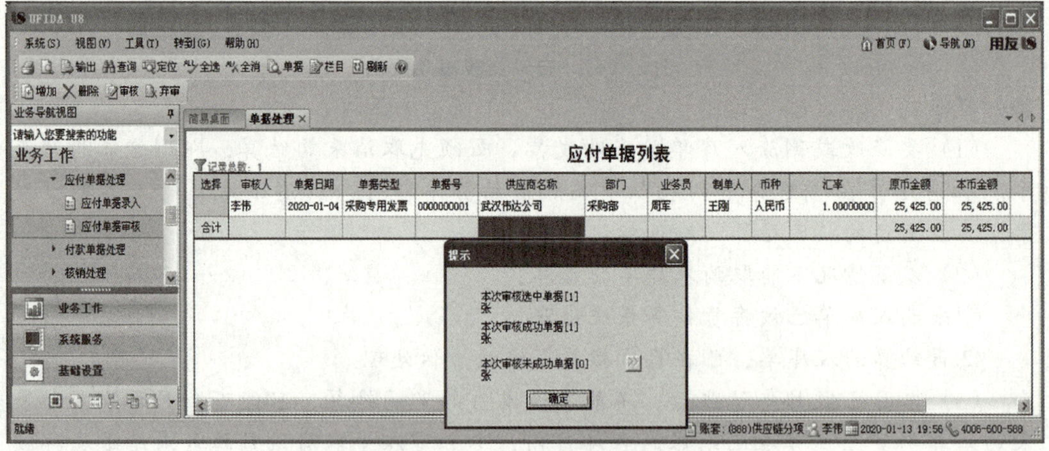

图 5-1-9　应付单据列表

（4）执行“制单处理”命令，打开“制单查询”对话框，选择“发票制单”选项，如图5-1-10所示，单击“确定”按钮，进入“制单”窗口。

（5）选择要制单的记录行，选择凭证类别“转账凭证”，如图5-1-11所示，单击“制单”按钮，进入“填制凭证”窗口。单击“保存”按钮，凭证左上角出现“已生成”标志，表示凭证已传递到总账，如图5-1-12所示。

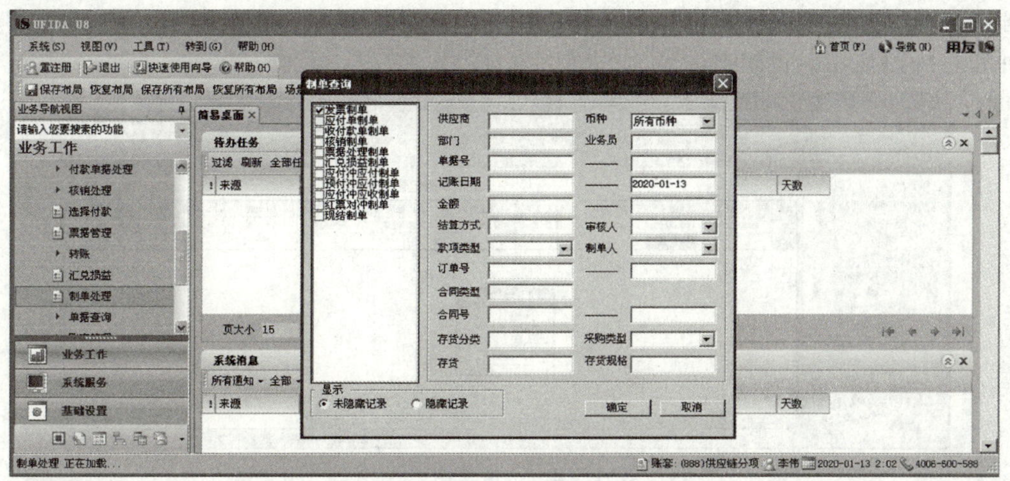

图 5-1-10 制单查询

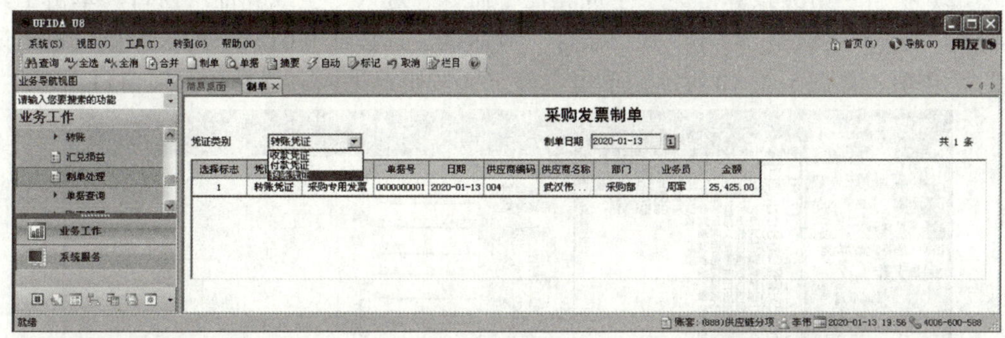

图 5-1-11 采购发票制单

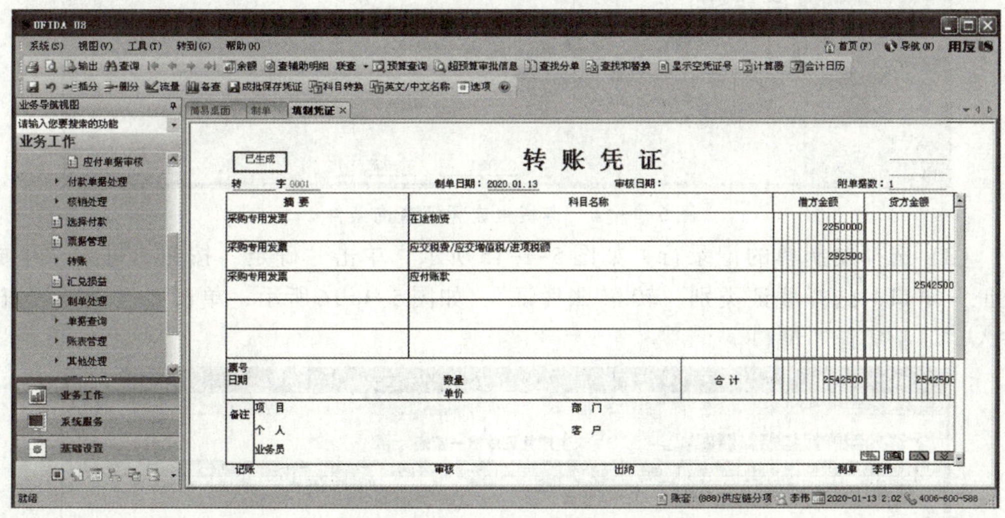

图 5-1-12 采购发票生成凭证

7.1 月 13 日，在存货核算系统记账并生成入库凭证

（1）执行“业务工作”→“供应链”→“存货核算”→“业务核算”→“正常单据记账”命令，打开“查询条件选择”对话框。单击“确定”按钮，进入“未记账单据一览表”窗口。选择要记账的单据，单击“记账”按钮，系统显示“记账成功”，如图5-1-13所示，关闭退出。

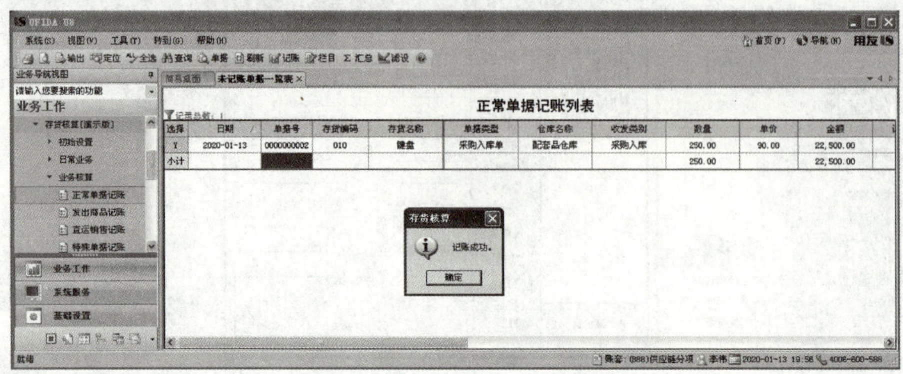

5-1-13　正常单据记账

（2）执行“财务核算”→“生成凭证”命令，进入“生成凭证”窗口。单击工具栏上的“选择”按钮，打开“查询条件”对话框。选择“（01）采购入库单（报销记账）”选项，如图5-1-14所示，单击“确定”按钮，进入“选择单据”窗口。

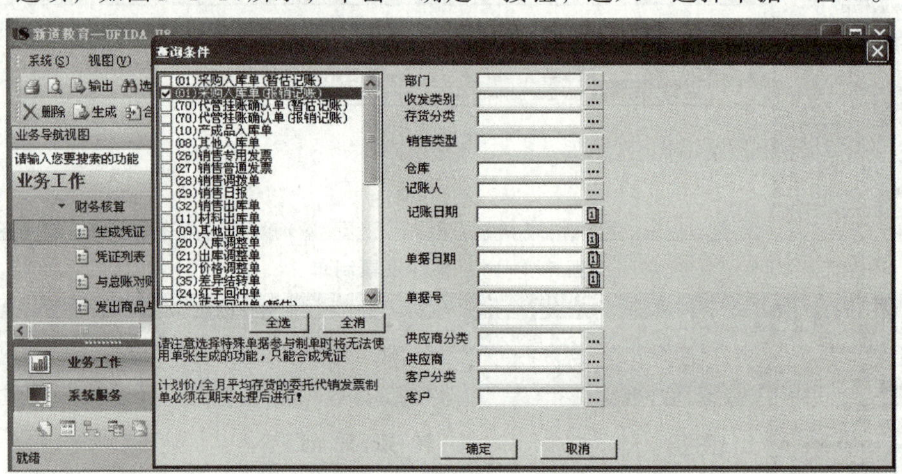

图5-1-14　存货生成凭证查询条件

（3）选择要制单的记录行，如图5-1-15所示，单击“确定”按钮，进入“生成凭证”窗口。选择凭证类别“转 转账凭证”，如图5-1-16所示，单击“生成”按钮，进入“填制凭证”窗口。

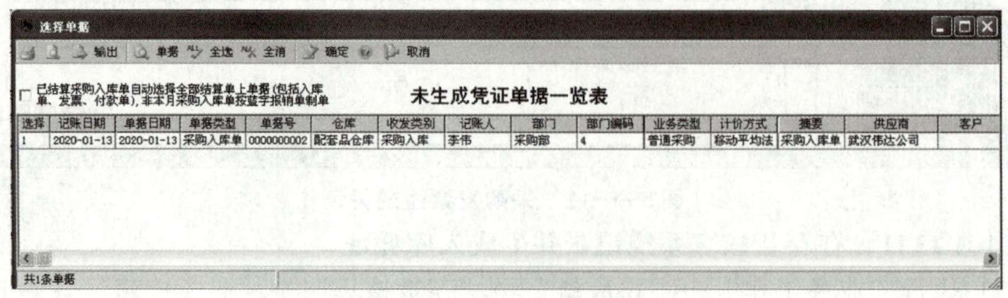

图5-1-15　选择单据

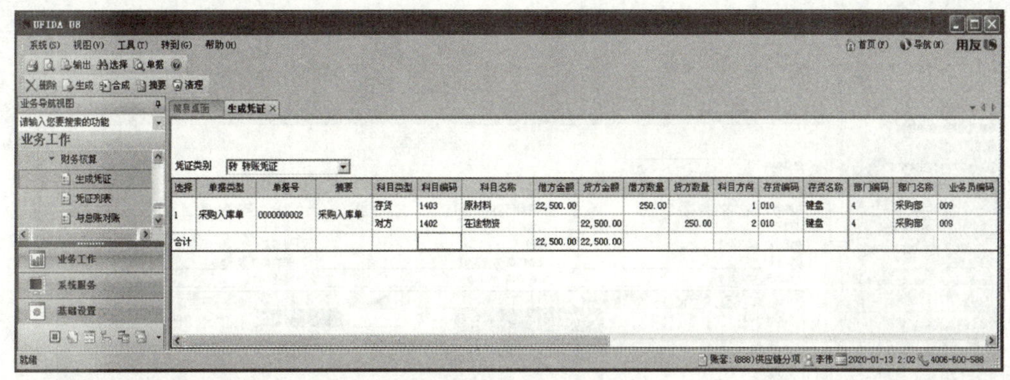

图5-1-16 生成凭证

（4）单击“保存”按钮，凭证左上角出现“已生成”标志，表示凭证已传递至总账，如图5-1-17所示。

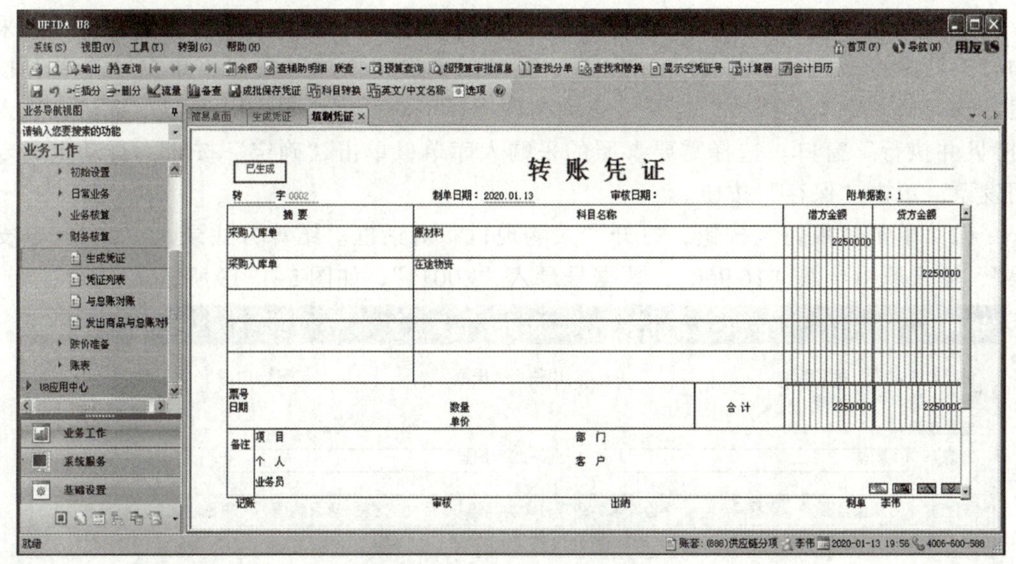

图5-1-17 存货凭证生成

特别提示：

恢复存货核算系统正常单据记账，依次点击“存货核算”→“业务核算”→“恢复记账”，双击选择需要恢复记账的单据，单击“恢复”按钮。

业务二

微课5-2

如何进行普通现购业务处理

【操作步骤】

1.1月14日，在库存管理系统直接填制采购入库单并审核

以“003王刚”身份进入企业应用平台，执行“业务工作”→“供应链”→“库存管理”→“入库业务”→“采购入库单”命令，进入“采购入库单”窗口。单击“增加”按钮录入相关信息后保存，再单击“审核”按钮，系统弹出“该单据审核成功!”信息框，如图5-1-18所示。

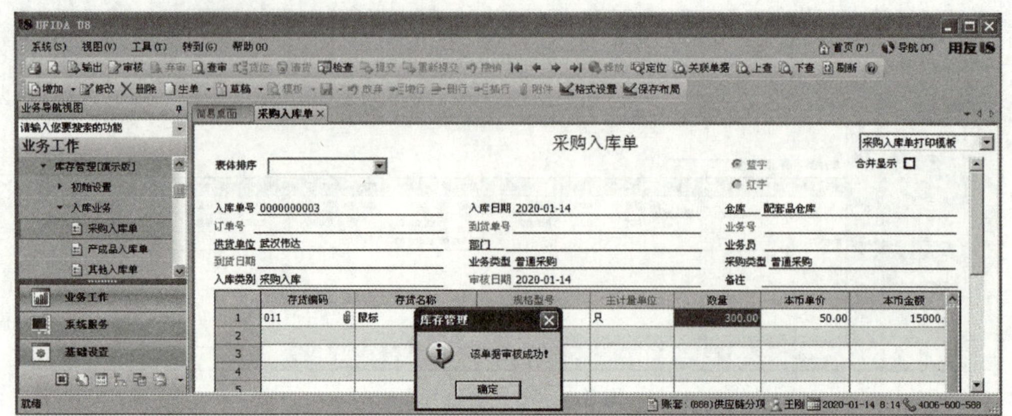

图5-1-18　采购入库单

2. 在采购管理系统填制采购专用发票，进行现结处理和采购结算

（1）执行"业务工作"→"供应链"→"采购管理"→"采购发票"→"专用采购发票"命令，进入"采购专用发票"窗口。单击"增加"按钮，单击"生单"按钮，选择"入库单"选项，打开"查询条件选择"对话框，单击"确定"按钮，进入"拷贝并执行"窗口。选择需要参照的采购入库单，单击"确定"按钮，自动生成专用发票。单击"保存"按钮。

（2）单击"现付"按钮，打开"采购现付"对话框。结算方式录入"202转账支票"，输入原币金额"16 950"，票据号录入"Z0011"，如图5-1-19所示。

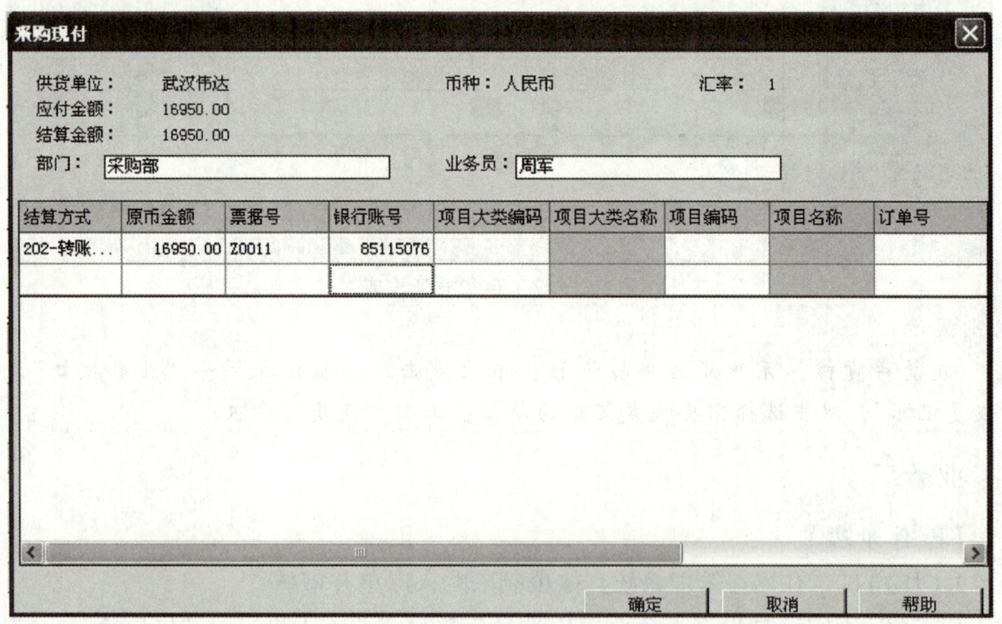

图5-1-19　采购现付

（3）单击"确定"按钮，发票左上角显示"已现付"字样。单击"结算"按钮，自动完成采购结算，发票左上角显示"已结算"字样，如图5-1-20所示。

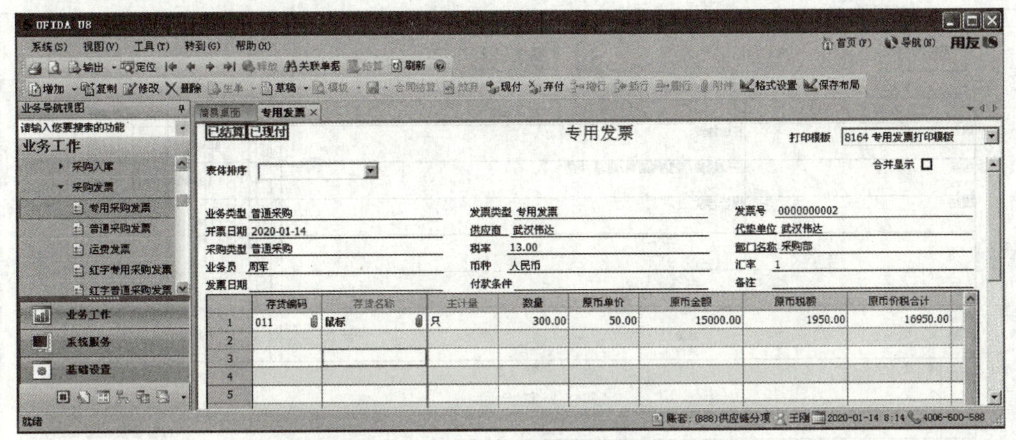

图 5-1-20 已现付、已结算的采购专用发票

3.1 月 14 日，在应付款管理系统审核采购专用发票并进行现结制单

（1）以“002 李伟”身份进入企业应用平台，执行“业务工作”→“财务会计”→“应付款管理”→“应付单据处理”→“应付单据审核”命令，打开“应付单查询条件”对话框。选择左下角“包含已现结发票”复选框，单击“确定”按钮，进入“单据处理”窗口。选择需要审核的单据，单击“审核”按钮，系统弹出“本次审核成功单据［1］张”，如图 5-1-21 所示。

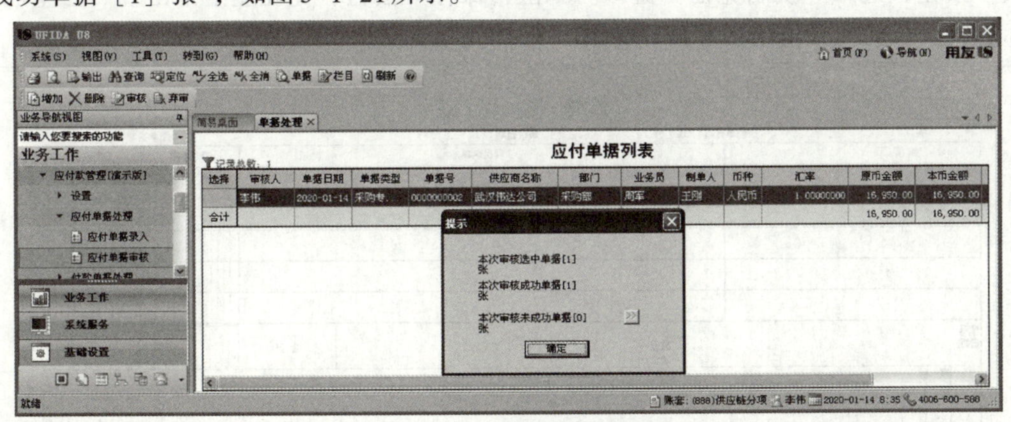

图 5-1-21 应付单据审核

（2）执行“制单处理”命令，打开“制单查询”对话框，选择“现结制单”选项，单击“确定”按钮，进入“制单”窗口。选择要制单的记录行，选择凭证类别“付款凭证”，单击“制单”按钮，进入“填制凭证”窗口。单击“保存”按钮，凭证左上角出现“已生成”标志，表示凭证已传递到总账，如图 5-1-22 所示。

4.1 月 14 日，在存货核算系统记账并生成入库凭证

（1）执行“业务工作”→“供应链”→“存货核算”→“业务核算”→“正常单据记账”命令，打开“查询条件选择”对话框。单击“确定”按钮，进入“未记账单据一览表”窗口。选择要记账的单据，单击“记账”按钮，系统显示“记账成功”。

已生成

付 款 凭 证

付 字 0001　　制单日期：2020.01.14　　审核日期：　　附单据数：1

摘要	科目名称	借方金额	贷方金额
现结	在途物资	1500000	
现结	应交税费/应交增值税/进项税额	195000	
现结	银行存款		1695000
票号 日期	数量 单价　　合计	1695000	1695000
备注	项目　　部门 个人　　客户 业务员		

记账　　审核　　出纳　　制单　李伟

图 5-1-22　现结制单

（2）执行“财务核算”→“生成凭证”命令，进入“生成凭证”窗口。单击工具栏上的“选择”按钮，打开“查询条件”对话框。选择“（01）采购入库单（报销记账）”选项，单击“确定”按钮，进入“选择单据”窗口。选择要制单的记录行，单击“确定”按钮，进入“生成凭证”窗口。选择凭证类别“转 转账凭证”，单击“生成”按钮，进入“填制凭证”窗口。单击“保存”按钮，凭证左上角出现“已生成”标志，表示凭证已传递至总账，如图 5-1-23 所示。

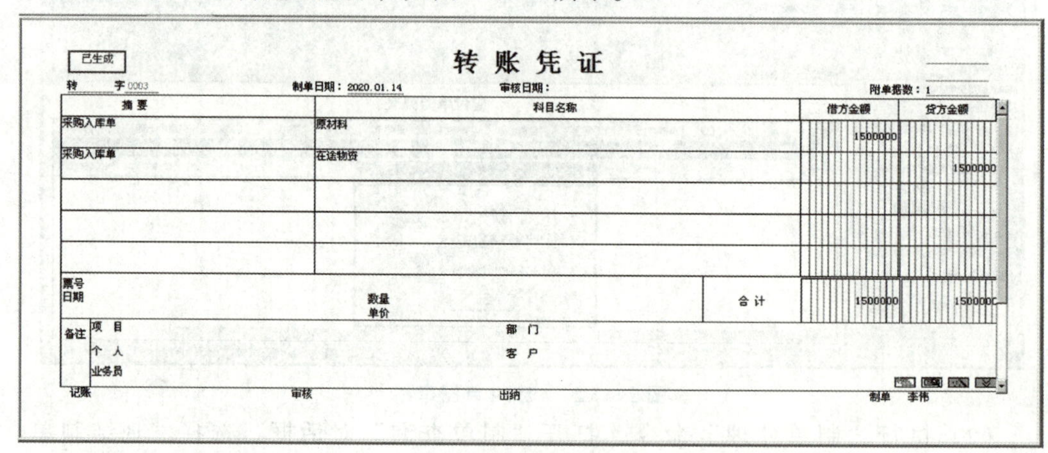
已生成

转 账 凭 证

转 字 0003　　制单日期：2020.01.14　　审核日期：　　附单据数：1

摘要	科目名称	借方金额	贷方金额
采购入库单	原材料	1500000	
采购入库单	在途物资		1500000
票号 日期	数量 单价　　合计	1500000	1500000
备注	项目　　部门 个人　　客户 业务员		

记账　　审核　　出纳　　制单　李伟

图 5-1-23　生成凭证

业务三

微课 5-3

如何进行采购运费业务处理

【操作步骤】

1. 1 月 15 日，在库存管理系统中填制并审核采购入库单

执行“业务工作”→“供应链”→“库存管理”→“入库业务”→“采购入库单”命令，进入“采购入库单”窗口。单击“增加”按钮，录入相关信息后单击“保存”按钮，然后单击“审核”按钮，如图 5-1-24 所示。

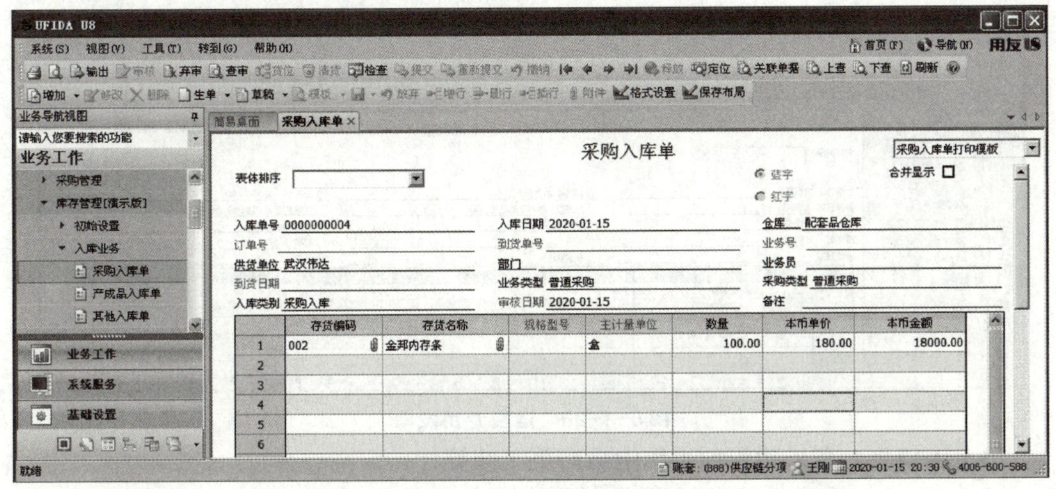

图 5-1-24　采购入库单

2.1月15日，在采购管理系统中填制采购专用发票及运输发票

（1）执行"业务工作"→"供应链"→"采购管理"→"采购发票"→"专用采购发票"命令，进入"采购专用发票"窗口。单击"增加"按钮，单击"生单"按钮，选择"入库单"选项，打开"查询条件选择"对话框，单击"确定"按钮，进入"拷贝并执行"窗口。

（2）选择需要参照的采购入库单，单击"确定"按钮，自动生成相应发票，如图5-1-25所示，单击"保存"按钮。

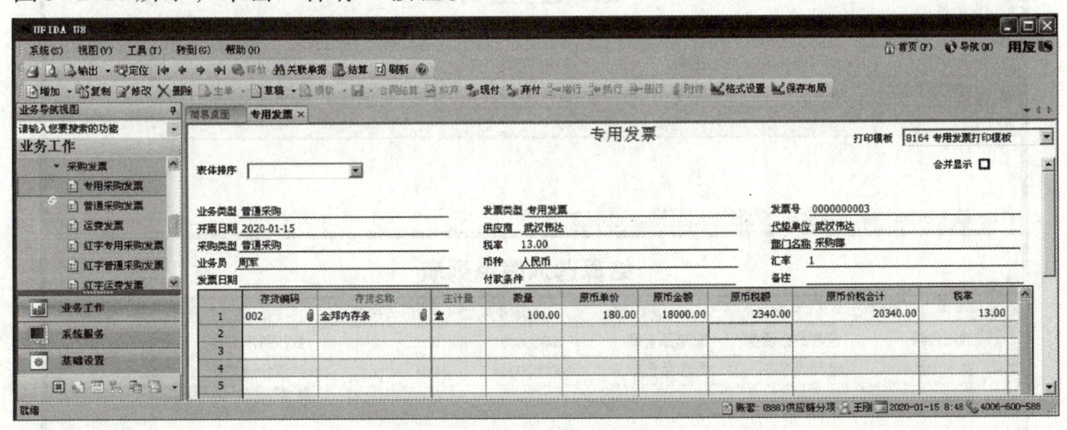

图 5-1-25　采购专用发票

（3）单击"增加"按钮，录入运费发票相关信息，点击供应商右边"参照"按钮，进入"采购供应商档案"窗口，点击"编辑"，补充录入武汉速达运输公司信息。录入供应商信息后，选择该供应商和代垫单位均为武汉速达运输公司，注意将表头税率改为9.00，表体存货名称选择"运输费"，原币金额为500。单击"保存"按钮，选择"现付"按钮，打开"采购现付"对话框，选择结算方式为"现金结算"，原币金额为545元。单击"确定"按钮，如图5-1-26所示。

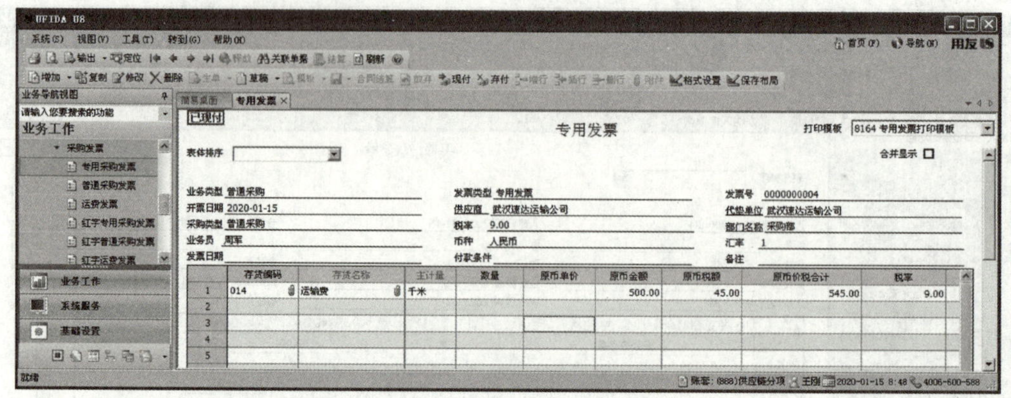

图 5-1-26　运费专用发票

3.1 月 15 日，在采购管理系统中采购手工结算

（1）执行“采购结算”→“手工结算”命令，进入“手工结算”窗口。单击“选单”按钮，打开“结算选单”对话框，单击上方工具栏“查询”按钮，进入“查询条件选择-采购手工结算”对话框，单击“确定”按钮，进入“结算选单”窗口。选择窗口上方的专用发票和运费发票，选择窗口下方的入库单，如图 5-1-27 所示。

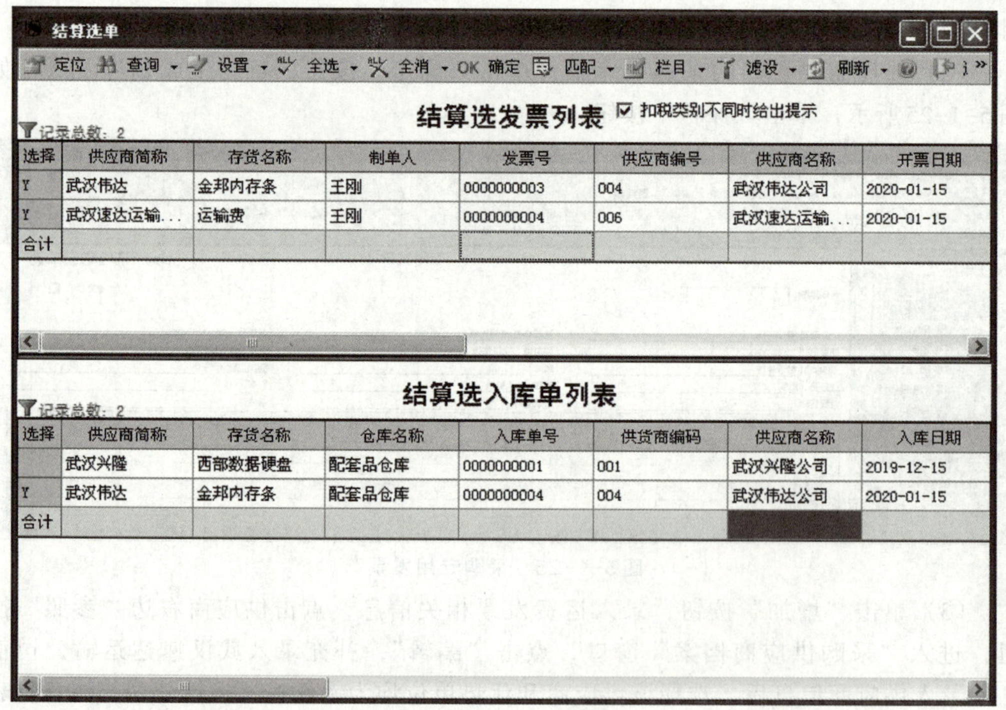

图 5-1-27　结算选单

（2）单击“确定”按钮，进入手工结算窗口，选择费用分摊方式“按数量”，单击“分摊”按钮，系统弹出“选择按数量分摊，是否开始计算？”如图 5-1-28 所示。单击“是”按钮，系统提示“费用分摊（按数量）完毕，请检查。”

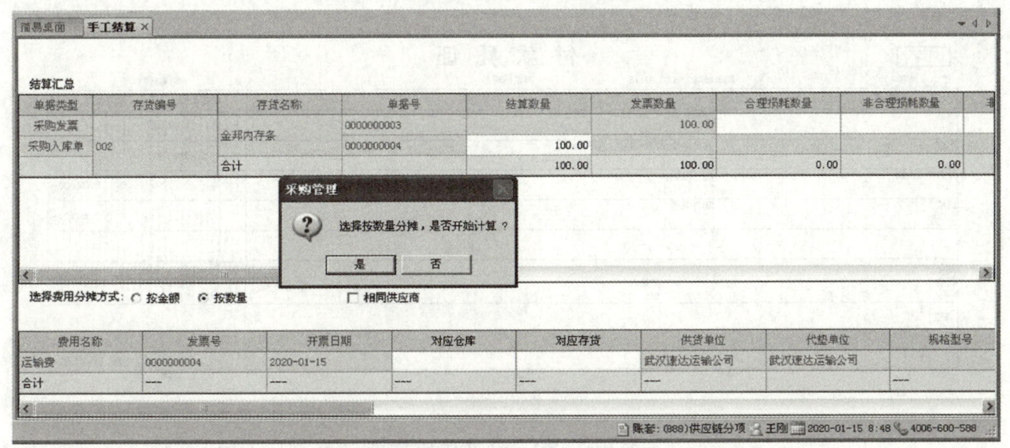

5-1-28 运费按数量分摊

（3）单击“结算”按钮，系统弹出“完成结算!”，单击“确定”按钮返回。

4.1月15日，在应付款管理系统中审核发票并合并制单

（1）以“002李伟”身份进入企业应用平台，执行“业务工作”→“财务会计”→“应付款管理”→“应付单据处理”→“应付单据审核”命令，打开“应付单查询条件”对话框，选中左下角“包含已现结发票”复选框，单击“确定”按钮，进入“单据处理”窗口。选择需要审核的两张单据，单击“审核”按钮，系统弹出“本次审核成功单据［2］张”，如图5-1-29所示，单击“确定”按钮后退出。

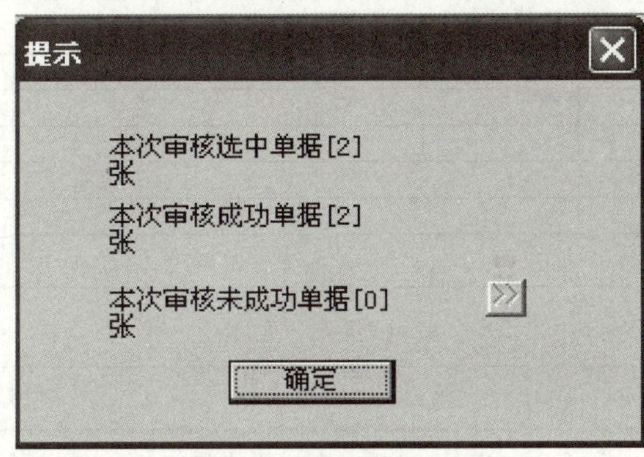

图5-1-29 应付单据审核

（2）执行“制单处理”命令，打开“制单查询”对话框，选择“发票制单”选项和“现结制单”选项，单击“确定”按钮，进入“制单”窗口。选择凭证类别“付款凭证”，单击“合并”按钮，再单击“制单”按钮，进入“填制凭证”窗口，单击“保存”按钮，凭证左上角出现“已生成”标志，表示凭证已传递到总账，如图5-1-30所示。

5.1月15日，在存货核算系统中记账并生成入库凭证

（1）执行“业务工作”→“供应链”→“存货核算”→“业务核算”→“正常单据记账”命令，打开“查询条件选择”对话框。单击“确定”按钮，进入“未记账单据一览表”窗口。选择要记账的单据，单击“记账”按钮，系统显示“记账成功”。

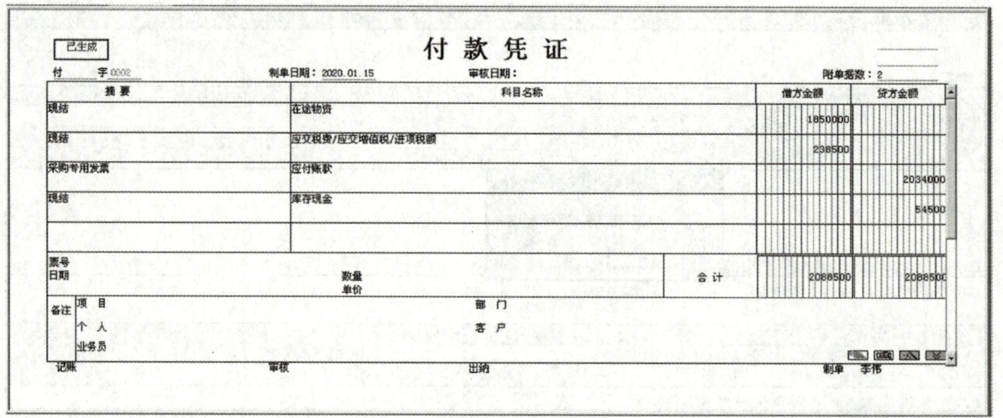

已生成

付款凭证

付 字0002　　制单日期：2020.01.15　　审核日期：　　附单据数：2

摘要	科目名称	借方金额	贷方金额
现结	在途物资	1850000	
现结	应交税费/应交增值税/进项税额	238500	
采购专用发票	应付账款		2034000
现结	库存现金		54500
票号 日期	数量 单价 合计	2088500	2088500

备注　项目　部门　个人　客户　业务员

记账　审核　出纳　制单 李伟

图5-1-30　合并生成凭证

（2）执行“财务核算”→“生成凭证”命令，进入“生成凭证”窗口。单击工具栏上的“选择”按钮，打开“查询条件”对话框。选择“（01）采购入库单（报销记账）”选项，单击“确定”按钮，进入“选择单据”窗口。选择要制单的记录行，单击“确定”按钮，进入“生成凭证”窗口。选择凭证类别“转 转账凭证”，单击“生成”按钮，进入“填制凭证”窗口。单击“保存”按钮，凭证左上角出现“已生成”标志，表示凭证已传递至总账，如图5-1-31所示。

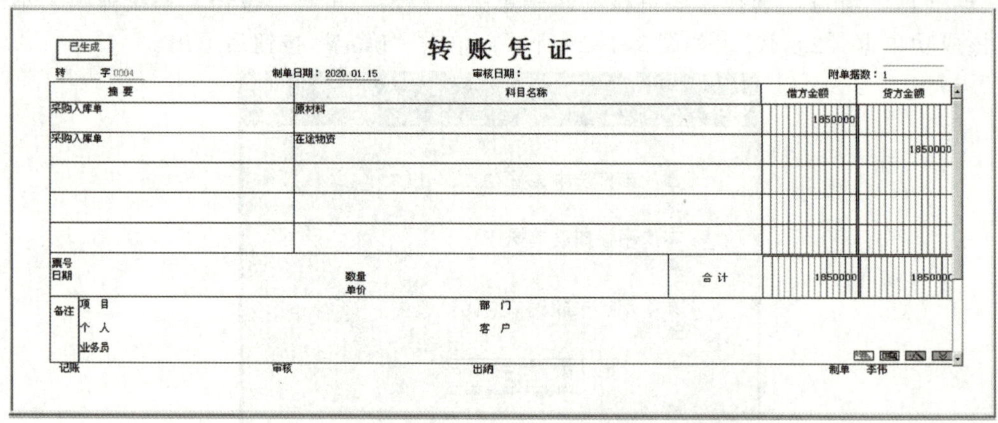

已生成

转账凭证

转 字0004　　制单日期：2020.01.15　　审核日期：　　附单据数：1

摘要	科目名称	借方金额	贷方金额
采购入库单	原材料	1850000	
采购入库单	在途物资		1850000
票号 日期	数量 单价 合计	1850000	1850000

备注　项目　部门　个人　客户　业务员

记账　审核　出纳　制单 李伟

图5-1-31　存货生成凭证

任务测试5-1

任务2　暂估业务处理

任务资料

2020年1月发生的采购业务如下：

业务一：1月15日，收到武汉兴隆公司提供的上月已验收入库的100盒硬盘的专用发票一张，发票号10150044，发票单价为830元。（暂估回冲业务）

业务二：1月17日，收到武汉伟达公司提供的主板50块，入配套品仓库（发票

尚未收到）。1月31日，该发票仍未收到，确认该批货物的暂估成本为40 000元。（月末暂估业务，只进行17日业务处理）

相关知识

企业采购过程中在月末要进行结账时，可能会发现有一些材料已经入库，但是对应的采购发票还没有收到，那么这个时候只能根据以往的经验对这些材料暂时估价入库，收到发票后再进行冲销、修正处理。进行暂估业务处理后，收到供应商的发票时，采购管理系统要保证与应付款管理系统、存货核算系统里对应的材料单价、税额、数量保持一致，在采购管理系统结算后，要及时在应付款管理系统、存货核算系统中进行账务处理。

任务实施

业务一

微课5-4
如何进行月末暂估业务处理

【操作步骤】

1.1 月15日，在采购管理系统中填制采购专用发票，并进行手工结算

（1）以“003王刚”身份进入企业应用平台，执行“业务工作”→“供应链”→“采购管理”→“采购发票”→“专用采购发票”命令，进入“专用发票”窗口。单击“增加”按钮，单击“生单”按钮，选择“入库单”选项，打开“查询条件选择”对话框，单击“确定”按钮，进入“拷贝并执行”窗口。

（2）选择需要参照的采购入库单，单击“确定”按钮。

（3）自动生成相应专用发票，修改发票号为10150044，原币单价改为830元。单击“保存”按钮。

（4）单击页面上方“结算”按钮，系统进行自动结算，专用发票左上角显示“已结算”标志，如图5-2-1所示。

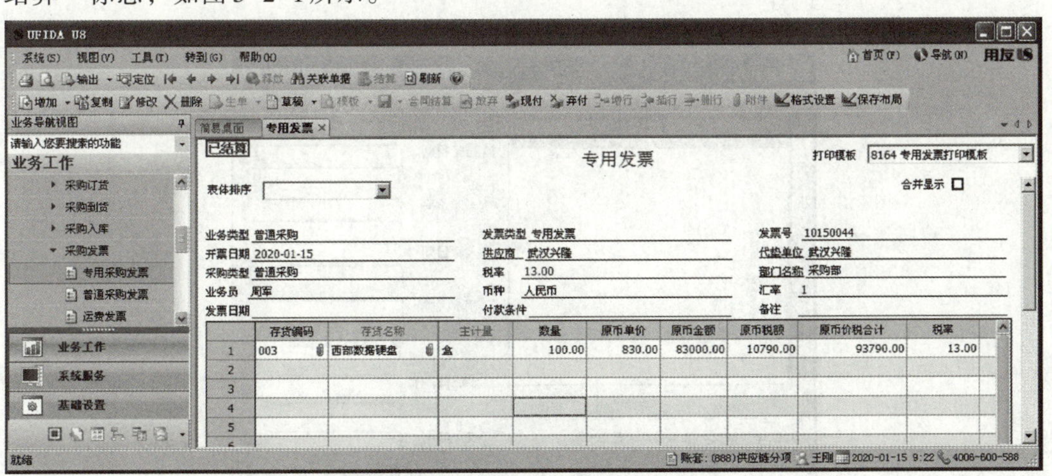

图5-2-1 已自动结算的专用发票

2.1 月 15 日，在应付款管理系统中审核发票并制单处理

（1）以“002李伟”身份进入企业应用平台，执行“业务工作”→“财务会计”→“应付款管理”→“应付单据处理”→“应付单据审核”命令，打开“应付单查询条件”对话框。单击“确定”按钮，进入“单据处理”窗口。选择需要审核的单据，单击“审核”按钮，系统弹出“本次审核成功单据［1］张”，单击“确定”按钮后退出。

（2）执行“制单处理”命令，打开“制单查询”对话框，选择“发票制单”选项，单击“确定”按钮，进入“制单”窗口。选择要制单的记录行，选择凭证类别“转账凭证”，单击“制单”按钮，生成凭证保存，凭证左上角出现“已生成”标志，表示凭证已传递到总账，如图 5-2-2 所示。

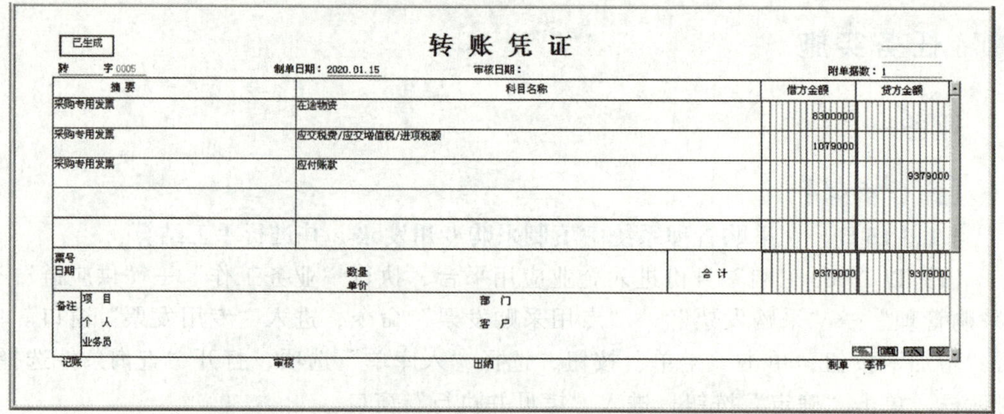

图 5-2-2 生成凭证

3.1 月 15 日，在存货核算系统中执行结算成本处理并生成凭证

（1）执行“业务工作”→“供应链”→“存货核算”→“业务核算”→“结算成本处理”命令，打开“暂估处理查询”对话框，选择“配套品仓库”，选中“未全部结算完的单据是否显示”复选框，如图 5-2-3 所示。单击“确定”按钮，进入“结算成本处理”窗口。

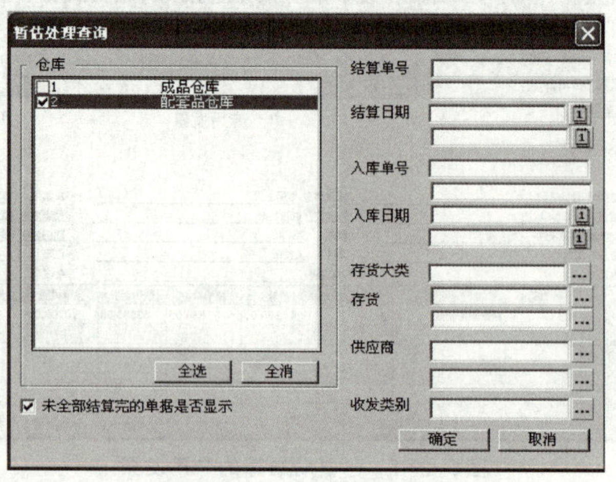

图 5-2-3 暂估处理查询

（2）选择需要进行暂估结算的单据，单击“暂估”按钮，完成结算，如图5-2-4所示。

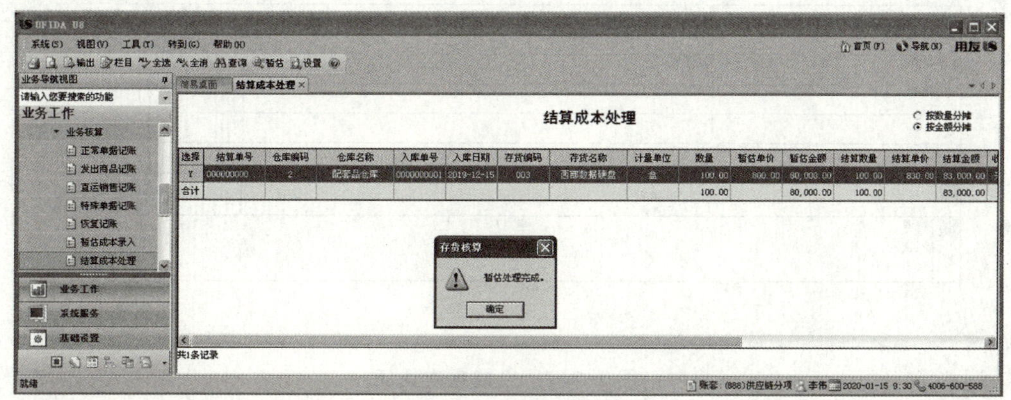

图5-2-4 暂估处理

（3）执行“财务核算”→“生成凭证”命令，进入“生成凭证”窗口。单击工具栏上的“选择”按钮，打开“查询条件”对话框。选择“红字回冲单、蓝字回冲单（报销）”选项，单击“确定”按钮，进入“选择单据”窗口，单击“全选”按钮，如图5-2-5所示。

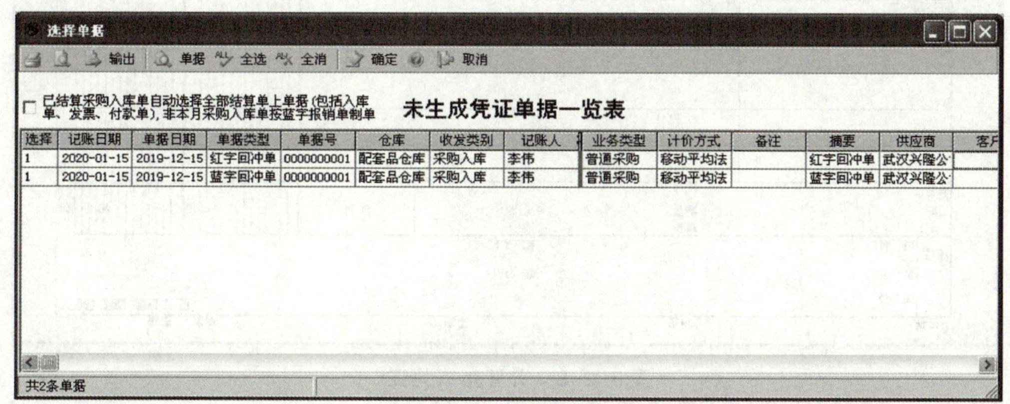

图5-2-5 选择单据

（4）单击“确定”按钮，进入“生成凭证”窗口。选择凭证类别“转 转账凭证”，补充红字回冲单贷方科目“2202应付账款”，补充蓝字回冲单对方科目“1402在途物资”，如图5-2-6所示。

凭证类别 转 转账凭证

选择	单据类型	单据号	摘要	科目类型	科目编码	科目名称	借方金额	贷方金额	借方数量	贷方数量	科目方向	存货编码	存货名称
1	红字回冲单	0000000001	红字回冲单	存货	1403	原材料	-80,00...		-100.00		1	003	西部数据硬盘
				应付暂估	2202	应付账款		-80,00...		-100.00	2	003	西部数据硬盘
	蓝字回冲单		蓝字回冲单	存货	1403	原材料	83,000.00		100.00		1	003	西部数据硬盘
				对方	1402	在途物资		83,000.00		100.00	2	003	西部数据硬盘
合计							3,000.00	3,000.00					

图5-2-6 选择凭证

（5）单击“合成”按钮，保存生成的凭证，如图5-2-7所示。

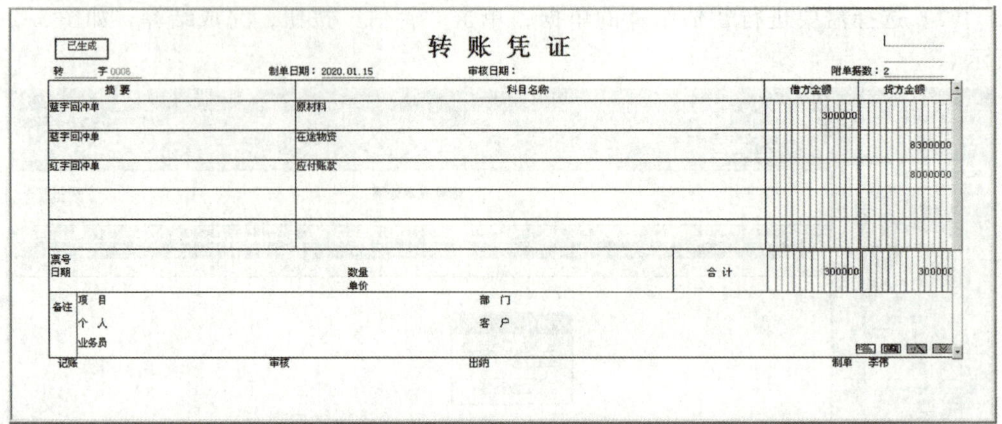

已生成

转账凭证

转 字 0006　　制单日期：2020.01.15　　审核日期：　　附单据数：2

摘要	科目名称	借方金额	贷方金额
蓝字回冲单	原材料	300000	
蓝字回冲单	在途物资		8300000
红字回冲单	应付账款		8000000
票号 日期	数量 单价 合计	300000	300000

备注　项目　部门　个人　客户　业务员

记账　审核　出纳　制单　李伟

图 5-2-7　合成生成凭证

此处也可以分开制单。单击“生成”按钮，保存生成的两张凭证，分别如图 5-2-8和图 5-2-9所示。

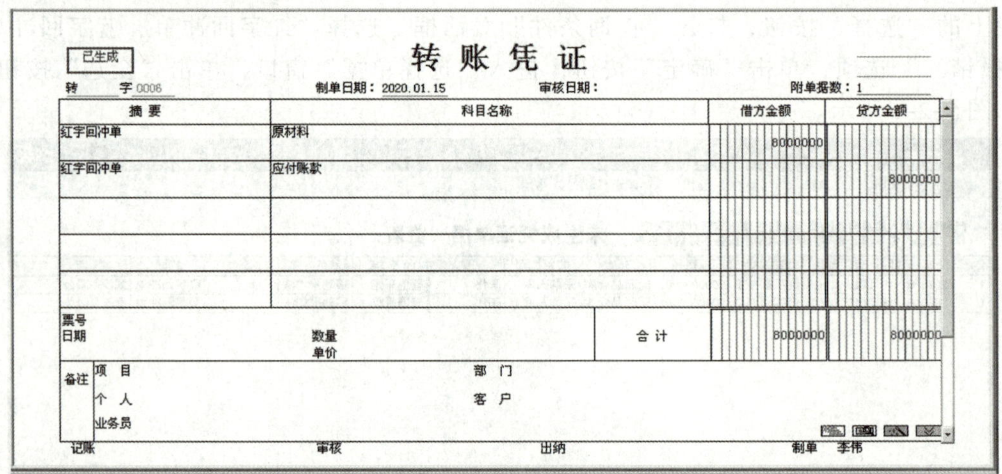

已生成

转账凭证

转 字 0006　　制单日期：2020.01.15　　审核日期：　　附单据数：1

摘要	科目名称	借方金额	贷方金额
红字回冲单	原材料	8000000	
红字回冲单	应付账款		8000000
票号 日期	数量 单价 合计	8000000	8000000

备注　项目　部门　个人　客户　业务员

记账　审核　出纳　制单　李伟

图 5-2-8　分开生成凭证一

已生成

转账凭证

转 字 0007　　制单日期：2020.01.15　　审核日期：　　附单据数：1

摘要	科目名称	借方金额	贷方金额
蓝字回冲单	原材料	8300000	
蓝字回冲单	在途物资		8300000
票号 日期	数量 单价 合计	8300000	8300000

备注　项目　部门　个人　客户　业务员

记账　审核　出纳　制单　李伟

图 5-2-9　分开生成凭证二

业务二

如何进行暂估回冲业务处理

【操作步骤】

1月17日，在库存管理系统中填制并审核采购入库单

因材料是暂估入库，只需在库存管理系统中填制并审核采购入库单，等收到发票后再进行后续处理。

（1）以“003王刚”身份进入企业应用平台，执行“业务工作”→“供应链”→“库存管理”→“入库业务”→“采购入库单”命令，进入“采购入库单”窗口。

（2）单击“增加”按钮，录入相关数量信息后保存，单击“审核”按钮，如图5-2-10所示。

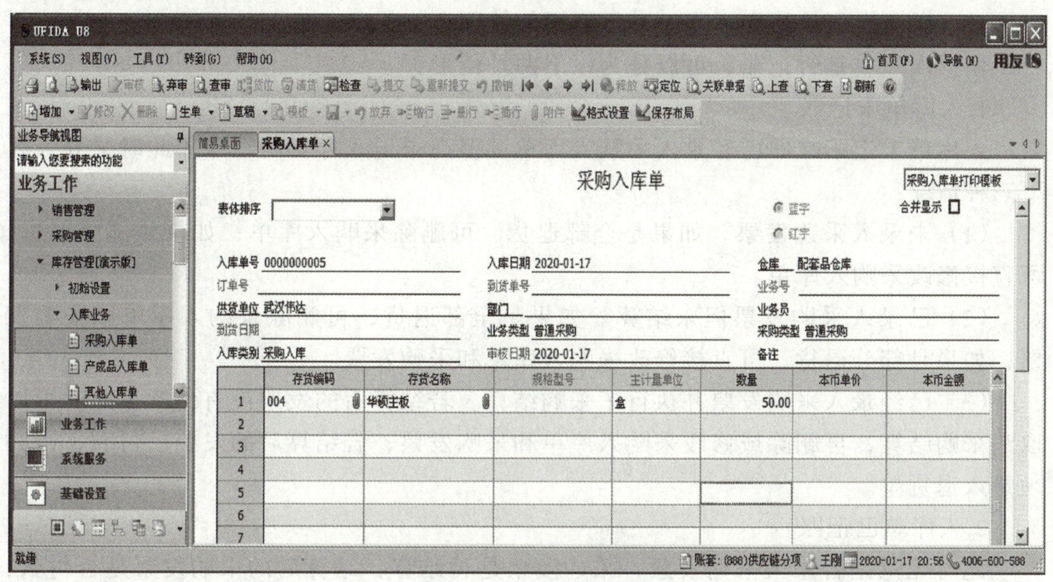

图5-2-10 采购入库单

特别提示：

月末前该笔业务如果收到发票，则进行正常结算处理；如果月末未收到发票，则需要在存货核算系统进行暂估处理。

任务3 采购退货业务处理

任务资料

2020年1月发生的采购业务如下：

业务一：1月18日，收到武汉伟达公司销售的三星显示器，数量为10台，单价为1 600元，验收入配套品仓库。当日，仓库反映有2台显示器有质量问题，要求退回给供应商。经协商，对方同意退货。当日收到对方开具的8台显示器的专用发票。

（结算前退货）

业务二：1月18日，发现1月13日从武汉伟达公司购入的键盘质量有问题，退回10只，单价90元，同时收到红字专用发票一张。（结算后退货）

相关知识

在企业采购业务活动中，如果发现已入库的货物因质量等原因要求退货，需要进行采购退货处理，要将对方提供的发票数量与实际可以入库的数量进行核对，确保金额无误，而进行处理时需要按照采购是否已结算分别处理。

一、货已收到，未办理入库手续

如果尚未录入采购入库单，此时只要把货退还给供应商即可，软件中不用做任何处理。

二、根据入库单是否记账，进行不同的处理

根据入库单是否记账，可以分为以下两种情形：

1.入库单未记账

入库单未记账，即已经录入采购入库单，但尚未记入存货明细账。此时又分为以下三种情况：

（1）未录入采购发票。如果是全部退货，可删除采购入库单；如果是部分退货，可直接修改采购入库单。

（2）已录入采购发票但未结算。如果是全部退货，可删除采购入库单和采购发票；如果是部分退货，可直接修改采购入库单和采购发票。

（3）已经录入采购发票并执行了采购结算。若结算后的发票没有付款，此时可以取消采购结算，再删除或修改采购入库单和采购发票；若结算后的发票已付款，则必须录入退货单。

2.入库单已记账

此时无论是否录入采购发票，采购发票是否结算，结算后的采购发票是否付款，都需要录入退货单。

三、付款采购发票的处理

根据采购发票是否付款，分为以下两种情况：

1.采购发票未付款

入库单尚未记账，直接删除采购入库单和采购发票，已结算的采购发票需要先取消结算再删除；入库单已经记账，必须录入退货单。

2.采购发票已付款

此时无论入库单是否记账，都必须录入退货单。

四、退货处理

退货业务处理流程如图5-3-1所示。

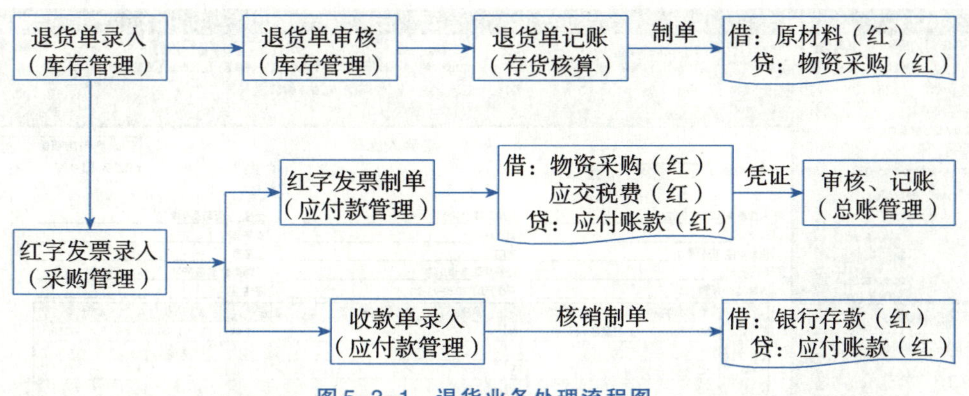

图5-3-1　退货业务处理流程图

任务实施

业务一

微课5-6

如何进行结算前退货业务处理

【操作步骤】

1.1月18日，在库存管理系统中填制并审核蓝字采购入库单

（1）以“003王刚”身份进入企业应用平台，执行“业务工作”→“供应链”→“库存管理”→“入库业务”→“采购入库单”命令，进入“采购入库单”窗口。

（2）单击“增加”按钮，输入相关信息后保存，然后单击“审核”按钮，如图5-3-2所示。

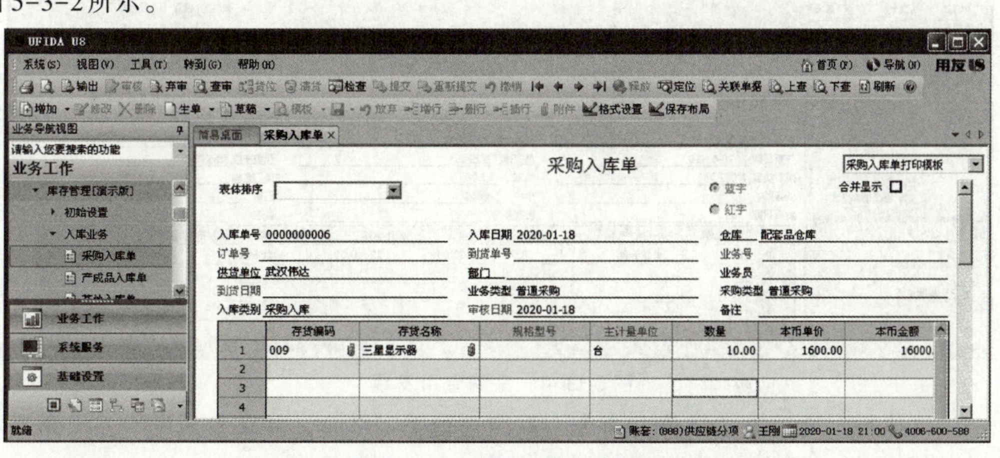

图5-3-2　蓝字采购入库单

2.退回货物时，在库存管理系统中填制并审核红字采购入库单

（1）执行“业务工作”→“供应链”→“库存管理”→“入库业务”→“采购入库单”命令，进入“采购入库单”窗口。

（2）单击“增加”按钮，选择右上角“红字”选项，选择“配套品仓库”，选择供货单位“武汉伟达”，存货编码“009”，数量“-2”，本币单价“1 600”。单击“保存”按钮，然后单击“审核”按钮，如图5-3-3所示。

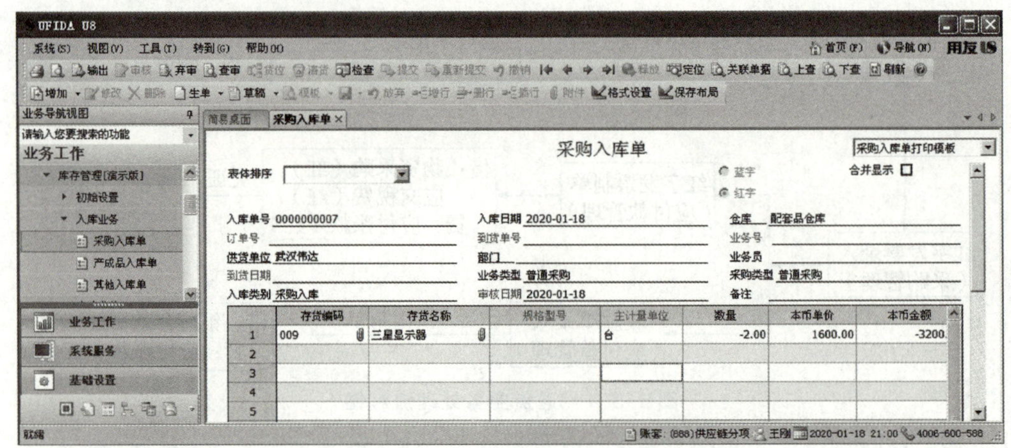

图 5-3-3　红字采购入库单

3. 在采购管理系统中生成采购专用发票并进行采购结算

（1）执行“业务工作”→“供应链”→“采购管理”→“采购发票”→“专用采购发票”命令，进入“专用发票”窗口。单击“增加”按钮，单击“生单”按钮，选择“入库单”选项，打开“查询条件选择”对话框，单击“确定”按钮，进入“拷贝并执行”窗口。单击“全选”按钮，选择需要参照的两张采购入库单，单击“确定”按钮，生成专用发票，将两行数据合并，单击“保存”按钮，如图5-3-4所示。

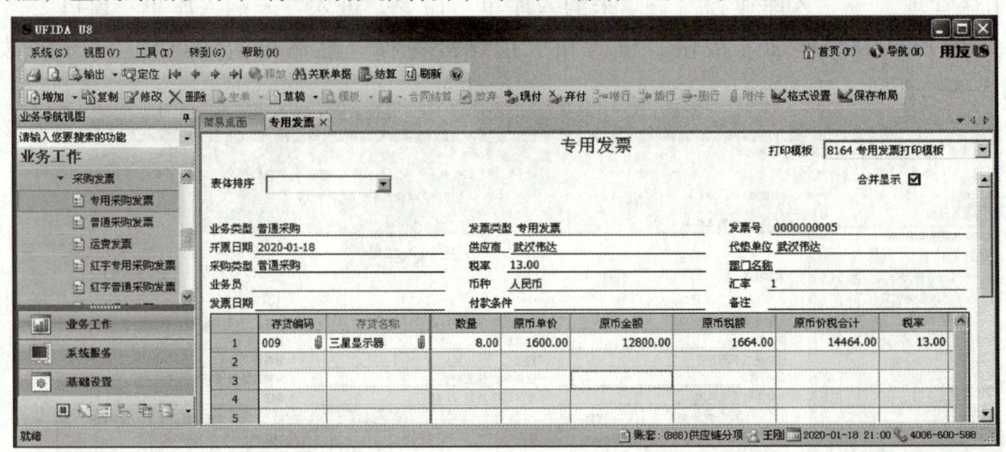

图 5-3-4　采购专用发票

（2）执行页面上方“结算”命令，系统进行手工结算，并在专用发票左上角显示“已结算”字样，退出当前窗口。

特别提示：

（1）在发票上勾选了“合并显示”后，会根据合并规则将两行数据汇总为一行数据，本任务中，合并显示后，发票数量为“10”和“-2”汇总后的8台。

（2）使用“合并显示”，需要对“合并显示”进行设置。首先勾选“合并设置”后，弹出“汇总设置”对话框，在“合并依据”这一列上选择“存货编码”和“存货名称”，“数量”“原币金额”“原币税额”“原币价税合计”均在“取值”中选择

“汇总”，“原币单价”“税率”在“取值”中选择“平均”。单击“保存”后，点击“确认”，如图5-3-5所示。

汇总设置

序号	项目名称	合并依据	排序	先后	取值
1	存货编码	☑			
2	存货名称	☑			
3	规格型号	☐			
4	主计量	☐			
5	数量	☐			汇总
6	原币单价	☐			平均
7	原币金额	☐			汇总
8	原币税额	☐			汇总
9	原币价税合计	☐			汇总

全选(S) 全消(L) 保存设置 取消汇总 确定(O) 取消(C)

图5-3-5 汇总设置

4.1月18日，在应付款管理系统中审核发票并制单处理

（1）以“002李伟”身份进入企业应用平台，执行“业务工作”→“财务会计”→“应付款管理”→“应付单据处理”→“应付单据审核”命令，打开“应付单查询条件”对话框。单击“确定”按钮，进入“单据处理”窗口。选择需要审核的单据，单击“审核”按钮，系统弹出“本次审核成功单据［1］张”，单击“确定”按钮后退出，如图5-3-6所示。

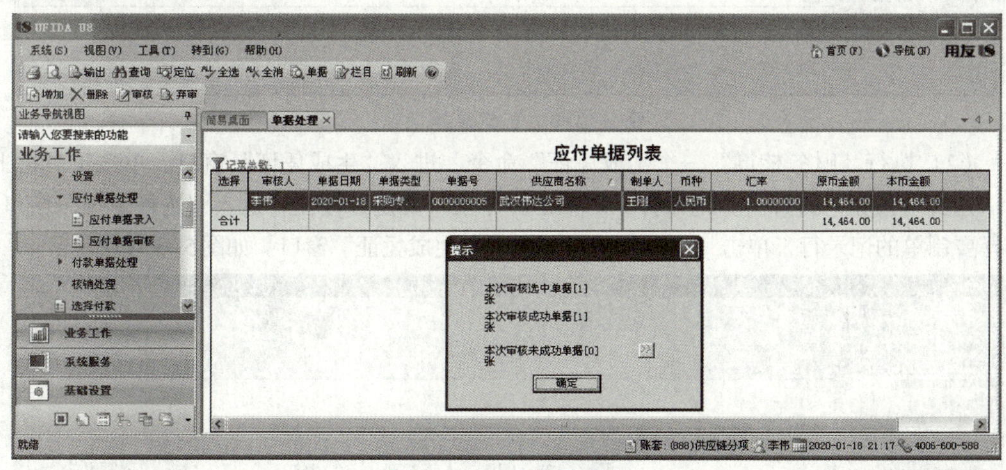

图5-3-6 应付单审核

（2）执行“制单处理”命令，打开“制单查询”对话框，选择“发票制单”选项，单击“确定”按钮，进入“制单”窗口。选择要制单的记录行，选择凭证类别“转账凭证”，单击“制单”按钮，生成凭证并保存，凭证左上角出现“已生成”标志，表示凭证已传递到总账，如图5-3-7所示。

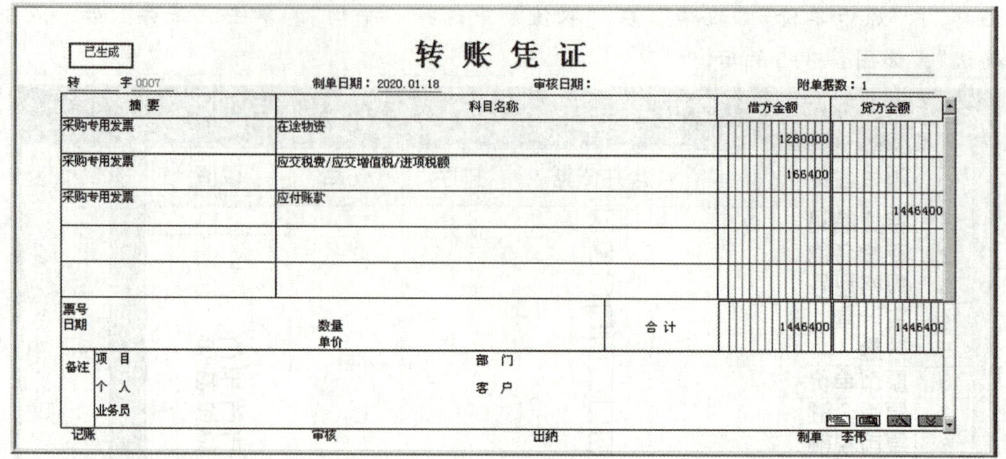

已生成

转账凭证

转　字 0007　　制单日期：2020.01.18　　审核日期：　　附单据数：1

摘要	科目名称	借方金额	贷方金额
采购专用发票	在途物资	1280000	
采购专用发票	应交税费/应交增值税/进项税额	166400	
采购专用发票	应付账款		1446400
票号 日期	数量 单价	合计 1446400	1446400

备注　项目　　部门

个人　　客户

业务员

记账　　审核　　出纳　　制单　李伟

图5-3-7　生成凭证

5.在存货核算系统中记账并生成入库凭证

（1）执行“业务工作”→“供应链”→“存货核算”→“业务核算”→“正常单据记账”命令，打开“查询条件选择”对话框。单击“确定”按钮，进入“未记账单据一览表”窗口。选择要记账的两张单据，如图5-3-8所示，单击“记账”按钮，系统显示“记账成功”。

正常单据记账列表

记录总数：3

选择	日期	单据号	存货编码	存货名称	单据类型	仓库名称	收发类别	数量	单价	金额
	2020-01-17	0000000005	004	华硕主板	采购入库单	配套品仓库	采购入库	50.00		
Y	2020-01-18	0000000006	009	三星显示器	采购入库单	配套品仓库	采购入库	10.00	1,600.00	16,000.00
Y	2020-01-18	0000000007	009	三星显示器	采购入库单	配套品仓库	采购入库	-2.00	1,600.00	-3,200.00
小计								58.00		12,800.00

账套：(888)供应链分项　李伟　2020-01-18 17:37　4006-600-588

图5-3-8　正常单据记账

（2）执行“财务核算”→“生成凭证”命令，进入“生成凭证”窗口。单击工具栏上的“选择”按钮，打开“查询条件”对话框。单击“确定”按钮，进入“选择单据”窗口。选择要制单的记录行，单击“确定”按钮，进入“生成凭证”窗口。如图5-3-9所示。

凭证类别　转 转账凭证

选择	单据类型	单据号	摘要	科目类型	科目编码	科目名称	借方金额	贷方金额	借方数量	贷方数量	科目方向	存货编码	存货名称	部门编码
1	采购入库单	0000000006	采购入库单	存货	1403	原材料	16,000.00		10.00		1	009	三星显示器	4
				对方	1402	在途物资		16,000.00		10.00	2	009	三星显示器	4
		0000000007		存货	1403	原材料	-3,200.00		-2.00		1	009	三星显示器	4
				对方	1402	在途物资		-3,200.00		-2.00	2	009	三星显示器	4
合计							12,800.00	12,800.00						

账套：(888)供应链分项　李伟　2020-01-18 17:37　4006-600-588

图5-3-9　生成凭证单据

(3) 选择凭证类别“转 转账凭证”，单击“合成”按钮，进入“填制凭证”窗口。单击“保存”按钮，凭证左上角出现“已生成”标志，表示凭证已传递至总账，如图5-3-10所示。

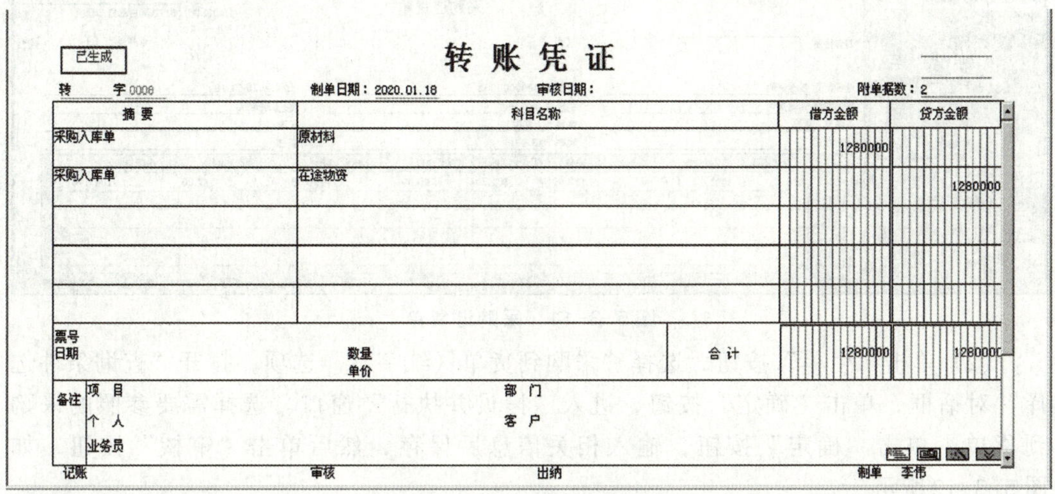

已生成

转账凭证

转 字0006 制单日期：2020.01.18 审核日期： 附单据数：2

摘要	科目名称	借方金额	贷方金额
采购入库单	原材料	1280000	
采购入库单	在途物资		1280000
票号 日期	数量 单价 合计	1280000	1280000

备注 项目 部门 个人 客户 业务员

记账 审核 出纳 制单 李伟

图5-3-10 合成生成凭证

特别提示：

(1) 结算前的退货业务如果只录入了到货单，则只需开具到货退货单，不用进行采购结算，按照实际入库数量录入采购入库单。

(2) 如果退货时已经录入了采购入库单，但还没有收到发票，则只需要根据退货数量录入红字入库单，对红、蓝入库单进行自动结算。

(3) 如果已经录入采购入库单，同时退货时已经收到采购发票，则需要根据退货数量录入红字采购入库单，并录入采购发票，其中发票上的数量=原入库单数量-红字入库单数量，在结算时只能使用手工结算方式将红字采购入库单与原采购入库单、采购发票进行采购结算，以冲抵原入库数量。

微课5-7

如何进行结算后退货业务处理

业务二

【操作步骤】

1.1月18日，在采购管理系统填制并审核采购退货单

(1) 执行“业务工作”→“供应链”→“采购管理”→“采购到货”→“采购退货单”命令，进入“采购退货单”窗口。

(2) 单击“增加”按钮，单击“生单”按钮，选择“到货单”选项，打开“查询条件选择”对话框，单击“确定”按钮，进入“拷贝并执行”窗口。选择窗口上方的到货单，单击“确定”按钮，系统生成采购退货单。修改数量为-10，单击“保存”按钮，然后单击“审核”按钮，如图5-3-11所示。

2.在库存管理系统中填制并审核红字采购入库单

(1) 执行“业务工作”→“供应链”→“库存管理”→“入库业务”→“采购入库单”命令，进入“采购入库单”窗口。

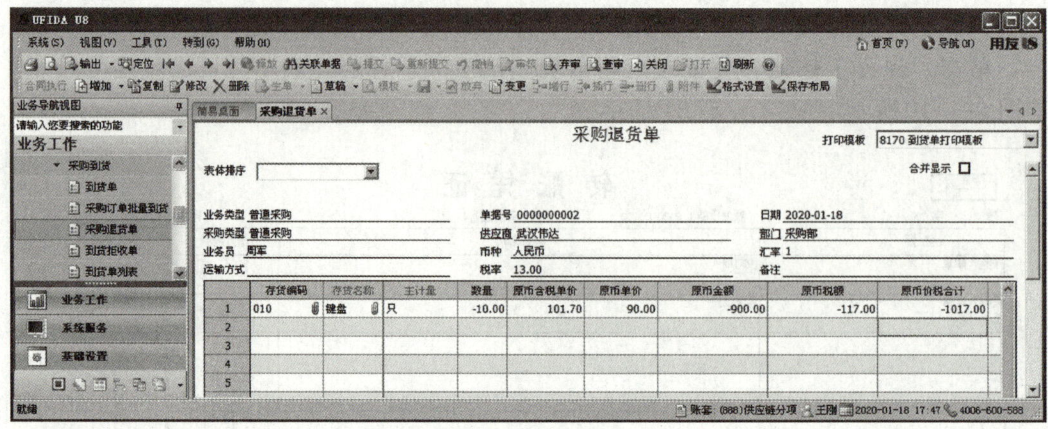

图 5-3-11　采购退货单

（2）单击“生单”按钮，选择“采购到货单（红字）”选项，打开“查询条件选择”对话框，单击“确定”按钮，进入“拷贝并执行”窗口。选择需要参照的采购到货单，单击“确定”按钮，输入相关信息后保存，然后单击“审核”按钮，如图 5-3-12所示。

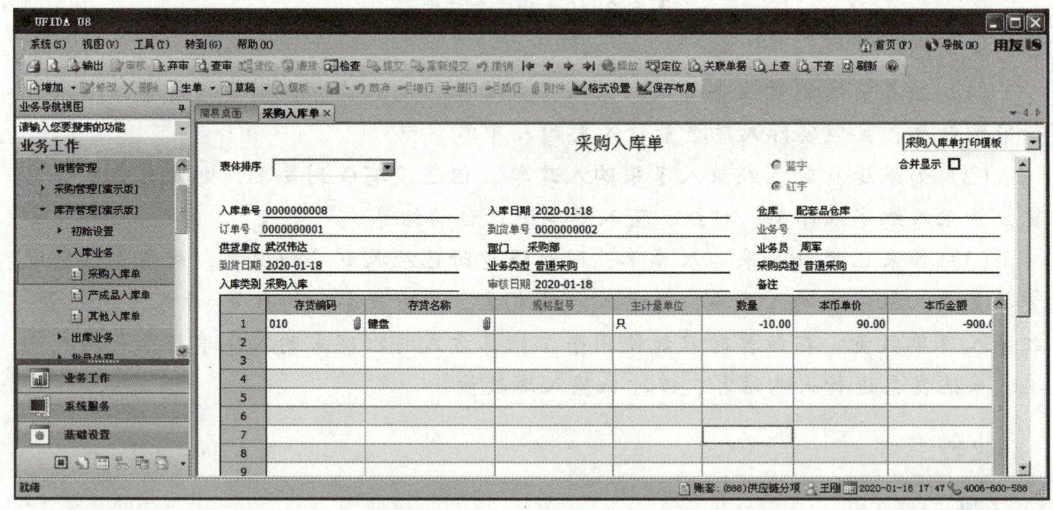

图 5-3-12　红字采购入库单

3.在采购管理系统中填制红字采购专用发票并进行采购结算

（1）执行“业务工作”→“供应链”→“采购管理”→“采购发票”→“红字专用采购发票”命令，单击“增加”按钮，单击“生单”按钮，选择“入库单”，单击“查询条件选择”窗口的“确定”按钮，进入“拷贝并执行”窗口，选择需要参照的采购入库单，单击“确定”按钮，生成红字“专用发票”，单击“保存”按钮。

（2）执行页面上方的“结算”命令，系统进行红字采购入库单和红字专用发票的自动结算，并在红字专用发票左上角显示“已结算”标志，如图 5-3-13所示。

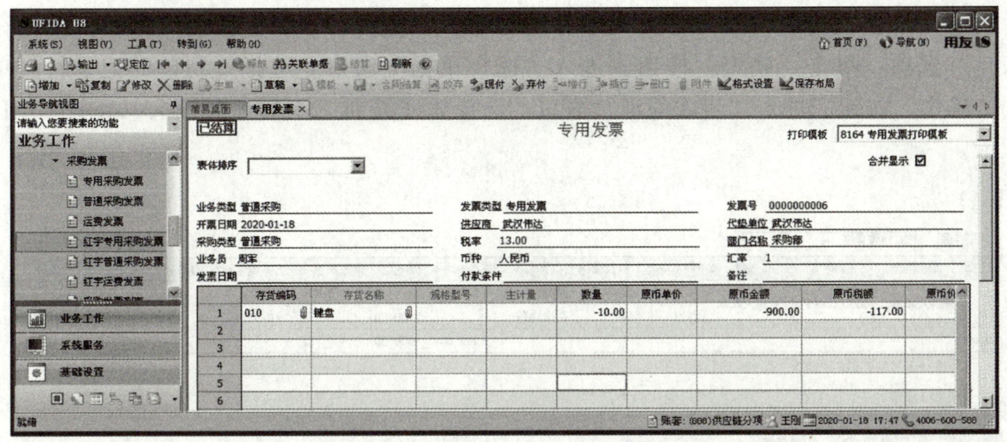

图5-3-13 结算后的红字专用发票

4.在应付款管理系统中审核发票并制单处理

（1）以“002李伟”身份进入企业应用平台，执行“业务工作”→“财务会计”→“应付款管理”→“应付单据处理”→“应付单据审核”命令，打开“应付单查询条件”对话框。单击“确定”按钮，进入“单据处理”窗口。选择需要审核的单据，单击“审核”按钮，系统弹出“本次审核成功单据［1］张”，单击“确定”按钮后退出。

（2）执行“制单处理”命令，打开“制单查询”对话框，选择“发票制单”选项，单击“确定”按钮，进入“制单”窗口。选择要制单的记录行，选择凭证类别“转账凭证”，单击“制单”按钮，生成凭证保存，凭证左上角出现“已生成”标志，表示凭证已传递到总账，如图5-3-14所示。

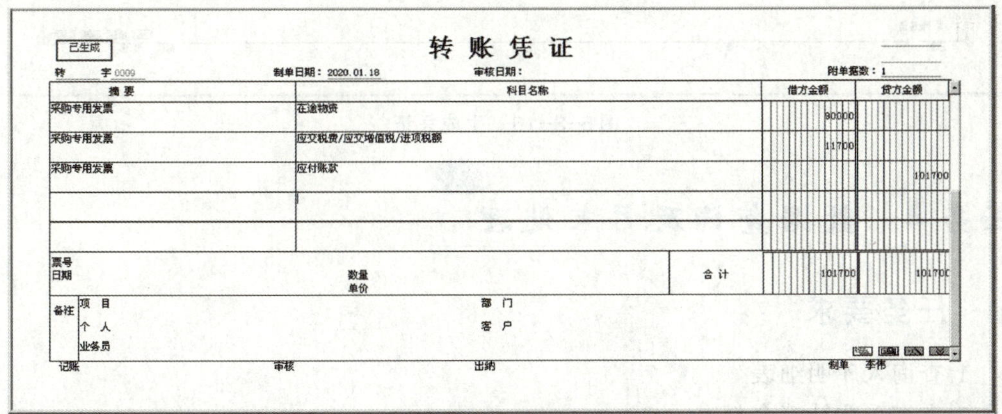

图5-3-14 生成凭证

5.在存货核算系统中记账并生成入库凭证

（1）执行“业务工作”→“供应链”→“存货核算”→“业务核算”→“正常单据记账”命令，打开“查询条件选择”对话框。单击“确定”按钮，进入“未记账单据一览表”窗口。选择要记账的单据，单击“记账”按钮，系统显示“记账成功”。

（2）执行“财务核算”→“生成凭证”命令，进入“生成凭证”窗口。单击工具栏上的“选择”按钮，打开“查询条件”对话框。选择“（01）采购入库单（报销记账）”选项，单击“确定”按钮，进入“选择单据”窗口。选择要制单的记录行，单击“确定”按钮，进入“生成凭证”窗口，选择凭证类别“转 转账凭证”，如图5-3-15所示。

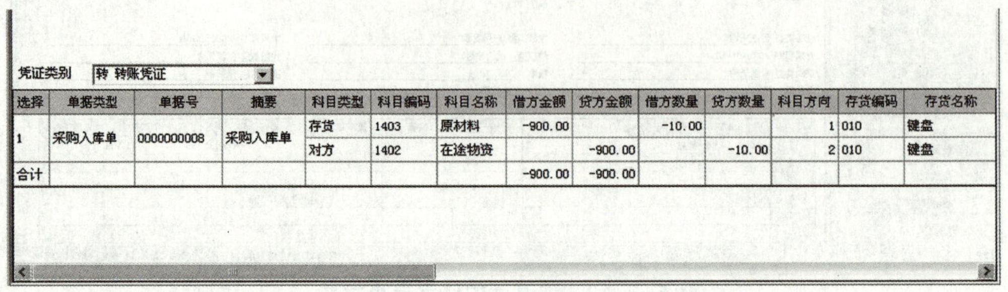

凭证类别 转 转账凭证

选择	单据类型	单据号	摘要	科目类型	科目编码	科目名称	借方金额	贷方金额	借方数量	贷方数量	科目方向	存货编码	存货名称
1	采购入库单	0000000008	采购入库单	存货	1403	原材料	-900.00		-10.00		1	010	键盘
				对方	1402	在途物资		-900.00		-10.00	2	010	键盘
合计							-900.00	-900.00					

图5-3-15　生成凭证单据

（3）单击“生成”按钮，进入“填制凭证”窗口。单击“保存”按钮，凭证左上角出现“已生成”标志，表示凭证已传递至总账，如图5-3-16所示。

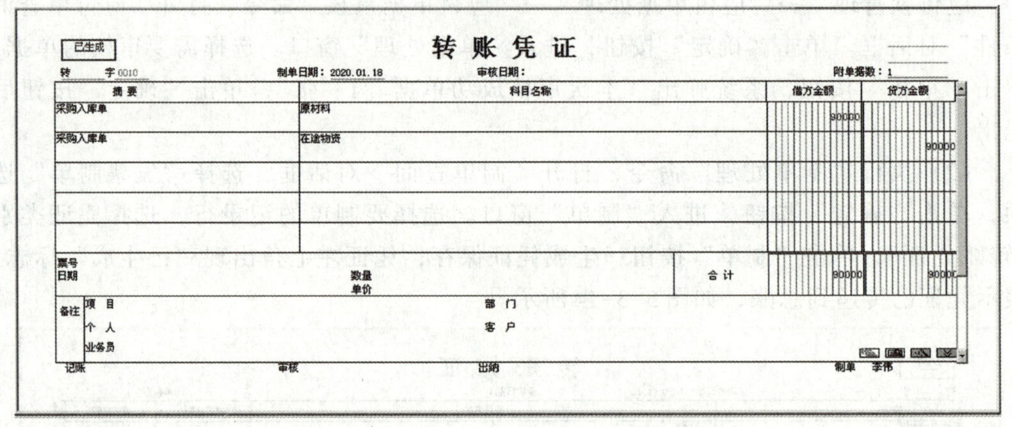

图5-3-16　生成凭证

任务4　数据查询及月末处理

任务要求

1. 查询入库明细表
2. 查询采购结算余额表
3. 查询采购成本分析表
4. 月末结账

相关知识

一、数据查询

采购管理系统中各种数据的查询在采购报表功能中完成，可以查询统计表、采购账簿和采购分析。

1.统计表

在采购报表功能中可以查询采购管理系统的各种统计表，具体说明如下：

到货明细表：可以按照到货单查询存货的到货、入库和开票明细等信息。

采购明细表：可以查询采购发票的明细情况，包括数量、价税、费用和损耗等信息。

入库明细表：可以查询采购入库单的明细情况。

结算明细表：可以查询采购结算的明细情况。

未完成业务明细表：可以查询未完成业务的单据明细情况，包括入库单和发票，货到票未到为暂估入库，票到货未到为在途物资。

受托结算明细表：可以查询受托代销采购入库单中各货物的入库和结算情况。

费用明细表：可以查询运费发票的明细数据。

增值税抵扣明细表：根据符合条件的采购发票产生的统计表，可以详细反映某月份增值税发票的增值税税额抵扣情况。

采购综合统计表：可以按照报表汇总条件查询采购业务的入库、开票和付款统计情况。

采购计划综合统计表：可以按照存货或存货分类对入库、出库、结存、采购订货和销售发货等情况进行汇总统计，从而综合地反映企业的购销存情况。

2.采购账簿

在采购报表功能中可以查询采购管理系统中的各种账簿，具体说明如下：

在途货物余额表：是对普通采购业务的采购入库单结算情况的滚动汇总表，反映每月各个供货单位的采购发票上的货物采购发生、采购结算以及未结算的在途物资情况。

暂估入库余额表：是对普通采购业务的采购入库单结算情况的滚动汇总表，反映每月各个供货单位的采购入库单上的货物采购发生、采购结算以及未结算的暂估货物情况。

代销商品台账：可以查询各供应商各受托代销存货在一定期间内的入库、结算和结余情况。

代销商品余额表：是代销商品台账的汇总表，反映每月各供应商的代销商品入库、结算和结余情况。

3.采购分析

在采购报表功能中可以查询采购管理系统中的各种采购分析表，具体说明如下：

采购成本分析：用户可根据采购发票，对某种货物各供货单位的实际供货价格进行对比分析。

采购类型结构分析：根据采购发票，对某段时期内各种采购类型的业务比重进行分析。

采购资金比重分析：根据采购发票，按供应商、业务员、地区、存货大类和采购类型进行某段时期内各个货物占用采购资金的比重分析。

采购费用分析：根据采购发票，进行查询期间内应税劳务占所购货物比重分析。

采购货龄综合分析：对采购入库未结算的存货，分析到目前某日期为止它们各自的货龄。

二、月末处理

采购管理系统的月末结账是将每月的采购数据逐月封存，并将当月的采购数据记入有关账表中。本功能为独享功能，与系统中所有功能的操作互斥，即在操作本功能前，应确定其他功能均已退出。

采购管理系统月末结账后，才能进行库存管理系统、存货核算系统、应付款管理系统的月末结账。

如果采购管理系统要取消月末结账，必须先通知库存管理系统、存货核算系统、应付款管理系统的操作人员，要求他们取消月末结账。

如果库存管理系统、存货核算系统、应付款管理系统的任何一个系统不能取消月末结账，那么也不能取消采购管理系统的月末结账。

任务实施

一、1月31日，查询入库明细表

【操作步骤】

（1）以“003王刚”身份进入企业应用平台，执行“业务工作”→“供应链”→“采购管理”→“报表”→“统计表”→“入库明细表”命令。

（2）弹出“查询条件选择”对话框，单击“确定”。

（3）系统根据过滤条件自动显示入库明细表，如图5-4-1所示。

入库明细表

日期：2020-0… 至 2020-0… 供应商： 到
仓库： 到 部门： 到
存货： 到 业务员： 到

入库日期	入库单号	仓库名称	供应商简	存货名称		主计量	入库数量	本币单价	本币金额					存货分类	存货分类	订单号	计划到货
2020-01-13	0000000002	配套品…	武汉伟达	键盘		只	250.00	90.00	22,500.00					0203	键盘	0000000…	2020-1-13
2020-01-14	0000000003	配套品…	武汉伟达	鼠标		只	300.00	50.00	15,000.00					0204	鼠标		
2020-01-15	0000000004	配套品…	武汉伟达	金邦内存条		盒	100.00	185.00	18,500.00					0201	主机		
2020-01-17	0000000005	配套品…	武汉伟达	华硕主板		盒	50.00							0201	主机		
2020-01-18	0000000006	配套品…	武汉伟达	三星显示器		台	10.00	1,600.00	16,000.00					0202	显示器		
2020-01-18	0000000007	配套品…	武汉伟达	三星显示器		台	-2.00	1,600.00	-3,200.00					0202	显示器		
2020-01-18	0000000008	配套品…	武汉伟达	键盘		只	-10.00	90.00	-900.00					0203	键盘	0000000…	2020-1-13
总计							698.00		67,900.00								

数据 共7条 共1页

图5-4-1 入库明细表

二、查询采购结算余额表

【操作步骤】

（1）执行“业务工作”→“供应链”→“采购管理”→“报表”→“采购账簿”→“采购结算余额表”命令。

（2）弹出“查询条件选择”对话框，单击“确定”。

（3）系统根据过滤条件自动显示采购结算余额表，如图5-4-2所示。

采购结算余额表

日期： 2020-0… 至 2020-0… 供应商： 存…

供应商名称	存货编码	存货名称	主计量	仓库编码	部门编码	上期结余		本期入库		本期结算		结算暂估金额	本期结余	
						数量	金额	数量	金额	数量	金额		数量	金额
武汉兴隆	003	西部数据硬盘	盒	2		100.00	80,000.00			100.00	83,000.00	80,000.00		
武汉伟达	002	金邦内存条	盒	2	4			100.00	18,000.00	100.00	18,500.00	18,000.00		
武汉伟达	004	华硕主板	盒	2	4			50.00					50.00	
武汉伟达	009	三星显示器	台	2	4			8.00	12,800.00	8.00	12,800.00	12,800.00		
武汉伟达	010	键盘	只	2	4			240.00	21,600.00	240.00	21,600.00	21,600.00		
武汉伟达	011	鼠标	只	2	4			300.00	15,000.00	300.00	15,000.00	15,000.00		
总计						100.00	80,000.00	698.00	67,400.00	748.00	150,900…	147,400.00	50.00	

数据　　共6条 共1页

图5-4-2　采购结算余额表

三、查询采购成本分析表

【操作步骤】

（1）执行“业务工作”→“供应链”→“采购管理”→“报表”→“采购分析”→“采购成本分析”命令。弹出“查询条件选择”对话框，单击“确定”。

（2）系统根据过滤条件自动显示采购成本分析表，如图5-4-3所示。

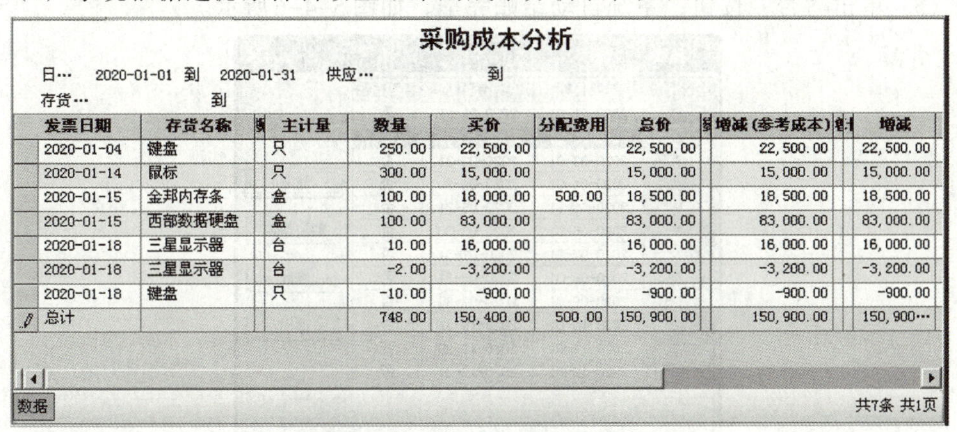

采购成本分析

日… 2020-01-01 到 2020-01-31 供应… 到

存货… 到

发票日期	存货名称	主计量	数量	买价	分配费用	总价	增减（参考成本）	增减
2020-01-04	键盘	只	250.00	22,500.00		22,500.00	22,500.00	22,500.00
2020-01-14	鼠标	只	300.00	15,000.00		15,000.00	15,000.00	15,000.00
2020-01-15	金邦内存条	盒	100.00	18,000.00	500.00	18,500.00	18,500.00	18,500.00
2020-01-15	西部数据硬盘	盒	100.00	83,000.00		83,000.00	83,000.00	83,000.00
2020-01-18	三星显示器	台	10.00	16,000.00		16,000.00	16,000.00	16,000.00
2020-01-18	三星显示器	台	-2.00	-3,200.00		-3,200.00	-3,200.00	-3,200.00
2020-01-18	键盘	只	-10.00	-900.00		-900.00	-900.00	-900.00
总计			748.00	150,400.00	500.00	150,900.00	150,900.00	150,900…

数据　　共7条 共1页

图5-4-3　采购成本分析

四、月末结账

【操作步骤】

（1）执行“业务工作”→“供应链”→“采购管理”→“月末结账”命令，弹出“结账”对话框，如图5-4-4所示。

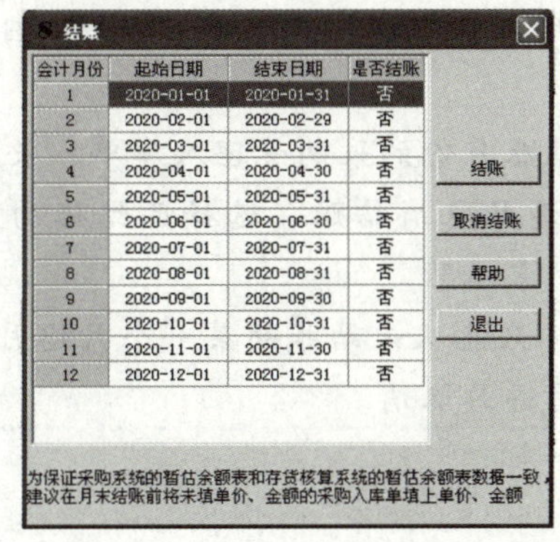

结账

会计月份	起始日期	结束日期	是否结账
1	2020-01-01	2020-01-31	否
2	2020-02-01	2020-02-29	否
3	2020-03-01	2020-03-31	否
4	2020-04-01	2020-04-30	否
5	2020-05-01	2020-05-31	否
6	2020-06-01	2020-06-30	否
7	2020-07-01	2020-07-31	否
8	2020-08-01	2020-08-31	否
9	2020-09-01	2020-09-30	否
10	2020-10-01	2020-10-31	否
11	2020-11-01	2020-11-30	否
12	2020-12-01	2020-12-31	否

结账　取消结账　帮助　退出

为保证采购系统的暂估余额表和存货核算系统的暂估余额表数据一致，建议在月末结账前将未填单价、金额的采购入库单填上单价、金额

图5-4-4　结账对话框

（2）双击“选中”要结账的月份，单击“结账”按钮，提示“是否关闭订单”，如图5-4-5所示。

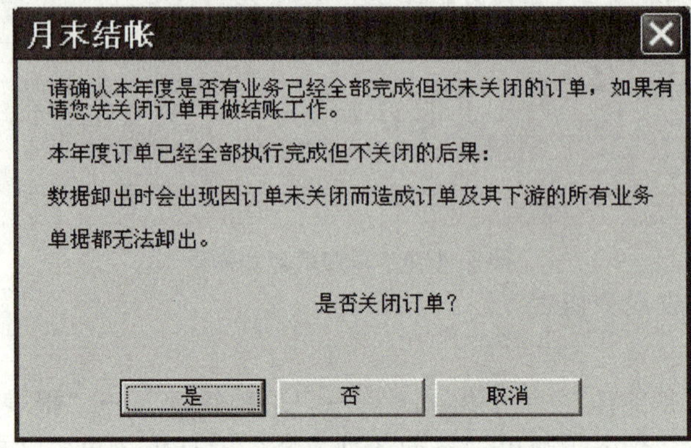

图5-4-5　提示“是否关闭订单”

（3）单击“否”按钮，系统自动结账完毕，如图5-4-6所示。

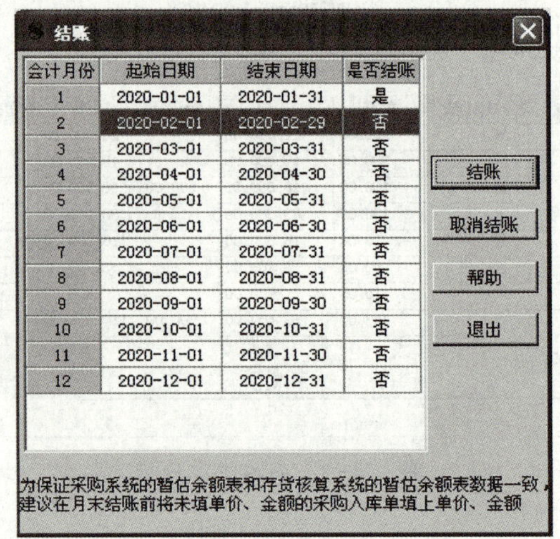

会计月份	起始日期	结束日期	是否结账
1	2020-01-01	2020-01-31	是
2	2020-02-01	2020-02-29	否
3	2020-03-01	2020-03-31	否
4	2020-04-01	2020-04-30	否
5	2020-05-01	2020-05-31	否
6	2020-06-01	2020-06-30	否
7	2020-07-01	2020-07-31	否
8	2020-08-01	2020-08-31	否
9	2020-09-01	2020-09-30	否
10	2020-10-01	2020-10-31	否
11	2020-11-01	2020-11-30	否
12	2020-12-01	2020-12-31	否

图5-4-6　完成结账

特别提示：

（1）没有月初记账，将不允许月末结账。

（2）上月未结账，本月单据可以正常操作，不影响日常业务的处理，但本月不能结账。

任务测试5-3

（3）月末结账后，已结账月份的采购管理入库单、采购发票不可修改、删除。

（4）月末结账后，可逐月取消结账，选择已结账的最后月份，单击“取消结账”按钮，则取消该月的月末结账。

（5）不允许跳月结账，只能从未结账的第一个月逐月结账；不允许跳月取消月末结账，只能从最后一个月逐月取消。

项目六

销售管理系统

知识目标

通过本项目的学习，了解销售管理模块的主要功能；了解不同类型销售业务的区别；理解销售管理系统与供应链其他管理子系统的关系。

能力目标

通过本项目的学习和实训，掌握主要销售业务的处理，能熟练运用销售管理系统处理普通销售业务、直运销售业务、分期收款业务、销售零售业务、销售退回业务等。

任务1 普通销售业务处理

任务资料

2020年1月发生的销售业务如下：

业务一：1月18日，武汉利群公司打算购买10台计算机，向销售一部询价。销售一部报价4 500元/台，填制并审核报价单。利群公司了解后，订购10台，并要求发货日期为1月20日。填制并审核销售订单。1月20日，销售一部从成品库向利群公司发出其所订货物，并据此开具专用发票一张。销售一部将销售发票交给财务部门，财务部门据此确认收入并结转成本。（普通赊销业务）

业务二：1月20日，销售一部向武汉精益公司出售计算机10台，无税单价4 500元，货物从成品仓库发出。当日根据上述发货单开具专用发票一张。同时收到客户以转账支票支付的全部货款，转账支票号为ZP0011。（现销业务）

业务三：1月20日，销售二部向黄石讯达商城出售西部数据硬盘50盒，报价850元/盒，成交价为报价的90%，货物从配套品仓库发出。当日，根据上述发货单开具专用发票一张。（商业折扣业务）

业务四：1月20日，销售二部在向黄石讯达商城销售商品的过程中，以现金支付了一笔代垫的运费500元，客户尚未支付该笔款项。（代垫费用业务）

业务五：1月20日，销售二部向黄石讯达商城出售西部数据硬盘20盒，无税单价800元。当日，开具专用发票一张，并将货物从配套品仓库发出。（开票直接发货业务）

相关知识

一、普通销售业务类型

普通销售业务模式适用于大多数企业的日常销售业务，与其他系统一起，提供对销售报价、销售订货、发货、销售开票、销售出库、结转销售成本、销售收款结算全过程的处理。用户可以根据企业的实际业务情况，结合本系统对销售流程进行灵活配置。

1.销售报价

销售报价是指企业向客户提供货品、规格、价格、结算方式等信息，双方达成协议后，销售报价单可以转为有效力的销售合同或销售订单的过程。企业可以针对不同客户、不同存货、不同批量提出不同的报价和折扣率。在销售业务处理流程中，销售报价环节可以省略。

2.销售订货

销售订货是指企业与客户签订销售合同的过程，在系统中体现为销售订单。若客户经常采购某产品，或客户是企业的经销商，则销售部门无须经过报价环节即可输入销售订单。如果前面已有对客户的报价，也可以参照报价单生成销售订单。在销售业务流程中，订货环节是可选的。

3.销售发货

销售发货是指企业执行与客户签订的销售合同或销售订单，将货物发往客户的行为，是销售业务的执行阶段。除了根据销售订单发货外，销售管理系统也有直接发货的功能，无须事先录入销售订单，即随时可以将产品发给客户。在销售业务处理流程中，销售发货处理是必需的。

4.销售开票

销售开票是在销售过程中企业给客户开具销售发票及所附清单的过程，它是销售收入确定、销售成本计算、应交税金确认和应收账款确认的依据，是销售业务的必需环节。销售发票既可以直接填制，也可以参照销售订单或销售发货单生成。参照发货单开票时，多张发货单可以汇总开票，一张发货单也可生成多张销售发票。

5.销售出库

销售出库是销售业务处理的必要环节，在库存管理系统用于存货出库数量核算，在存货核算系统用于存货成本核算。根据参数设置的不同，销售出库单可在销售系统生成，也可以在库存管理系统生成。如果由销售管理系统生成出库单，只能一次销售一次出库；而由库存管理系统生成销售出库单，则可以实现一次销售分次出库。

6.出库成本确认

销售出库（开票）之后，要进行出库成本的确认。使用先进先出、移动平均、个别计价这几种成本核算方式的，在存货核算系统进行单据记账时进行出库成本核算；而使用全月平均法、计划价/售价法核算的存货，在期末处理时进行出库成本核算。

7.应收账款确认及收款处理

应收账款确认及收款处理由应收款管理系统完成。应收款管理系统主要完成对经营业务转入的应收账款的处理，提供各项应收款项的相关信息，以明确应收款项来源，有效掌握应收款核销情况，提供适时的催款依据，提高资金周转率。

二、普通销售业务流程

普通销售业务支持两种业务模式：先发货后开票业务模式和开票直接发货业务模式。

先发货后开票业务处理流程如图6-1-1所示。

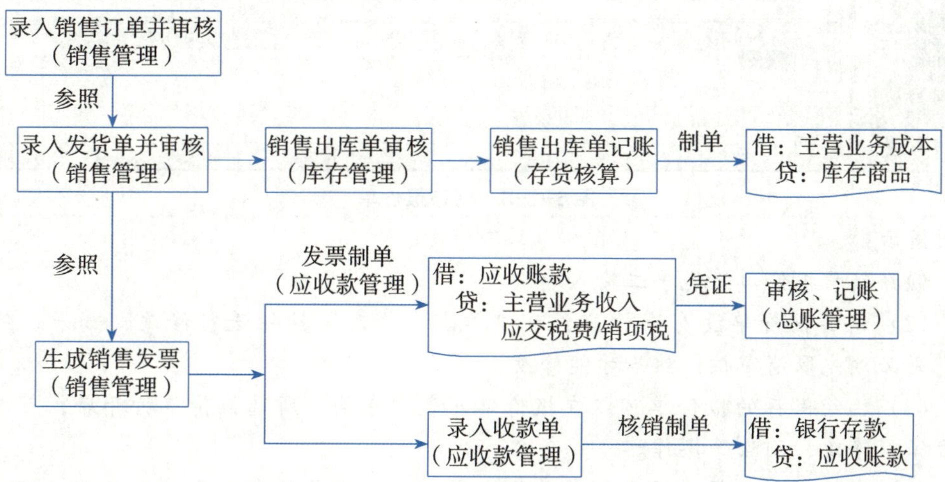

图6-1-1 先发货后开票业务处理流程图

开票直接发货业务单据流程如图6-1-2所示。

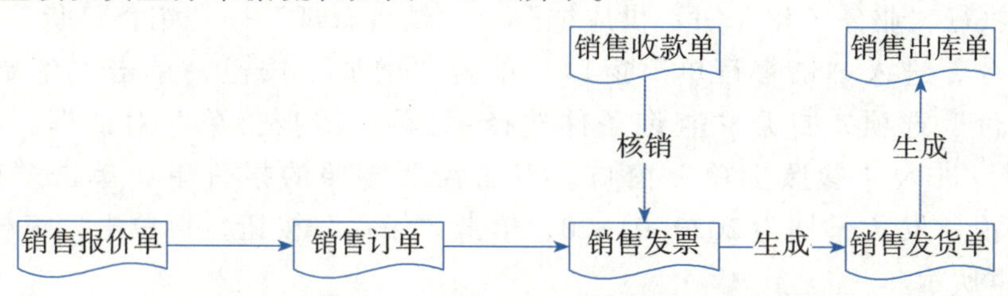

图6-1-2 开票直接发货业务单据流程图

任务实施

如何进行普通赊销业务处理

业务一

【操作步骤】

1.在销售管理系统填制并审核报价单、销售订单、发货单

（1）1月18日，以“003王刚”身份进入企业应用平台，执行“业务工作”→“供应链”→“销售管理”→“销售报价”→“销售报价单”命令，进入“销售报价单”窗口。单击“增加”按钮，输入日期“2020-01-18”，业务类型选择“普通销售”，客户选择“武汉利群”，部门选择“销售一部”，存货编码“012”，数量“10”，报价“4 500”，录入完成后单击“保存”按钮，再单击“审核”按钮，如图6-1-3所示。

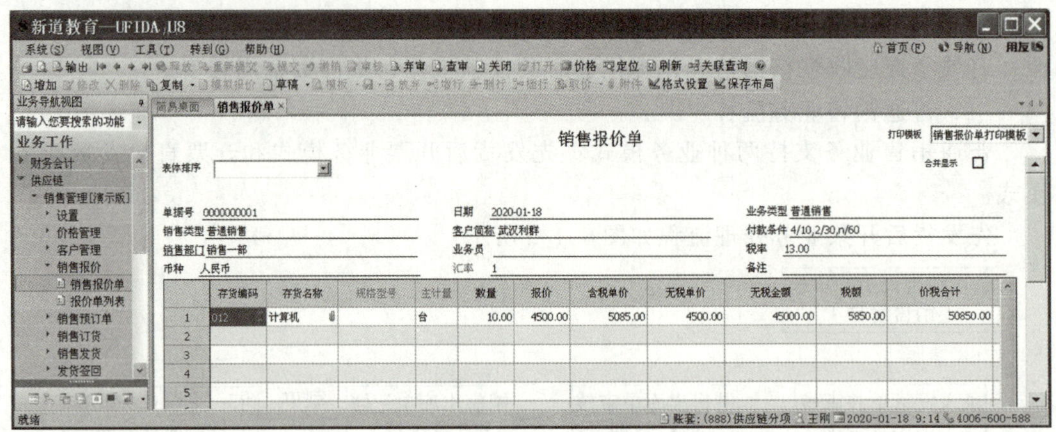

图 6-1-3　销售报价单

特别提示：

（1）销售报价单只能手工输入。

（2）销售报价单没有审核前，可以单击“修改”按钮进行修改；如果已经审核，则必须先取消审核，然后才能修改。

（3）已经保存的报价单可以在报价单列表中查询，所选报价单打开后，可以执行弃审、修改、删除等操作。

（4）审核日期必须晚于或等于单据日期。如果登录日期早于单据日期，可以重注册。

（2）执行“业务工作”→“供应链”→“销售管理”→“销售订货”→“销售订单”命令，进入“销售订单”窗口。单击“增加”按钮，单击“生单”按钮，选择“报价”选项，打开“查询条件选择-订单参照报价单”对话框，单击“确定”按钮，进入“参照生单”窗口。双击需要参照的报价单，单击“确定”按钮，修改预计发货日期为2020-01-20，单击“保存”按钮，再单击“审核”按钮，如图6-1-4所示。

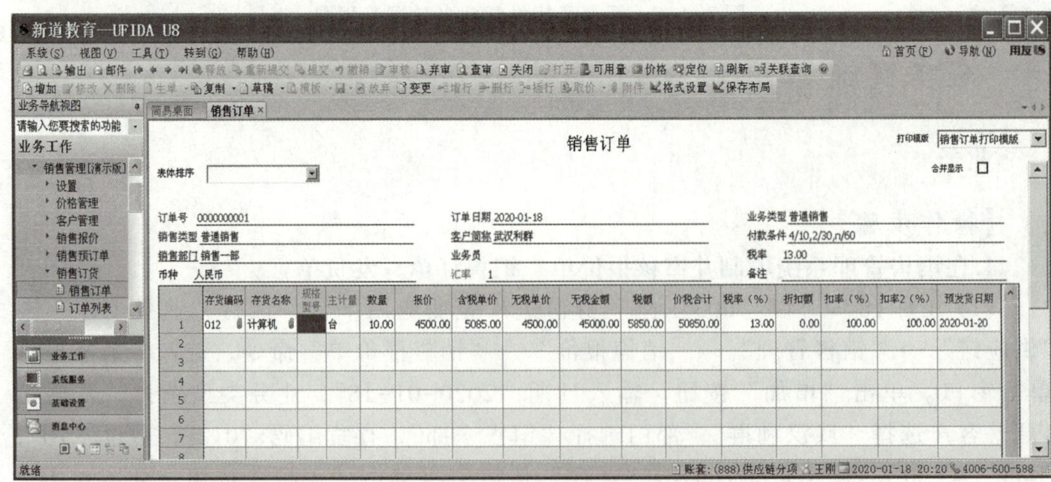

图 6-1-4　销售订单

特别提示：

（1）销售订单可以手工输入，也可以根据销售报价单参照生成。

（2）参照报价单生成的销售订单，所有从报价单带入的信息均可修改，也可以增行、删行。注意需求日期可能要修改。

（3）已经保存的订单可以在订单列表中查询，没有被下游参照的订单可以在打开单据后执行弃审、修改、删除等操作。

（4）已经审核的销售订单可以修改。在订单列表中，打开该销售订单，单击“变更”按钮，进行修改。

（3）以“003王刚”重注册，选择操作日期为“2020-01-20”，执行“业务工作”→“供应链”→“销售管理”→“销售发货”→“发货单”命令，进入“发货单”窗口。单击“增加”按钮，进入“查询条件选择-参照订单”窗口，单击“确定”按钮，双击需要参照的销售订单，单击“确定”按钮，系统自动根据销售订单生成发货单，仓库名称选择“成品仓库”，单击“保存”按钮，再单击“审核”按钮，如图6-1-5所示。

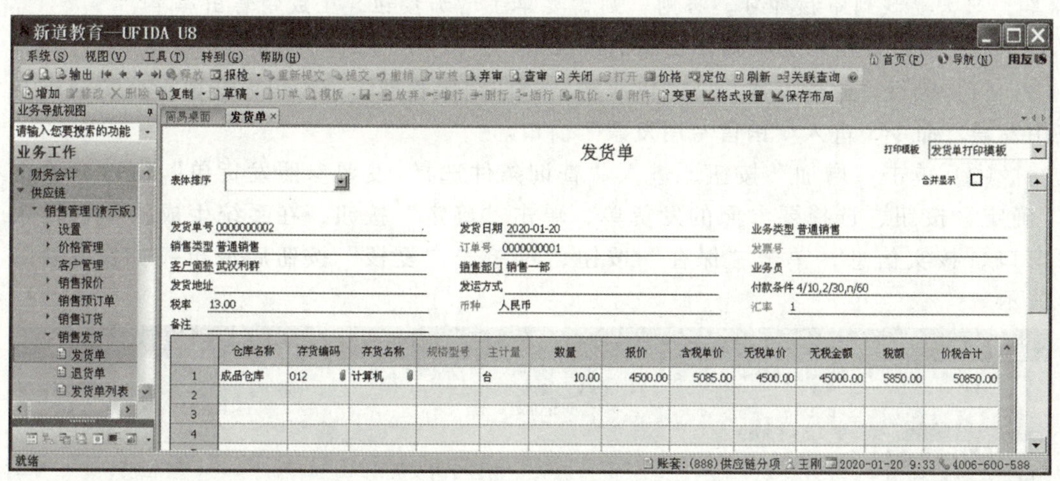

图6-1-5 销售发货单

特别提示：

（1）销售发货单可以手工输入，也可以根据销售订单参照生成。如果销售系统选项中设置了“普通销售必有订单”，则只能参照生成。

（2）如果发货单已经被下游单据参照，则不能直接修改、删除。如果需要修改、删除，则必须先删除下游单据，然后取消审核，再进行修改或删除。

2.1月20日，在库存管理系统生成并审核销售出库单

（1）执行“业务工作”→“供应链”→“库存管理”→“出库业务”→“销售出库单”命令，进入“销售出库单”窗口。

（2）单击“末张”按钮，找到系统自动生成的销售出库单，单击“审核”按钮后退出，如图6-1-6所示。

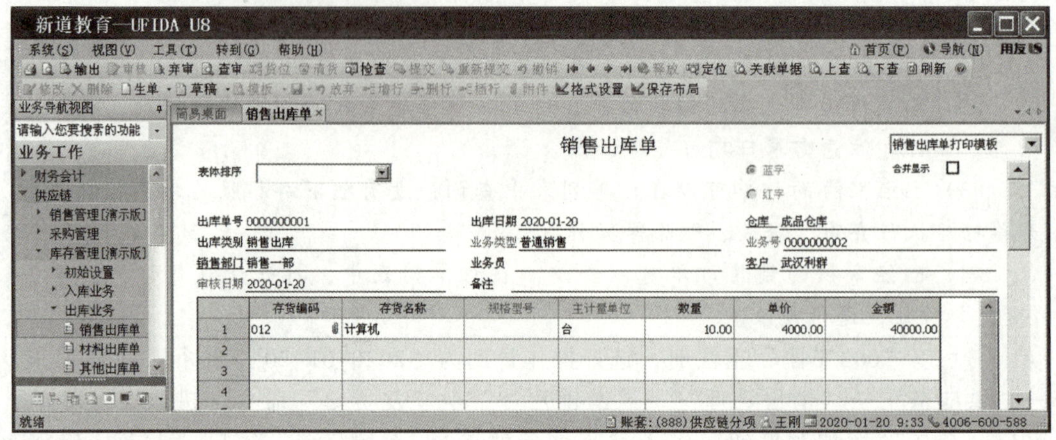

图6-1-6　销售出库单

特别提示：

如果销售选项中选择了“销售生成出库单”，则系统会根据发货单自动生成出库单，只需要找到审核即可。否则，则需要单击增加按钮，生成销售出库单。

3.在销售管理系统填制并复核销售发票

（1）执行“业务工作”→“供应链”→“销售管理”→“销售开票”→“销售专用发票”命令，进入“销售专用发票”窗口。

（2）单击“增加”按钮，进入“查询条件选择-发票参照发货单”窗口，单击“确定”按钮，选择要参照的发货单，单击“确定”按钮，在系统生成的销售发票窗口，核实信息，单击“保存”按钮，再单击“复核”按钮后退出，如图6-1-7所示。

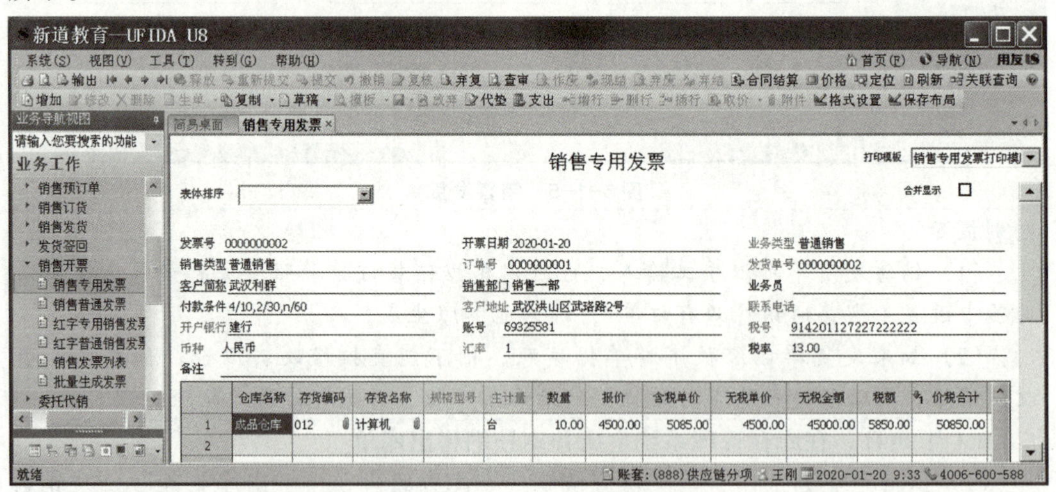

图6-1-7　销售专用发票

特别提示：

（1）销售发票可以手工输入，也可以根据发货单参照生成。

（2）如果需要手工输入销售专用发票，则必须将销售系统选项中的“普通销售必有订单”取消，否则，只能参照生成。如果要修改发票号，则必须在基础档案

"单据设置"中将销售发票改为"手工改动，重号时自动重取"。

（3）如果增加销售专用发票，系统没有自动弹出选择发货单的条件查询窗口，则表示参数设置时没有选择"普通销售必有订单"选项。

（4）如果一张发货单需要分次开具发票，则需要修改发票数量信息。

（5）系统自动生成发票后，如果直接单击"复核"按钮，则不能进行现结处理，只能确认为应收账款。如果需要进行现结处理，需要在自动生成销售发票时，先单击"现结"按钮，再单击"复核"按钮。

（6）已现结或已复核的发票不能直接修改或删除。如果需要修改或删除，先单击"弃结"或"弃复"按钮。

4. 在应收款管理系统审核销售发票并制单

（1）以"002李伟"重注册，选择操作日期为"2020-1-20"，执行"业务工作"→"财务会计"→"应收款管理"→"应收单据处理"→"应收单据审核"命令，打开"应收单查询条件"对话框，单击"确定"按钮，进入"单据处理"窗口。

（2）选择需要审核的单据，单击"审核"按钮，系统弹出提示"本次审核成功单据［1］张"，单击"确定"按钮后退出。

（3）执行"制单处理"命令，打开"制单查询"对话框，选择"发票制单"选项，如图6-1-8所示。

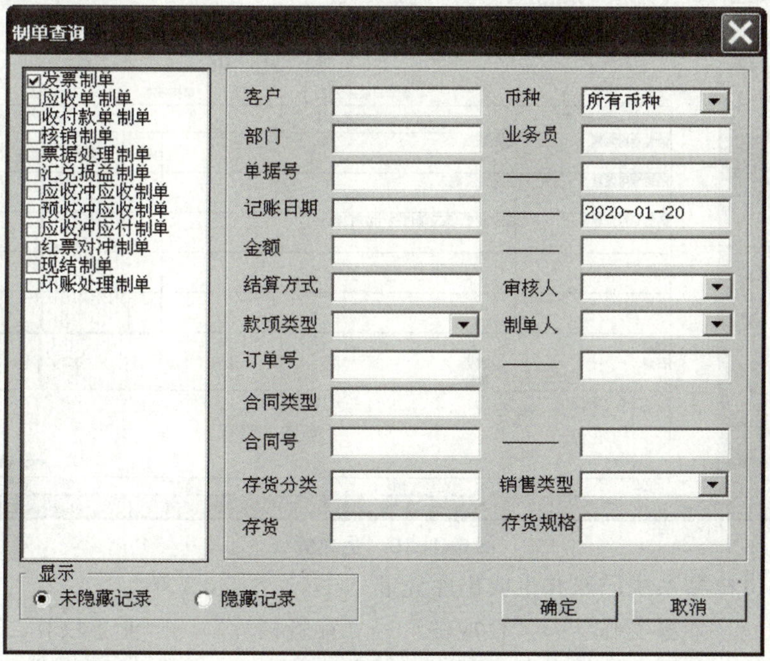

图6-1-8 制单查询

（4）单击"确定"按钮，进入"制单"窗口。选择要制单的记录行，修改凭证类别为"转账凭证"，单击"制单"按钮，如图6-1-9所示。

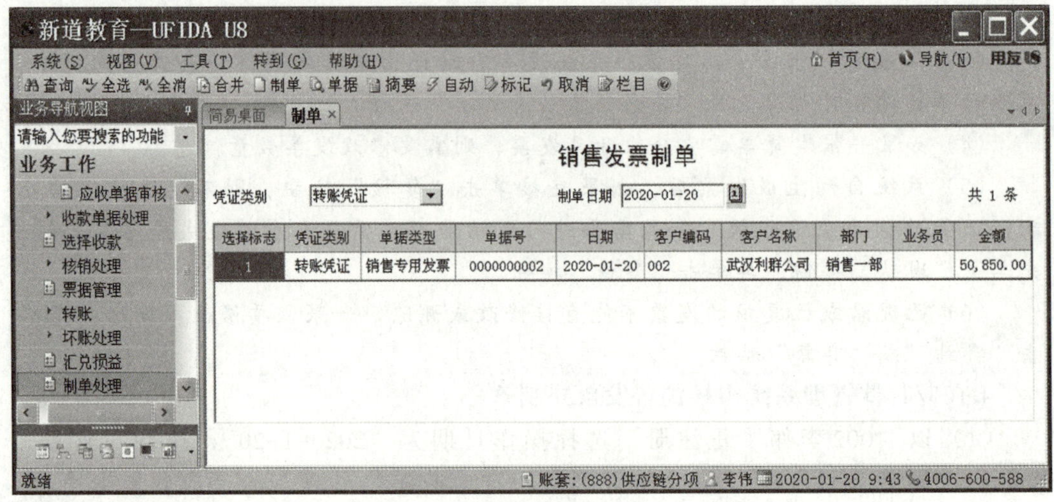

图 6-1-9　选择制单

（5）进入“填制凭证”窗口，单击“保存”按钮，凭证左上角出现“已生成”标志，表示凭证已传递到总账，如图6-1-10所示。

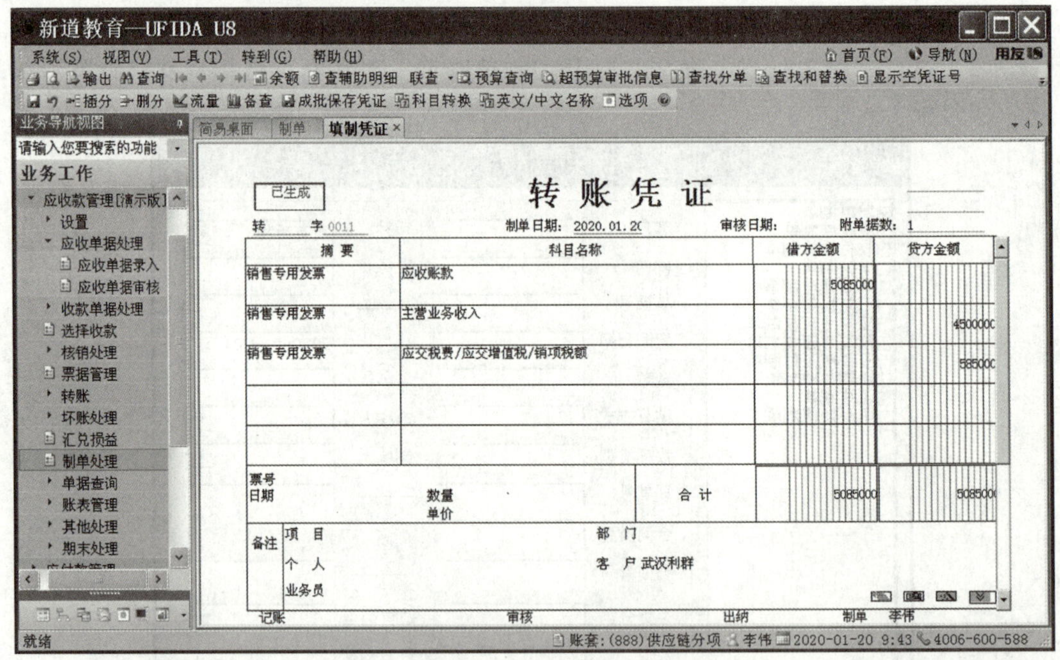

图 6-1-10　生成凭证

5.在存货核算系统记账并生成出库凭证

（1）执行“业务工作”→“供应链”→“存货核算”→“业务核算”→“正常单据记账”命令，打开“查询条件选择”对话框。单击“确定”按钮，进入“未记账单据一览表”窗口。

（2）选择要记账的单据，单击“记账”按钮，系统显示“记账成功”，如图 6-1-11所示。

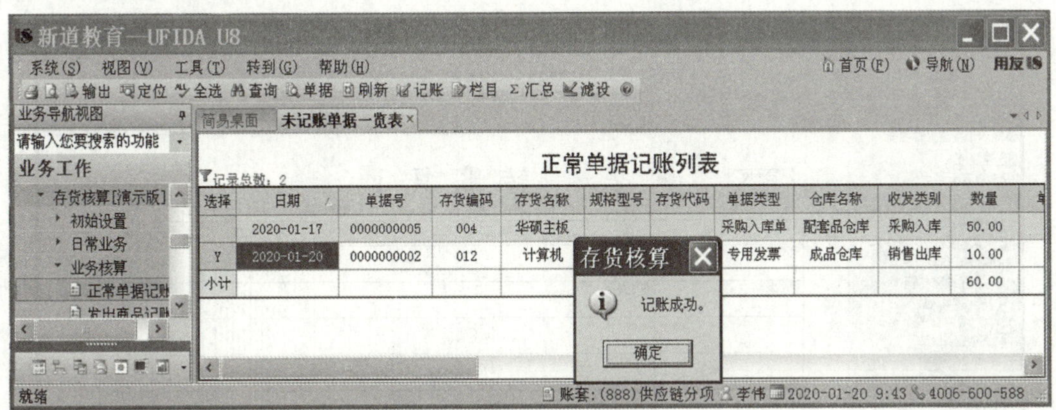

图 6-1-11 正常单据记账

（3）执行“财务核算”→“生成凭证”命令，进入“生成凭证”窗口。单击工具栏上的“选择”按钮，打开“查询条件”对话框。选择“销售专用发票”选项，单击“确定”按钮，进入“选择单据”窗口，选择要制单的记录行，如图 6-1-12 所示。

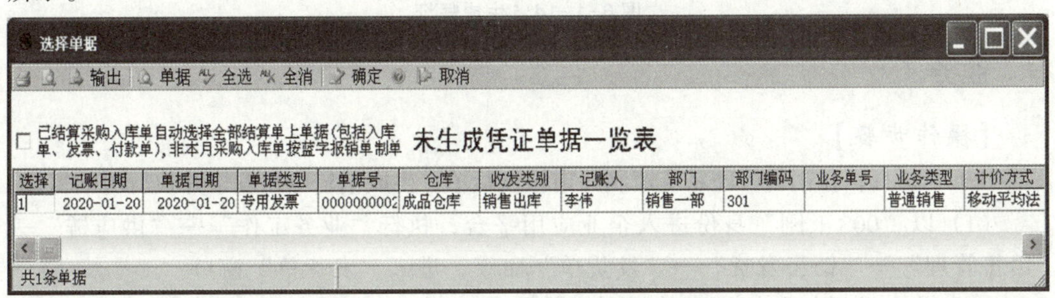

图 6-1-12 选择单据

（4）单击“确定”按钮，进入“生成凭证”窗口。修改凭证类别为“转 转账凭证”，如图 6-1-13 所示。

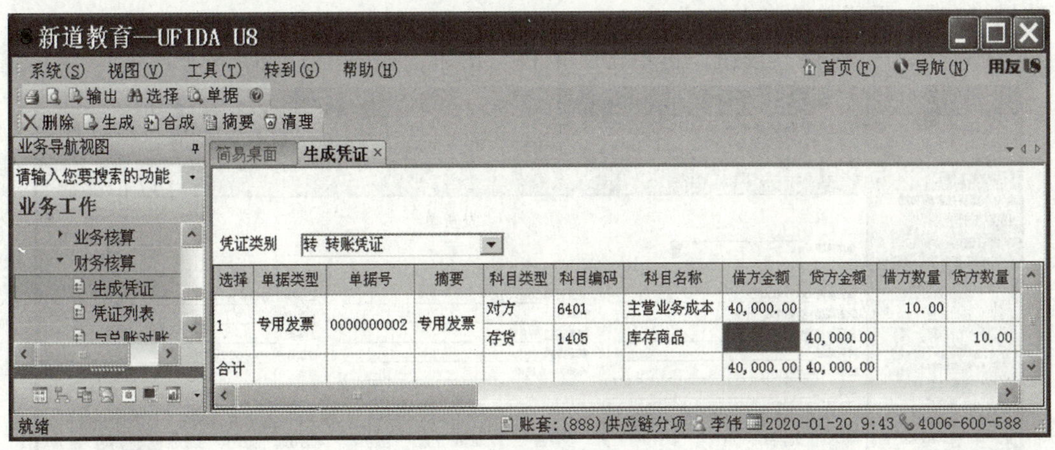

图 6-1-13 选择单据生成凭证

（5）单击“生成”按钮，进入“填制凭证”窗口，单击“保存”按钮，凭证左上角出现“已生成”标志，表示凭证已传递至总账，如图 6-1-14 所示。

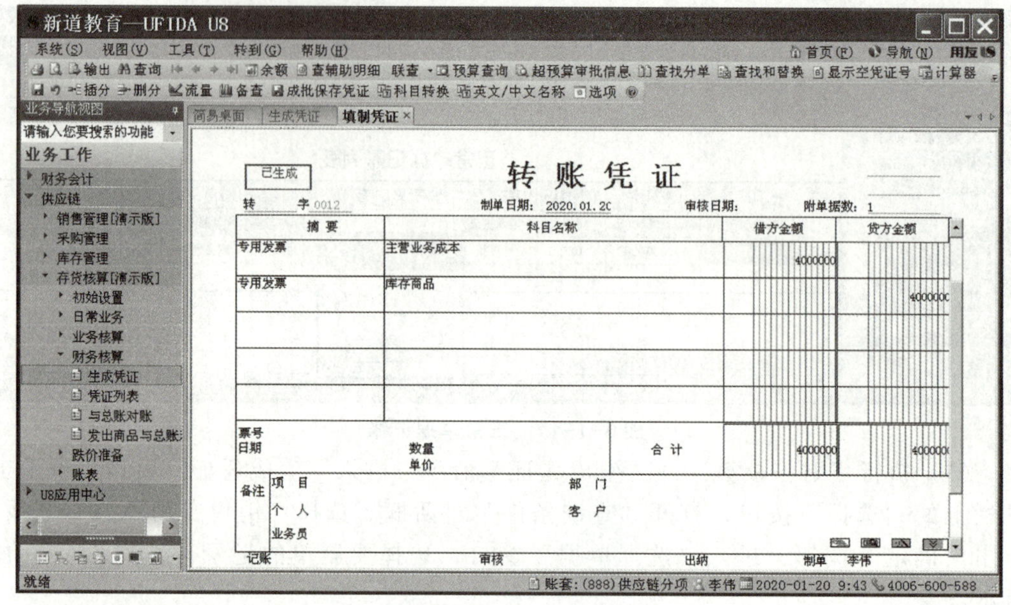

图6-1-14　生成凭证

微课6-2

如何进行普通现销业务处理

业务二

【操作步骤】

1. 1月20日，在销售管理系统填制并审核发货单、生成销售专用发票并执行现结复核

（1）以“003王刚”身份进入企业应用平台，执行“业务工作”→“供应链”→“销售管理”→“销售发货”→“发货单”命令，进入“发货单”窗口。

（2）单击“增加”按钮，关闭“查询条件选择-参照订单”窗口，在发货单窗口录入日期“2020-01-20”，业务类型、销售类型为“普通销售”，客户简称为“武汉精益”，销售部门选择“销售一部”，仓库名称选择“成品仓库”，存货编码“012”，数量“10”，无税单价“4 500”。

（3）单击“保存”按钮，再单击“审核”按钮，如图6-1-15所示。

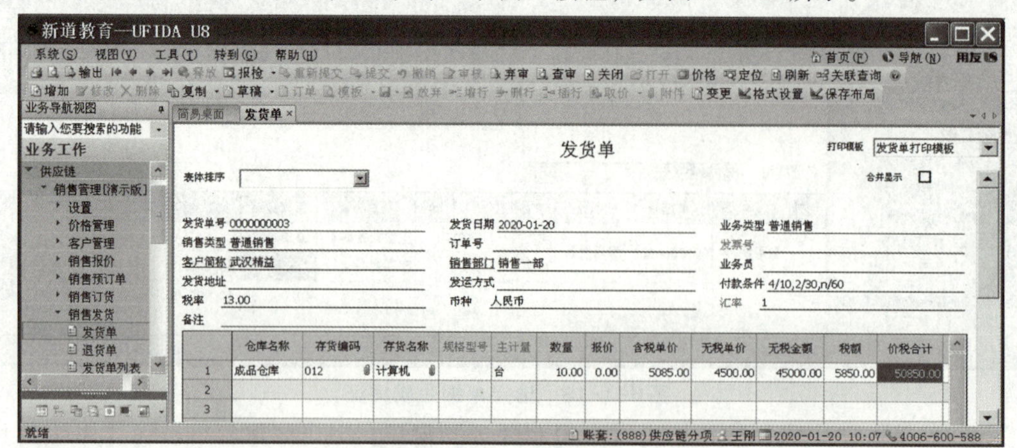

图6-1-15　销售发货单

（4）执行“业务工作”→“供应链”→“销售管理”→“销售开票”→“销售专用发票”命令，进入“销售专用发票”窗口。

（5）单击“增加”按钮，关闭“查询条件选择-参照订单”窗口，单击“生单”按钮，选择“参照发货单”，在“查询条件选择-发票参照发货单”窗口单击“确定”按钮。在“参照生单”窗口选择要参照的发货单，如图6-1-16所示。

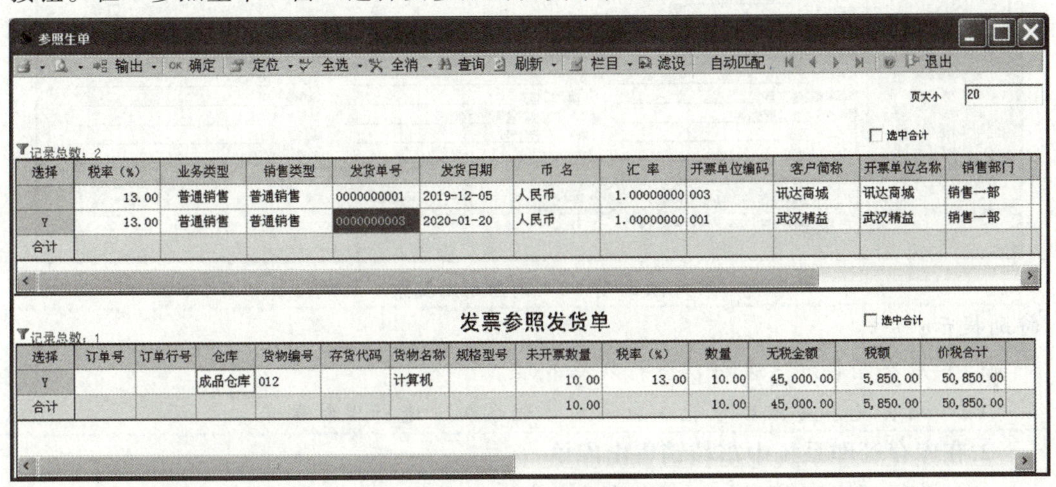
参照生单

输出 确定 定位 全选 全消 查询 刷新 栏目 滤设 自动匹配 退出

页大小 20

选中合计

记录总数：2

选择	税率（%）	业务类型	销售类型	发货单号	发货日期	币名	汇率	开票单位编码	客户简称	开票单位名称	销售部门
	13.00	普通销售	普通销售	0000000001	2019-12-05	人民币	1.00000000	003	讯达商城	讯达商城	销售一部
Y	13.00	普通销售	普通销售	0000000003	2020-01-20	人民币	1.00000000	001	武汉精益	武汉精益	销售一部
合计											

发票参照发货单

选中合计

记录总数：1

选择	订单号	订单行号	仓库	货物编号	存货代码	货物名称	规格型号	未开票数量	税率（%）	数量	无税金额	税额	价税合计
Y			成品仓库	012		计算机		10.00	13.00	10.00	45,000.00	5,850.00	50,850.00
合计								10.00		10.00	45,000.00	5,850.00	50,850.00

图6-1-16 参照生单

（6）单击“确定”按钮，在系统生成的销售专用发票窗口，核实信息，单击“保存”按钮，单击“现结”按钮，打开“现结”对话框，选择结算方式“202-转账支票”，输入原币金额“50 850”，票号“ZP0011”，如图6-1-17所示。

现结

客户名称： 武汉精益 币种： 人民币 汇率： 1

应收金额： 50850.00

结算金额： 50850.00

部门： 销售一部 业务员：

结算方式	原币金额	票据号	银行账号	项目大类编码	项目大类名称	项目编码	项目名称	订单号
202-转账支票	50850.00	ZP0011	73853654					

确定 取消 帮助

图6-1-17 现结窗口

（7）单击“确定”按钮，再单击“复核”按钮，如图6-1-18所示。

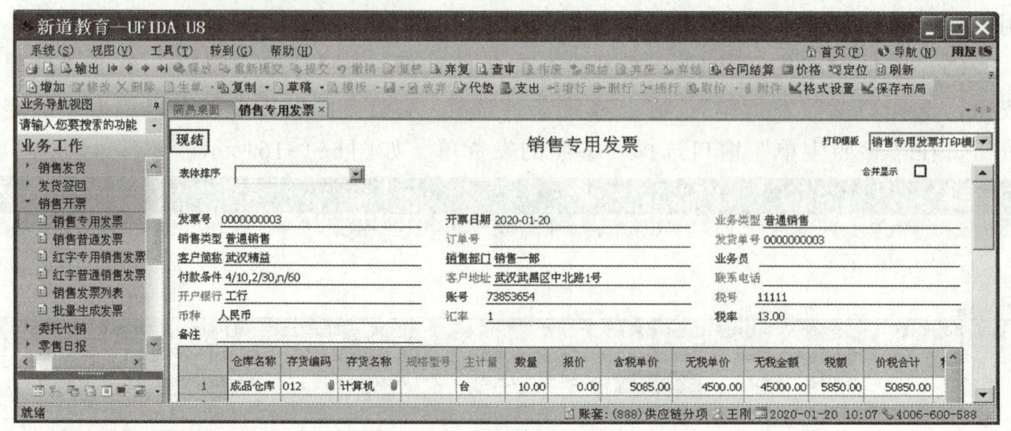

图6-1-18 销售专用发票

特别提示：

（1）应在销售发票复核前进行现结处理。

（2）销售发票复核后才能在应收款管理系统中进行现结制单。

2.在库存管理系统中审核销售出库单

（1）执行“库存管理”→“出库业务”→“销售出库单”命令，进入“销售出库单”窗口。

（2）单击“末张”按钮，找到系统自动生成的销售出库单，单击“审核”按钮，如图6-1-19所示。

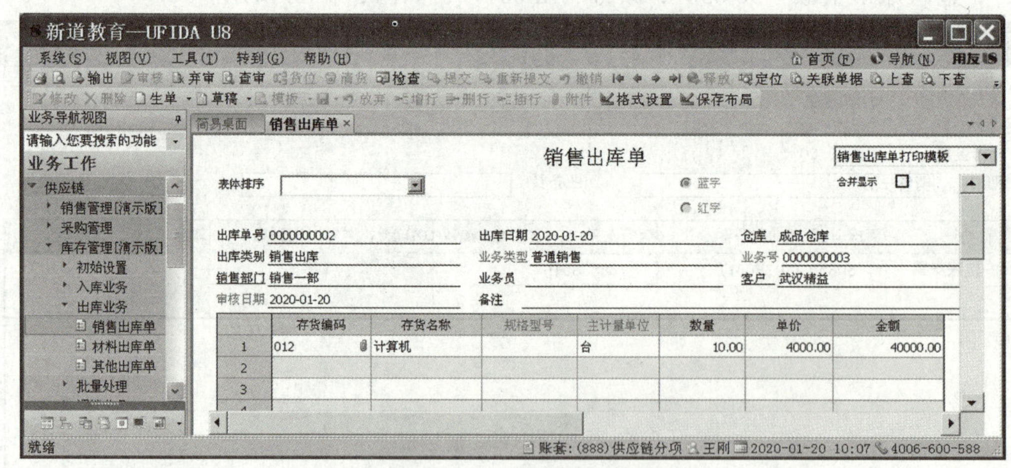

图6-1-19 销售出库单

特别提示：

如果需要修改，先单击“修改”按钮，修改销售出库单上的信息，再保存并审核。

3.在应收款管理系统审核应收单据和现结制单

（1）以“002李伟”重注册，选择操作日期为“2020-01-20”，执行“业务工作”→“财务会计”→“应收款管理”→“应收单据处理”→“应收单据审核”命令，打开“应收单查询条件”对话框。选择左下角“包含已现结发票”复选框，如图6-1-20所示，单击“确定”按钮，进入“单据处理”窗口。

应收单查询条件
单据名称 单据类型 全部
客户
部门 业务员
单据编号
单据日期 2020-01-01
审核日期
币种 方向
原币金额
本币金额
业务类型
销售类型 制单人
存货分类 存货
存货规格 合同类型
合同号
发货单
☑未审核 ☐已审核 复核人 批审
☑包含已现结发票 确定 取消
☐已制单 ☑未制单

图6-1-20　应收单查询条件

（2）选择需要审核的单据，单击“审核”按钮，系统弹出“本次审核成功单据［1］张”，单击“确定”按钮后退出。

（3）执行“制单处理”命令，打开“制单查询”对话框，选择“现结制单”选项，如图6-1-21所示。

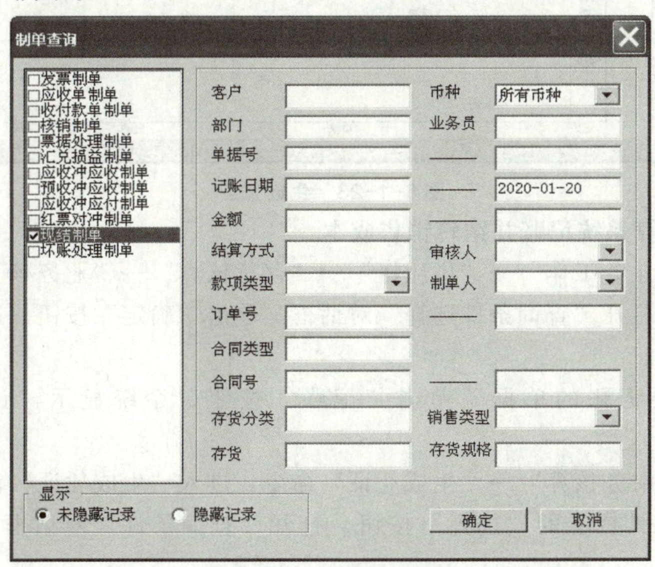

图6-1-21　制单查询

（4）单击“确定”按钮，进入“制单”窗口。选择要制单的记录行，选择凭证类别“收款凭证”，如图6-1-22所示。

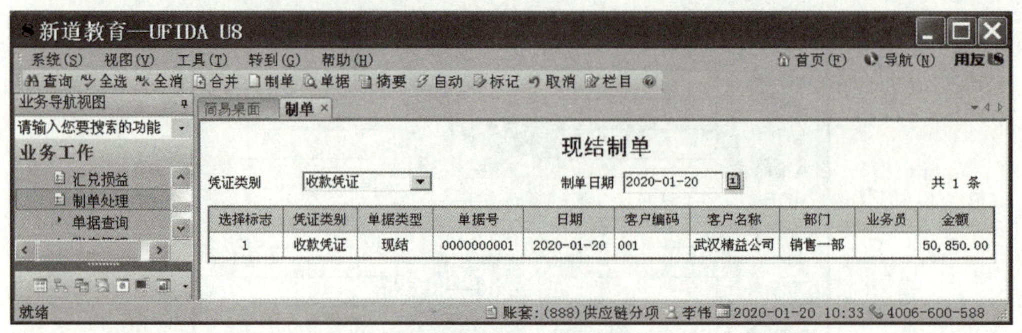

图6-1-22 现结制单

（5）单击“制单”按钮，进入“填制凭证”窗口。单击“保存”按钮，凭证左上角出现“已生成”标志，表示凭证已传递到总账，如图6-1-23所示。

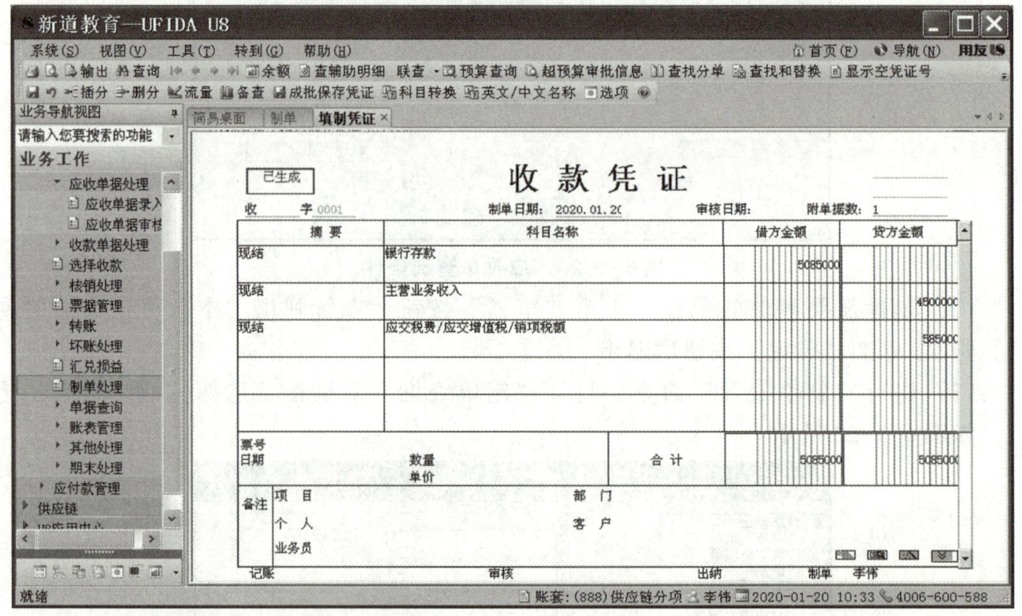

图6-1-23 生成凭证

4.在存货核算系统记账并结转销售成本

（1）执行“业务工作”→“供应链”→“存货核算”→“业务核算”→“正常单据记账”命令，打开“查询条件选择”对话框。单击“确定”按钮，进入“未记账单据一览表”窗口。

（2）选择要记账的单据，单击“记账”按钮，系统显示“记账成功”，如图6-1-24所示。

（3）执行“财务核算”→“生成凭证”命令，进入“生成凭证”窗口。

（4）单击工具栏上的“选择”按钮，打开“查询条件”对话框，单击“确定”按钮。

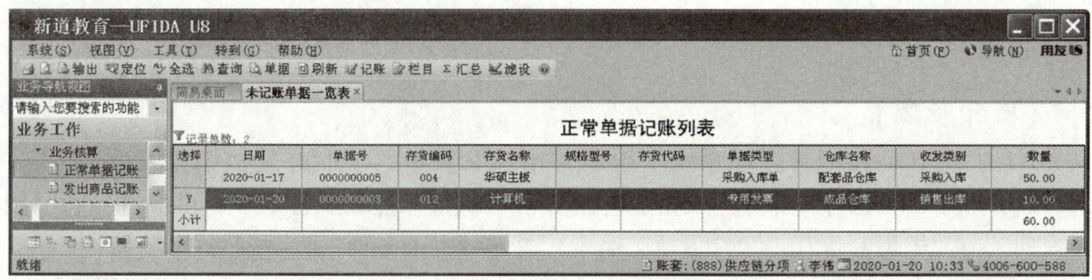

图6-1-24 正常单据记账

（5）进入“选择单据”窗口，选择要制单的记录行，单击“确定”按钮，进入“生成凭证”窗口，修改凭证类别为“转 转账凭证”，如图6-1-25所示。

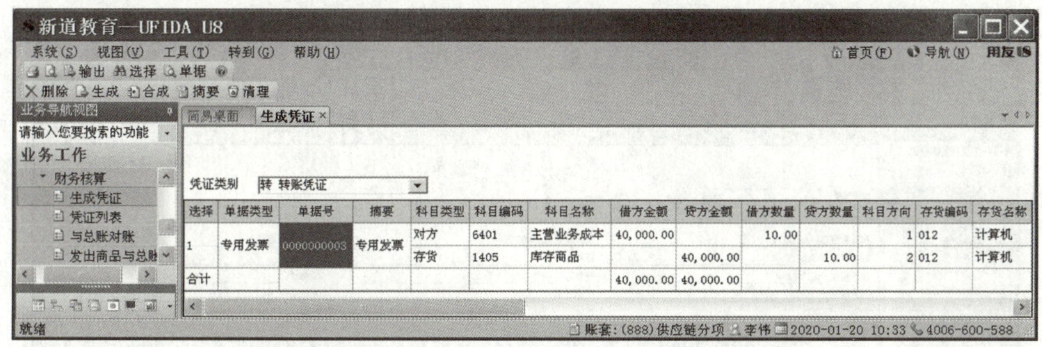

图6-1-25 选择单据生成凭证

（6）单击“生成”按钮，进入“填制凭证”窗口，核查无误后，单击“保存”按钮，凭证左上角出现“已生成”标志，表示凭证已传递至总账，如图6-1-26所示。

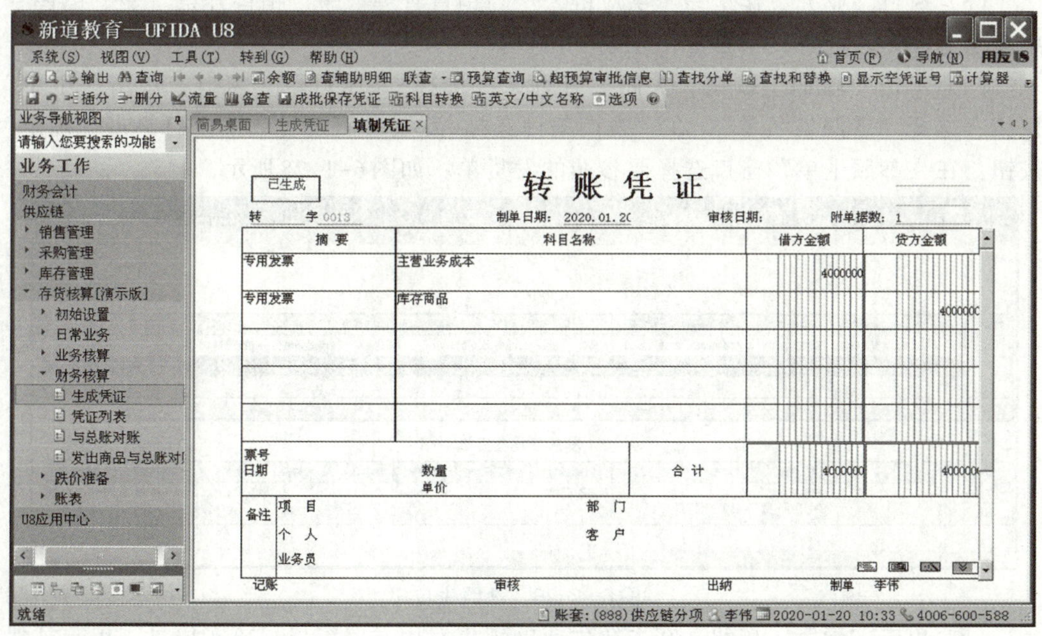

图6-1-26 生成凭证

微课6-3

如何进行折扣销售业务处理

业务三

【操作步骤】

1.1月20日，在销售管理系统中填制并审核发货单、填制并复核销售发票

（1）以“003王刚”身份进入企业应用平台，执行“业务工作”→“供应链”→“销售管理”→“销售发货”→“发货单”命令，关闭“查询条件选择-参照订单”窗口。

（2）在发货单界面输入日期“2020-01-20”，业务类型、销售类型为“普通销售”，客户简称为“讯达商城”，销售部门选择“销售二部”，选择“配套品仓库”，存货编码“003”，数量“50”，报价“850”，扣率“90”，单击“保存”按钮，再单击“审核”按钮，如图6-1-27所示。

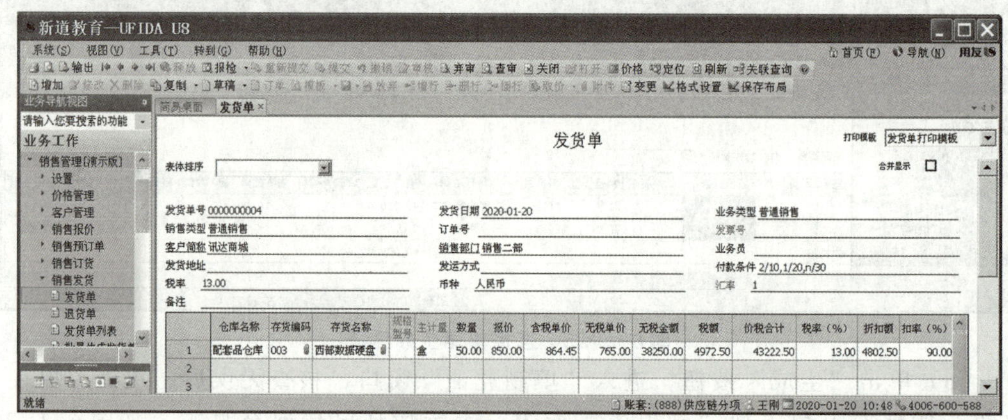

图6-1-27 销售发货单

（3）执行“业务工作”→“供应链”→“销售管理”→“销售开票”→“销售专用发票”命令，进入“销售专用发票”窗口。

（4）单击“增加”按钮，关闭“查询条件选择-参照订单”窗口，单击“生单”按钮，选择“参照发货单”，在“查询条件选择-发票参照发货单”窗口单击“确定”按钮。在“参照生单”窗口选择要参照的发货单，如图6-1-28所示。

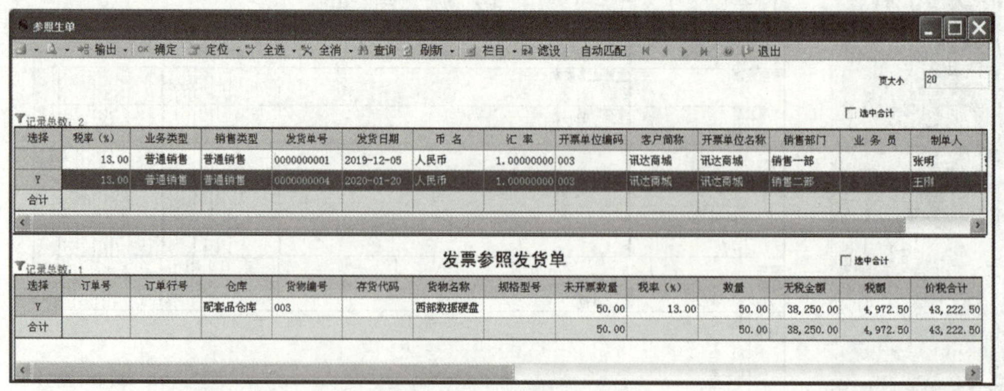

图6-1-28 参照生单

（5）单击“确定”按钮，在系统生成的销售专用发票窗口，核实信息，单击“保存”按钮，再单击“复核”按钮后退出，如图6-1-29所示。

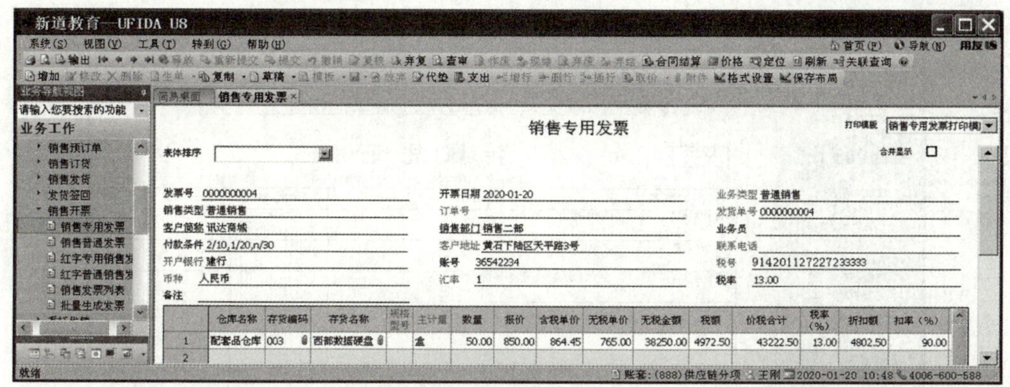

图 6-1-29　销售专用发票

2. 在库存管理系统生成并审核销售出库单

（1）执行“库存管理”→“出库业务”→“销售出库单”命令，进入“销售出库单”窗口。

（2）单击“末张”按钮，找到系统自动生成的销售出库单，核查信息后单击“审核”按钮，如图 6-1-30 所示。

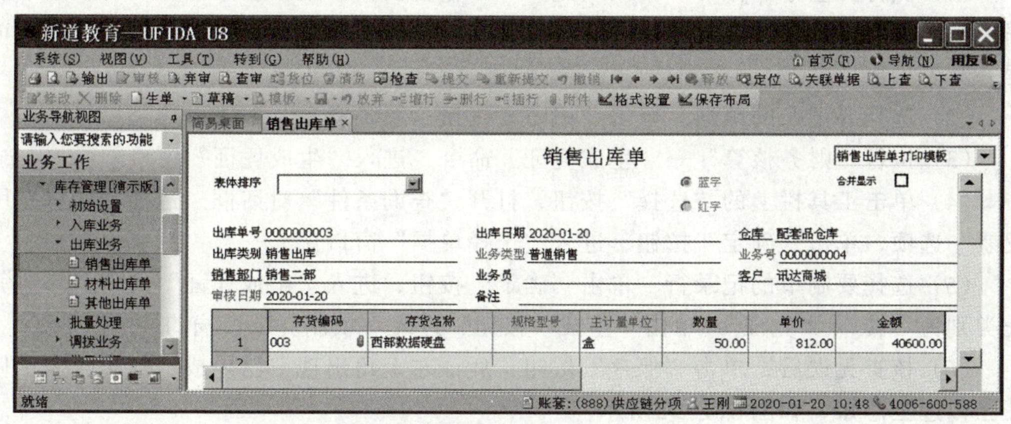

图 6-1-30　销售出库单

3. 在应收款管理系统审核销售发票并制单

（1）以“002 李伟”重注册，选择操作日期为“2020-01-20”，执行“业务工作”→“财务会计”→“应收款管理”→“应收单据处理”→“应收单据审核”命令，打开“应收单查询条件”对话框，单击“确定”按钮，进入“单据处理”窗口。

（2）选择需要审核的单据，单击“审核”按钮，系统弹出“本次审核成功单据［1］张”，单击“确定”按钮后退出。

（3）执行“制单处理”命令，打开“制单查询”对话框，选择“发票制单”选项，单击“确定”按钮，进入“制单”窗口。

（4）选择要制单的记录行，修改凭证类别为“转账凭证”，单击“制单”按钮，进入“填制凭证”窗口。核查无误后单击“保存”按钮，凭证左上角出现“已生成”标志，表示凭证已传递到总账，如图 6-1-31 所示。

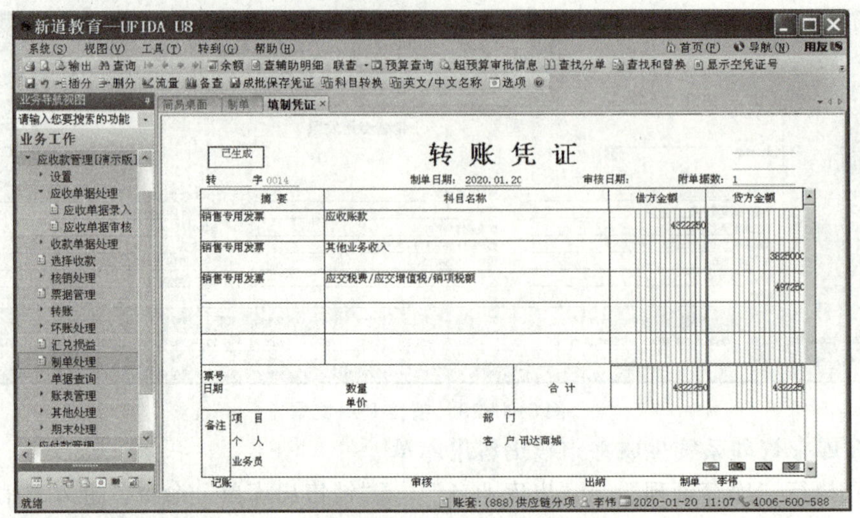

图6-1-31　生成凭证

4.在存货核算系统中记账并生成出库凭证

（1）执行“业务工作”→“供应链”→“存货核算”→“业务核算”→“正常单据记账”命令，打开“查询条件选择”对话框。单击“确定”按钮，进入“未记账单据一览表”窗口。

（2）选择要记账的单据，单击“记账”按钮，系统提示“记账成功”。

（3）执行“财务核算”→“生成凭证”命令，进入“生成凭证”窗口。

（4）单击工具栏上的“选择”按钮，打开“查询条件”对话框。选择“销售专用发票”选项，单击“确定”按钮，进入“选择单据”窗口。

（5）选择要制单的记录行，单击“确定”按钮，进入“生成凭证”窗口，修改凭证类别为“转 转账凭证”，单击“生成”按钮，进入“填制凭证”窗口。

（6）核查无误后，单击“保存”按钮，凭证左上角出现“已生成”标志，表示凭证已传递至总账，如图6-1-32所示。

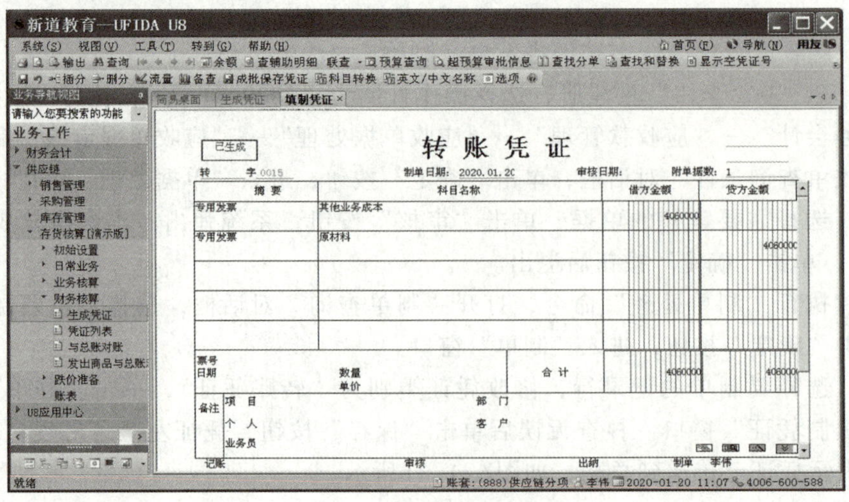

图6-1-32　生成凭证

业务四

【操作步骤】

1.在销售管理系统中填制并审核代垫费用单

（1）以“003王刚”身份进入企业应用平台，执行“业务工作”→“供应链”→“销售管理”→“代垫费用”→“代垫费用单”命令，进入“代垫费用单”窗口。

（2）单击“增加”按钮，输入代垫日期“2020-01-20”，客户简称“讯达商城”，销售部门“销售二部”，费用项目“运费”，代垫金额“500”，单击“保存”按钮，再单击“审核”按钮，如图6-1-33所示。

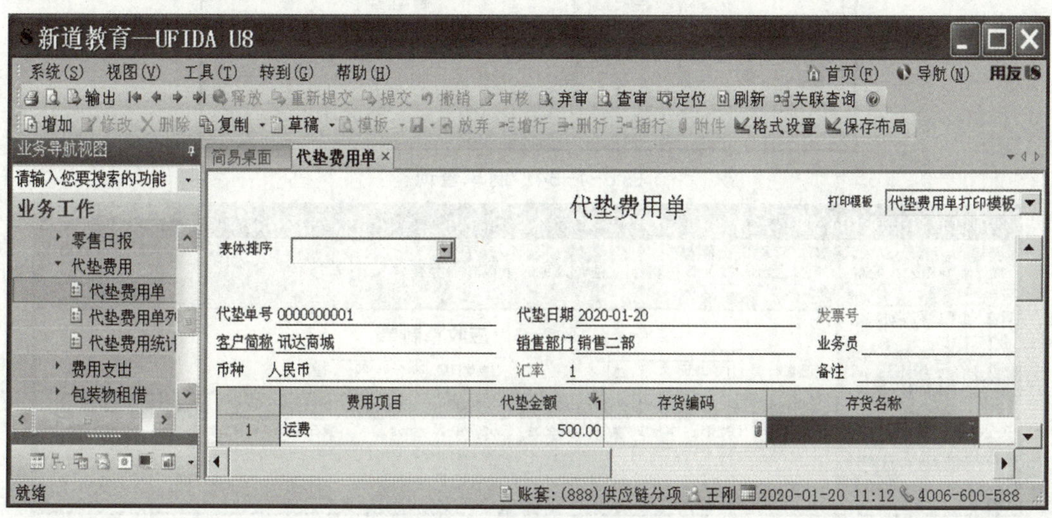

图6-1-33 代垫费用单

2.在应收款管理系统中审核代垫费用并确认应收

（1）以“002李伟”重注册，执行“业务工作”→“财务会计”→“应收款管理”→“应收单据处理”→“应收单据审核”命令，打开“应收单查询条件”对话框。单击“确定”按钮，进入“单据处理”窗口。

（2）选择需要审核的单据，单击“审核”按钮，系统弹出“本次审核成功单据［1］张”，单击“确定”按钮后退出。

（3）执行“制单处理”命令，打开“制单查询”对话框，选择“应收单制单”选项，如图6-1-34所示。

（4）单击“确定”按钮，进入“制单”窗口，选择要制单的记录行，修改凭证类别为“付款凭证”，如图6-1-35所示。

（5）单击“制单”按钮，进入“填制凭证”窗口，补充贷方科目“1001库存现金”，单击“保存”按钮，凭证左上角出现“已生成”标志，表示凭证已传递到总账，如图6-1-36所示。

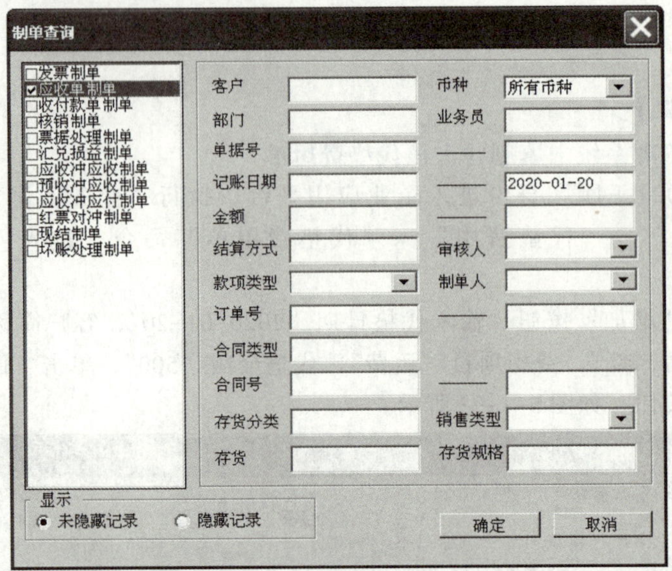

图6-1-34 制单查询

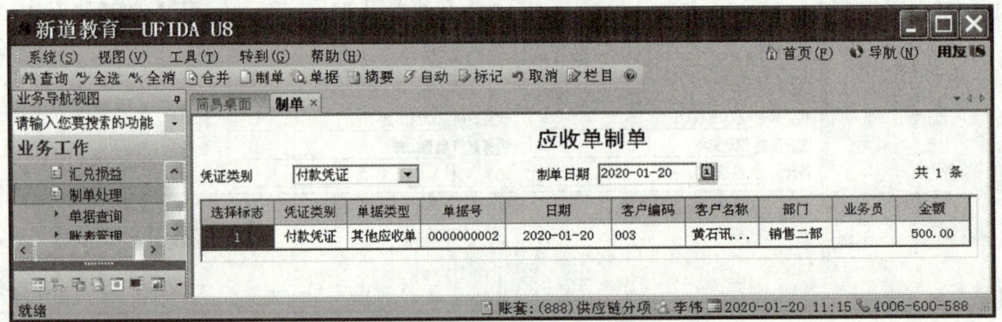

图6-1-35 选择制单

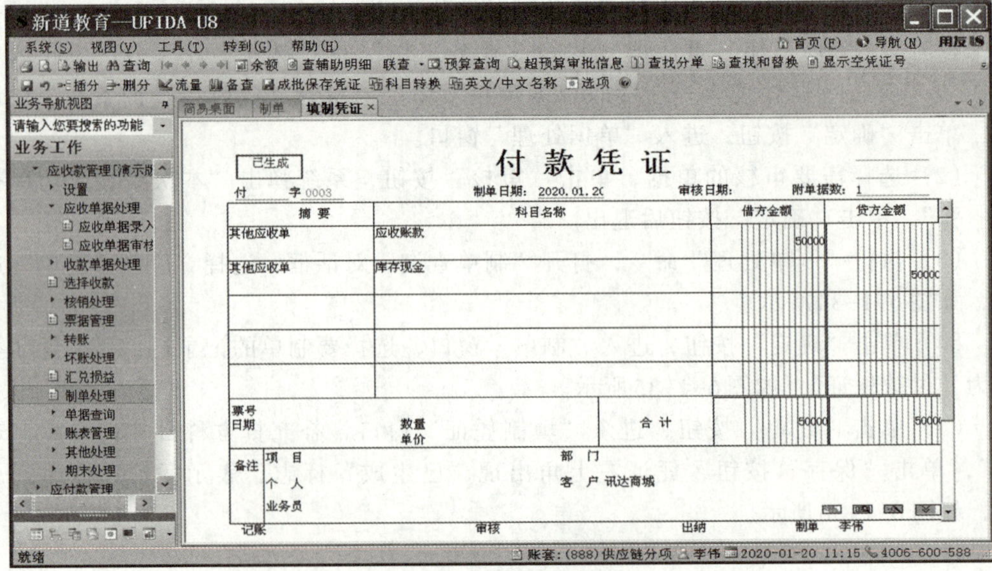

图6-1-36 生成凭证

业务五

微课6-5

如何进行开票直接发货业务处理

【操作步骤】

1.1月20日，在销售管理系统填制并复核销售专用发票、查询销售发货单

（1）以“003王刚”身份进入企业应用平台，执行“业务工作”→“供应链”→“销售管理”→“销售开票”→“销售专用发票”命令，进入“销售专用发票”窗口。

（2）单击“增加”按钮，关闭“查询条件选择-参照订单”窗口，在销售专用发票界面填写开票日期“2020-01-20”，销售类型“普通销售”，客户简称“讯达商城”，销售部门“销售二部”，仓库名称“配套品仓库”，存货编码“003”，数量“20”，无税单价“800”。单击“保存”按钮，再单击“复核”按钮，如图6-1-37所示。

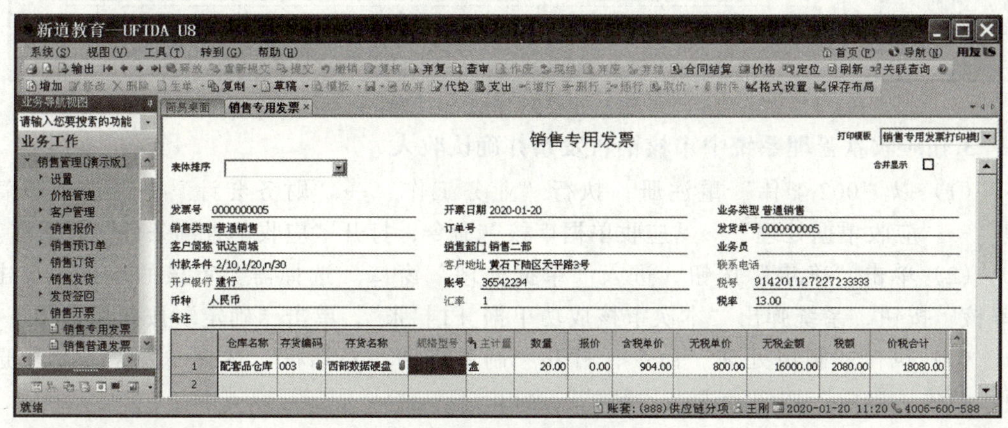

图6-1-37 销售专用发票

（3）执行“业务工作”→“供应链”→“销售管理”→“销售发货”→“发货单”命令，进入“发货单”窗口，通过“末张”按钮可以查看到根据销售专用发票自动生成的已审核的发货单，如图6-1-38所示。

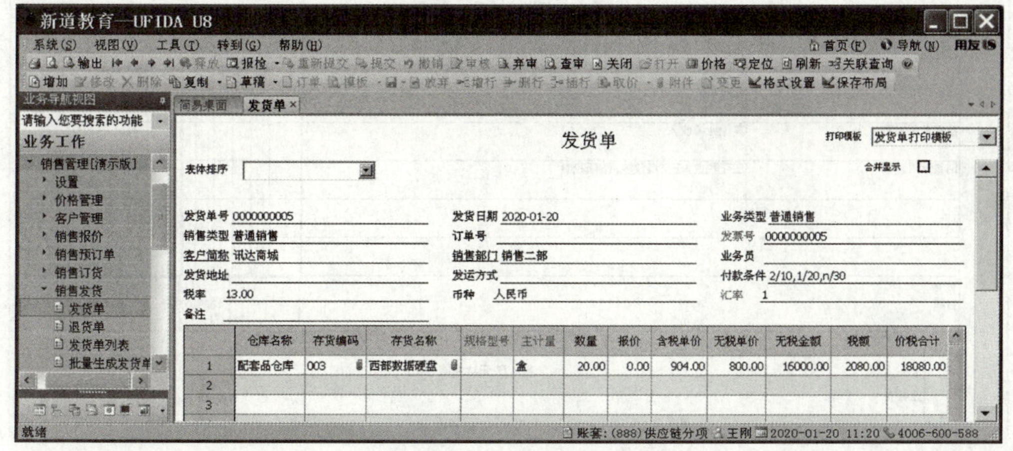

图6-1-38 销售发货单

2. 在库存管理系统中查询并审核销售出库单

（1）执行“业务工作”→“供应链”→“库存管理”→“出库业务”→“销售出库单”命令，进入“销售出库单”窗口。

（2）通过“末张”按钮查看根据销售专用发票自动生成的销售出库单。单击“审核”按钮后退出，如图6-1-39所示。

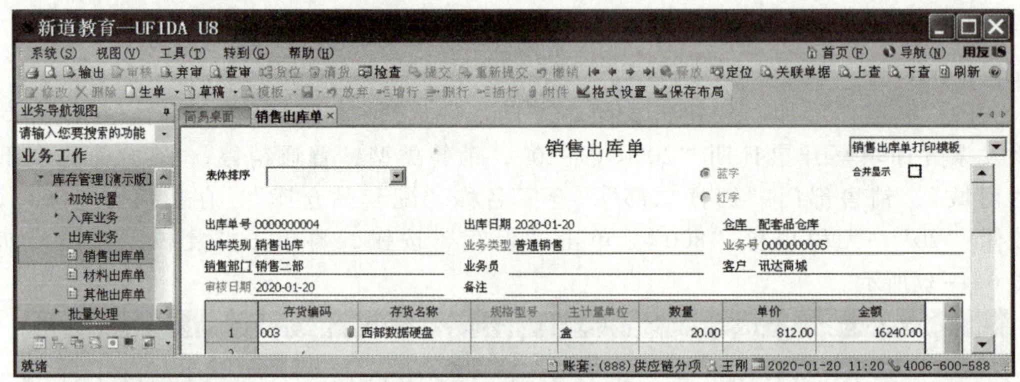

图6-1-39 销售出库单

3. 在应收款管理系统中审核销售发票并确认收入

（1）以“002李伟”重注册，执行“业务工作”→“财务会计”→“应收款管理”→“应收单据处理”→“应收单据审核”命令，打开“应收单查询条件”对话框。

（2）单击“确定”按钮，进入“单据处理”窗口。选择需要审核的单据，单击“审核”按钮，系统弹出“本次审核成功单据［1］张”，单击“确定”按钮后退出。

（3）执行“制单处理”命令，打开“制单查询”对话框，选择“发票制单”选项，单击“确定”按钮，进入“制单”窗口。

（4）选择要制单的记录行，修改凭证类别为“转账凭证”，单击“制单”按钮，进入“填制凭证”窗口。核实无误后，单击“保存”按钮，凭证左上角出现“已生成”标志，表示凭证已传递到总账，如图6-1-40所示。

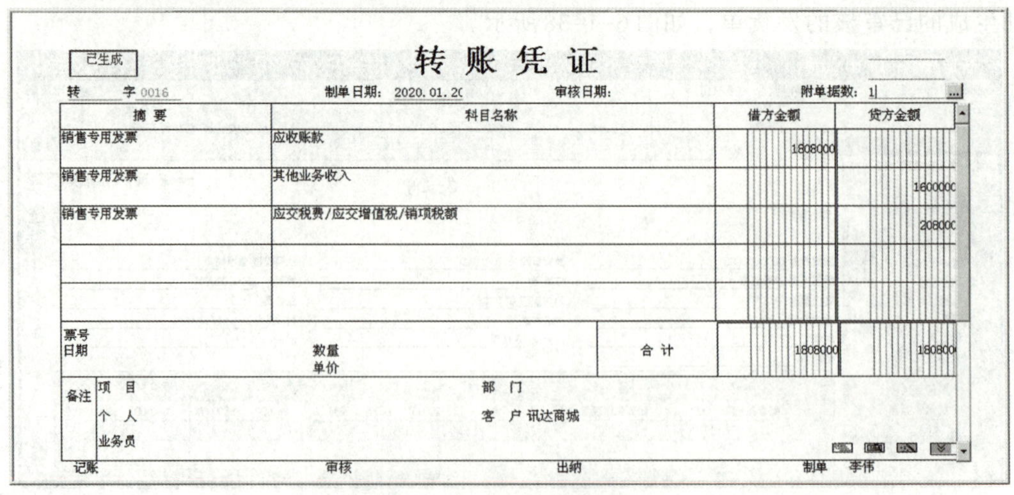

已生成

转账凭证

转 字 0016　　制单日期：2020.01.20　　审核日期：　　附单据数：1

摘要	科目名称	借方金额	贷方金额
销售专用发票	应收账款	1808000	
销售专用发票	其他业务收入		1600000
销售专用发票	应交税费/应交增值税/销项税额		208000
票号 日期	数量 单价 合计	1808000	1808000

备注　项目　　部门
个人　　客户 讯达商城
业务员

记账　　审核　　出纳　　制单 李伟

图6-1-40 生成凭证

4.在存货核算系统中对销售发票记账并结转销售成本

（1）执行“业务工作”→“供应链”→“存货核算”→“业务核算”→“正常单据记账”命令，打开“查询条件选择”对话框，单击“确定”按钮，进入“未记账单据一览表”窗口。

（2）选择要记账的单据，单击“记账”按钮，系统显示“记账成功”。

（3）执行“财务核算”→“生成凭证”命令，进入“生成凭证”窗口。

（4）单击工具栏上的“选择”按钮，打开“查询条件”对话框。单击“确定”按钮，进入“选择单据”窗口。

（5）选择要制单的记录行，单击“确定”按钮，进入“生成凭证”窗口。修改凭证类别为“转 转账凭证”，如图6-1-41所示。

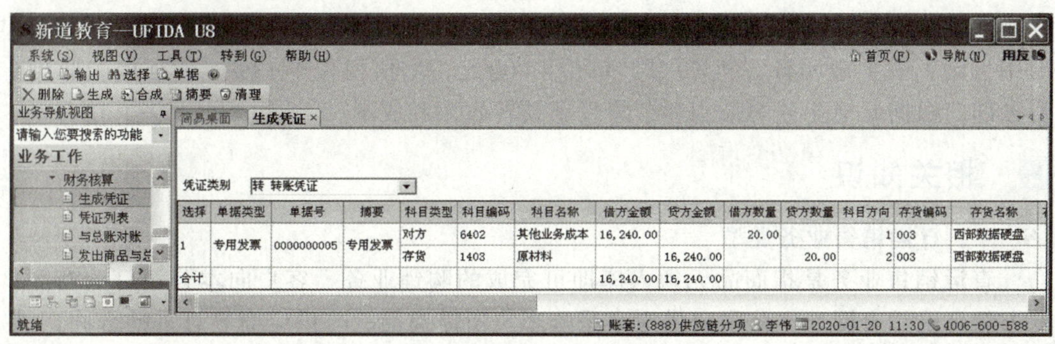

图6-1-41 选择单据生成凭证

（6）单击“生成”按钮，进入“填制凭证”窗口。审核无误后，单击“保存”按钮，凭证左上角出现“已生成”标志，表示凭证已传递至总账，如图6-1-42所示。

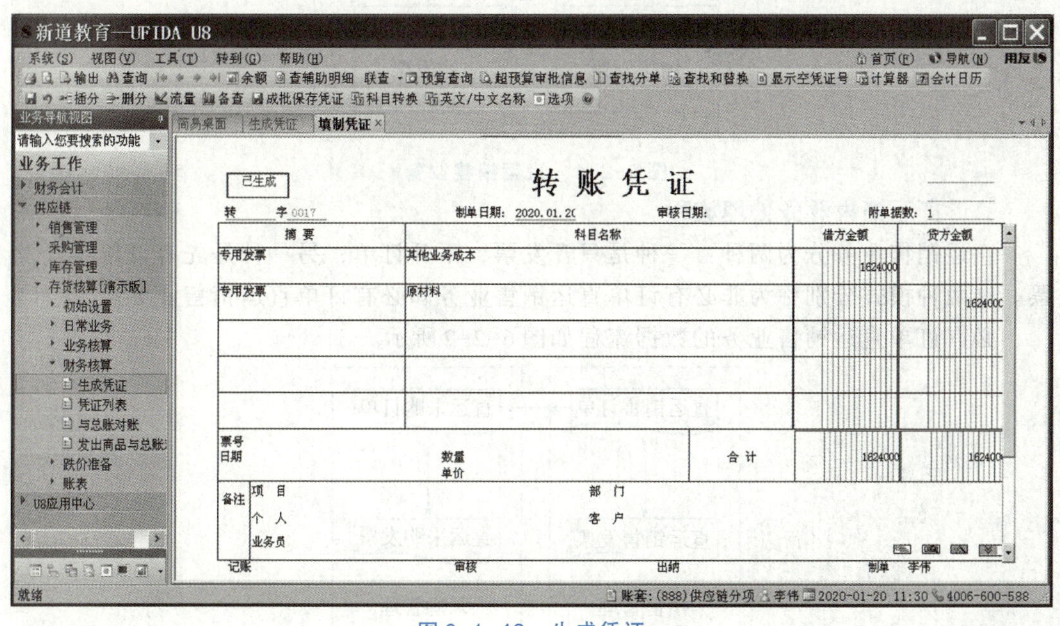

图6-1-42 生成凭证

任务测试6-1

微课 6-6

如何进行直运销售业务处理

任务2　直运销售业务处理

任务资料

2020年1月发生的直运销售业务如下：

1月20日，武汉精益公司向销售一部订购计算机10台，单价为4 800元，销售一部接受精益公司的订货。1月20日，本公司向武汉兴隆公司订购计算机10台，单价为4 500元。要求本月21日将货物直接发运给武汉精益公司。1月21日，本公司收到武汉兴隆公司的专用发票，发票载明计算机10台，单价4 500元，增值税税率13%，货物已发给武汉精益公司。本公司尚未付款。1月21日，本公司给武汉精益公司开具专用发票，发票载明计算机10台，单价4 800元，增值税税率13%，款项尚未收到。财务部门根据此笔业务的采购和销售发票结转收入和成本。

相关知识

一、直运销售业务类型

直运销售业务是指商品无须入库即可完成的购销业务。客户向本公司订购商品，双方签订购销合同，本公司向供应商采购客户所需商品，与供应商签订采购合同，供应商直接将商品发运给客户。结算时，由购销双方分别与企业结算。直运业务包括直运销售业务和直运采购业务，没有实物的出入库，货物流向是直接从供应商到客户，财务结算通过直运销售发票、直运采购发票进行。直运销售业务如图6-2-1所示。

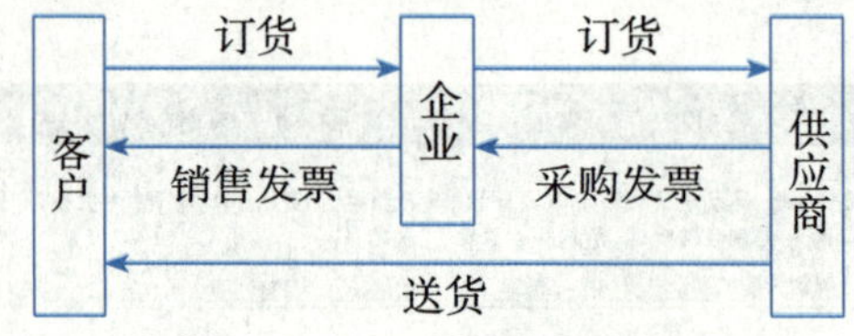

图6-2-1　直运销售业务

二、直运销售业务处理流程

直运销售业务分为两种：一种是只开发票，不开订单；另一种是先有订单再开发票。这两种模式分别称为非必有订单直运销售业务和必有订单直运销售业务。

必有订单直运销售业务的数据流程如图6-2-2所示。

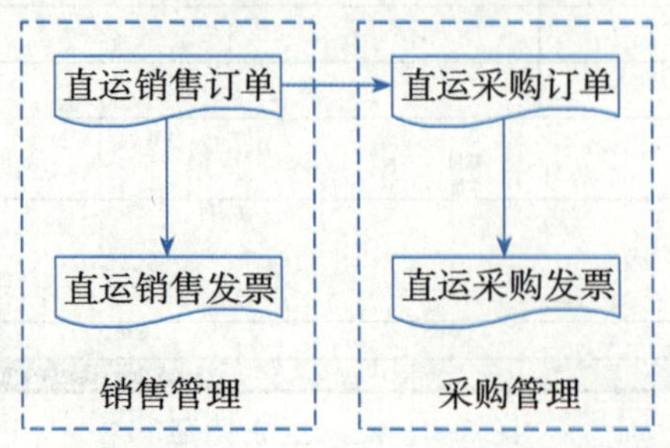

图6-2-2　必有订单直运销售业务的数据流程

如果是非必有订单直运销售业务，直运采购发票和直运销售发票可以相互参照，如图6-2-3所示。

直运销售发票 ⟷ 直运采购发票

图6-2-3　非必有订单直运销售业务的数据流程

任务实施

一、1月20日，在销售管理系统中填制并审核直运销售订单

【操作步骤】

(1) 以“003王刚”身份进入企业应用平台，执行“业务工作”→“销售管理”→“销售订货”→“销售订单”命令，进入“销售订单”窗口。

(2) 单击“增加”按钮，选择业务类型“直运销售”，销售类型“普通销售”，客户简称“武汉精益”，销售部门“销售一部”，报价“4 800”，并按要求录入其他信息，单击“保存”按钮，然后单击“审核”按钮，如图6-2-4所示。

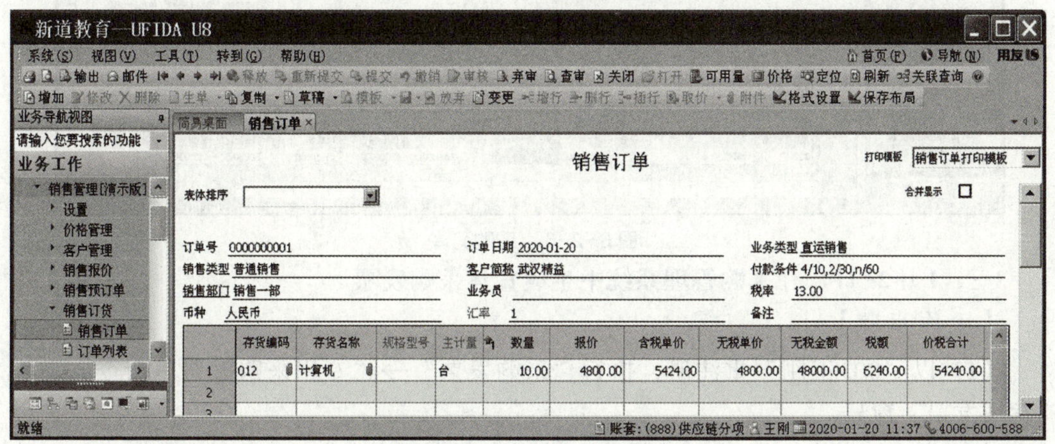

图6-2-4　直运销售订单

二、在采购管理系统中填制并审核直运采购订单

【操作步骤】

(1) 执行“业务工作”→“采购管理”→“月末结账”命令，进入“结账”窗口，单击“取消结账”按钮后退出。

(2) 执行“业务工作”→“采购管理”→“采购订货”→“采购订单”命令，进入“采购订单”窗口。

(3) 单击“增加”按钮，选择业务类型为“直运采购”，单击“生单”按钮，选择“销售订单”，进入“查询条件选择-销售订单列表过滤”窗口，单击“确定”按钮。在“拷贝并执行”窗口选择需要参照的销售订单，如图6-2-5所示。

(4) 单击“确定”按钮。在采购订单界面，选择供应商为“武汉兴隆”，输入原币单价4 500，计划到货日期2020-01-20，按要求录入其他信息。单击“保存”按钮，然后单击“审核”按钮，如图6-2-6所示。

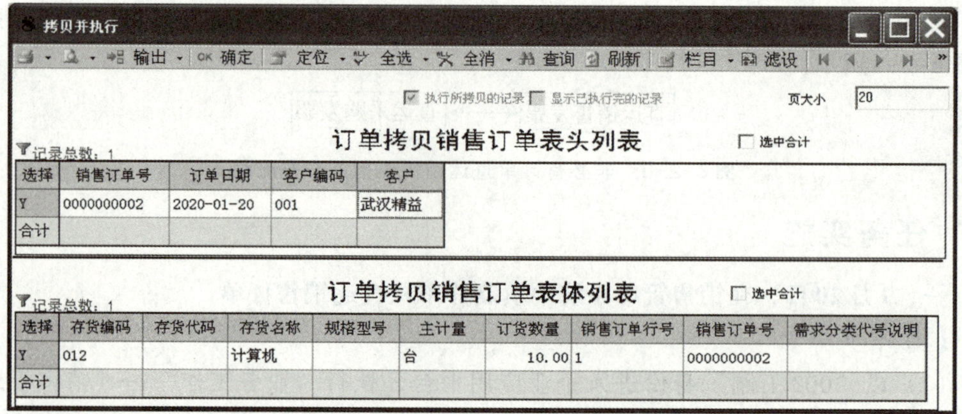

图 6-2-5　拷贝销售订单生成采购订单

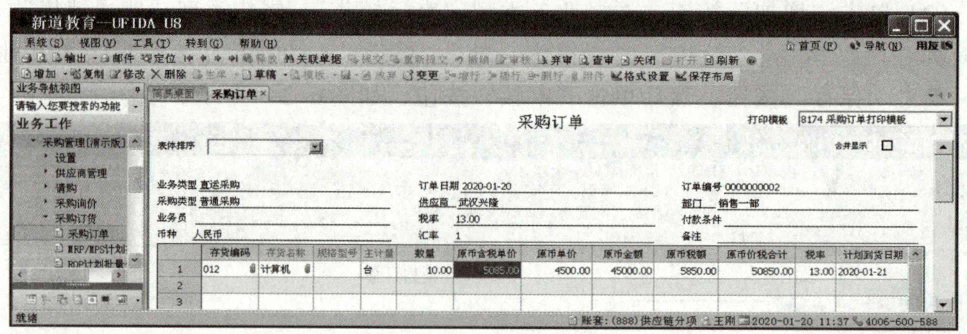

图 6-2-6　采购订单

三、1月21日，在采购管理系统中生成直运采购发票

【操作步骤】

（1）以“003王刚”重注册，执行“采购发票”→“专用采购发票”命令，进入“专用发票”窗口。

（2）单击“增加”按钮，选择业务类型为“直运采购”，单击“生单”按钮，选择“采购订单”。在“查询条件选择-采购订单列表过滤”窗口点击“确定”按钮。在“拷贝并执行”窗口选择需要参照的采购订单，如图6-2-7所示。

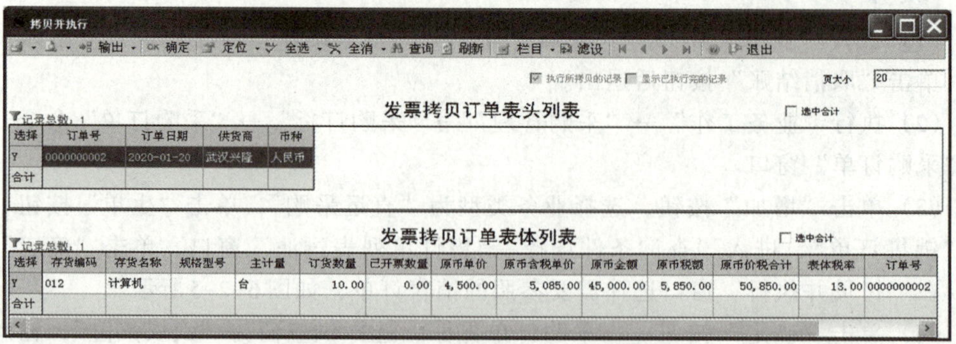

图 6-2-7　拷贝采购订单生成采购发票

（3）单击“确定”按钮。在“专用发票”窗口核实信息后，单击“保存”按钮退出，如图6-2-8所示。

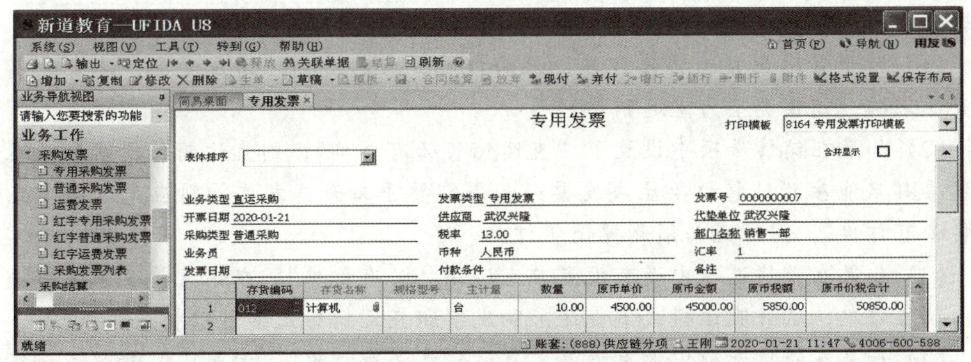

图 6-2-8 采购专用发票

四、在销售管理系统中填制并复核直运销售发票

【操作步骤】

（1）执行“业务工作”→“供应链”→“销售管理”→“销售开票”→“销售专用发票”命令，进入“销售专用发票”窗口。

（2）单击“增加”按钮，关闭“查询条件选择-参照订单”窗口。在“销售专用发票”界面，选择业务类型为“直运销售”，单击“生单”按钮，选择“参照订单”，进入“查询条件选择-参照订单”窗口，单击“确定”按钮，选择要参照的订单，如图6-2-9所示。

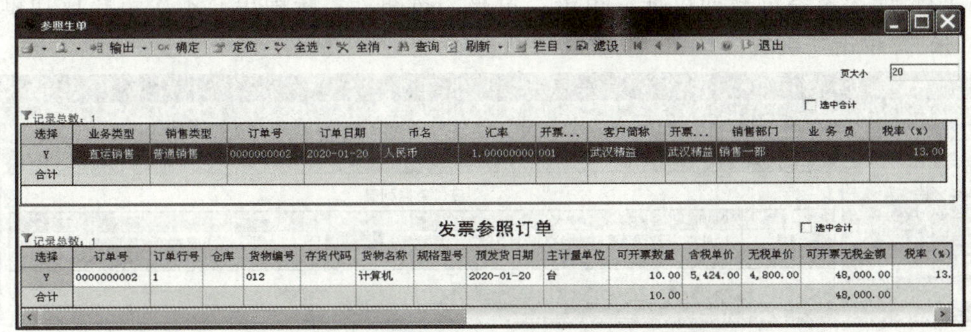

图 6-2-9 参照生单

（3）单击“确定”按钮，在系统生成的销售专用发票窗口，核实无误后单击“保存”按钮，再单击“复核”按钮后退出，如图6-2-10所示。

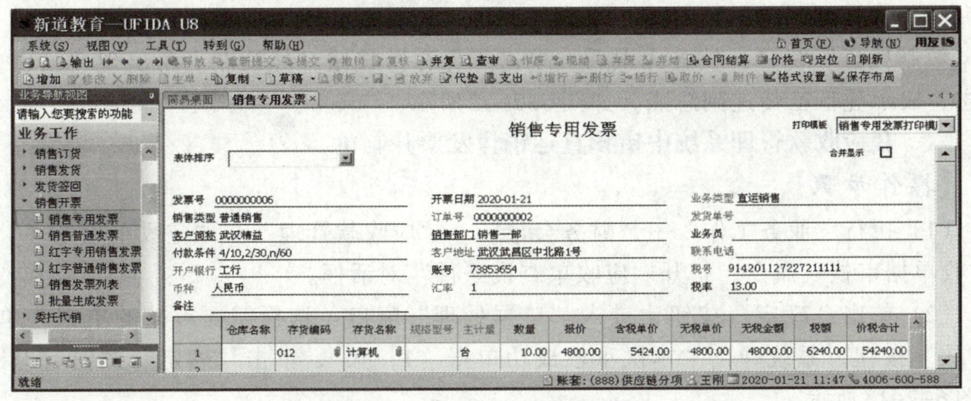

图 6-2-10 生成销售专用发票

特别提示：

（1）对于直运业务的销售订单、采购订单、采购发票、销售发票，其采购类型为直运采购，销售类型为直运销售。

（2）如果在销售选项中设置了“直运销售必有订单”，则直运销售发票和直运采购发票都只能参照销售订单生成发票；如果需要手工开具发票，则应先取消“直运销售必有订单”，同时还必须删掉销售订单。

（3）如果在销售选项中没有设置“直运销售必有订单”，在销售管理系统中没有输入销售订单，这种直运模式下直运采购发票和直运销售发票可以相互参照。

（4）如果在销售选项中没有设置“直运销售必有订单”，但是已经输入了销售订单，则仍需要按照“直运销售必有订单”模式的数据流程来操作。

（5）直运销售和直运采购发票上都不能输入仓库。

五、在应付款管理系统中审核直运采购发票并制单

【操作步骤】

（1）以“002李伟”重注册，执行“业务工作”→“财务会计”→“应付款管理”→“应付单据处理”→“应付单据审核”命令，打开“应付单查询条件”对话框，单击“确定”按钮，进入“单据处理”窗口。

（2）选择需要审核的单据，单击“审核”按钮，系统弹出“本次审核成功单据［1］张”，单击“确定”按钮，如图6-2-11所示。

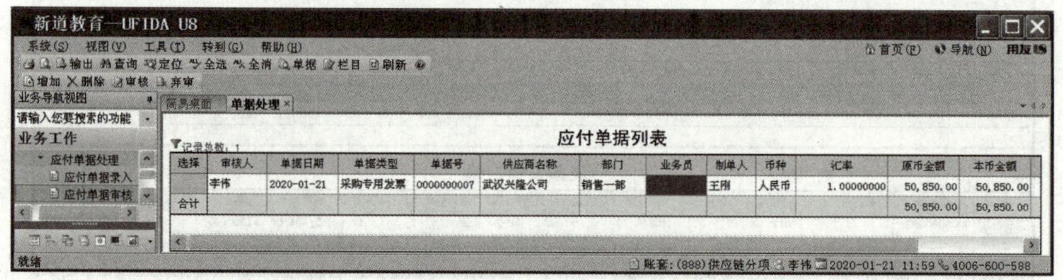

图6-2-11 应付单据审核

（3）执行“制单处理”命令，打开“制单查询”对话框，选择“发票制单”选项，进入“制单”窗口。

（4）选择要制单的记录行，修改凭证类别“转账凭证”，单击“制单”按钮，进入“填制凭证”窗口。核查无误后，单击“保存”按钮，凭证左上角出现“已生成”标志，表示凭证已传递到总账，如图6-2-12所示。

六、在应收款管理系统中审核直运销售发票并制单

【操作步骤】

（1）执行“业务工作”→“财务会计”→“应收款管理”→“应收单据处理”→“应收单据审核”命令，打开“应收单查询条件”对话框。

（2）单击“确定”按钮，进入“单据处理”窗口。选择需要审核的单据，单击“审核”按钮，系统弹出“本次审核成功单据［1］张”，单击“确定”按钮后退出，如图6-2-13所示。

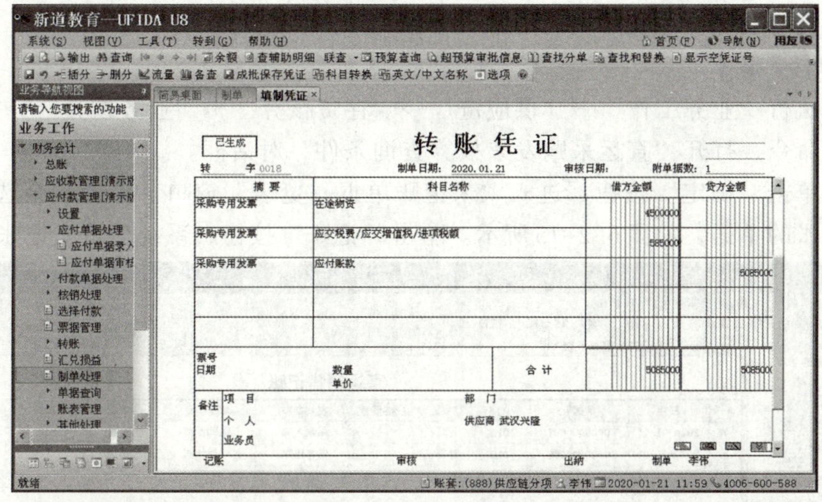

图6-2-12 生成凭证

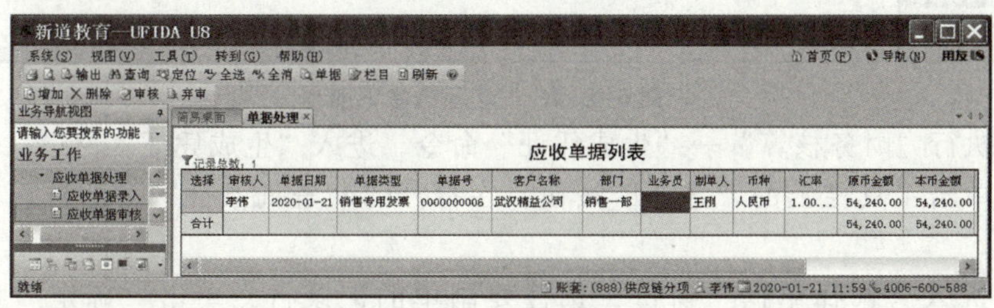

图6-2-13 应收单据审核

（3）执行“制单处理”命令，打开“制单查询”对话框，选择“发票制单”选项，单击“确定”按钮，进入“制单”窗口。

（4）选择要制单的记录行，修改凭证类别为“转账凭证”，单击“制单”按钮，进入“填制凭证”窗口。核查无误后，单击“保存”按钮，凭证左上角出现“已生成”标志，表示凭证已传递到总账，如图6-2-14所示。

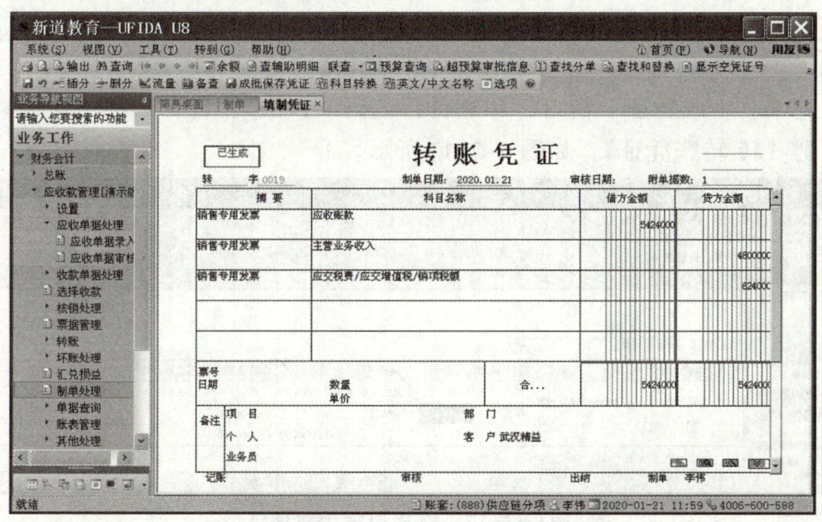

图6-2-14 生成凭证

七、在存货核算系统中对直运销售单据记账并生成凭证

【操作步骤】

（1）执行“业务工作”→“供应链”→“存货核算”→“业务核算”→“直运销售记账”命令，打开“直运采购发票核算查询条件”对话框。

（2）单击“确定”按钮，进入“未记账单据一览表”窗口。单击“全选”按钮，选择要记账的单据，如图6-2-15所示。单击“记账”按钮，系统显示“记账成功”。

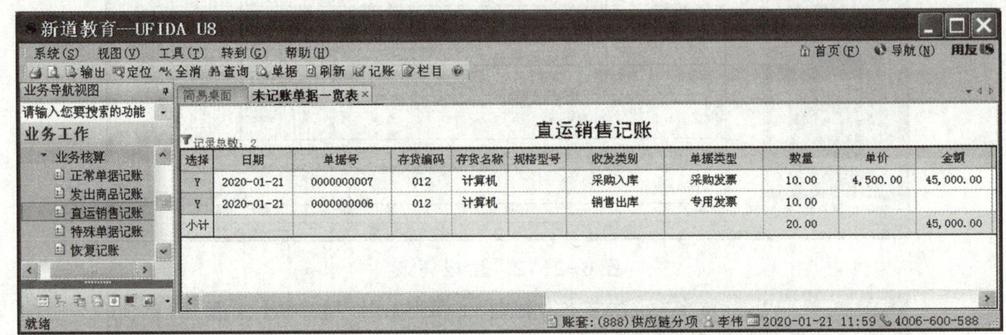

图6-2-15 直运销售记账

（3）执行“财务核算”→“生成凭证”命令，进入“生成凭证”窗口。

（4）单击工具栏上的“选择”按钮，在打开的“查询条件”对话框，单击“确定”按钮。

（5）进入“选择单据”窗口，选择要制单的记录行，单击“确定”按钮，如图6-2-16所示。

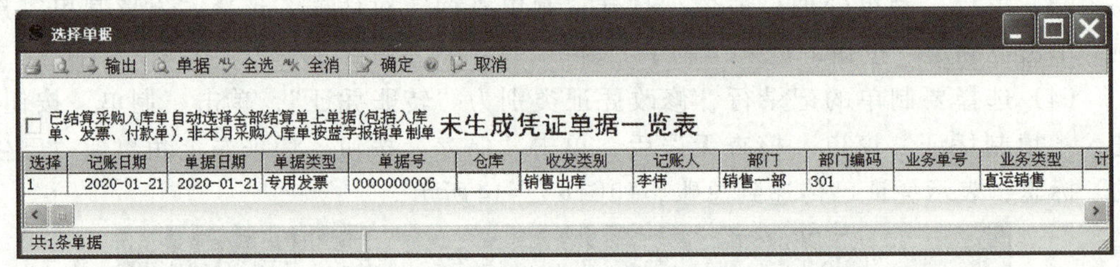

图6-2-16 选择单据

（6）进入“生成凭证”窗口，补充科目编码“1402”，科目名称“在途物资”，修改凭证类别“转 转账凭证”，如图6-2-17所示。

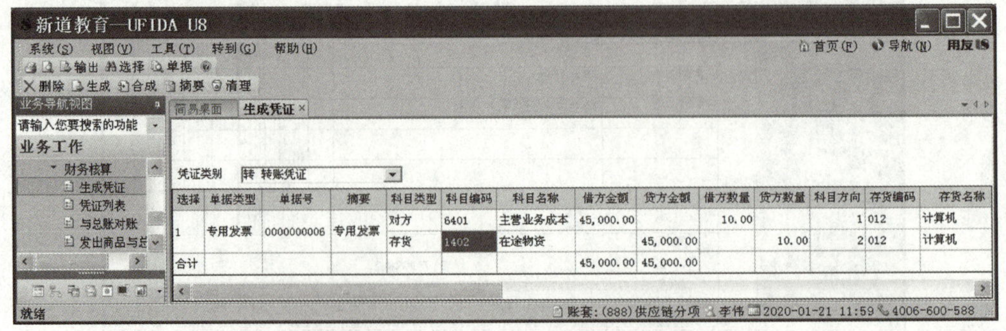

图6-2-17 选择单据生成凭证

(7) 单击“生成”按钮，进入“填制凭证”窗口。核查无误后，单击“保存”按钮，凭证左上角出现“已生成”标志，表示凭证已传递至总账，如图6-2-18所示。

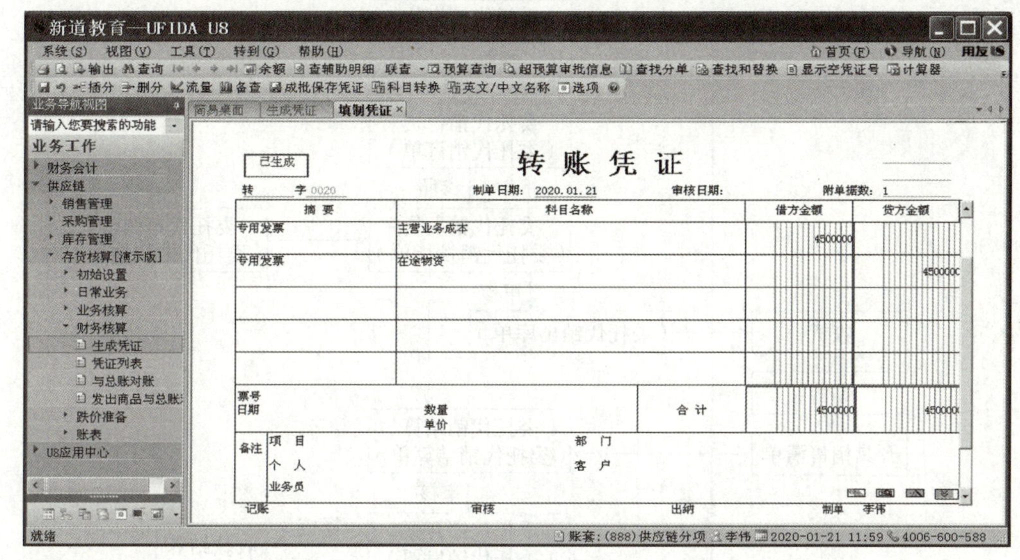

图6-2-18 生成凭证

任务测试6-2

任务3 委托代销业务处理

微课6-7

如何进行委托代销业务处理

任务资料

2020年1月发生的委托代销业务如下：

1月21日，销售二部委托武汉美联商行代为销售三星显示器20台，报价2 000元/台，货物从配套品仓库发出。1月22日，收到美联商行的委托代销清单一张，结算三星显示器10台，售价为2 000元/台。业务员立即开具销售专用发票给美联商行。销售二部将相关出库单及专用发票交给财务部结算收入和成本。

相关知识

一、委托代销业务类型

委托代销业务是指企业将商品委托他人进行销售，但商品所有权仍归本企业的销售方式，委托代销有视同买断和收取手续费两种方式。委托代销商品销售后，受托方与企业进行结算，并开具正式的销售发票，形成销售收入，商品所有权转移。

如果企业存在委托代销业务，需要分别在销售管理系统和库存管理系统中进行参数设置。只有设置了委托代销业务参数后，才能处理委托代销业务，账表查询中才会增加相应的委托代销账表。为了便于系统根据委托代销业务类型自动生成凭证，需要在存货核算系统中进行委托代销相关科目设置。

二、委托代销业务处理流程

委托代销业务处理流程和单据处理流程如图6-3-1所示。

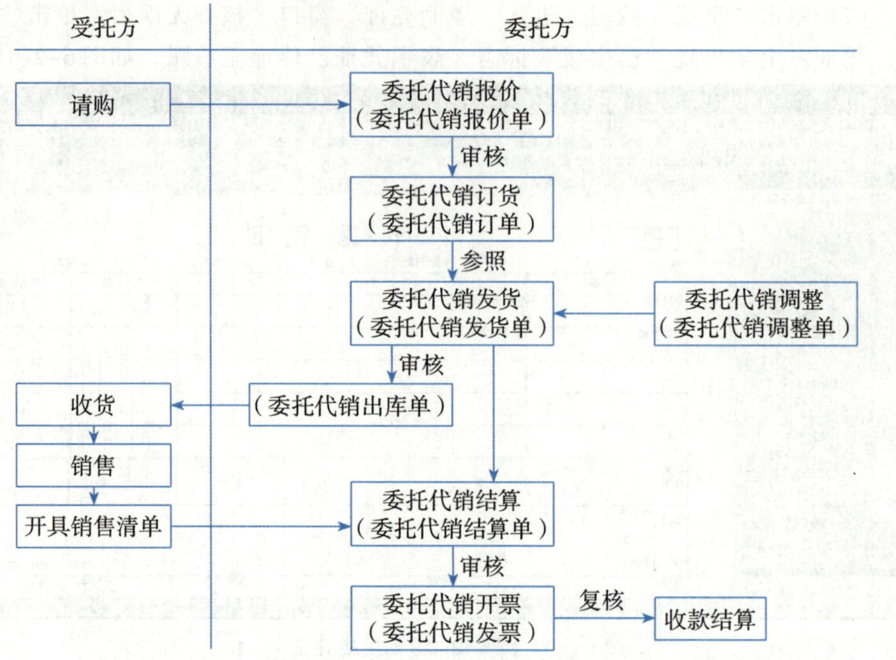

图 6-3-1　委托代销业务处理流程和单据处理流程

任务实施

一、1月21日发货时，在销售管理系统填制并审核委托代销发货单

【操作步骤】

（1）以“003王刚”身份进入企业应用平台，执行“业务工作”→“供应链”→“销售管理”→“委托代销”→“委托代销发货单”命令，进入“委托代销发货单”窗口。

（2）单击“增加”按钮，关闭“查询条件选择-参照订单”窗口。在“委托代销发货单”界面输入发货日期“2020-01-21”，业务类型选择“委托代销”，销售类型为“代销”，客户简称为“美联商行”，销售部门选择“销售二部”，选择“配套品仓库”，存货编码“009”，数量“20”，报价“2 000”，单击“保存”按钮，再单击“审核”按钮，如图6-3-2所示。

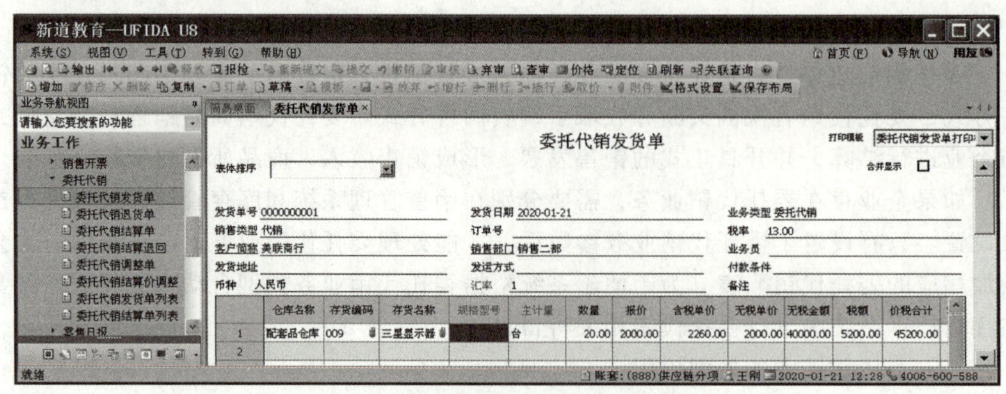

图 6-3-2　委托代销发货单

二、在库存管理系统审核销售出库单

【操作步骤】

（1）执行“出库业务”→“销售出库单”命令，进入“销售出库单”窗口。

（2）单击“末张”按钮，找到系统自动生成的销售出库单，审核无误后，单击“审核”按钮，如图6-3-3所示。

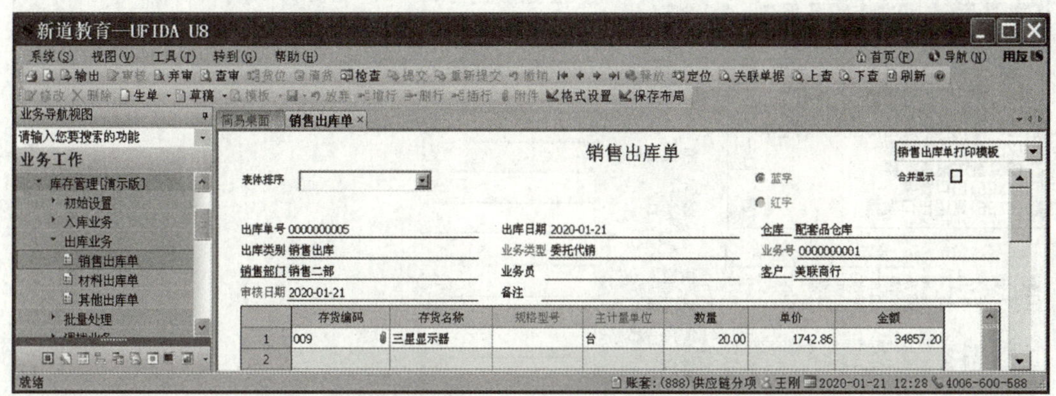

图6-3-3 销售出库单

三、在存货核算系统中对发货单记账并生成出库凭证

【操作步骤】

（1）以“002李伟”重注册，执行“业务工作”→“供应链”→“存货核算”→“业务核算”→“发出商品记账”命令，打开“查询条件选择”对话框。单击“确定”按钮，进入“未记账单据一览表”窗口。

（2）选择要记账的单据，单击“记账”按钮，系统显示“记账成功”，如图6-3-4所示。

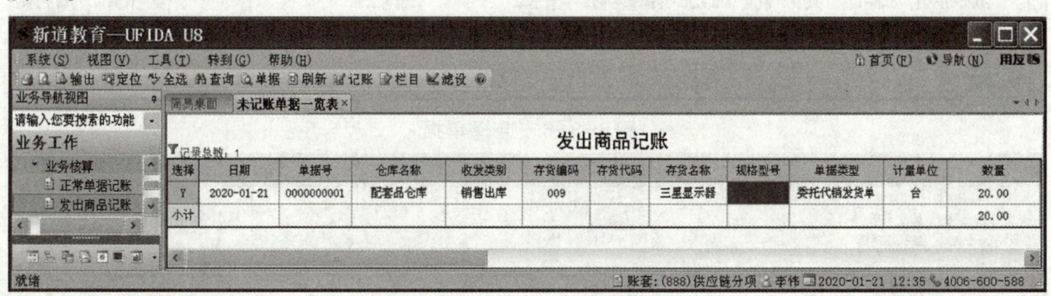

图6-3-4 发出商品记账

（3）执行“财务核算”→“生成凭证”命令，进入“生成凭证”窗口。

（4）单击工具栏上的“选择”按钮，打开“查询条件”对话框。选择“（06）委托代销发出商品发货单”选项，如图6-3-5所示。

（5）单击“确定”按钮，进入“选择单据”窗口，选择要制单的记录行，如图6-3-6所示。

（6）单击“确定”按钮，进入“生成凭证”窗口，在“生成凭证”窗口修改凭证类别为“转 转账凭证”，如图6-3-7所示。

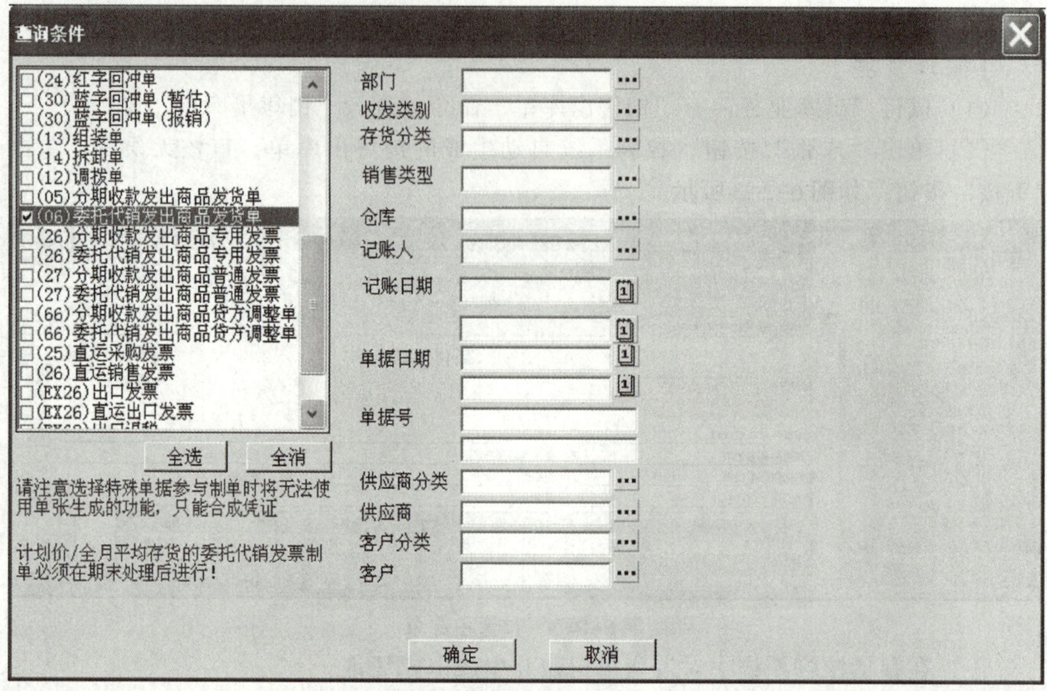

图 6-3-5　查询条件

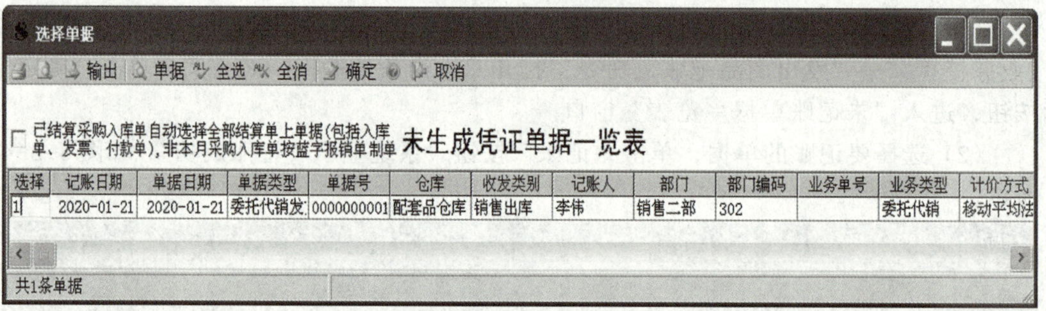

图 6-3-6　选择单据

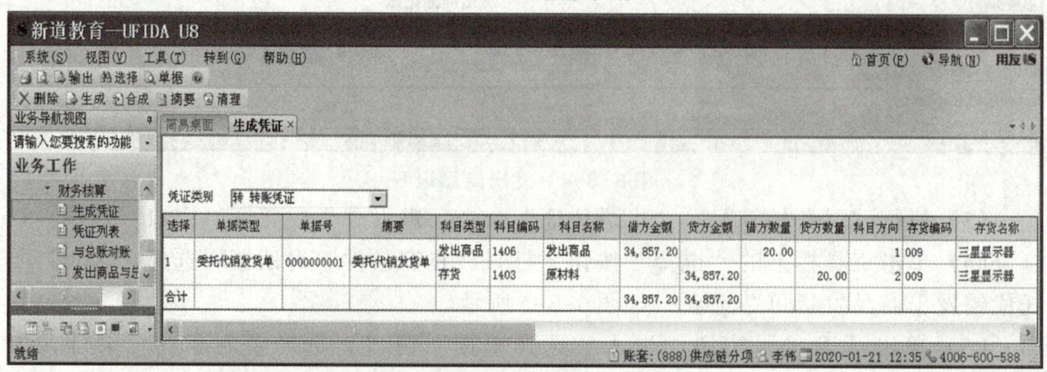

图 6-3-7　选择单据生成凭证

（7）单击“生成”按钮，进入“填制凭证”窗口，单击“保存”按钮，凭证左上角出现“已生成”标志，表示凭证已传递至总账，如图 6-3-8 所示。

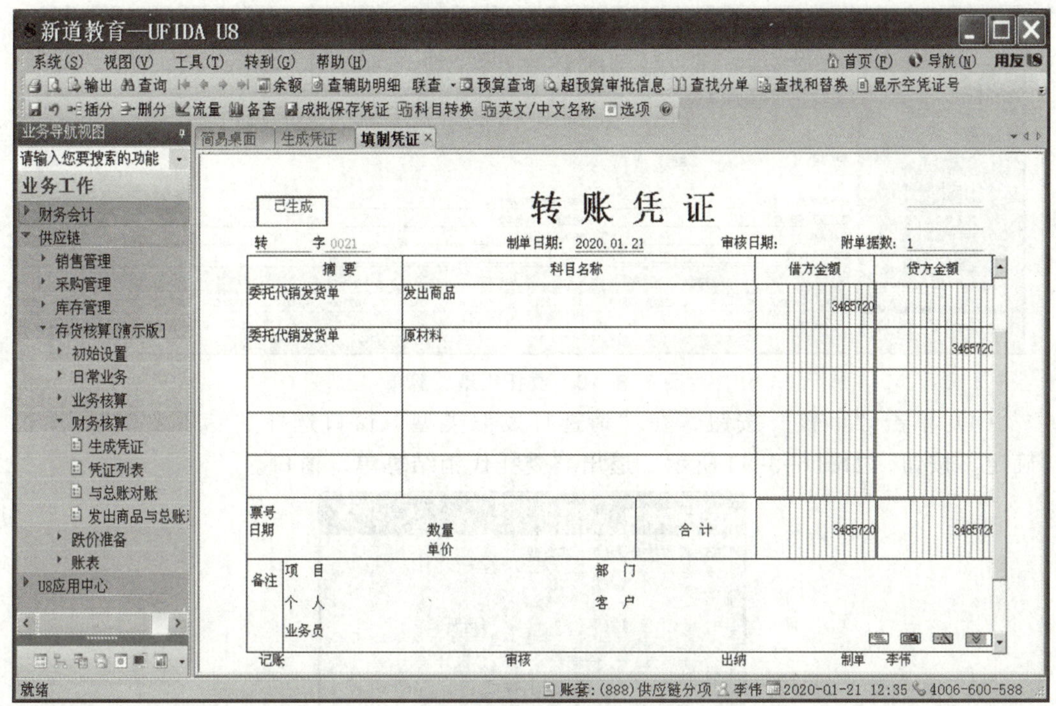

图6-3-8 生成凭证

四、1月22日结算时，在销售管理系统填制并审核委托代销结算单，复核销售发票

【操作步骤】

（1）以“003王刚”重注册，执行“业务工作”→“供应链”→“销售管理”→“委托代销”→“委托代销结算单”命令，进入“委托代销结算单”窗口。

（2）单击“增加”按钮，在“查询条件选择-委托结算参照发货单”窗口单击“确定”按钮。在“参照生单”窗口选择需要参照的发货单，如图6-3-9所示。

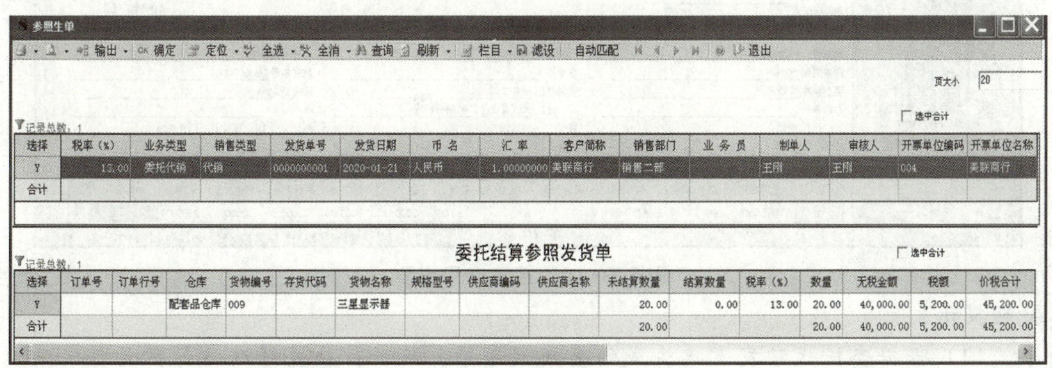

图6-3-9 参照生单

（3）单击“确定”按钮，系统生成委托代销结算单，输入结算日期“2020-01-22”，修改数量为“10”，单击“保存”按钮，如图6-3-10所示。

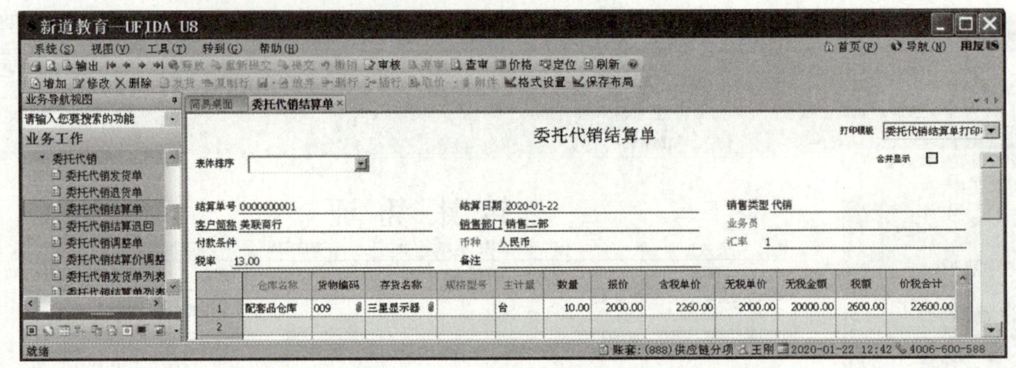

图 6-3-10 委托代销结算单

（4）单击“审核”按钮，在“请选择发票类型”窗口选择“专用发票”，单击“确定”按钮，如图 6-3-11 所示。退出“委托代销结算单”窗口。

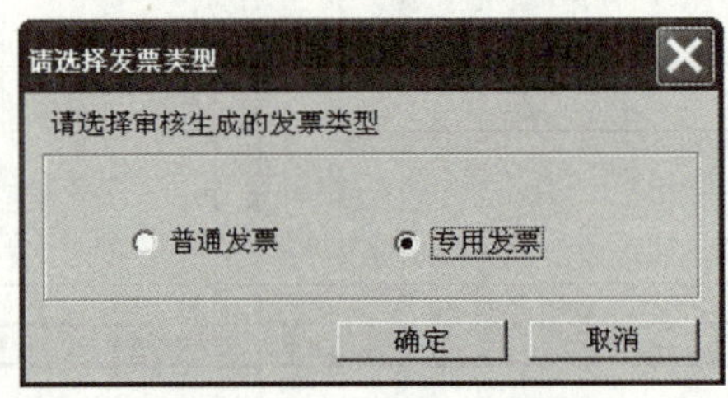

图 6-3-11 选择发票类型

（5）执行“业务工作”→“供应链”→“销售管理”→“销售开票”→“销售专用发票”命令，进入“销售专用发票”窗口。

（6）单击“末张”按钮，找到系统自动生成的销售专用发票，审核无误后，单击“复核”按钮，如图 6-3-12 所示。

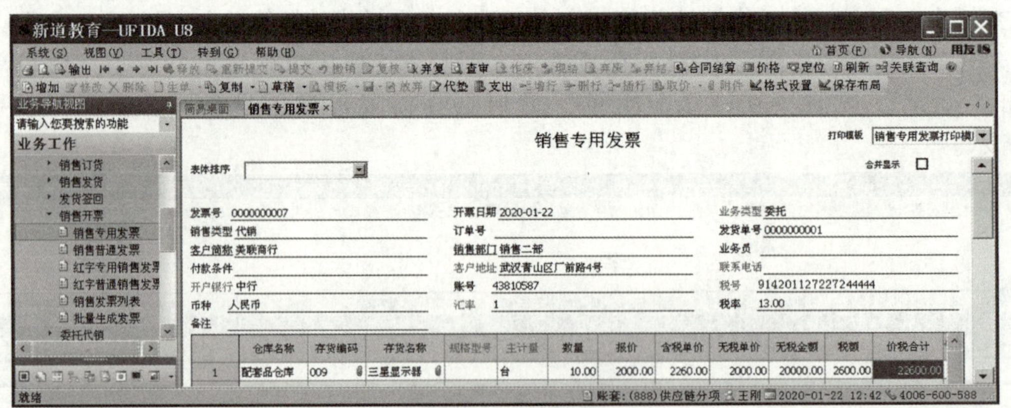

图 6-3-12 销售专用发票

特别提示：

（1）根据委托代销发货单生成的委托代销结算单，往往要修改结算数量。

（2）委托代销结算单审核后，由系统自动生成相应的销售发票。

（3）委托代销结算单审核后，由系统自动生成相应的销售出库单，并将其传递到库存管理系统。

五、在应收款管理系统审核销售发票并生成销售凭证

【操作步骤】

（1）以“002李伟”重注册，选择操作日期为“2020-01-22”，执行“业务工作”→“财务会计”→“应收款管理”→“应收单据处理”→“应收单据审核”命令，打开“应收单查询条件”对话框。单击“确定”按钮，进入“单据处理”窗口。

（2）选择需要审核的单据，单击“审核”按钮，系统弹出“本次审核成功单据［1］张”，单击“确定”按钮后退出。

（3）执行“制单处理”命令，打开“制单查询”对话框，选择“发票制单”选项，单击“确定”按钮，进入“制单”窗口。

（4）选择要制单的记录行，修改凭证类别为“转账凭证”。

（5）单击“制单”按钮，进入“填制凭证”窗口，单击“保存”按钮，凭证左上角出现“已生成”标志，表示凭证已传递到总账，如图6-3-13所示。

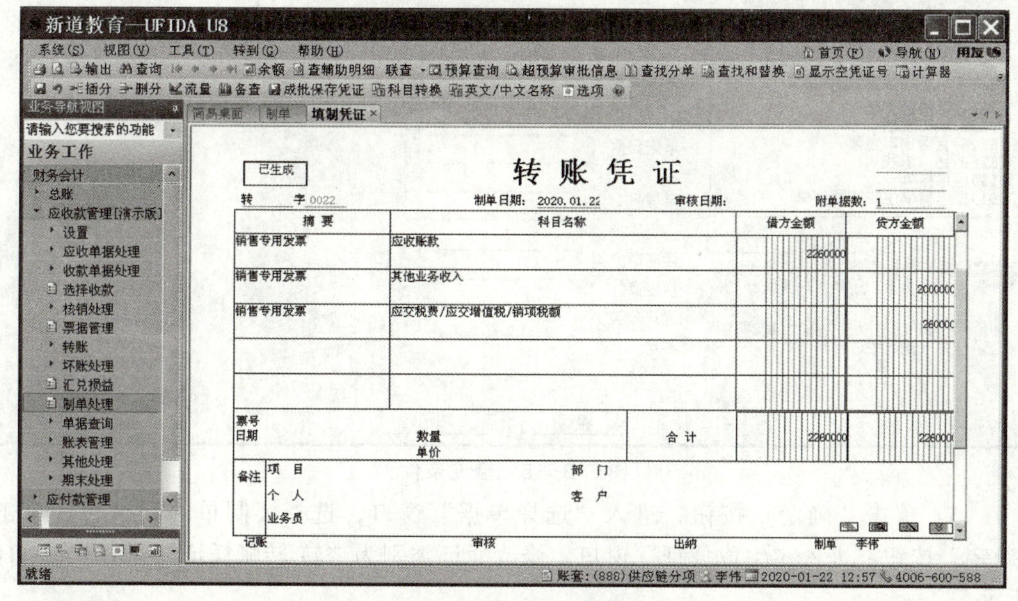

图6-3-13 生成凭证

六、在存货核算系统中对销售发票记账并结转销售成本

【操作步骤】

（1）执行“业务工作”→“供应链”→“存货核算”→“业务核算”→“发出商品记账”命令，打开“查询条件选择”对话框。单击“确定”按钮，进入“未记账单据一览表”窗口。

（2）选择要记账的单据，如图6-3-14所示。单击“记账”按钮，系统提示“记账成功”。

（3）执行“财务核算”→“生成凭证”命令，进入“生成凭证”窗口。

（4）单击工具栏上的“选择”按钮，打开“查询条件”对话框。选择“（26）委托代销发出商品专用发票”选项，如图6-3-15所示。

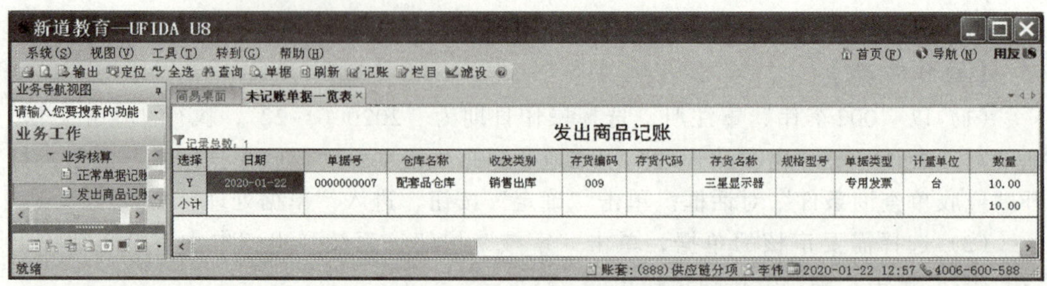

图 6-3-14　发出商品记账

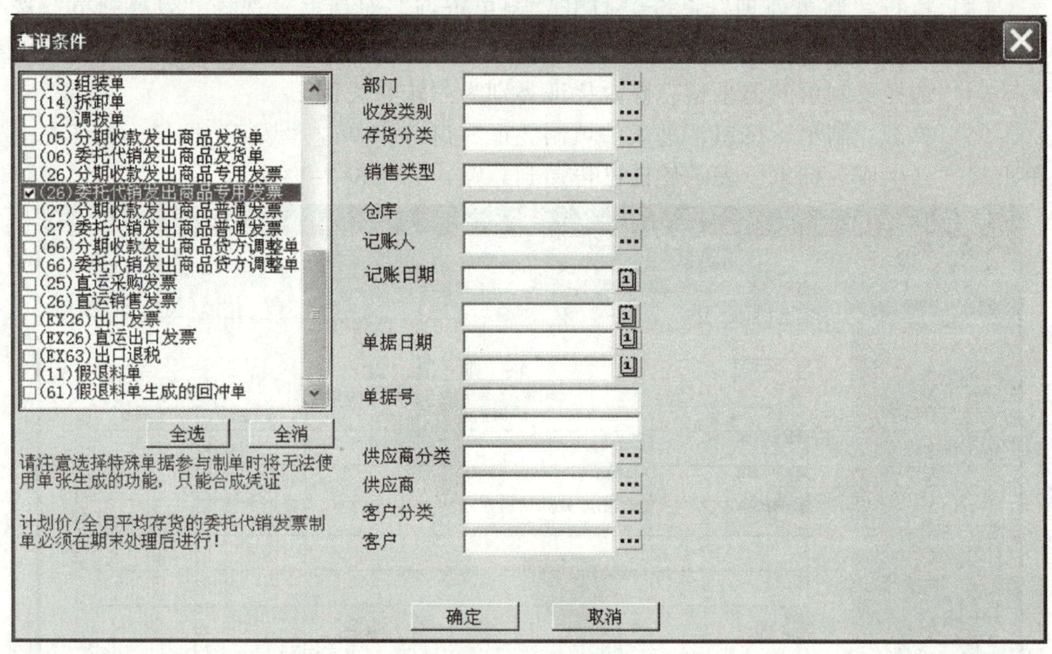

图 6-3-15　查询条件

（5）单击“确定”按钮，进入“选择单据”窗口，选择要制单的记录行，单击“确定”按钮，进入“生成凭证”窗口，修改凭证类别为“转 转账凭证”，如图 6-3-16 所示。

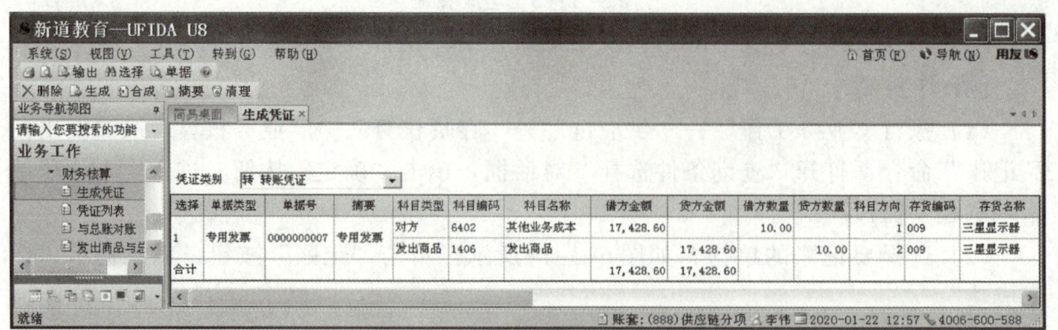

图 6-3-16　选择单据生成凭证

（6）单击“生成”按钮，进入“填制凭证”窗口。单击“保存”按钮，凭证左上角出现“已生成”标志，表示凭证已传递至总账，如图 6-3-17 所示。

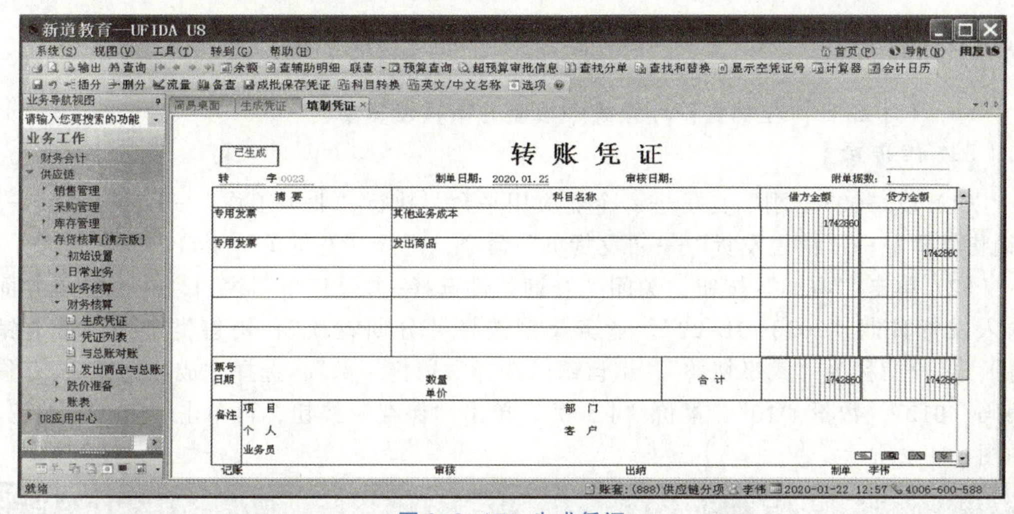

图 6-3-17　生成凭证

任务测试6-3

任务4　分期收款销售业务处理

任务资料

微课6-8

如何进行分期收款业务处理

2020年1月发生的分期收款销售业务如下：

1月22日，销售一部向武汉精益公司出售计算机10台，由成品仓库发货，报价为4 500元/台。客户要求分期付款。经协商，客户分2期付款，并据此开具5台计算机的专用发票。销售一部将该业务的出库单和销售发票交给财务部门结转收入和成本。

相关知识

一、分期收款销售业务类型

分期收款销售业务是指将商品先发给客户，分期收回货款，收入与成本按照收款情况分期确认的销售方式。其特点是一次发货，分次确认收入，并在确认收入时计算并结转成本。分期收款销售业务的订货、发货、出库、开票等处理与普通销售业务相同，只是业务类型应选择分期收款。分期收款时，开具销售发票，结转销售成本。

如果企业存在分期收款销售业务，需要在销售管理系统中进行分期收款销售业务的选项设置，并在存货核算系统中进行分期收款销售业务的相关科目设置。

二、分期收款销售业务处理流程

分期收款销售业务处理流程和单据处理流程如图6-4-1所示。

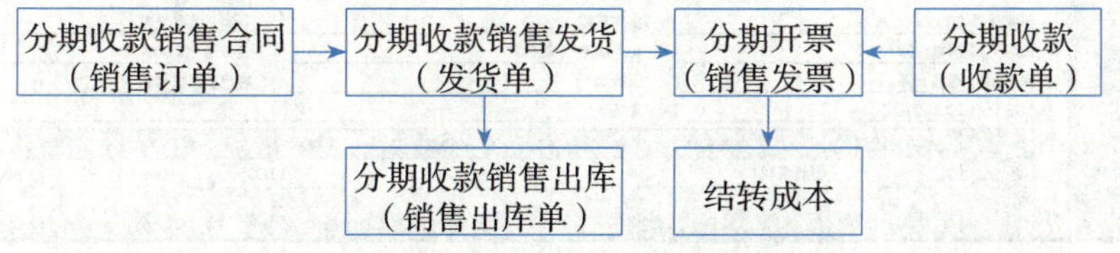

图 6-4-1　分期收款销售业务处理流程和单据处理流程

任务实施

一、1月22日，在销售管理系统中填制并审核发货单

【操作步骤】

（1）以“003王刚”身份进入企业应用平台，执行“业务工作”→“供应链”→“销售管理”→“销售发货”→“发货单”命令，进入“发货单”窗口。

（2）单击“增加”按钮，关闭“查询条件选择-参照订单”窗口。在发货单界面输入发货日期“2020-01-22”，业务类型选择“分期收款”，销售类型为“普通销售”，客户简称为“武汉精益”，销售部门选择“销售一部”，选择“成品仓库”，存货编码“012”，数量“10”，报价“4 500”，单击“保存”按钮，再单击“审核”按钮，如图6-4-2所示。

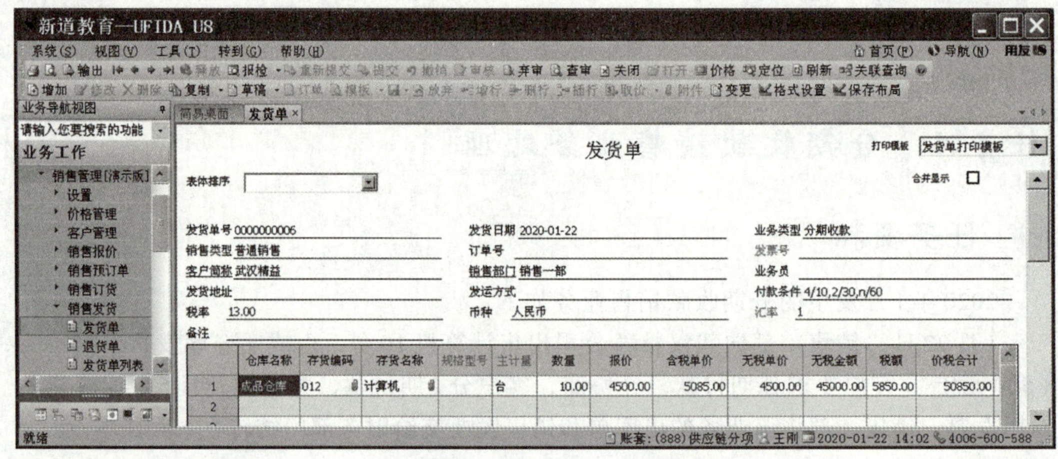

图6-4-2　销售发货单

二、在库存管理系统生成并审核销售出库单

【操作步骤】

（1）执行“出库业务”→“销售出库单”命令，进入“销售出库单”窗口。

（2）单击“末张”按钮，找到系统自动生成的销售出库单，核查无误后，单击“审核”按钮，如图6-4-3所示。

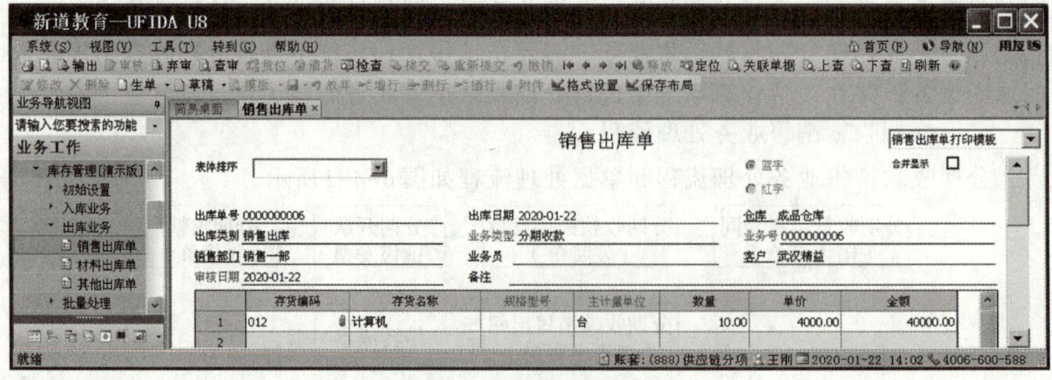

图6-4-3　销售出库单

三、在存货核算系统中执行发出商品记账并生成凭证

【操作步骤】

（1）以“002李伟”重注册，执行“业务工作”→“供应链”→“存货核算”→“业务核算”→“发出商品记账”命令，打开“查询条件选择”对话框。单击“确定”按钮，进入“未记账单据一览表”窗口。

（2）选择要记账的单据，单击“记账”按钮，系统显示“记账成功”，如图6-4-4所示。

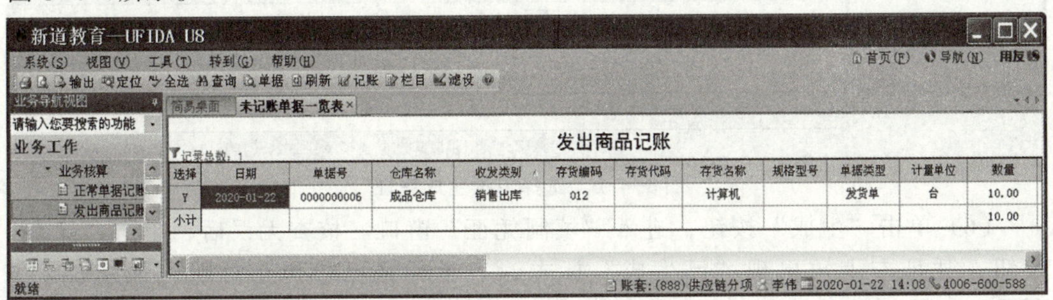

图6-4-4　发出商品记账

（3）执行“财务核算”→“生成凭证”命令，进入“生成凭证”窗口。

（4）单击工具栏上的“选择”按钮，打开“查询条件”对话框。选择“（05）分期收款发出商品发货单”选项，如图6-4-5所示。

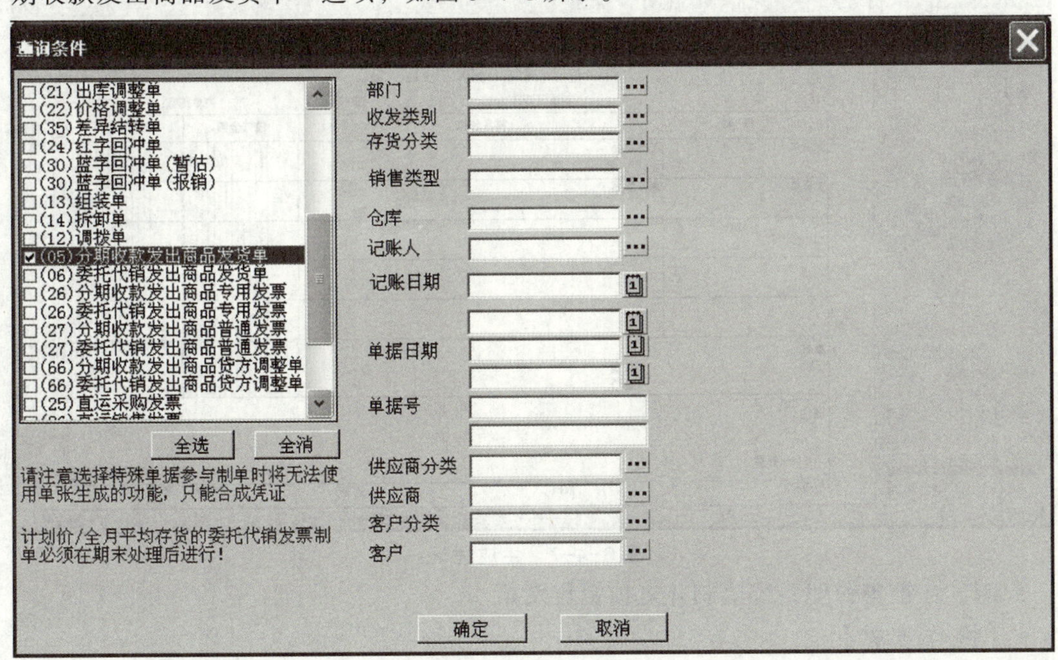

图6-4-5　查询条件

（5）单击“确定”按钮，进入“选择单据”窗口，选择要制单的记录行，单击“确定”按钮，进入“生成凭证”窗口，修改凭证类别为“转 转账凭证”，如图6-4-6所示。

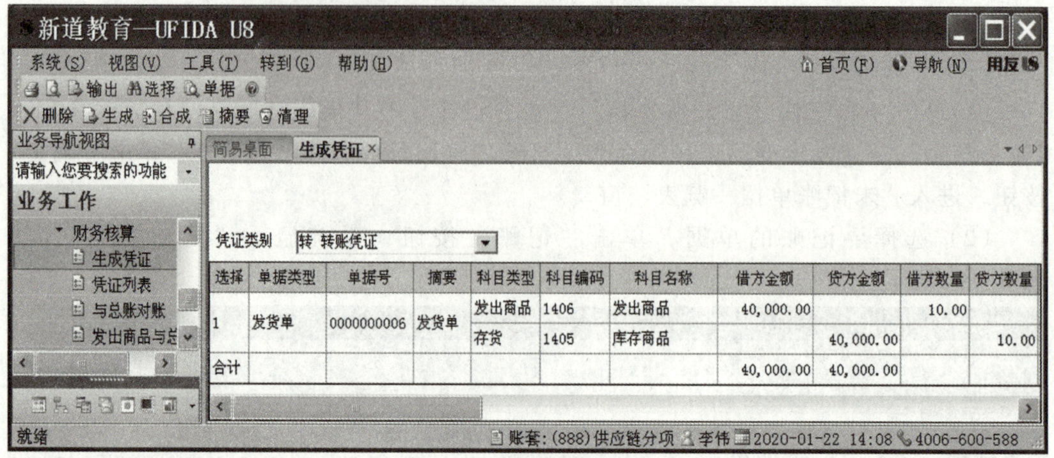

图 6-4-6　选择单据生成凭证

（6）单击“生成”按钮，进入“填制凭证”窗口。核查无误后，单击“保存”按钮，凭证左上角出现“已生成”标志，表示凭证已传递至总账，如图 6-4-7 所示。

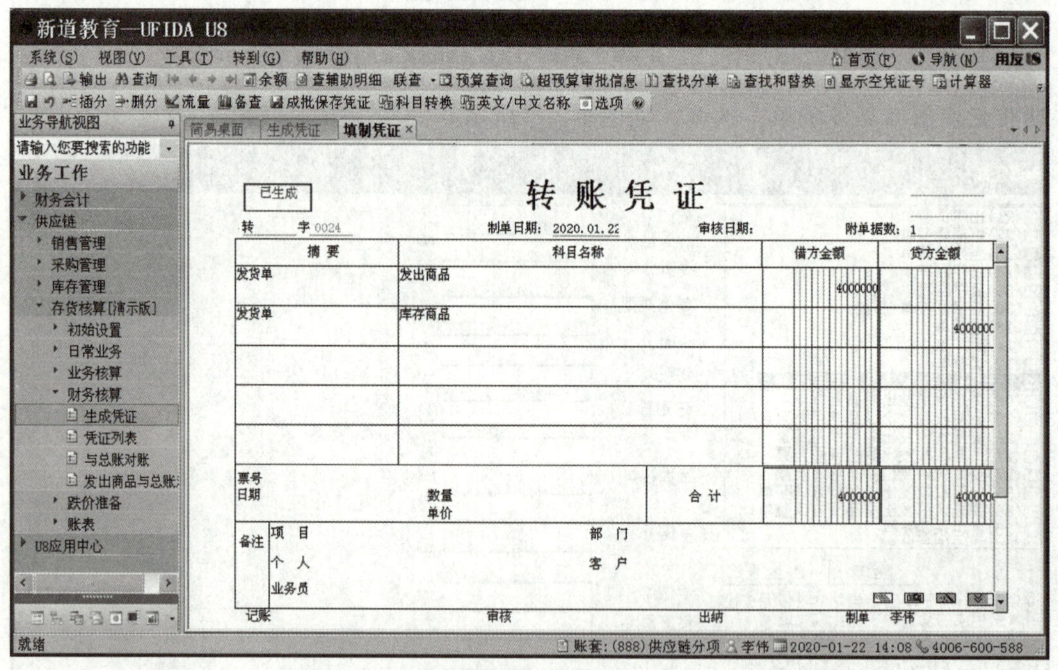

图 6-4-7　生成凭证

四、在销售管理系统填制并复核销售发票

【操作步骤】

（1）以“003 王刚”重注册，执行“业务工作”→“供应链”→“销售管理”→“销售开票”→“销售专用发票”命令，进入“销售专用发票”窗口。

（2）单击“增加”按钮，关闭“查询条件选择-参照订单”窗口，单击“生单”按钮，选择“参照发货单”，在“查询条件选择-发票参照发货单”窗口，选择业务类型为“分期收款”，如图6-4-8所示。

查询条件选择-发票参照发货单

保存常用条件 过滤方案

常用条件

客户编码		部门编码	
发货单日期		到	
发货单号		到	
存货编码		到	
仓库		业务员编码	
业务类型	分期收款	发货单类型	蓝字记录
蓝字记录是...	否	是否显示已...	否
信用单位编码		表体订单号	
开票单位编码			

确定(F) 取消(C)

图6-4-8 查询条件选择

（3）单击“确定”按钮，在“参照生单”窗口选择要参照的发货单，如图6-4-9所示。

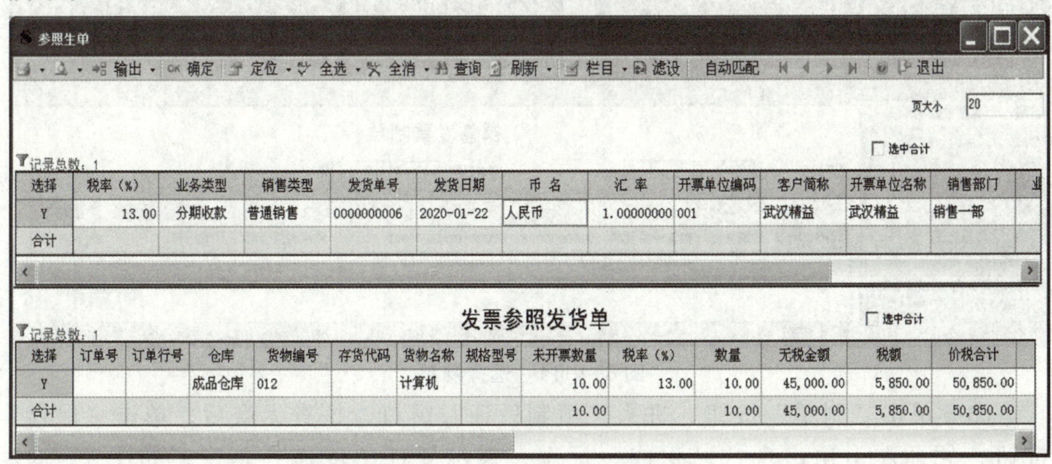

参照生单

输出 确定 定位 全选 全消 查询 刷新 栏目 滤设 自动匹配 退出

页大小 20

选中合计

记录总数：1

选择	税率（%）	业务类型	销售类型	发货单号	发货日期	币名	汇率	开票单位编码	客户简称	开票单位名称	销售部门
Y	13.00	分期收款	普通销售	0000000006	2020-01-22	人民币	1.00000000	001	武汉精益	武汉精益	销售一部
合计											

发票参照发货单

选中合计

记录总数：1

选择	订单号	订单行号	仓库	货物编号	存货代码	货物名称	规格型号	未开票数量	税率（%）	数量	无税金额	税额	价税合计
Y			成品仓库	012		计算机		10.00	13.00	10.00	45,000.00	5,850.00	50,850.00
合计								10.00		10.00	45,000.00	5,850.00	50,850.00

图6-4-9 参照发货单生成发票

（4）单击“确定”按钮，在系统生成的销售发票窗口，核实信息，数量修改为“5”，单击“保存”按钮，再单击“复核”按钮，如图6-4-10所示。

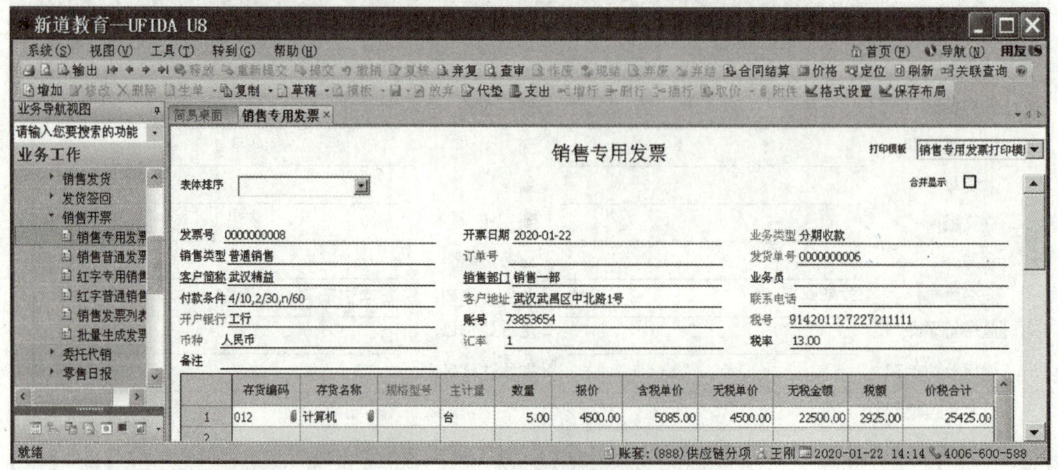

图6-4-10　生成销售专用发票

五、在应收款管理系统中审核销售发票并确认收入

【操作步骤】

（1）以“002李伟”重注册，执行“业务工作”→“财务会计”→“应收款管理”→“应收单据处理”→“应收单据审核”命令，打开“应收单查询条件”对话框。

（2）单击“确定”按钮，进入“单据处理”窗口，选择需要审核的单据，单击“审核”按钮，系统弹出“本次审核成功单据［1］张”，单击“确定”按钮后退出。

（3）执行“制单处理”命令，打开“制单查询”对话框，选择“发票制单”选项，单击“确定”按钮，进入“制单”窗口。

（4）选择要制单的记录行，修改凭证类别为“转账凭证”，如图6-4-11所示。

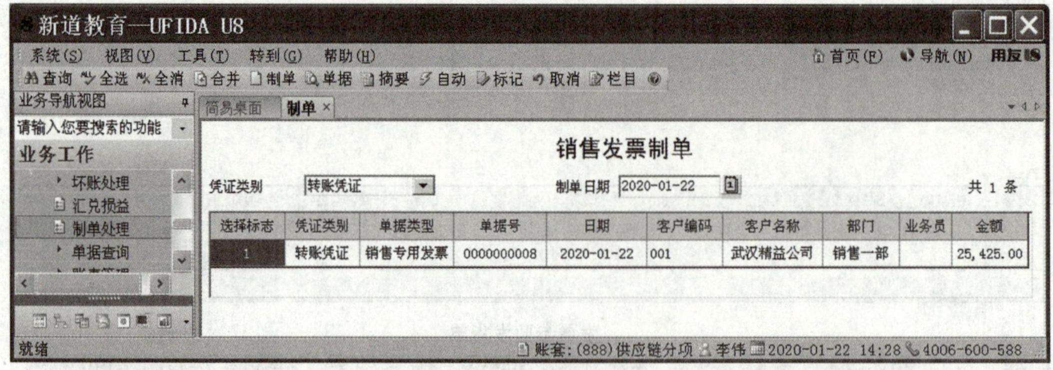

图6-4-11　选择制单

（5）单击“制单”按钮，进入“填制凭证”窗口，核查无误后，单击“保存”按钮，凭证左上角出现“已生成”标志，表示凭证已传递到总账，如图6-4-12所示。

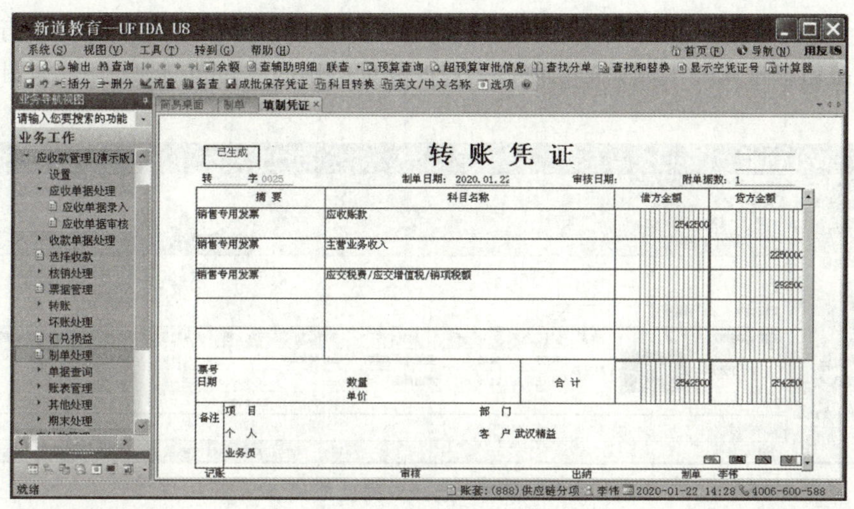

图6-4-12 生成凭证

特别提示：

分期收款业务除了在销售管理系统完成相应操作外，还需要在应收款管理系统分期确认销售收入、录入应收单、收款单，并在库存管理系统生成分期收款出库单。

六、在存货核算系统中对销售发票记账并结转销售成本

【操作步骤】

（1）执行"业务工作"→"供应链"→"存货核算"→"业务核算"→"发出商品记账"命令，打开"查询条件选择"对话框。单击"确定"按钮，进入"未记账单据一览表"窗口。

（2）选择要记账的单据，单击"记账"按钮，系统提示"记账成功"。

（3）执行"财务核算"→"生成凭证"命令，进入"生成凭证"窗口。

（4）单击工具栏上的"选择"按钮，打开"查询条件"对话框。选择"（26）分期收款发出商品专用发票"选项，如图6-4-13所示。

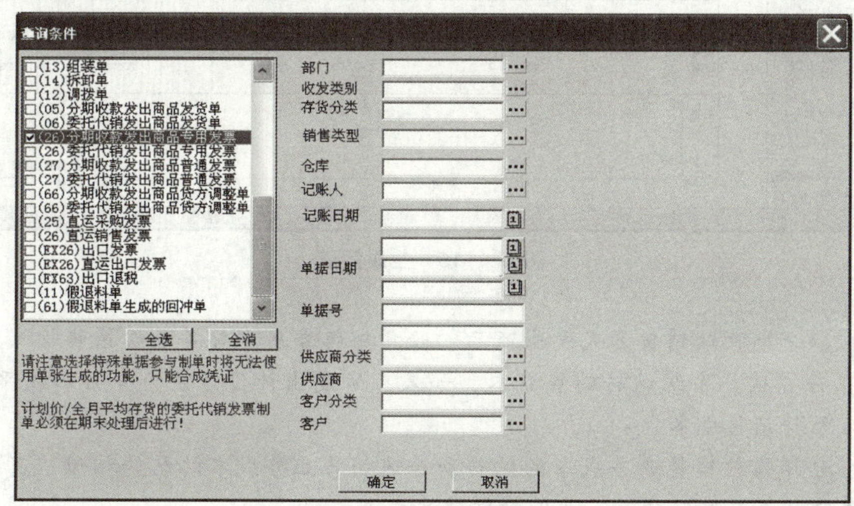

图6-4-13 查询条件

（5）单击“确定”按钮，进入“选择单据”窗口，选择要制单的记录行，单击“确定”按钮，进入“生成凭证”窗口。修改凭证类别为“转 转账凭证”，如图6-4-14所示。

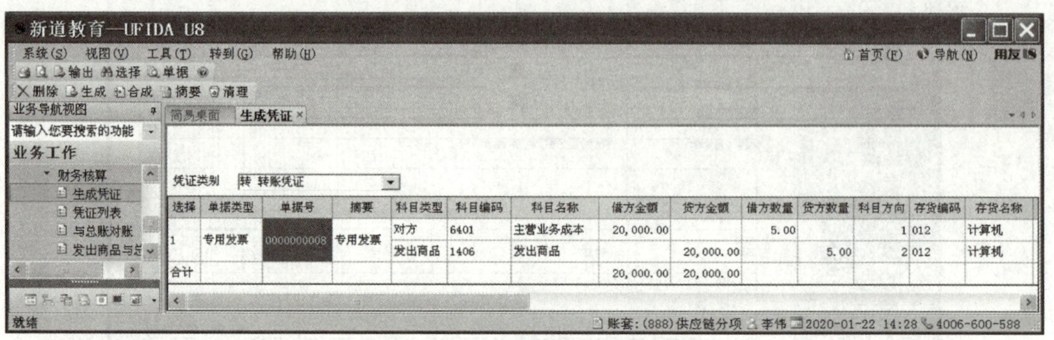

图6-4-14 选择单据生成凭证

（6）单击“生成”按钮，进入“填制凭证”窗口，核查无误后，单击“保存”按钮，凭证左上角出现“已生成”标志，表示凭证已传递至总账，如图6-4-15所示。

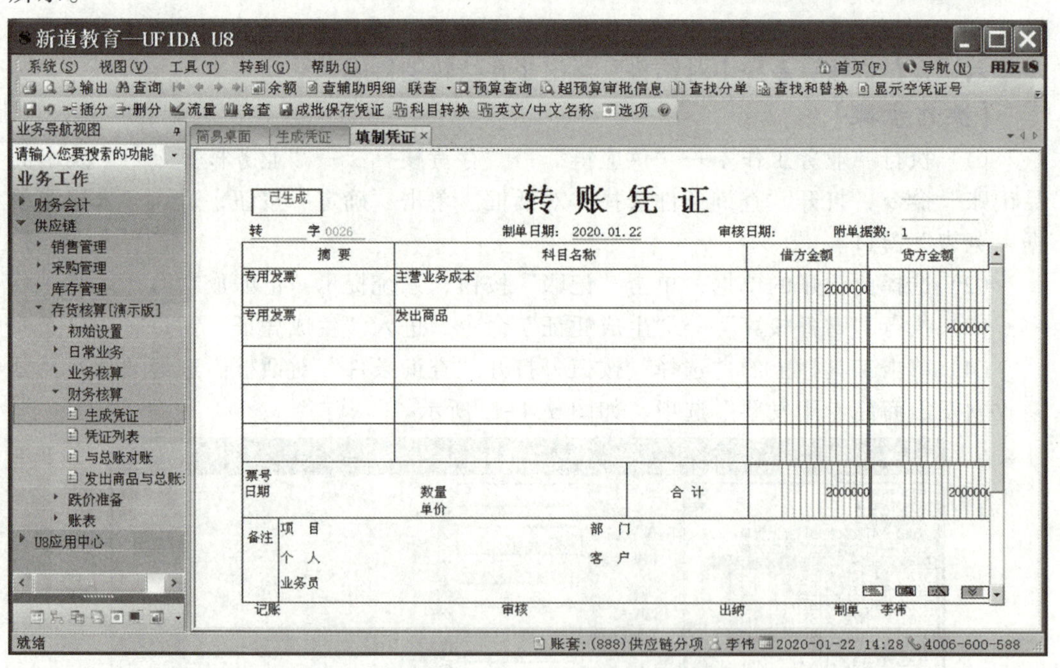

图6-4-15 生成凭证

任务测试6-4

特别提示：

（1）以分期收款销售方式发出商品、开具销售专用发票并确认销售收入后，应该立即在存货核算系统结转销售成本，如果存货发出计价方法为全月加权平均法，则在月末结转销售成本。

（2）分期收款销售业务成本的结转和普通销售业务成本的结转相似，有关单据需要在存货核算系统记账后，才能结转销售成本。

任务5 零售日报业务

任务资料

2020年1月发生的销售业务如下：

1月22日，销售二部累计向零散客户销售金邦内存条50盒，含税单价200元；鼠标20只，含税单价80元；键盘10只，含税单价140元。零售全部为现销，款项全额收讫。

相关知识

一、零售日报业务类型

零售日报业务，即零售业务，是商业企业将商品销售给零售客户的销售业务。如果用户有零售业务，相应的销售票据应按日汇总数据，然后通过零售日报进行处理。这种业务常见于商场、超市及企业的各零售店。

如果企业存在零售业务，需要在销售管理系统中进行零售日报业务的选项设置。

二、零售日报业务处理流程

零售日报业务处理流程和单据处理流程如图6-5-1所示。

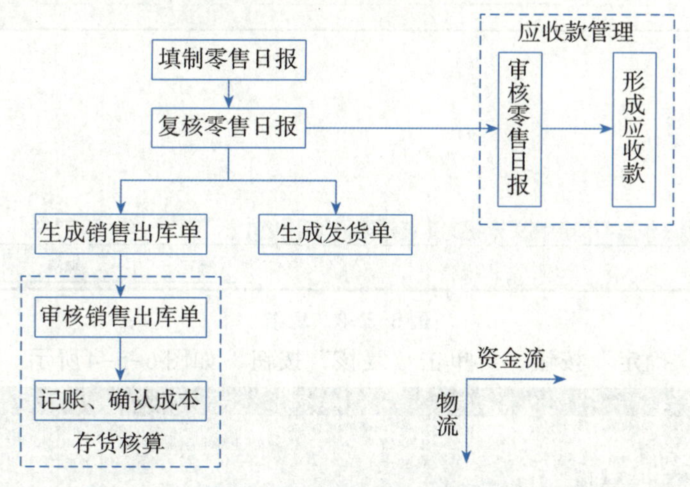

图6-5-1 零售日报业务处理流程和单据处理流程

任务实施

一、1月22日，在销售管理系统中填制并复核零售日报，查看发货单

【操作步骤】

（1）以“003王刚”身份进入企业应用平台，执行“业务工作”→“供应链”→“销售管理”→“零售日报”→“零售日报”命令，进入“零售日报”窗口。

（2）单击“增加”按钮，录入日报日期“2020-01-22”，销售类型为“普通销售”，客户简称为“零散客户”，销售部门选择“销售二部”，依次录入零售的各项存货信息，单击“保存”按钮，如图6-5-2所示。

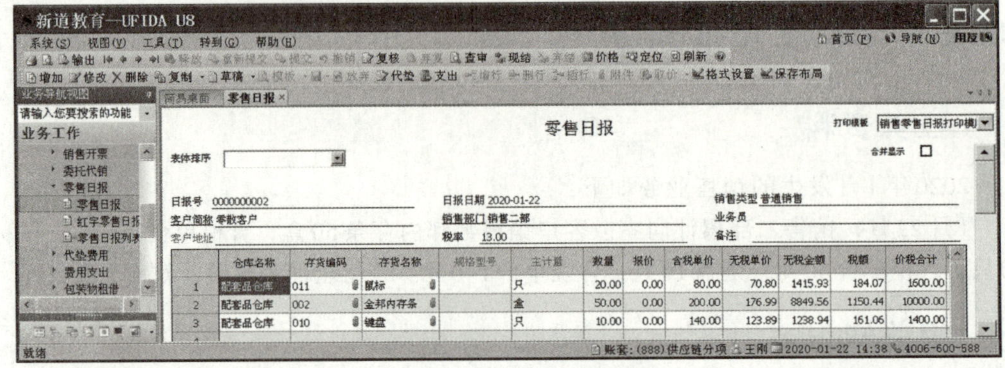

图6-5-2　零售日报

（3）单击“现结”按钮，输入结算方式和原币金额，如图6-5-3所示。

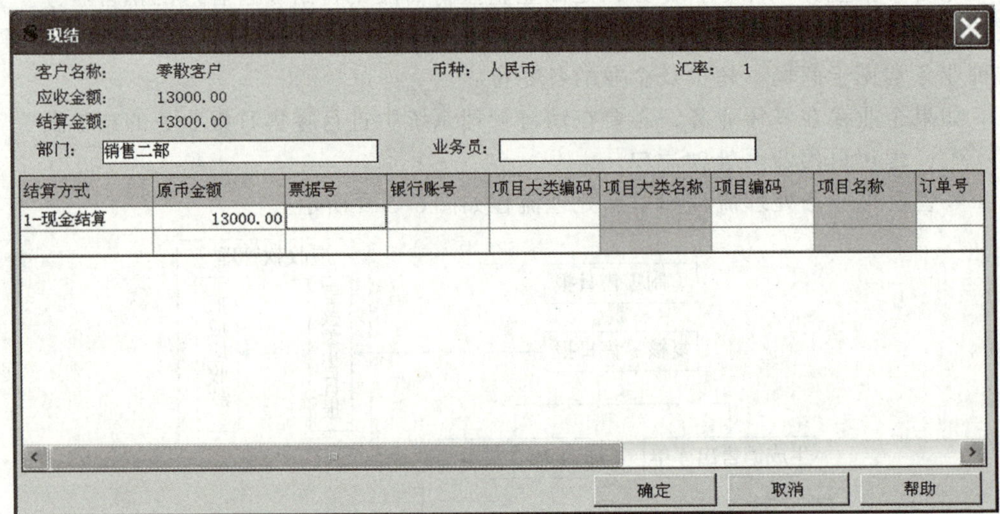

图6-5-3　现结

（4）单击“确定”按钮，再单击“复核”按钮，如图6-5-4所示。

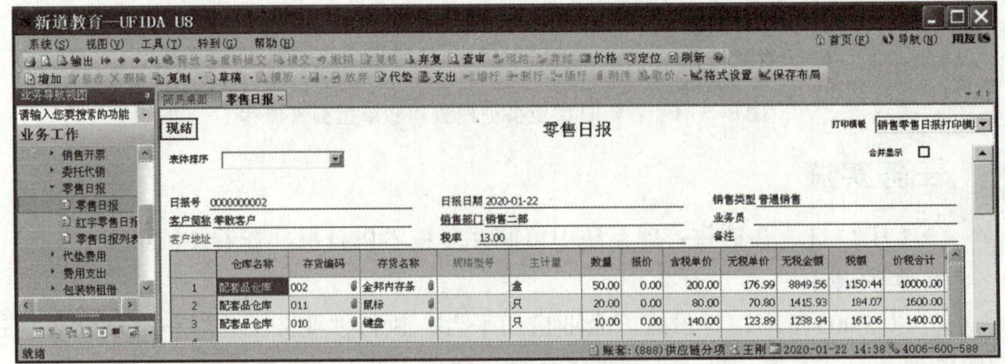

图6-5-4　复核现结零售日报

（5）执行“业务工作”→“供应链”→“销售管理”→“销售发货”→“发货单”命令，进入“发货单”窗口。

（6）单击“上张”按钮，查看系统根据零售日报自动生成的已审核的发货单，如图6-5-5所示。

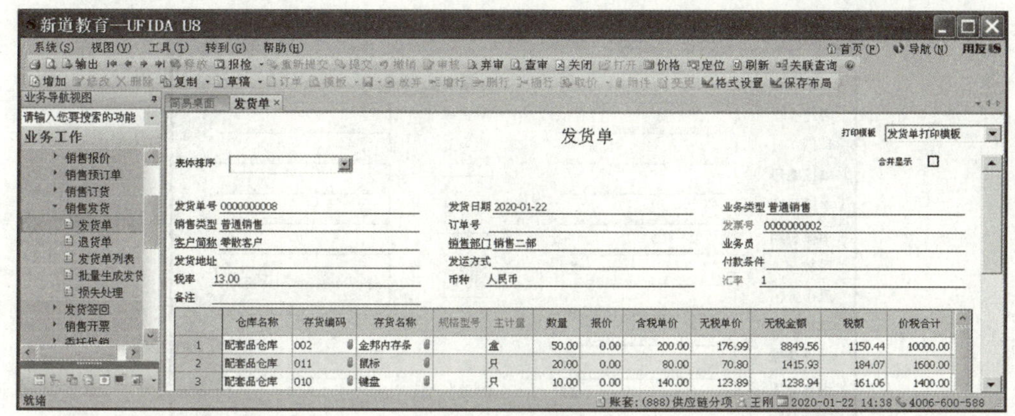

图6-5-5 发货单

特别提示：

（1）零售日报不能参照其他单据生成，只能手工输入。

（2）根据复核后的零售日报生成的发货单不能修改、删除，只能查询。

二、在库存管理系统生成并审核销售出库单

【操作步骤】

（1）执行“出库业务”→“销售出库单”命令，进入“销售出库单”窗口。

（2）单击“末张”按钮，找到系统自动生成的销售出库单，核查无误后，单击“审核”按钮，如图6-5-6所示。

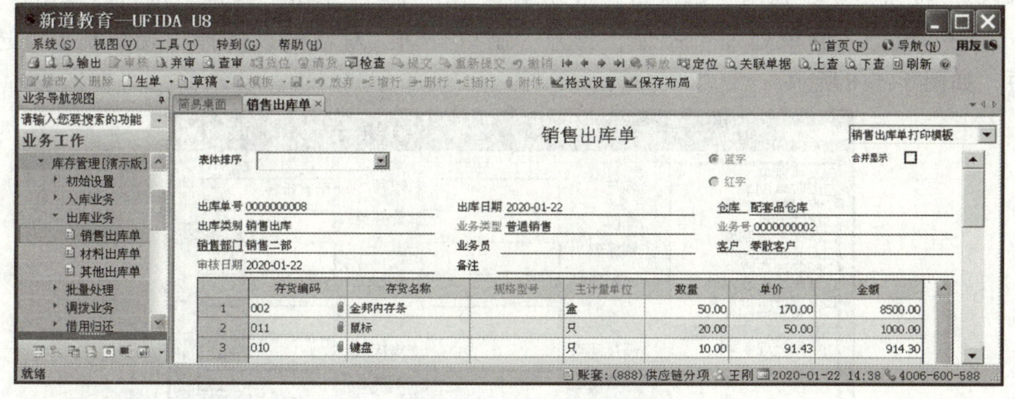

图6-5-6 销售出库单

特别提示：

零售业务除了在销售管理系统填制零售日报、生成发货单外，还需要在库存管理系统生成销售出库单。

三、在应收款管理系统确认收入并收款

【操作步骤】

（1）以“002李伟”重注册，执行“业务工作”→“财务会计”→“应收款管

理”→“应收单据处理”→“应收单据审核”命令，打开“应收单查询条件”对话框，勾选“包含已现结发票”复选框，如图6-5-7所示。

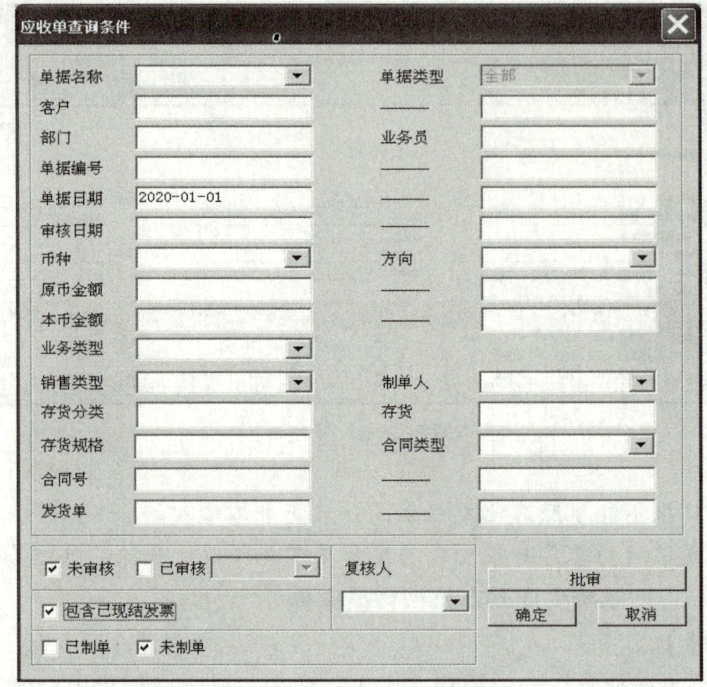

图6-5-7 应收单查询条件

（2）单击“确定”按钮，进入“单据处理”窗口。选择需要审核的单据，单击“审核”按钮，系统弹出“本次审核成功单据［1］张”，单击“确定”按钮后退出。

（3）执行“制单处理”命令，打开“制单查询”对话框，选择“现结制单”选项，如图6-5-8所示。

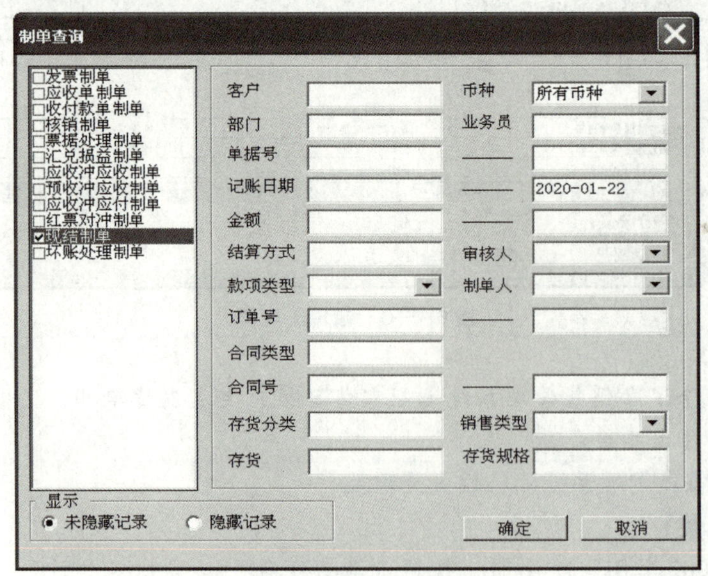

图6-5-8 制单查询

（4）单击“确定”按钮，进入“制单”窗口，选择要制单的记录行，选择凭证类别“收款凭证”，如图6-5-9所示。

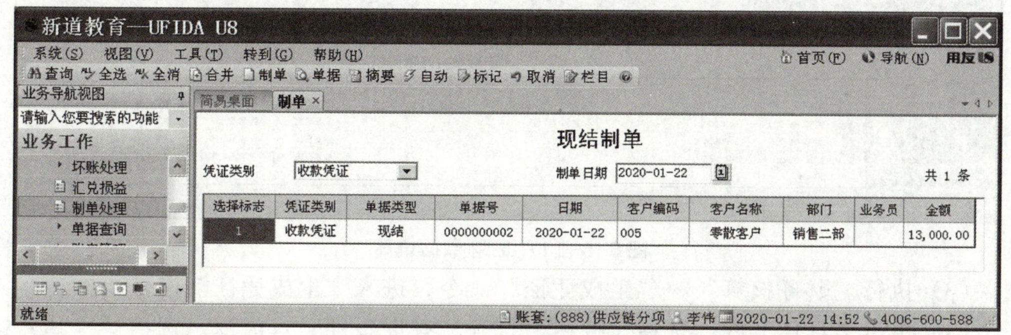

图6-5-9　现结制单

（5）单击“制单”按钮，进入“填制凭证”窗口，核查无误后，单击“保存”按钮，凭证左上角出现“已生成”标志，表示凭证已传递到总账，如图6-5-10所示。

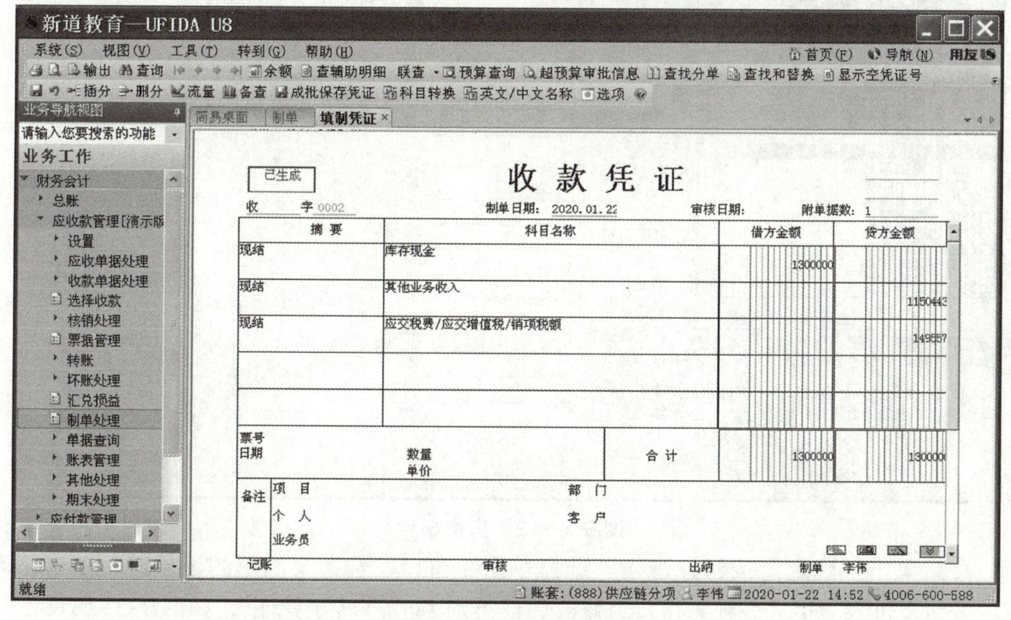

图6-5-10　生成凭证

特别提示：

审核后的零售日报作为销售发票，在应收款管理系统审核后形成应收款并制单。

四、在存货核算系统中进行单据记账并生成出库凭证

【操作步骤】

（1）执行“业务工作”→“供应链”→“存货核算”→“业务核算”→“正常单据记账”命令，打开“查询条件选择”对话框。单击“确定”按钮，进入“未记账单据一览表”窗口。

（2）选择要记账的单据，单击“记账”按钮，系统显示“记账成功”，如图6-5-11

所示。

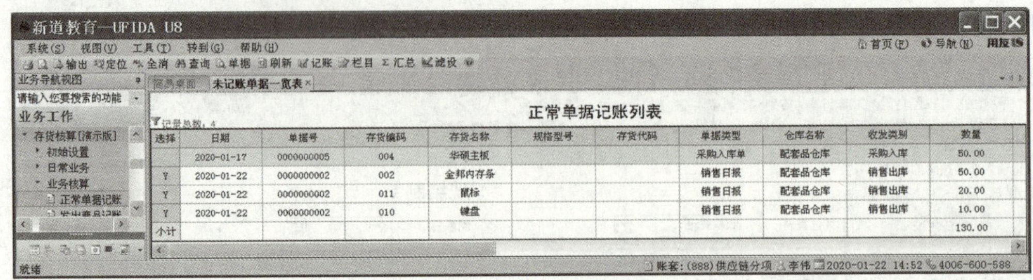

图6-5-11 正常单据记账

（3）执行“财务核算”→“生成凭证”命令，进入“生成凭证”窗口。

（4）单击工具栏上的“选择”按钮，打开“查询条件”对话框。选择“（29）销售日报”选项，如图6-5-12所示。

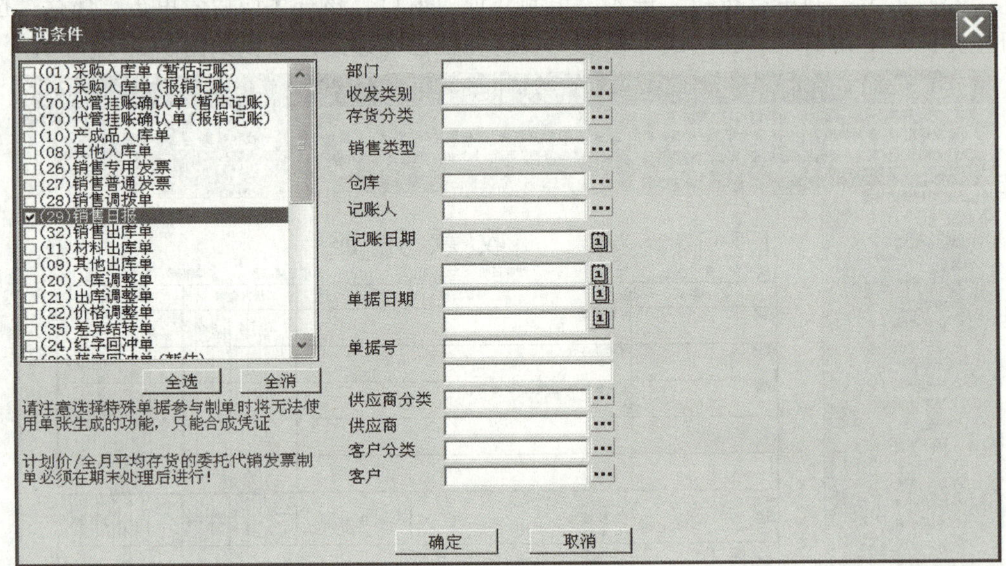

图6-5-12 查询条件

（5）单击“确定”按钮，进入“选择单据”窗口，选择要制单的记录行，单击“确定”按钮，进入“生成凭证”窗口，修改凭证类别为“转 转账凭证”，如图6-5-13所示。

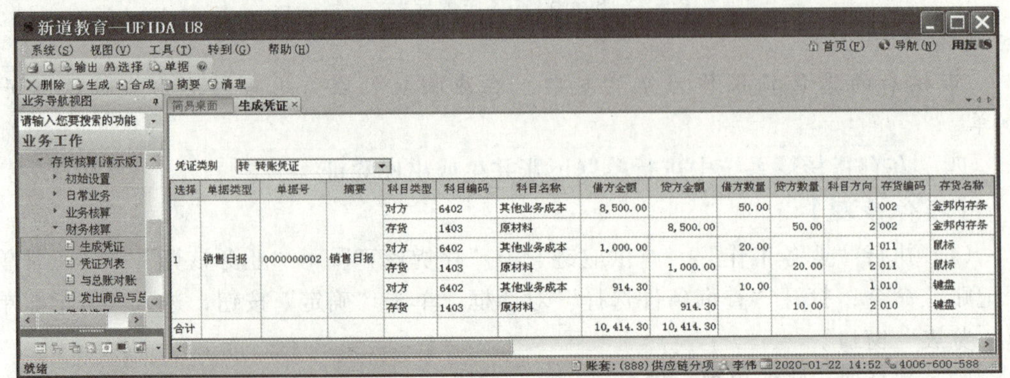

图6-5-13 选择单据生成凭证

(6) 单击"生成"按钮，进入"填制凭证"窗口。核查无误后，单击"保存"按钮，凭证左上角出现"已生成"标志，表示凭证已传递至总账，如图6-5-14所示。

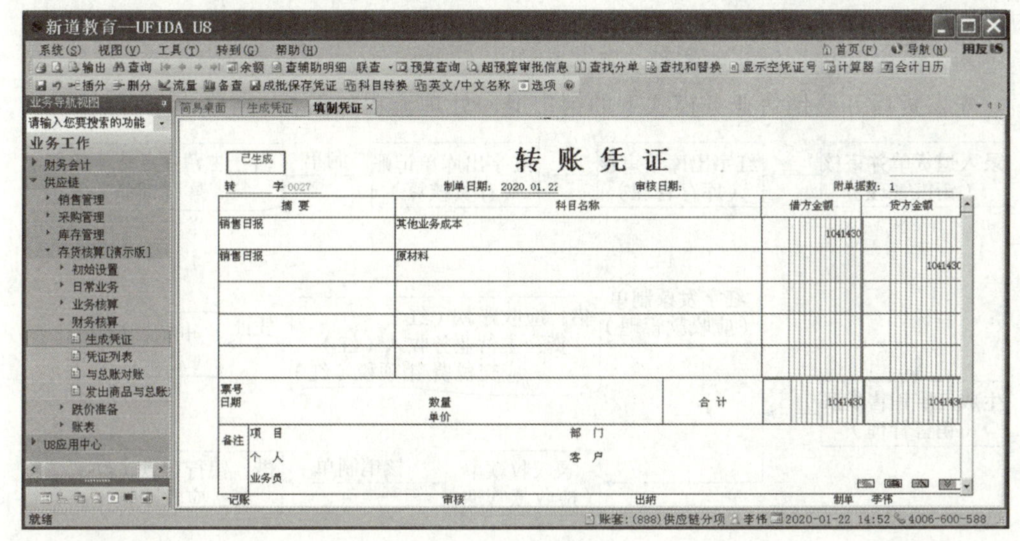

图6-5-14 生成凭证

任务测试6-5

特别提示：

零售业务除了在销售管理系统填制零售日报、生成发货单外，还需要在存货核算系统记账并结转销售成本。

任务6 销售退回业务处理

任务资料

2020年1月发生的销售退回业务如下：

业务一：1月22日，销售二部向黄石讯达商城销售西部数据硬盘20盒，单价850元，从配套品仓库发出。1月23日，黄石讯达商城发现收到的硬盘有质量问题，退回5盒，收回配套品仓库。同日，公司向其开具专用发票一张，数量为15盒。(开票前销售退货业务)

业务二：1月23日，向武汉精益公司销售的计算机因质量问题退回2台，该批计算机系本月20日销售，已经结算，退回货物已入库，向对方开具红字专用发票一张，并用转账支票支付退货款，支票号为ZP0033。(开票后销售退货业务)

业务三：1月23日，委托美联商行销售的三星显示器退回2台，入配套品仓库。由于该货物已经结算，故开具红字专用发票一张。(委托代销结算后退货业务)

相关知识

一、销售退回业务类型

销售退回业务是指客户因质量、品种、数量不符合规定要求而将已购货物退回，包括普通销售退回和委托代销退回。普通销售退回分为开具发票前退回和开具发票后退回，委托代销退回分为委托代销结算前退回和委托代销结算后退回。不同阶段发生的退回业务处理方法不同。

二、销售退回业务处理流程

先发货后开票销售业务模式下的销售退回处理流程如图6-6-1所示。

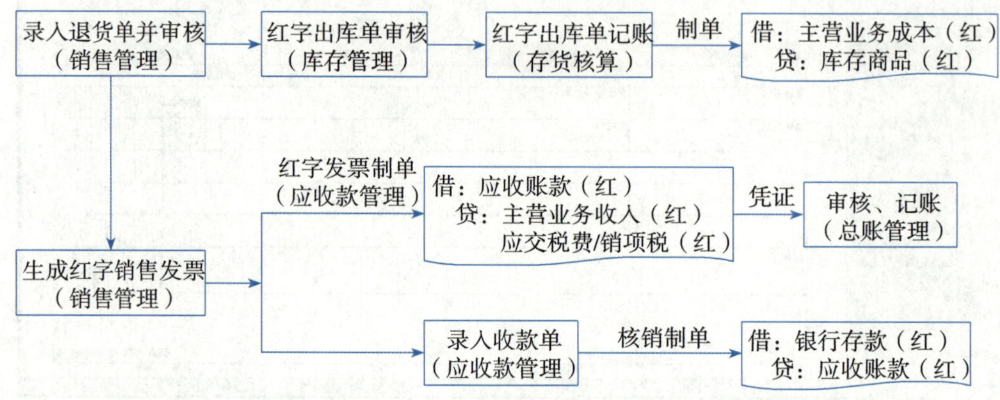

图6-6-1　先发货后开票销售业务模式下的销售退回处理流程

开票直接发货模式下的销售退回处理流程如图6-6-2所示。

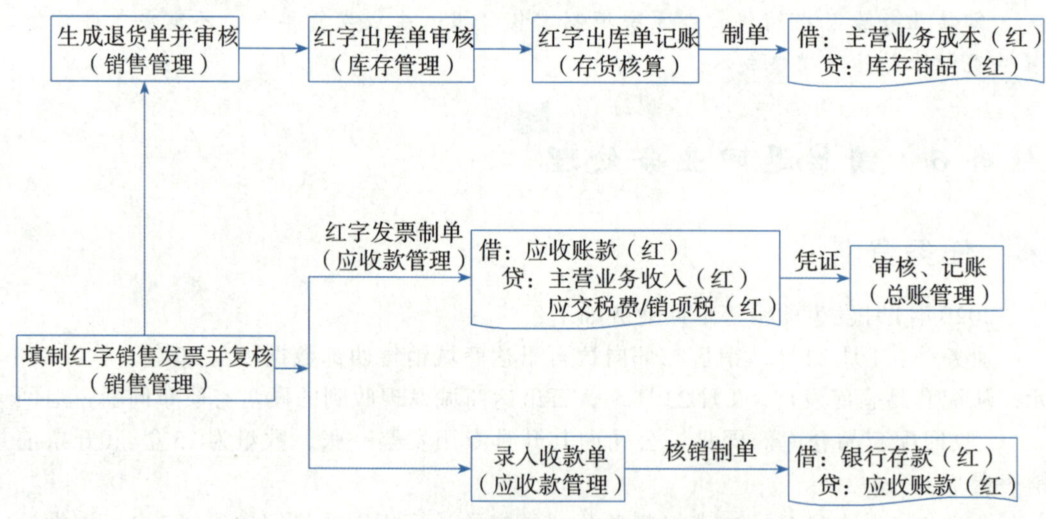

图6-6-2　开票直接发货模式下的销售退回处理流程

微课6-10

如何进行开票前销售退回处理

任务实施

业务一

【操作步骤】

1.1月22日，在销售管理系统填制并审核发货单

（1）以“003王刚”身份进入企业应用平台，执行“业务工作”→“供应链”→

"销售管理"→"销售发货"→"发货单"命令，进入"发货单"窗口。

（2）单击"增加"按钮，关闭"查询条件选择-参照订单"窗口，在发货单界面输入发货日期"2020-01-22"，业务类型选择"普通销售"，销售类型为"普通销售"，客户简称为"讯达商城"，销售部门选择"销售二部"，选择"配套品仓库"，存货编码"003"，数量"20"，报价"850"。单击"保存"按钮，再单击"审核"按钮，如图6-6-3所示。

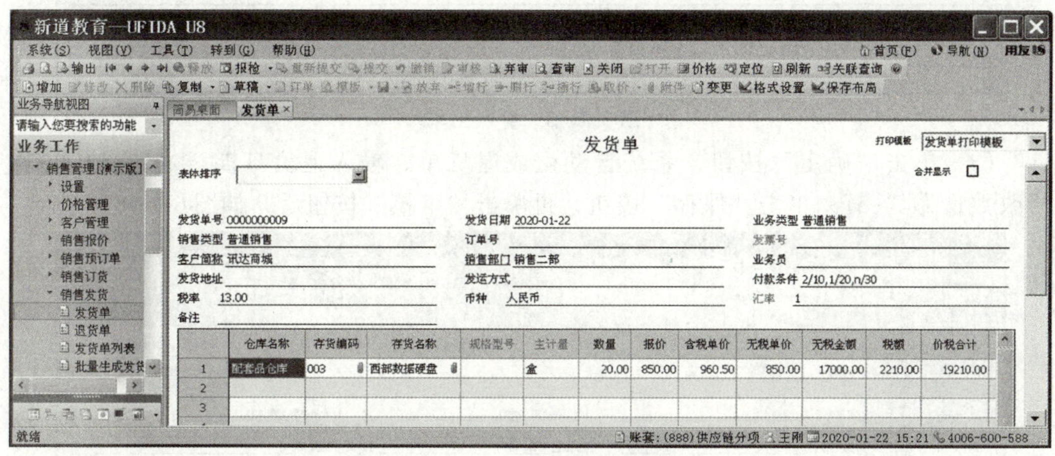

图6-6-3 销售发货单

2.在库存管理系统中生成并审核出库单

（1）执行"出库业务"→"销售出库单"命令，进入"销售出库单"窗口。

（2）单击"末张"按钮，找到系统自动生成的销售出库单，核查无误后，单击"审核"按钮，如图6-6-4所示。

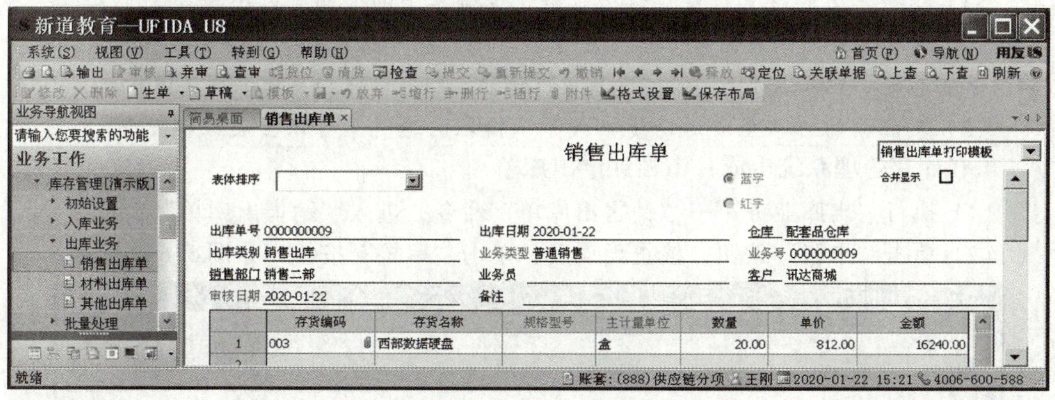

图6-6-4 销售出库单

3.1月23日，在销售管理系统中填制并审核退货单

（1）以"003王刚"重注册，选择操作日期为"2020-01-23"，执行"业务工作"→"供应链"→"销售管理"→"销售发货"→"退货单"命令，进入"退货单"窗口。

（2）单击"增加"按钮，关闭"查询条件选择-参照订单"窗口，单击"生单"按钮，选择"参照发货单"，在"查询条件选择-退货单参照发货单"窗口，单击"确定"按钮。在"参照生单"窗口选择要参照的发货单，如图6-6-5所示。

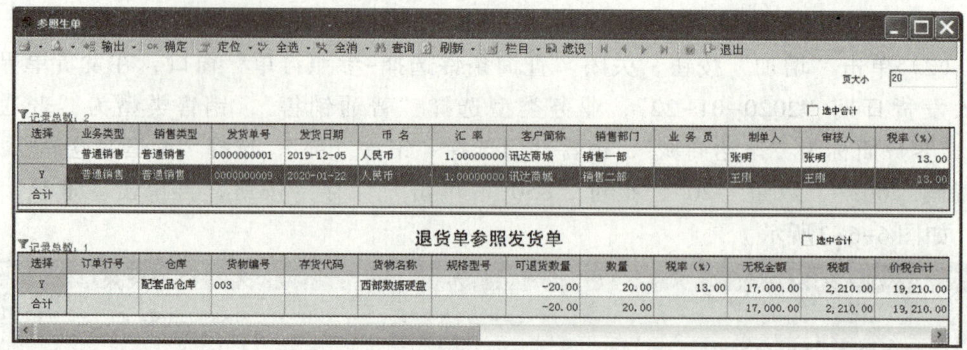

图 6-6-5　参照生单

（3）单击“确定”按钮，系统自动生成退货单，输入退货日期“2020-01-23”，修改数量为“-5”。单击“保存”按钮，再单击“审核”按钮后，如图 6-6-6 所示。

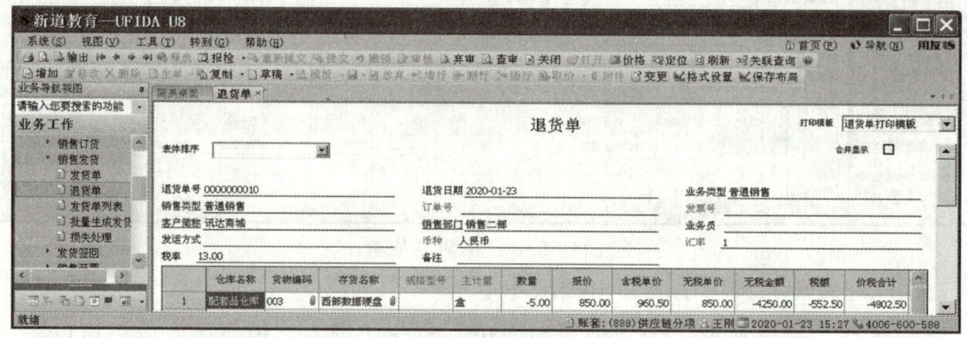

图 6-6-6　退货单

特别提示：

（1）退货单上的存货数量应该为负数，退货单上的金额可以小于或等于零。

（2）退货单可以参照销售订单、发货单生成，也可以直接手工输入。参照生成时，单击退货单窗口上的“订单”或“发货单”按钮，即可参照相关单据生成退货单。

（3）参照销售订单生成的退货单或手工输入的退货单可以生成红字发票。

4. 在库存管理系统生成并审核红字出库单

（1）执行“出库业务”→“销售出库单”命令，进入“销售出库单”窗口。

（2）单击“末张”按钮，核查无误后，单击“审核”按钮，如图 6-6-7 所示。

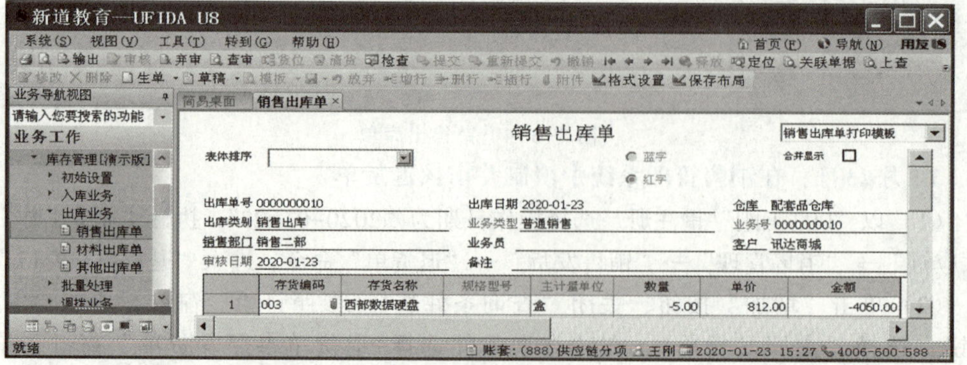

图 6-6-7　销售出库单

特别提示：

（1）如果销售选项中设置了“销售生成出库单”，则发货单审核时自动生成销售出库单；退货单审核时自动生成红字销售出库单。

（2）已出库未开票的退货业务除了在销售管理系统处理退货单业务外，还需要在库存管理系统生成并审核红字销售出库单。

（3）由于此类退货业务没有开票，因此退货时不需要在销售管理系统生成、复核红字专用发票。

5.在销售管理系统中填制并复核销售发票

（1）执行“业务工作”→“供应链”→“销售管理”→“销售开票”→“销售专用发票”命令，进入“销售专用发票”窗口。

（2）单击“增加”按钮，关闭“查询条件选择-参照订单”窗口，单击“生单”按钮，选择“参照发货单”，在“查询条件选择-退货单参照发货单”窗口，单击“确定”按钮。在“参照生单”窗口，选择要参照的发货单，如图6-6-8所示。

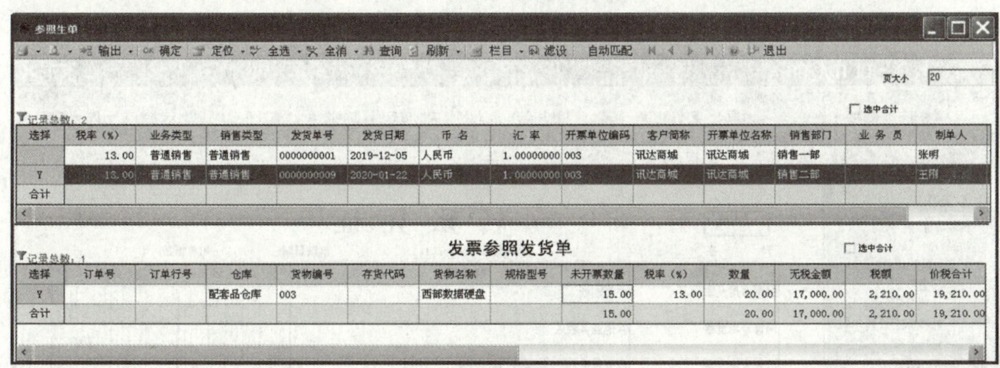

图6-6-8 参照生单

（3）单击“确定”按钮，系统自动生成销售发票，日期为“2020-01-23”，单击“保存”按钮，再单击“复核”按钮，如图6-6-9所示。

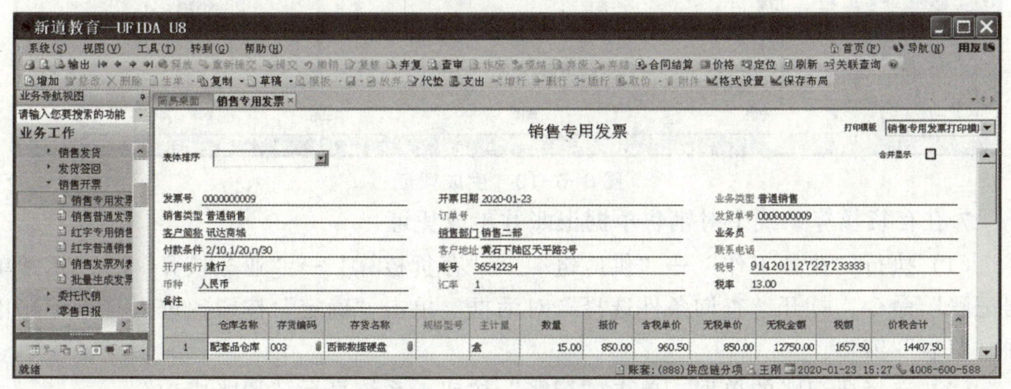

图6-6-9 生成销售专用发票

特别提示：

（1）参照发货单生成销售发票时，需要选中“蓝字记录”和“红字记录”，即“全部”类型。

（2）如果生成退货单时已参照发货单，则“选择发货单”窗口中不再出现退货单，而参照的结果是发货单和退货单的数量差。

6.在应收款管理系统中审核销售发票并制单

（1）以“002李伟”重注册，执行“业务工作”→“财务会计”→“应收款管理”→“应收单据处理”→“应收单据审核”命令，打开“应收单查询条件”对话框。

（2）单击“确定”按钮，进入“单据处理”窗口。选择需要审核的单据，单击“审核”按钮，系统弹出“本次审核成功单据［1］张”，单击“确定”按钮后退出。

（3）执行“制单处理”命令，打开“制单查询”对话框，选择“发票制单”选项，选择客户“讯达商城”，单击“确定”按钮，进入“制单”窗口。

（4）选择要制单的记录行，修改凭证类别为“转账凭证”，单击“制单”按钮，进入“填制凭证”窗口。核查无误后，单击“保存”按钮，凭证左上角出现“已生成”标志，表示凭证已传递到总账，如图6-6-10所示。

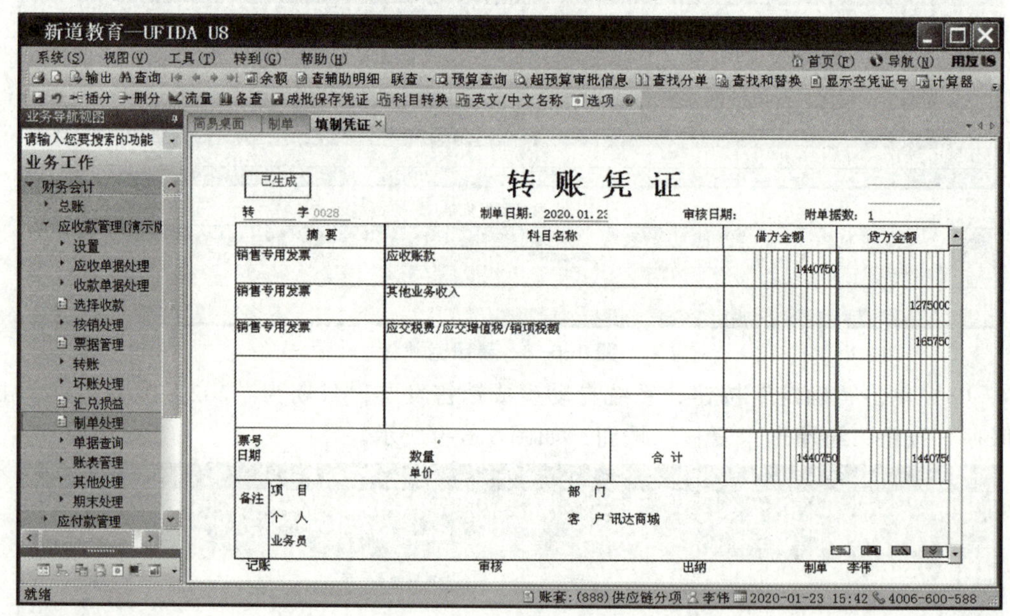

图6-6-10　生成凭证

7.在存货核算系统中对销售单据记账并生成凭证

（1）执行“业务工作”→“供应链”→“存货核算”→“业务核算”→“正常单据记账”命令，打开“查询条件选择”对话框。单击“确定”按钮，进入“未记账单据一览表”窗口。

（2）选择要记账的单据，单击“记账”按钮，系统显示“记账成功”。

（3）执行“财务核算”→“生成凭证”命令，进入“生成凭证”窗口。

（4）单击工具栏上的“选择”按钮，打开“查询条件”对话框。选择“销售专用发票”选项，单击“确定”按钮，进入“选择单据”窗口。

（5）选择要制单的记录行，单击“确定”按钮，进入“生成凭证”窗口，修改凭证类别为“转 转账凭证”，如图6-6-11所示。

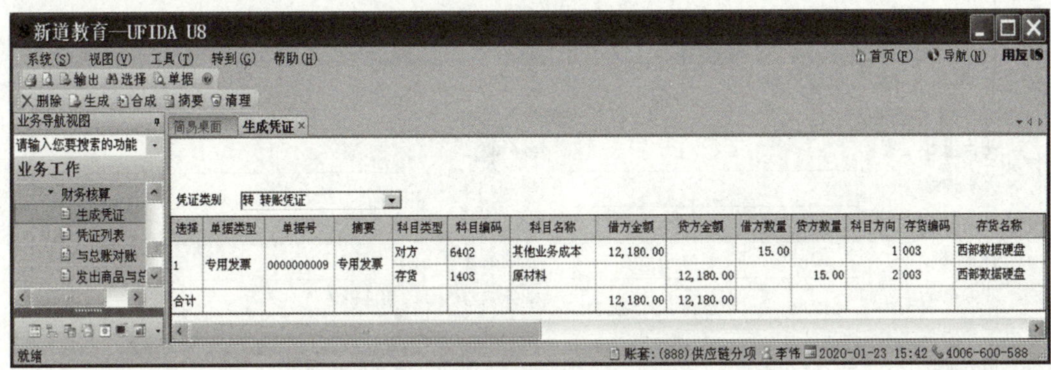

图6-6-11 选择单据生成凭证

（6）单击“生成”按钮，进入“填制凭证”窗口。核查无误后，单击“保存”按钮，凭证左上角出现“已生成”标志，表示凭证已传递至总账，如图6-6-12所示。

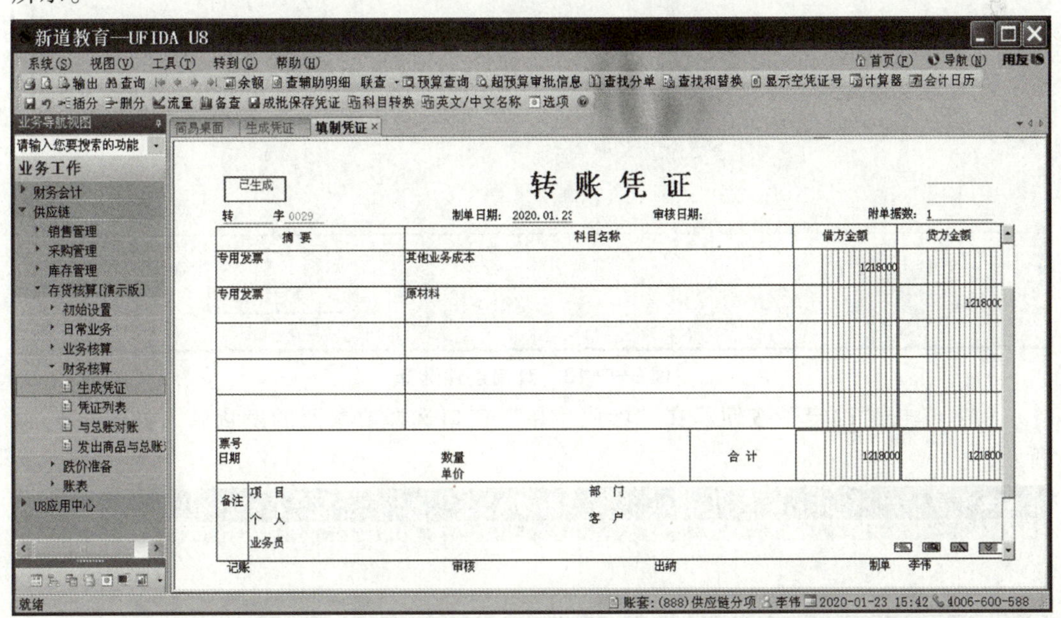

图6-6-12 生成凭证

业务二

【操作步骤】

微课6-11
如何进行开票后销售退回处理

1.1月23日，在销售管理系统中填制并审核退货单

（1）以“003王刚”重注册，执行“业务工作”→“供应链”→“销售管理”→“销售发货”→“退货单”命令，进入“退货单”窗口。

（2）单击“增加”按钮，关闭“查询条件选择-参照订单”窗口，单击“生单”

按钮，选择“参照发货单”，在“查询条件选择-退货单参照发货单”窗口，选择退货类型为“已开发票退货”，如图6-6-13所示。

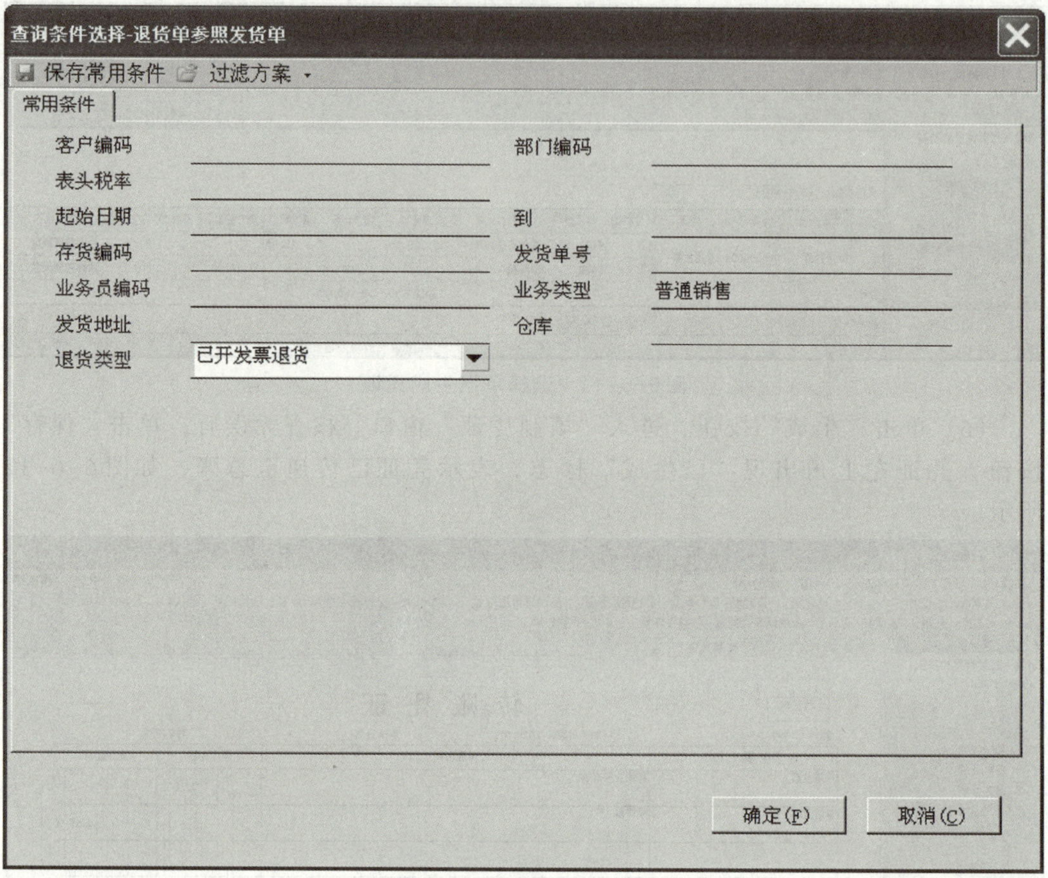

查询条件选择-退货单参照发货单

保存常用条件 过滤方案

常用条件

客户编码		部门编码	
表头税率			
起始日期		到	
存货编码		发货单号	
业务员编码		业务类型	普通销售
发货地址		仓库	
退货类型	已开发票退货		

确定(F) 取消(C)

图6-6-13 查询条件选择

（3）单击“确定”按钮。在“参照生单”窗口选择要参照的发货单，如图6-6-14所示。

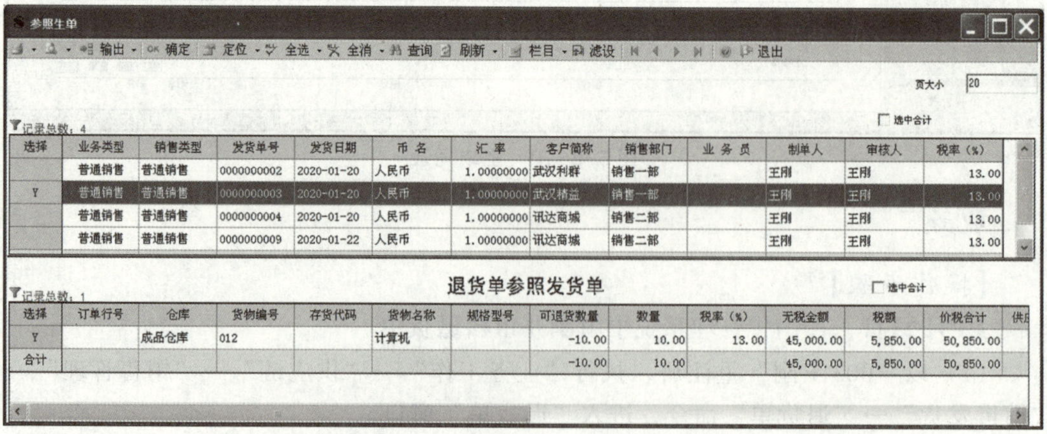

参照生单

输出 确定 定位 全选 全消 查询 刷新 栏目 滤设 退出

页大小 20

选中合计

记录总数：4

选择	业务类型	销售类型	发货单号	发货日期	币名	汇率	客户简称	销售部门	业务员	制单人	审核人	税率（%）
	普通销售	普通销售	0000000002	2020-01-20	人民币	1.00000000	武汉利群	销售一部		王刚	王刚	13.00
Y	普通销售	普通销售	0000000003	2020-01-20	人民币	1.00000000	武汉精益	销售一部		王刚	王刚	13.00
	普通销售	普通销售	0000000004	2020-01-20	人民币	1.00000000	讯达商城	销售二部		王刚	王刚	13.00
	普通销售	普通销售	0000000009	2020-01-22	人民币	1.00000000	讯达商城	销售二部		王刚	王刚	13.00

退货单参照发货单

选中合计

记录总数：1

选择	订单行号	仓库	货物编号	存货代码	货物名称	规格型号	可退货数量	数量	税率（%）	无税金额	税额	价税合计	供[illegible]
Y		成品仓库	012		计算机		-10.00	10.00	13.00	45,000.00	5,850.00	50,850.00	
合计							-10.00	10.00		45,000.00	5,850.00	50,850.00	

图6-6-14 参照发货单生成退货单

（4）单击“确定”按钮，系统自动生成退货单，输入退货日期“2020-01-23”，修改数量为“-2”。单击“保存”按钮，再单击“审核”按钮，如图6-6-15所示。

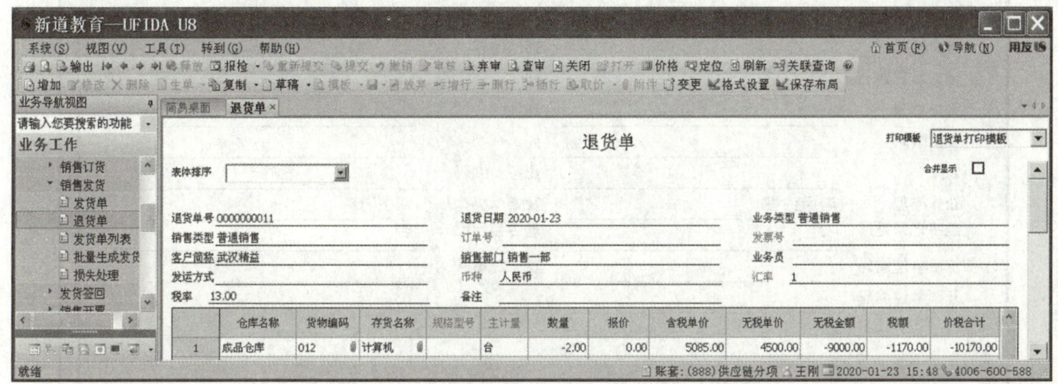

图6-6-15　退货单

2.在库存管理系统生成并审核红字出库单

（1）执行“出库业务”→“销售出库单”命令，进入“销售出库单”窗口。

（2）单击“末张”按钮，核查无误后，单击“审核”按钮，如图6-6-16所示。

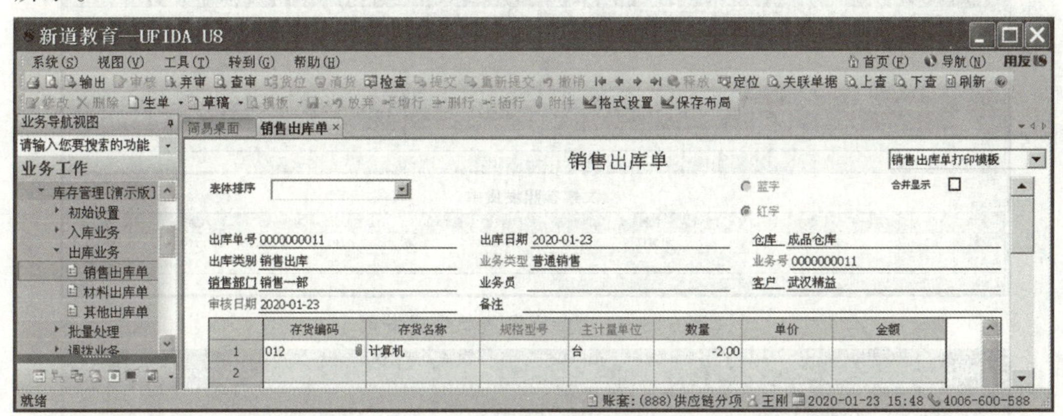

图6-6-16　销售出库单

3.在销售管理系统中填制并现结复核销售发票

（1）执行“业务工作”→“供应链”→“销售管理”→“销售开票”→“红字专用销售发票”命令，进入“销售专用发票”窗口。

（2）单击“增加”按钮，关闭“查询条件选择-参照订单”窗口，单击“生单”按钮，选择“参照发货单”，在“查询条件选择-发票参照发货单”窗口，选择发货单类型“红字记录”，如图6-6-17所示。

（3）单击“确定”按钮，在“参照生单”窗口，选择要参照的发货单，如图6-6-18所示。

（4）单击“确定”按钮，系统自动生成红字销售发票，日期为“2020-01-23”，单击“保存”按钮，再单击“现结”按钮，在“现结”对话框输入结算方式、原币金额和票据号，如图6-6-19所示。

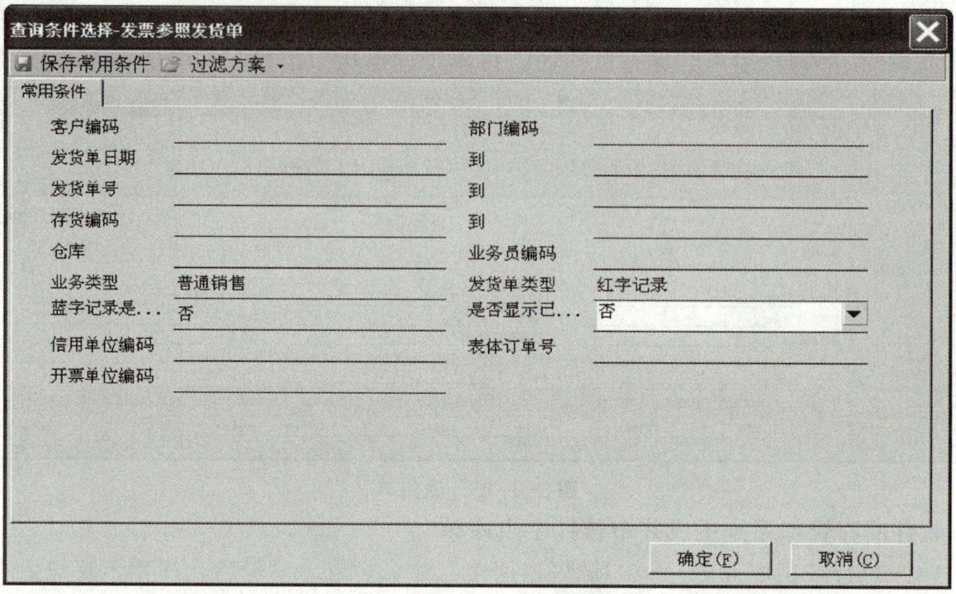

查询条件选择-发票参照发货单

保存常用条件　过滤方案

常用条件

客户编码		部门编码	
发货单日期		到	
发货单号		到	
存货编码		到	
仓库		业务员编码	
业务类型	普通销售	发货单类型	红字记录
蓝字记录是...	否	是否显示已...	否
信用单位编码		表体订单号	
开票单位编码			

确定(F)　取消(C)

图 6-6-17　发票参照发货单

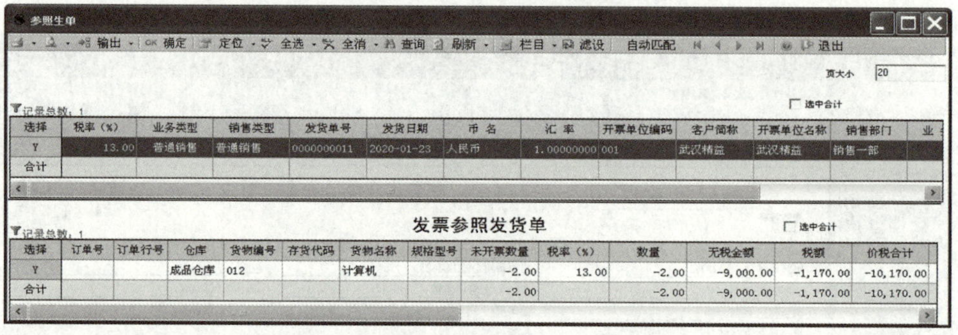
参照生单

输出　确定　定位　全选　全消　查询　刷新　栏目　滤设　自动匹配　退出

页大小 20

记录总数：1　选中合计

选择	税率（%）	业务类型	销售类型	发货单号	发货日期	币名	汇率	开票单位编码	客户简称	开票单位名称	销售部门	业
Y	13.00	普通销售	普通销售	0000000011	2020-01-23	人民币	1.00000000	001	武汉精益	武汉精益	销售一部	
合计												

发票参照发货单

记录总数：1　选中合计

选择	订单号	订单行号	仓库	货物编号	存货代码	货物名称	规格型号	未开票数量	税率（%）	数量	无税金额	税额	价税合计
Y			成品仓库	012		计算机		-2.00	13.00	-2.00	-9,000.00	-1,170.00	-10,170.00
合计								-2.00		-2.00	-9,000.00	-1,170.00	-10,170.00

图 6-6-18　参照发货单生成发票

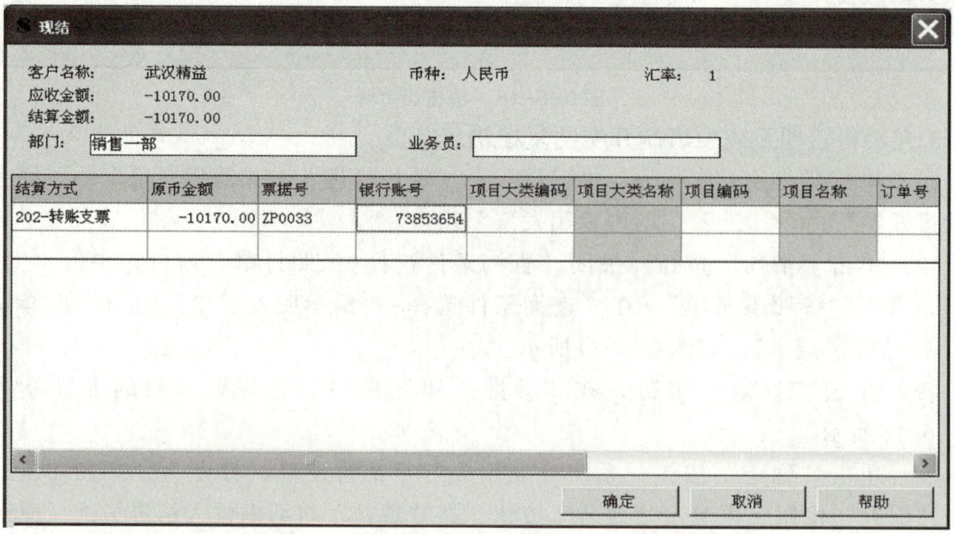

现结

客户名称：　武汉精益　　币种：　人民币　　汇率：　1

应收金额：　-10170.00

结算金额：　-10170.00

部门：　销售一部　　业务员：

结算方式	原币金额	票据号	银行账号	项目大类编码	项目大类名称	项目编码	项目名称	订单号
202-转账支票	-10170.00	ZP0033	73853654					

确定　取消　帮助

图 6-6-19　现结

(5) 单击“确定”按钮，再单击“复核”按钮，如图6-6-20所示。

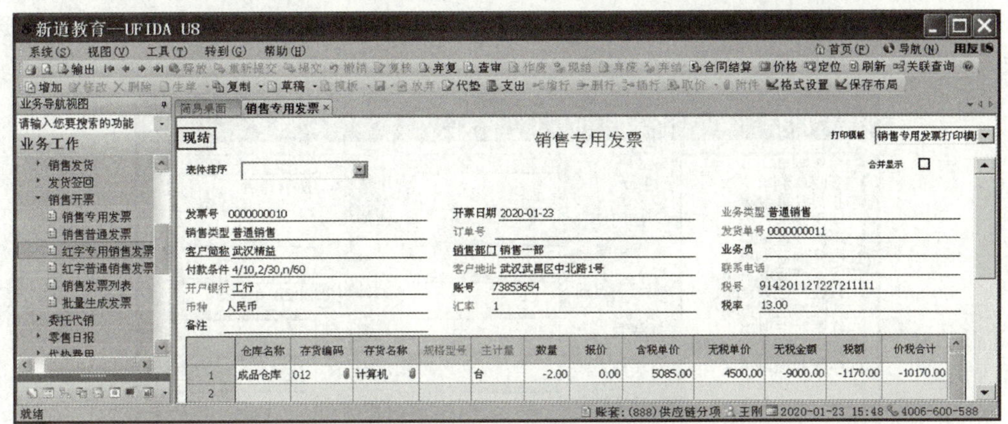

图6-6-20 红字销售专用发票

4.在应收款管理系统中审核红字销售专用发票并制单

(1) 以“002李伟”重注册，执行“业务工作”→“财务会计”→“应收款管理”→“应收单据处理”→“应收单据审核”命令，打开“应收单查询条件”对话框，勾选左下角“包含已现结发票”，如图6-6-21所示。

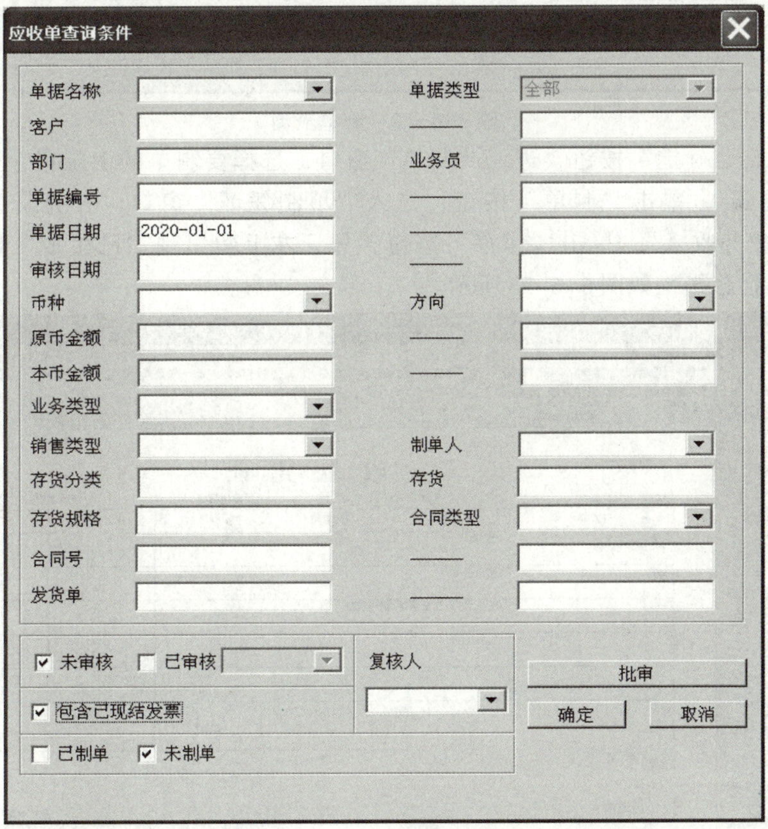

应收单查询条件

单据名称 单据类型 全部
客户
部门 业务员
单据编号
单据日期 2020-01-01
审核日期
币种 方向
原币金额
本币金额
业务类型
销售类型 制单人
存货分类 存货
存货规格 合同类型
合同号
发货单
☑ 未审核 ☐ 已审核 复核人 批审
☑ 包含已现结发票 确定 取消
☐ 已制单 ☑ 未制单

图6-6-21 应收单查询条件

(2) 单击“确定”按钮，进入“单据处理”窗口，选择需要审核的单据，单击

“审核”按钮，系统弹出“本次审核成功单据［1］张”，单击“确定”按钮后退出。

（3）执行“制单处理”命令，打开“制单查询”对话框，选择“现结制单”选项，如图6-6-22所示。

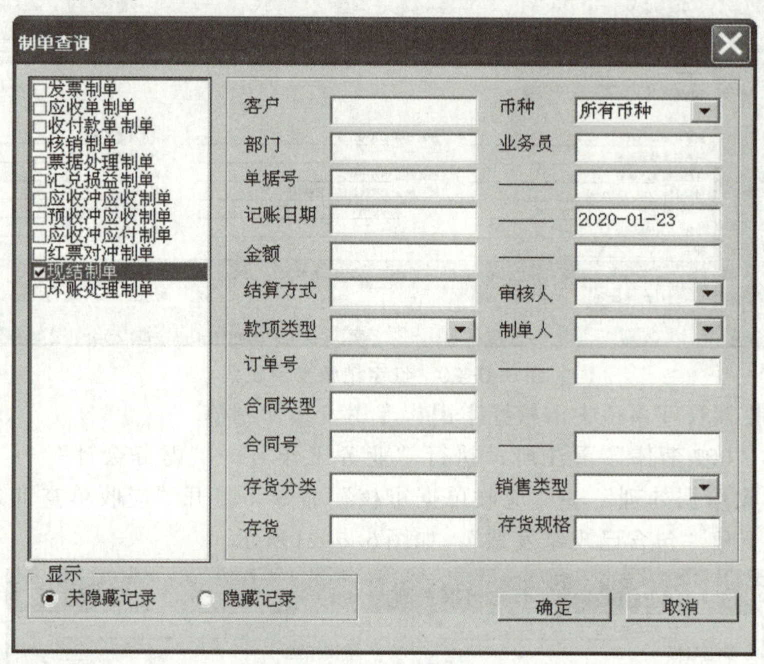

图6-6-22　制单查询

（4）单击“确定”按钮，进入“制单”窗口，选择要制单的记录行，选择凭证类别“收款凭证”，单击“制单”按钮，进入“填制凭证”窗口。补充贷方收入科目“6001主营业务收入”，单击“保存”按钮，凭证左上角出现“已生成”标志，表示凭证已传递到总账，如图6-6-23所示。

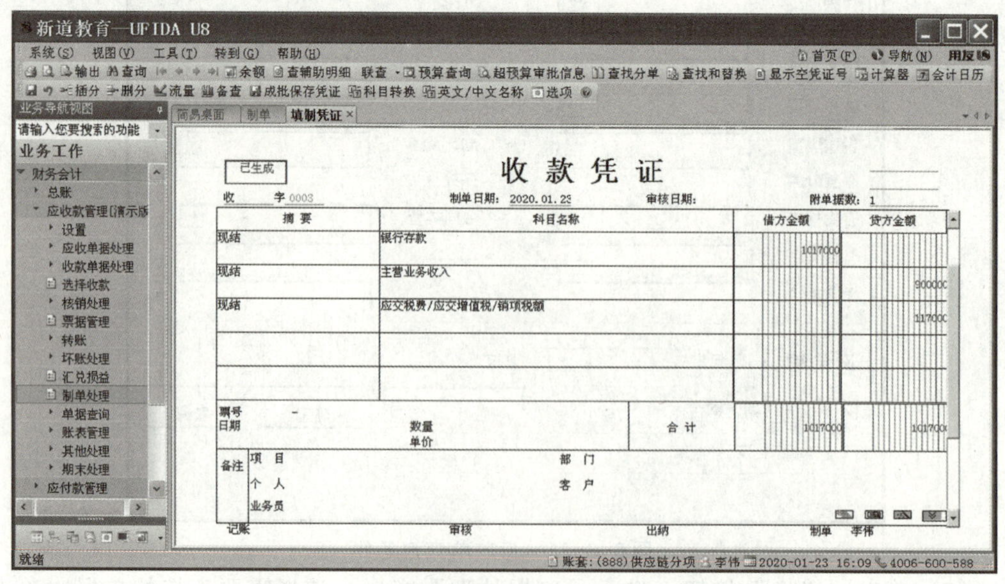

图6-6-23　生成凭证

5.在存货核算系统中对销售发票记账并冲销结转销售成本

（1）执行“业务工作”→“供应链”→“存货核算”→“业务核算”→“正常单据记账”命令，打开“查询条件选择”对话框，单击“确定”按钮，进入“未记账单据一览表”窗口。

（2）选择要记账的单据，单击“记账”按钮，系统显示“记账成功”。

（3）执行“财务核算”→“生成凭证”命令，进入“生成凭证”窗口。

（4）单击工具栏上的“选择”按钮，打开“查询条件”对话框。选择“（26）销售专用发票”选项，如图6-6-24所示。

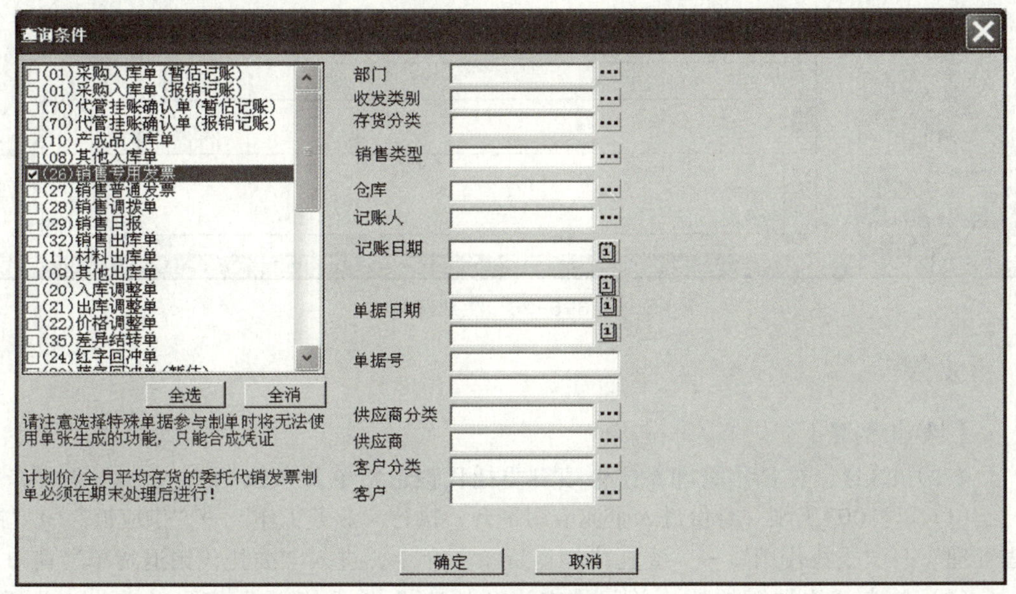

图6-6-24　查询条件

（5）单击“确定”按钮，进入“选择单据”窗口，选择要制单的记录行，单击“确定”按钮，进入“生成凭证”窗口。修改凭证类别为“转 转账凭证”，如图6-6-25所示。

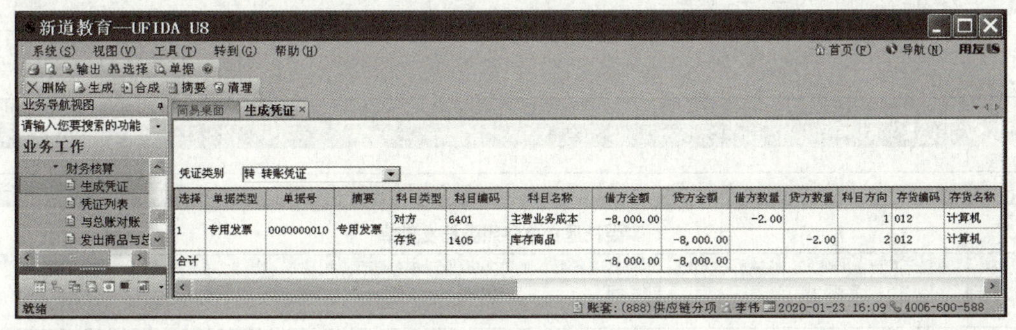

图6-6-25　选择单据生成凭证

（6）单击“生成”按钮，进入“填制凭证”窗口，核查无误后，单击“保存”按钮，凭证左上角出现“已生成”标志，表示凭证已传递至总账，如图6-6-26所示。

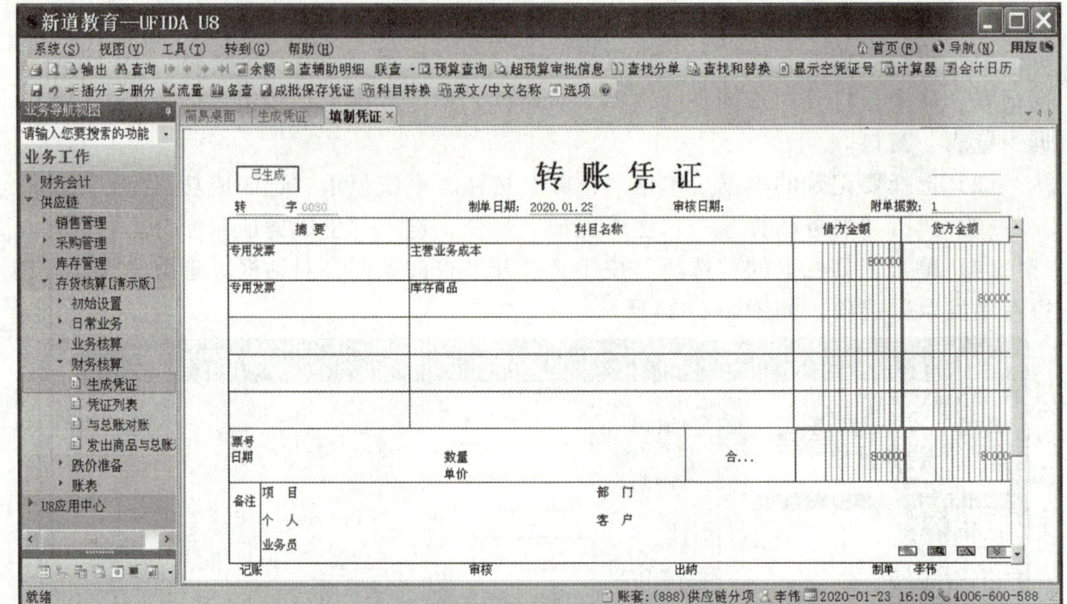

图6-6-26 生成凭证

微课6-12

如何进行委托代销结算后退回处理

业务三

【操作步骤】

1.1月23日，在销售管理系统中填制委托代销退货单并审核

（1）以“003王刚”身份进入企业应用平台，执行“业务工作”→“供应链”→“销售管理”→“委托代销”→“委托代销退货单”命令，进入“委托代销退货单”窗口。

（2）单击“增加”按钮，关闭“查询条件选择-参照订单”窗口，单击“生单”按钮，选择“参照发货单”，在“查询条件选择-委托退货单参照委托发货单”窗口单击“确定”按钮。选择需要参照的发货单，如图6-6-27所示。

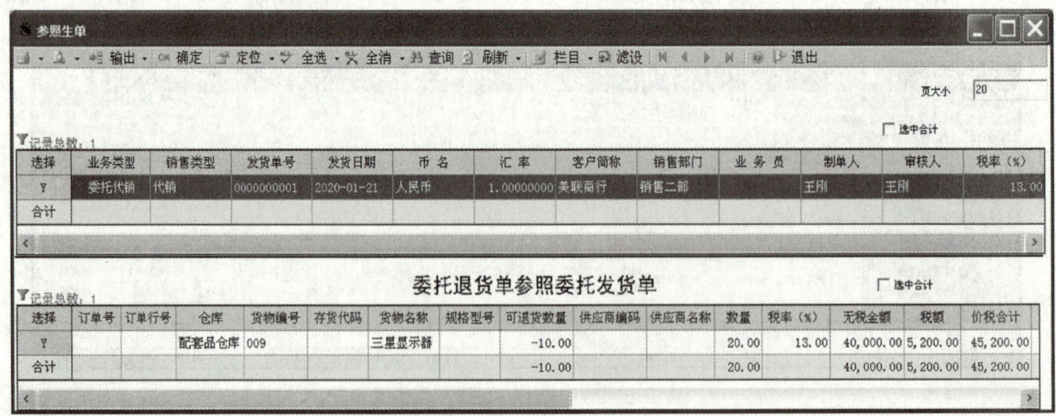

图6-6-27 参照生单

（3）单击“确定”按钮，系统生成委托代销退货单，修改数量为“-2”，单击“保存”按钮，如图6-6-28所示。再单击“审核”按钮后退出。

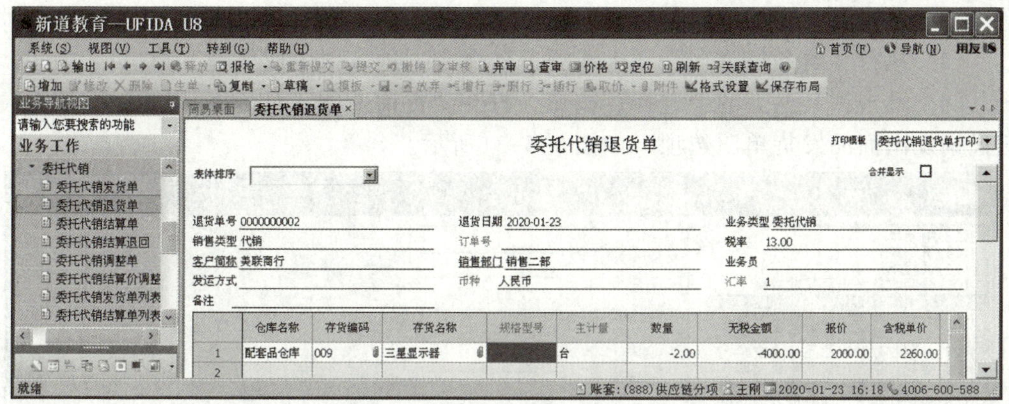

图 6-6-28 委托代销退货单

2.在库存管理系统生成并审核销售出库单

（1）执行“出库业务”→“销售出库单”命令，进入“销售出库单”窗口。

（2）单击“末张”按钮，找到系统自动生成的销售出库单，审核无误后，单击“审核”按钮，如图6-6-29所示。

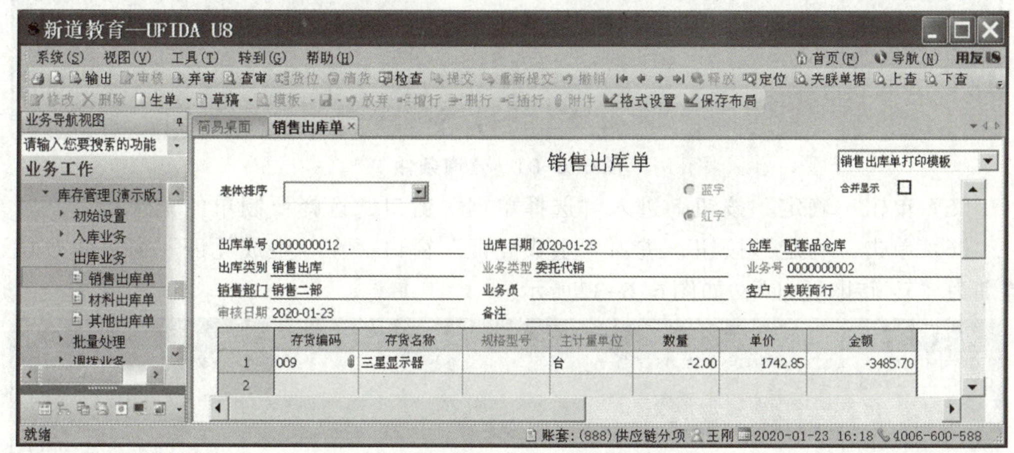

图 6-6-29 红字销售出库单

3.在存货核算系统中对退货单记账并生成红字出库凭证

（1）以“002李伟”重注册，执行“业务工作”→“供应链”→“存货核算”→“业务核算”→“发出商品记账”命令，打开“查询条件选择”对话框。单击“确定”按钮，进入“未记账单据一览表”窗口，如图6-6-30所示。

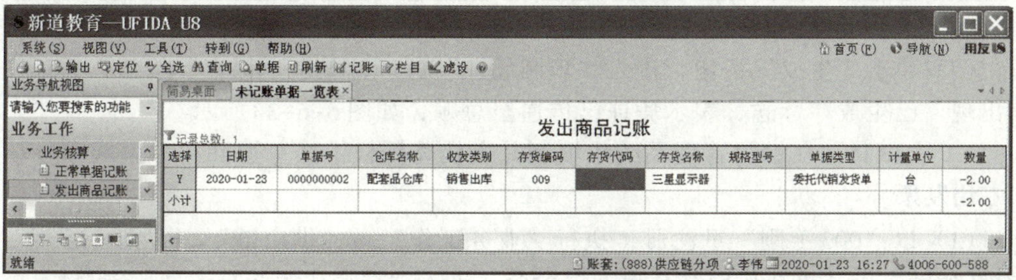

发出商品记账

记录总数：1

选择	日期	单据号	仓库名称	收发类别	存货编码	存货代码	存货名称	规格型号	单据类型	计量单位	数量
Y	2020-01-23	0000000002	配套品仓库	销售出库	009		三星显示器		委托代销发货单	台	-2.00
小计											-2.00

图 6-6-30 发出商品记账

（2）选择要记账的单据，单击“记账”按钮，系统显示“记账成功”。

（3）执行“财务核算”→“生成凭证”命令，进入“生成凭证”窗口。

（4）单击工具栏上的“选择”按钮，打开“查询条件”对话框。选择“（06）委托代销发出商品发货单”选项，如图6-6-31所示。

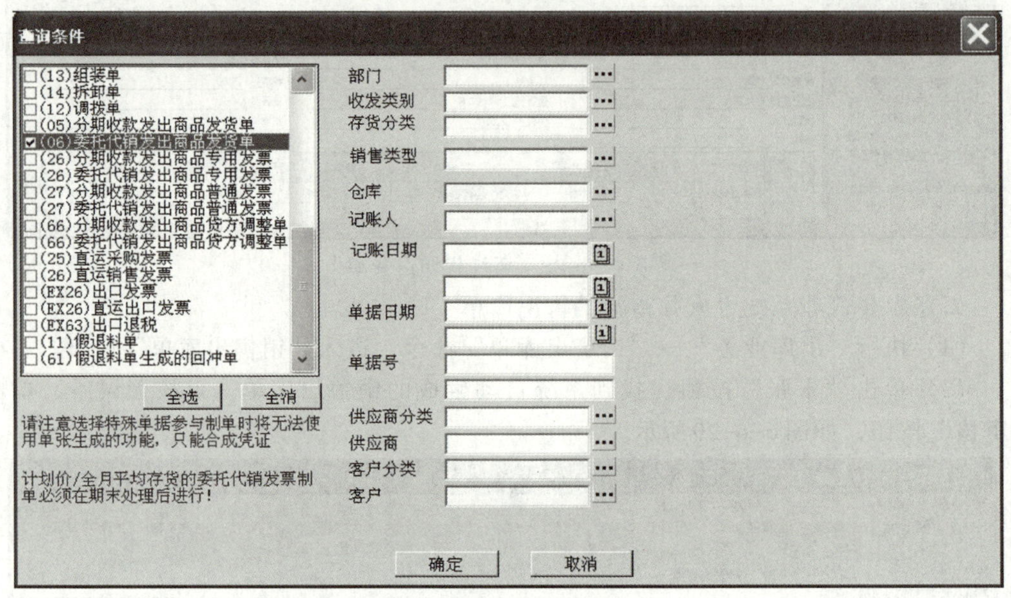

图6-6-31　查询条件

（5）单击“确定”按钮，进入“选择单据”窗口，选择要制单的记录行。

（6）单击“确定”按钮，进入“生成凭证”窗口，在“生成凭证”窗口修改凭证类别为“转 转账凭证”，如图6-6-32所示。

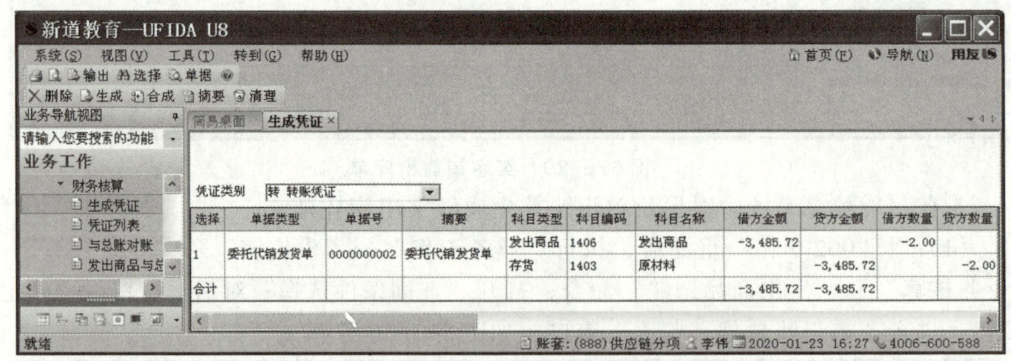

图6-6-32　选择单据生成凭证

（7）单击“生成”按钮，进入“填制凭证”窗口，单击“保存”按钮，凭证左上角出现“已生成”标志，表示凭证已传递至总账，如图6-6-33所示。

4.1月23日，在销售管理系统中填制并审核委托代销结算退回单，生成并复核红字专用发票

（1）以“003王刚”重注册，执行“业务工作”→“供应链”→“销售管理”→“委托代销”→“委托代销结算退回”命令，进入“委托代销结算退回”窗口。

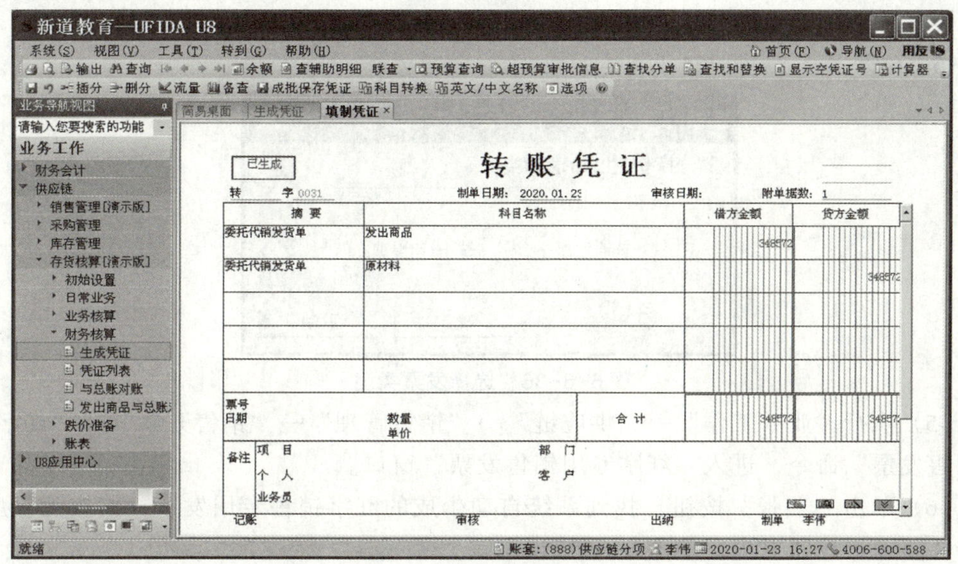

图6-6-33 生成凭证

（2）单击“增加”按钮，在“查询条件选择-委托结算参照发货单”窗口单击“确定”按钮。选择需要参照的发货单，如图6-6-34所示。

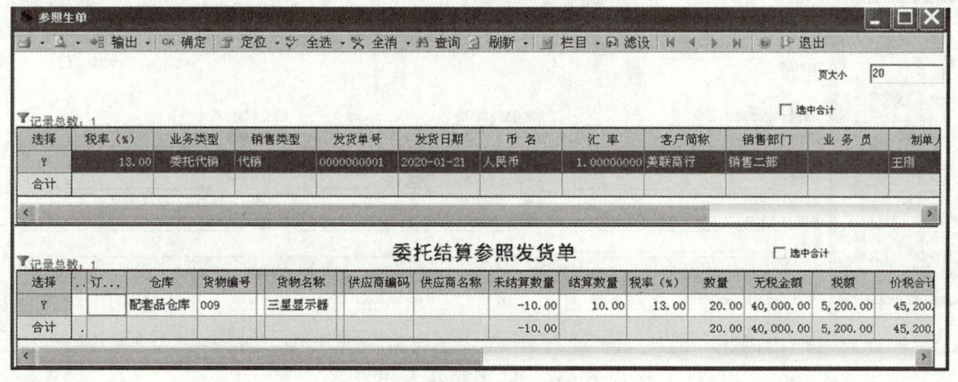

图6-6-34 参照生单

（3）单击“确定”按钮，系统生成委托代销结算退回单，输入单据日期“2020-01-23”，修改数量为“-2”，单击“保存”按钮，如图6-6-35所示。

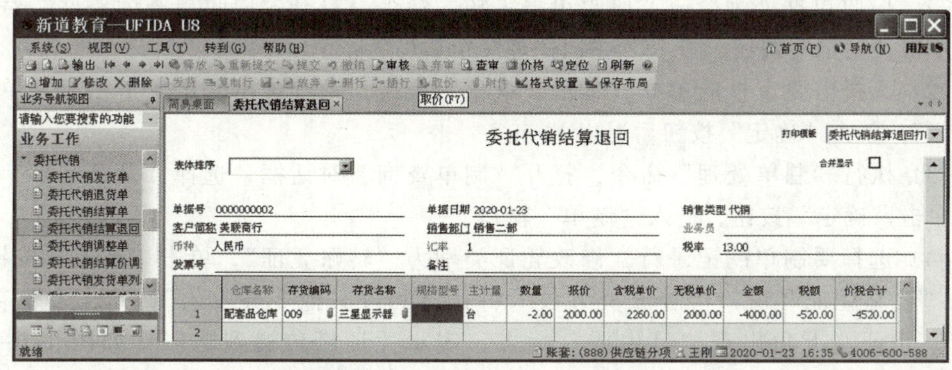

图6-6-35 委托代销结算退回单

（4）再单击“审核”按钮，选择“专用发票”后单击“确定”按钮，如图6-6-36所示。

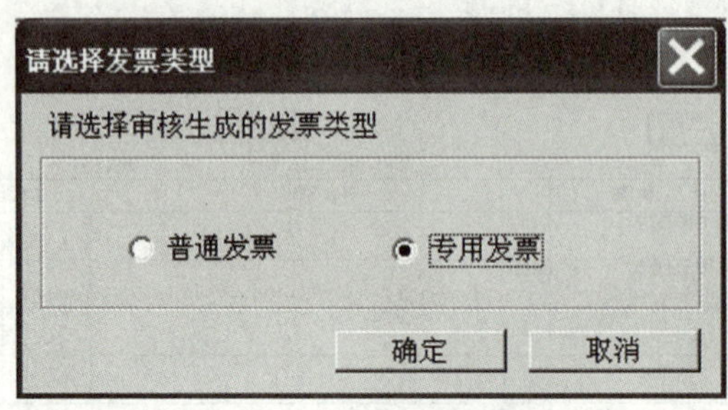

图6-6-36　选择发票类型

（5）执行“业务工作”→“供应链”→“销售管理”→“销售开票”→“红字专用销售发票”命令，进入“红字专用销售发票”窗口。

（6）单击“上张”按钮，找到系统自动生成的红字销售专用发票，核查无误后，单击“复核”按钮退出，如图6-6-37所示。

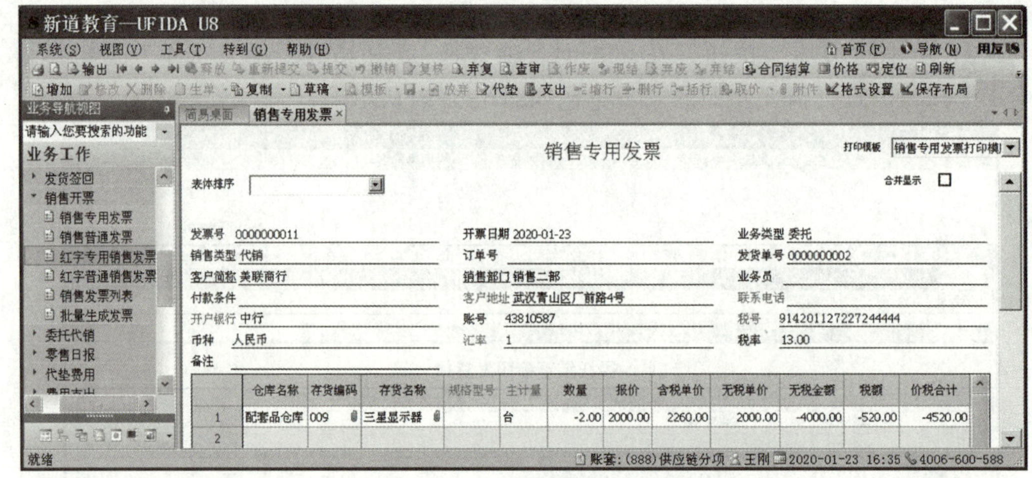

图6-6-37　红字销售专用发票

5.在应收款管理系统中审核红字销售专用发票并制单

（1）以“002李伟”重注册，执行“业务工作”→“财务会计”→“应收款管理”→“应收单据处理”→“应收单据审核”命令，打开“应收单查询条件”对话框。单击“确定”按钮，进入“单据处理”窗口。

（2）选择需要审核的单据，单击“审核”按钮，系统弹出“本次审核成功单据［1］张”，单击“确定”按钮后退出。

（3）执行“制单处理”命令，打开“制单查询”对话框，选择“发票制单”选项，单击“确定”按钮，进入“制单”窗口。

（4）选择要制单的记录行，修改凭证类别为“转账凭证”，单击“制单”按钮，进入“填制凭证”窗口。补充贷方收入科目“6051其他业务收入”，单击“保存”按钮，凭证左上角出现“已生成”标志，表示凭证已传递到总账，如图6-6-38所示。

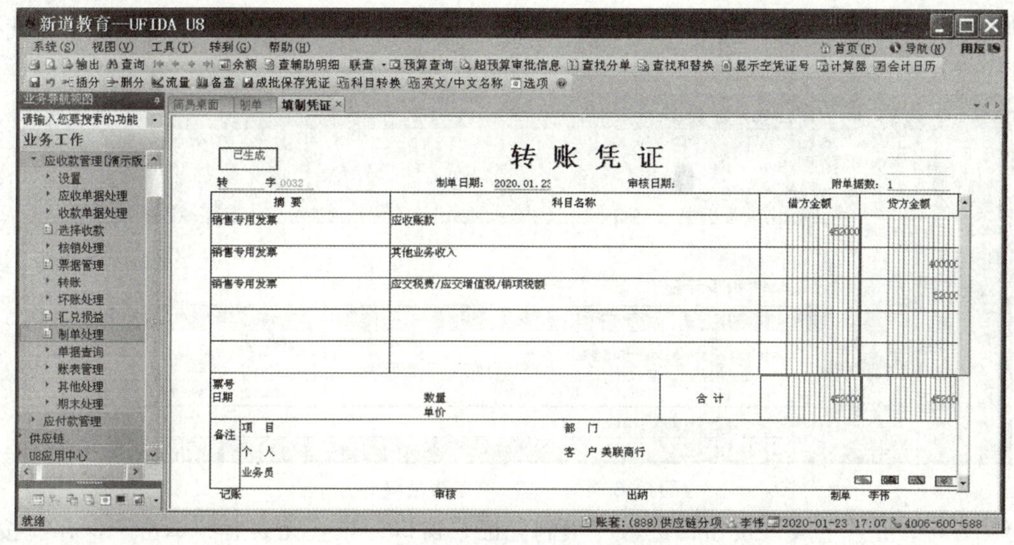

图 6-6-38 生成凭证

6.在存货核算系统中对销售发票记账并冲销结转销售成本

（1）执行“业务工作”→“供应链”→“存货核算”→“业务核算”→“发出商品记账”命令，打开“查询条件选择”对话框。单击“确定”按钮，进入“未记账单据一览表”窗口。

（2）选择要记账的单据，单击“记账”按钮，系统显示“记账成功”。

（3）执行“财务核算”→“生成凭证”命令，进入“生成凭证”窗口。

（4）单击工具栏上的“选择”按钮，打开“查询条件”对话框。选择“（26）委托代销发出商品专用发票”选项，如图6-6-39所示。

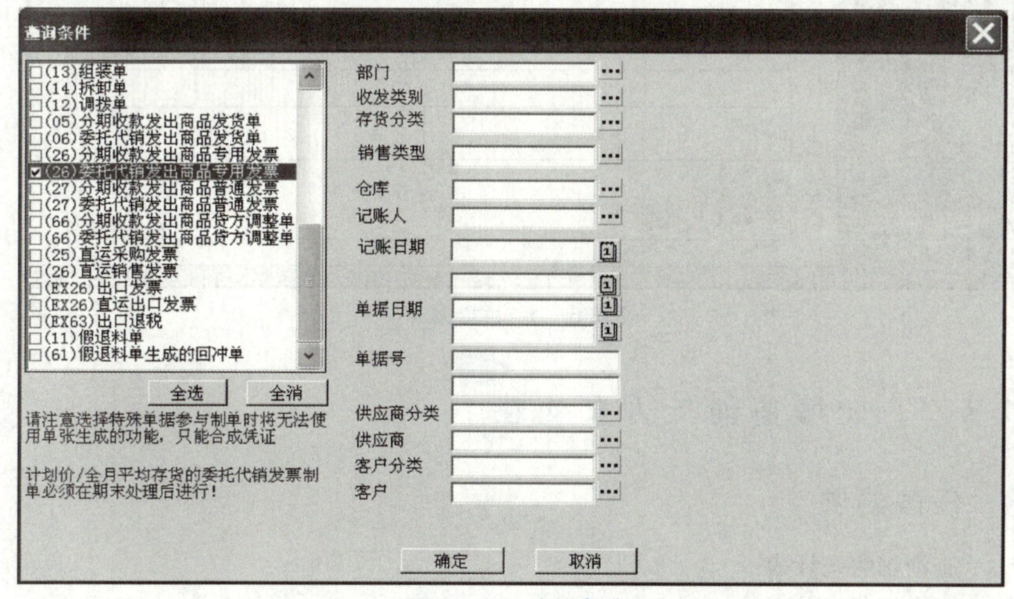

图 6-6-39 查询条件

（5）单击“确定”按钮，进入“选择单据”窗口，选择要制单的记录行，单击

“确定”按钮，进入“生成凭证”窗口，修改凭证类别为“转 转账凭证”，如图6-6-40所示。

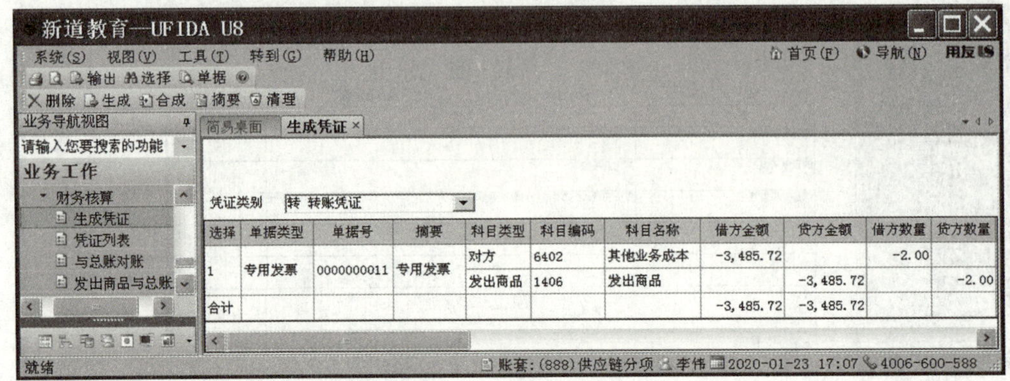

图6-6-40 选择单据生成凭证

（6）单击“生成”按钮，进入“填制凭证”窗口，核查无误后，单击“保存”按钮，凭证左上角出现“已生成”标志，表示凭证已传递至总账，如图6-6-41所示。

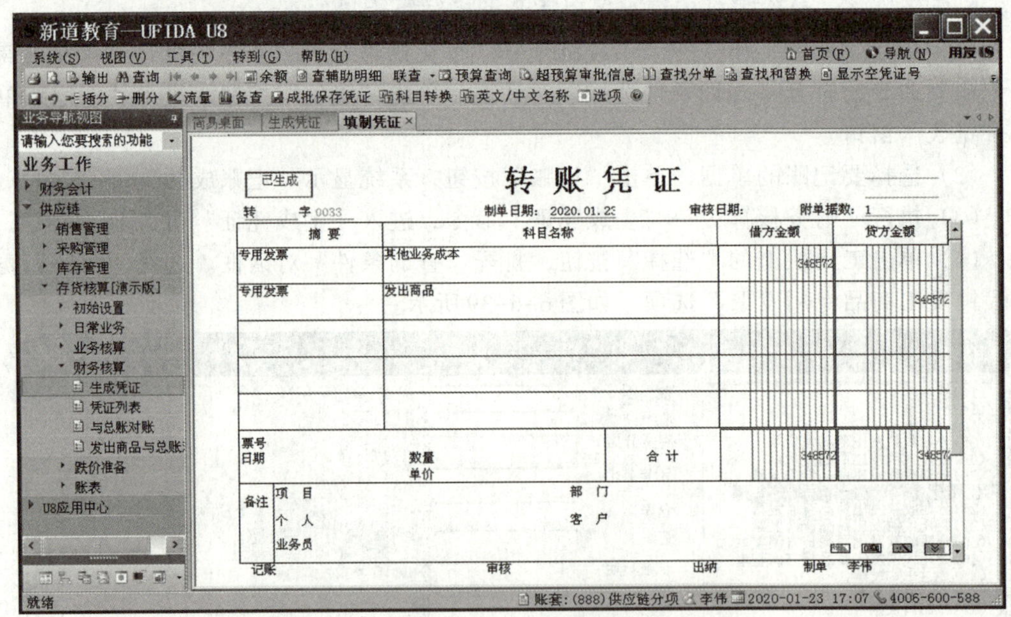

图6-6-41 生成凭证

任务测试6-6

任务7 数据查询及月末处理

任务要求

1.查询销售统计表

2.查询发货统计表

3.查询销售综合统计表

4.查询销售收入明细账

5.查询销售成本明细账

6.查询销售结构分析

7.月末结账

相关知识

销售管理系统通过“账表”菜单的各种账表提供多角度、多方位的综合查询和分析，可以查询销售统计表、明细账、销售分析和综合分析。灵活运用各种查询功能，可以有效提高信息利用和销售管理水平。

一、单据查询

通过“销售订单列表”“发货单列表”“委托代销发货单列表”“发票列表”“零售日报列表”“销售调拨单列表”等功能，可以分别对这些业务单据进行数据查询和分析。

二、账表查询

通过查询销售管理系统提供的各种账表，实现对销售业务的事中控制、事后分析。

1.销售统计表

销售统计表用来查询销售金额、折扣、成本、毛利等数据，其中存货成本数据来源于存货核算系统；销售金额、折扣数据来自销售管理系统的各种销售发票，包括蓝字发票、红字发票和销售日报。

2.发货统计表

发货统计表用来查询存货的期初余额、发货、开票和结存等各项业务数据。其中发货单和退货单统计发货数量，销售发票、零售日报及其对应的红字发票统计结算数据。

3.销售综合统计表

销售综合统计表用来查询企业的订货、发货、开票、出库和汇款等统计数据。它综合了销售订单、销售发货单、销售发票和销售出库单的相关信息。

4.销售收入明细账

销售收入明细账用来查询各类销售发票的明细数据。与销售统计表相比，销售收入明细账提供的销售发票信息更为详尽，包括票号、日期、数量、单价、对应的凭证号等，可以兼顾会计和业务员的不同需要。

5.销售成本明细账

销售成本明细账用来查询各种销售存货的销售成本情况。销售出库单、出库调整单、销售发票为销售成本明细账的数据来源。如果没有启用总账系统和存货核算系统，则无法查询销售成本明细账。

6.销售结构分析

销售结构分析按照不同的分组条件，例如客户、业务员、存货等对任意时间段的销售构成情况进行分析。例如，按照存货类别可以统计发出的货物占发货数量的百分比、各类发出货物的销售收入占全部销售收入的百分比、发出货物的销售额占销售总金额的百分比等。

任务实施

一、查询本月销售统计表

【操作步骤】

（1）以“003王刚”身份进入企业应用平台，进入销售管理系统，执行“报表”→“统计表”→“销售统计表”命令，进入“查询条件选择-销售统计表”窗口。

（2）输入查询条件，部门选择“302”，如图6-7-1所示。

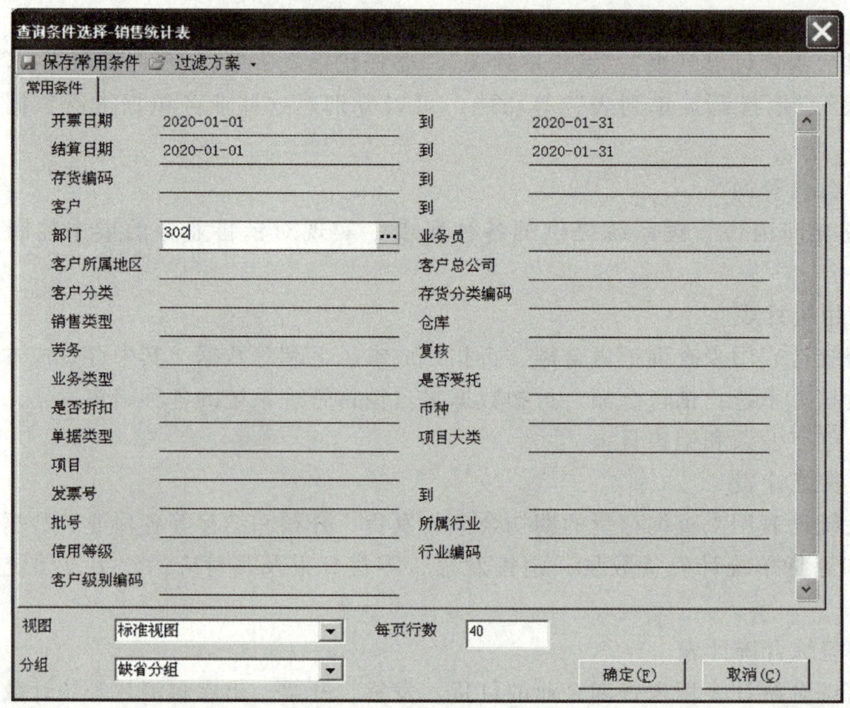

图6-7-1 查询条件选择

（3）点击“确定”按钮，如图6-7-2所示。

新道教育—UFIDA U8

销售统计表

开票日期：2020-01-01　2020-01-31　结算日期　2020-01-01　2020-01-31

部门名称	业务员名称	存货名称	数量	单价	金额	税额	价税合计	折扣	成本	毛利	毛利率
销售二部		西部数据硬盘	85.00	788.24	67,000.00	8,710.00	75,710.00	4,802.50	69,020.00	-2,020.00	-3.01%
销售二部		键盘	10.00	123.89	1,238.94	161.06	1,400.00		914.30	324.64	26.20%
销售二部		金邦内存条	50.00	176.99	8,849.56	1,150.44	10,000.00		8,500.00	349.56	3.95%
销售二部		鼠标	20.00	70.80	1,415.93	184.07	1,600.00		1,000.00	415.93	29.38%
销售二部		三星显示器	8.00	2,000.00	16,000.00	2,080.00	18,080.00		13,942.88	2,057.12	12.86%
总计			173.00	546.27	94,504.43	12,285.57	106,790.00	4,802.50	93,377.18	1,127.25	1.19%

共5条 共5组，共1页

账套：(888)供应链分项 王刚 2020-01-31 17:15 4006-600-588

图6-7-2 销售统计表

二、查询本月发货统计表

【操作步骤】

（1）执行“报表”→“统计表”→“发货统计表”命令，进入“查询条件选择-发货统计表”窗口。

（2）输入查询条件，点击“确定”按钮，如图6-7-3所示。

发货统计表

日期：2020-01-01　2020-01-31

部门	客户	业务员	存货名称	期初数量	期初金额	期初税额	期初价税合计	期	发货数量	发货金额	发货税额	发货价税合计
销售二部	黄石讯达商城		西部数据硬盘						85.00	67,000.00	8,710.00	75,710.00
销售二部	(小计)黄石讯达商城								85.00	67,000.00	8,710.00	75,710.00
销售二部	零散客户		键盘						10.00	1,238.94	161.06	1,400.00
销售二部	零散客户		金邦内存条						50.00	8,849.56	1,150.44	10,000.00
销售二部	零散客户		鼠标						20.00	1,415.93	184.07	1,600.00
销售二部	(小计)零散客户								80.00	11,504.43	1,495.57	13,000.00
销售二部	武汉美联商行		三星显示器						18.00	36,000.00	4,680.00	40,680.00
销售二部	(小计)武汉美联商行								18.00	36,000.00	4,680.00	40,680.00
(小计)销售二部									183.00	114,504.43	14,885.57	129,390.00
销售一部	黄石讯达商城		计算机	10.00	45,000.00	5,850.00	50,850.00					
销售一部	(小计)黄石讯达商城			10.00	45,000.00	5,850.00	50,850.00					
销售一部	武汉精益公司		计算机						18.00	81,000.00	10,530.00	91,530.00
销售一部	(小计)武汉精益公司								18.00	81,000.00	10,530.00	91,530.00
销售一部	武汉利群公司		计算机						10.00	45,000.00	5,850.00	50,850.00
销售一部	(小计)武汉利群公司								10.00	45,000.00	5,850.00	50,850.00
(小计)销售一部				10.00	45,000.00	5,850.00	50,850.00		28.00	126,000.00	16,380.00	142,380.00
总计				10.00	45,000.00	5,850.00	50,850.00		211.00	240,504.43	31,265.57	271,770.00

共8条 共2组，共1页

图6-7-3　发货统计表

三、查询本月销售综合统计表

【操作步骤】

（1）执行“报表”→“统计表”→“销售综合统计表”命令，进入“查询条件选择-销售综合统计表”窗口。

（2）输入查询条件，点击“确定”按钮，如图6-7-4所示。

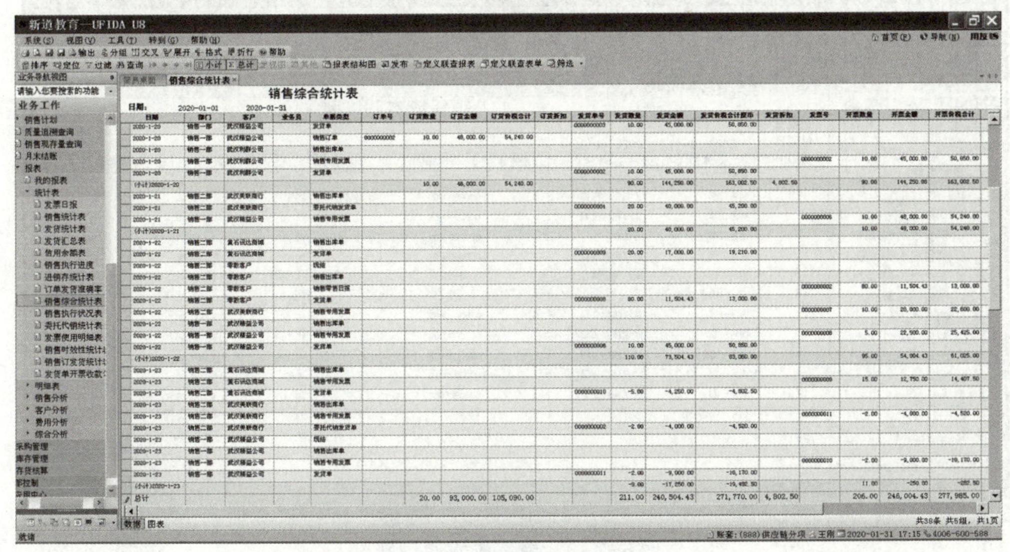

图6-7-4　销售综合统计表

四、查询本月销售收入明细账

【操作步骤】

（1）执行“报表”→“明细表”→“销售收入明细账”命令，进入“查询条件选择-销售收入明细账”窗口。

（2）输入要查询的条件，点击“确定”按钮，如图6-7-5所示。

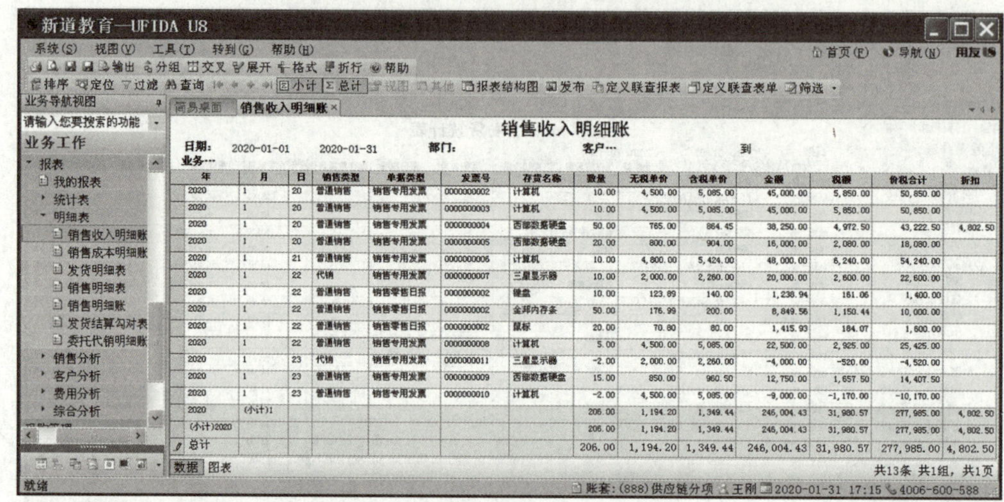

销售收入明细账

日期： 2020-01-01 2020-01-31 部门： 客户… 到
业务…

年	月	日	销售类型	单据类型	发票号	存货名称	数量	无税单价	含税单价	金额	税额	价税合计	折扣
2020	1	20	普通销售	销售专用发票	0000000002	计算机	10.00	4,500.00	5,085.00	45,000.00	5,850.00	50,850.00	
2020	1	20	普通销售	销售专用发票	0000000003	计算机	10.00	4,500.00	5,085.00	45,000.00	5,850.00	50,850.00	
2020	1	20	普通销售	销售专用发票	0000000004	西部数据硬盘	50.00	765.00	864.45	38,250.00	4,972.50	43,222.50	4,802.50
2020	1	20	普通销售	销售专用发票	0000000005	西部数据硬盘	20.00	800.00	904.00	16,000.00	2,080.00	18,080.00	
2020	1	21	普通销售	销售专用发票	0000000006	计算机	10.00	4,800.00	5,424.00	48,000.00	6,240.00	54,240.00	
2020	1	22	代销	销售专用发票	0000000007	三星显示器	10.00	2,000.00	2,260.00	20,000.00	2,600.00	22,600.00	
2020	1	22	普通销售	销售零售日报	0000000002	键盘	10.00	123.89	140.00	1,238.94	161.06	1,400.00	
2020	1	22	普通销售	销售零售日报	0000000002	金邦内存条	50.00	176.99	200.00	8,849.56	1,150.44	10,000.00	
2020	1	22	普通销售	销售零售日报	0000000002	鼠标	20.00	70.80	80.00	1,415.93	184.07	1,600.00	
2020	1	22	普通销售	销售专用发票	0000000008	计算机	5.00	4,500.00	5,085.00	22,500.00	2,925.00	25,425.00	
2020	1	23	代销	销售专用发票	0000000011	三星显示器	-2.00	2,000.00	2,260.00	-4,000.00	-520.00	-4,520.00	
2020	1	23	普通销售	销售专用发票	0000000009	西部数据硬盘	15.00	850.00	960.50	12,750.00	1,657.50	14,407.50	
2020	1	23	普通销售	销售专用发票	0000000010	计算机	-2.00	4,500.00	5,085.00	-9,000.00	-1,170.00	-10,170.00	
2020	(小计)1						206.00	1,194.20	1,349.44	246,004.43	31,980.57	277,985.00	4,802.50
(小计)2020							206.00	1,194.20	1,349.44	246,004.43	31,980.57	277,985.00	4,802.50
总计							206.00	1,194.20	1,349.44	246,004.43	31,980.57	277,985.00	4,802.50

共13条 共1组，共1页

图6-7-5 销售收入明细账

五、查询销售成本明细账

【操作步骤】

（1）执行“报表”→“明细账”→“销售成本明细账”命令，进入“查询条件选择-销售成本明细账”窗口。

（2）输入要查询的条件，点击“确定”按钮，如图6-7-6所示。

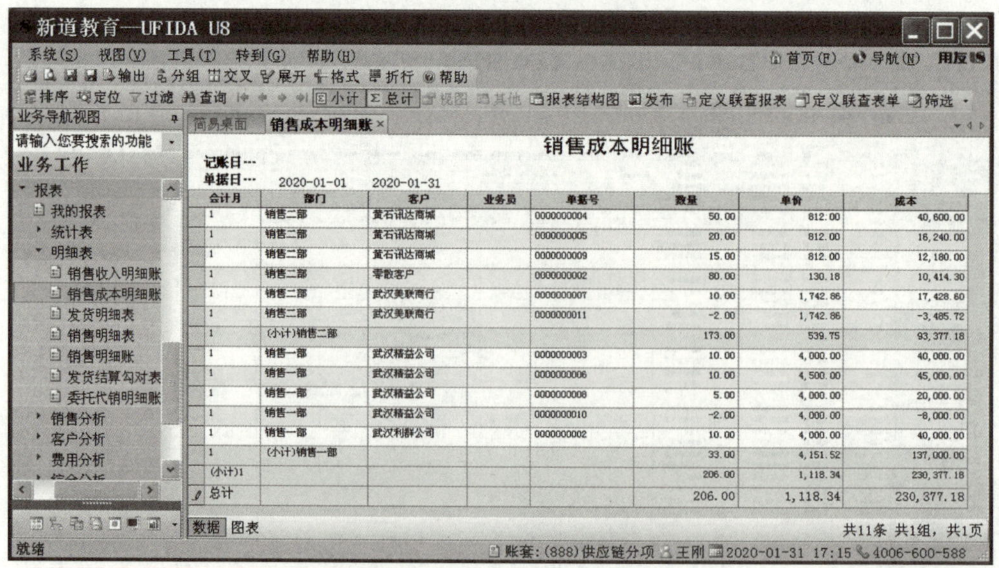

销售成本明细账

记账日…
单据日… 2020-01-01 2020-01-31

会计月	部门	客户	业务员	单据号	数量	单价	成本
1	销售二部	黄石讯达商城		0000000004	50.00	812.00	40,600.00
1	销售二部	黄石讯达商城		0000000005	20.00	812.00	16,240.00
1	销售二部	黄石讯达商城		0000000009	15.00	812.00	12,180.00
1	销售二部	零散客户		0000000002	80.00	130.18	10,414.30
1	销售二部	武汉美联商行		0000000007	10.00	1,742.86	17,428.60
1	销售二部	武汉美联商行		0000000011	-2.00	1,742.86	-3,485.72
1	(小计)销售二部				173.00	539.75	93,377.18
1	销售一部	武汉精益公司		0000000003	10.00	4,000.00	40,000.00
1	销售一部	武汉精益公司		0000000006	10.00	4,500.00	45,000.00
1	销售一部	武汉精益公司		0000000008	5.00	4,000.00	20,000.00
1	销售一部	武汉精益公司		0000000010	-2.00	4,000.00	-8,000.00
1	销售一部	武汉利群公司		0000000002	10.00	4,000.00	40,000.00
1	(小计)销售一部				33.00	4,151.52	137,000.00
(小计)1					206.00	1,118.34	230,377.18
总计					206.00	1,118.34	230,377.18

共11条 共1组，共1页

图6-7-6 销售成本明细账

六、销售结构分析

【操作步骤】

（1）单击“报表”→“销售分析”→“销售结构分析”命令，进入“查询条件选择-销售结构分析”窗口。

（2）输入要查询的条件，点击“确定”按钮，如图6-7-7所示。

销售结构分析

日期： 2020-01-01 2020-01-31

客户	存货名称	发货数量	发货数量%	发货金额	发货金额%	退货数量	退货数量%	退货金额	退货金额%	销售数量	销售数量%	销售金额	销售金额%	销售收入	销售收入%	销售成本	销售成本%	销售毛利	销售毛利%
黄石讯达商城	西部数据硬盘	85.00	40.28%	75,710.00	27.86%	-5.00	55.56%	-4,802.50	24.64%	85.00	41.26%	75,710.00	27.24%	67,000.00	27.24%	69,020.00	29.96%	-2,020.00	-12.93%
零散客户	键盘	10.00	4.74%	1,400.00	0.52%					10.00	4.85%	1,400.00	0.50%	1,238.94	0.50%	914.30	0.40%	324.64	2.08%
零散客户	金邦内存条	50.00	23.70%	10,000.00	3.68%					50.00	24.27%	10,000.00	3.60%	8,849.56	3.60%	8,500.00	3.69%	349.56	2.24%
零散客户	鼠标	20.00	9.48%	1,600.00	0.59%					20.00	9.71%	1,600.00	0.58%	1,415.93	0.58%	1,000.00	0.43%	415.93	2.66%
武汉精益公司	计算机	18.00	8.53%	91,530.00	33.68%	-2.00	22.22%	-10,170.00	52.17%	23.00	11.17%	120,345.00	43.29%	106,500.00	43.29%	97,000.00	42.10%	9,500.00	60.79%
武汉利群公司	计算机	10.00	4.74%	50,850.00	18.71%					10.00	4.85%	50,850.00	18.29%	45,000.00	18.29%	40,000.00	17.36%	5,000.00	32.00%
武汉美联商行	三星显示器	18.00	8.53%	40,680.00	14.97%	-2.00	22.22%	-4,520.00	23.19%	8.00	3.88%	18,080.00	6.50%	16,000.00	6.50%	13,942.88	6.05%	2,057.12	13.16%
总计		211.00	100.00%	271,770.00	100.00%	-9.00	100.00%	-19,492.50	100.00%	206.00	100.00%	277,985.00	100.00%	246,004.43	100.00%	230,377.18	100.00%	15,627.25	100.00%

共7条 共7组，共1页

图6-7-7 销售结构分析

七、月末结账与取消结账

【操作步骤】

（1）执行“业务工作”→“供应链”→“销售管理”→“月末结账”命令，弹出“结账”窗口，如图6-7-8所示。

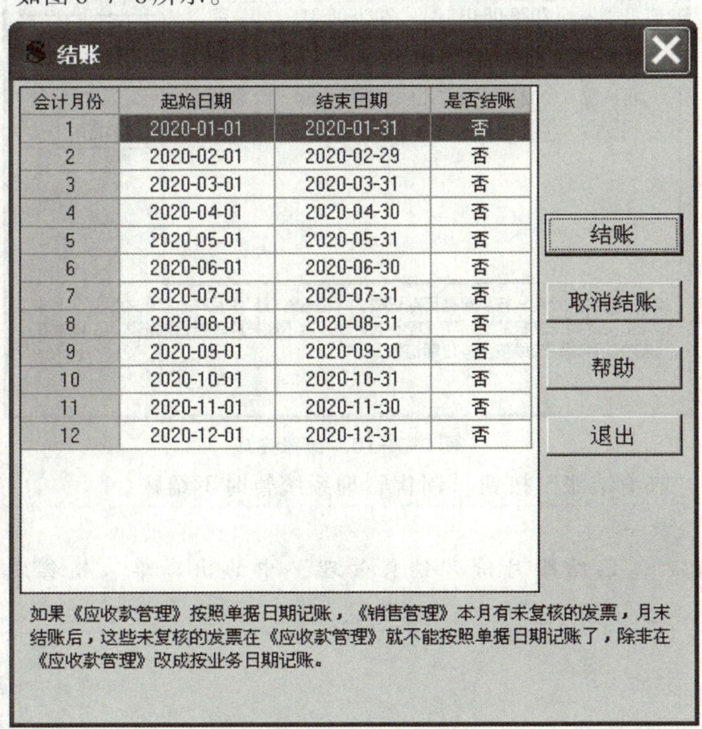
结账

会计月份	起始日期	结束日期	是否结账
1	2020-01-01	2020-01-31	否
2	2020-02-01	2020-02-29	否
3	2020-03-01	2020-03-31	否
4	2020-04-01	2020-04-30	否
5	2020-05-01	2020-05-31	否
6	2020-06-01	2020-06-30	否
7	2020-07-01	2020-07-31	否
8	2020-08-01	2020-08-31	否
9	2020-09-01	2020-09-30	否
10	2020-10-01	2020-10-31	否
11	2020-11-01	2020-11-30	否
12	2020-12-01	2020-12-31	否

结账
取消结账
帮助
退出

如果《应收款管理》按照单据日期记账，《销售管理》本月有未复核的发票，月末结账后，这些未复核的发票在《应收款管理》就不能按照单据日期记账了，除非在《应收款管理》改成按业务日期记账。

图6-7-8 月末结账

（2）选择要结账的月份，单击“结账”按钮，提示“是否关闭订单”，如图6-7-9所示。

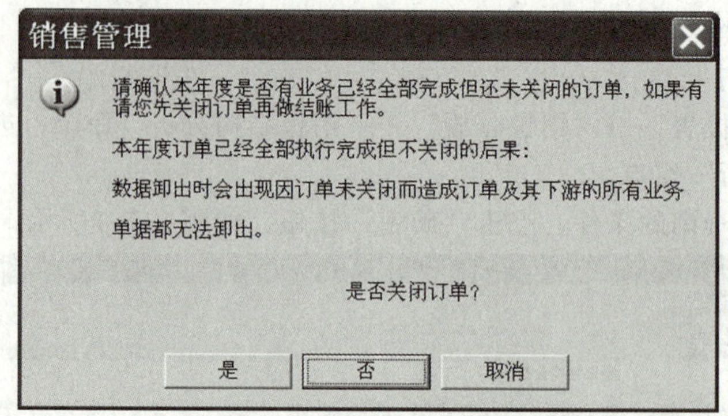

图 6-7-9　提示“是否关闭订单”

（3）单击“否”按钮，系统自动结账完毕，如图 6-7-10 所示。

结账

会计月份	起始日期	结束日期	是否结账
1	2020-01-01	2020-01-31	是
2	2020-02-01	2020-02-29	否
3	2020-03-01	2020-03-31	否
4	2020-04-01	2020-04-30	否
5	2020-05-01	2020-05-31	否
6	2020-06-01	2020-06-30	否
7	2020-07-01	2020-07-31	否
8	2020-08-01	2020-08-31	否
9	2020-09-01	2020-09-30	否
10	2020-10-01	2020-10-31	否
11	2020-11-01	2020-11-30	否
12	2020-12-01	2020-12-31	否

结账
取消结账
帮助
退出

如果《应收款管理》按照单据日期记账，《销售管理》本月有未复核的发票，月末结账后，这些未复核的发票在《应收款管理》就不能按照单据日期记账了，除非在《应收款管理》改成按业务日期记账。

图 6-7-10　结账完成

（4）单击“取消结账”按钮，销售管理系统暂时不结账。

特别提示：

月末结账后，已结账月份“销售管理”中的出库单、销售发票不可修改、删除。

项目七

库存管理系统

知识目标

通过本项目学习，了解库存管理系统的主要功能；了解库存管理的重要作用；了解库存管理系统的相关内容；理解企业库存日常业务处理的方法；理解库存管理系统与其他系统之间的数据传递关系。

能力目标

通过本项目的学习和实训，掌握用友ERP-U8管理软件的库存管理系统中企业日常入库业务、出库业务、库存调拨、盘点业务的处理方法，以及相关账表的查询和月末处理的操作技能。

任务1 入库业务处理

任务资料

1月份库存管理发生的业务如下：

业务一：1月23日，向武汉伟达公司购买鼠标100只，单价50元，验收入配套品仓库，并收到采购专用发票一张，票号为10150088，立即以转账支票支付货款，票号为Z0022。

业务二：1月23日，成品仓库收到组装部加工的10台计算机，作为产成品入库。

1月24日，成品仓库收到组装部加工的20台计算机，作为产成品入库。

1月24日，收到财务部提供的完工产品成本，计算机的总成本为129 000元，立即进行成本分配。

业务三：1月25日，采购部收到赠品打印机1台，入成品仓库，单价1 800元。

相关知识

仓库收到采购或生产的货物后，仓库保管员负责验收货物的数量、质量及规格型号等，确认验收无误后入库，并登记库存账。

库存管理系统主要是对各种入库业务进行单据的填制和审核。

一、入库单据

库存管理系统管理的入库业务单据主要包括以下几个方面：

（一）采购入库单

采购业务员将采购回来的货物交到仓库，仓库保管员对采购业务员所购存货进行验收确定，填制采购入库单。工业企业的采购入库单一般指采购原材料验收入库时所填制的入库单据（如果启用了委外管理系统，则委外入库也以本张采购入库单为依据进行处理），商业企业的采购入库单一般指商品进货入库时所填制的入库单据。

采购入库单的填制流程如图7-1-1所示。

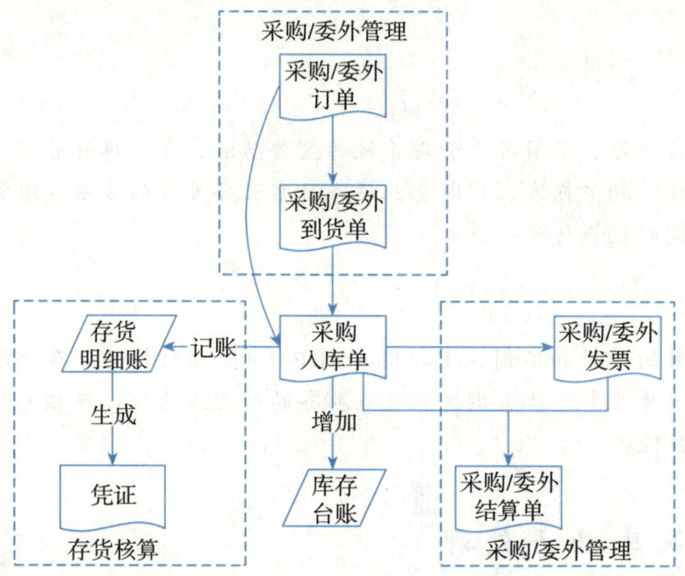

图7-1-1　采购入库单的填制流程

采购入库单生成的方式有4种：参照采购订单、参照采购到货单、检验入库（与GSP系统集成使用时）、直接填制。

采购入库单按进出仓库方向的不同可分为蓝字采购入库单、红字采购入库单；按业务类型的不同可分为普通采购入库单、受托代销入库单（商业）、委外加工入库单（工业）。

蓝字采购入库单一般简称为采购入库单，红字采购入库单是蓝字采购入库单的逆向单据。在采购业务活动中，如果发现已入库的货物因质量等问题需要退货，则对采购业务进行退货处理。

采购入库单的审核相当于仓库保管员对实际到货情况进行质量、数量的检验和签收。如果发现已审核的入库单数据有误（如多填数据等），也可以填制退货单（红字采购入库单），冲抵原入库单数据。原数冲抵即将原错误的入库单以相等的负数填单。

（二）产成品入库单

产成品入库单是管理工业企业的产成品入库、退回业务的单据。产成品入库单是工业企业入库单据的主要组成部分，只有工业企业才有产成品入库单，商业企业没有此单据。

工业企业对原材料及半成品进行一系列的加工，形成可销售的商品，然后将这些商品验收入库。

一般来说，产成品入库时，产品的总成本和单位成本是无法确定的。因此，在填制产成品入库单时，通常只有数量，没有单价和金额。

产成品入库单的填制流程如图7-1-2所示。

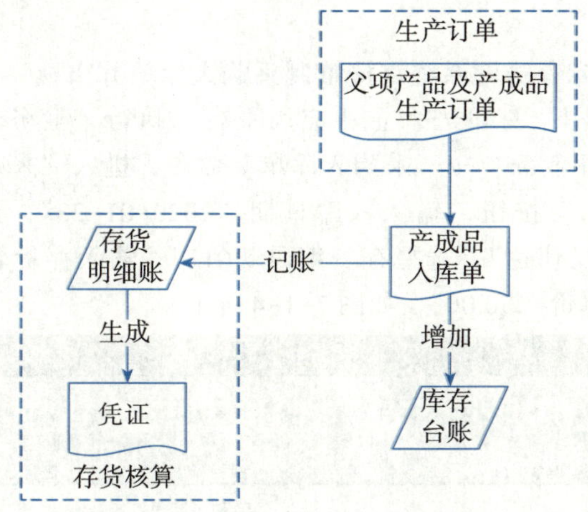

图7-1-2 产成品入库单的填制流程

（三）其他入库单

其他入库单是指除采购入库、产成品入库外的其他入库业务，如样品入库、赠品入库、调拨入库、盘盈入库、组装拆卸入库、形态转换入库等业务形成的入库单。其他入库单一般由系统根据其他业务单据自动生成，也可手工填制。

其他入库单的填制流程如图7-1-3所示。

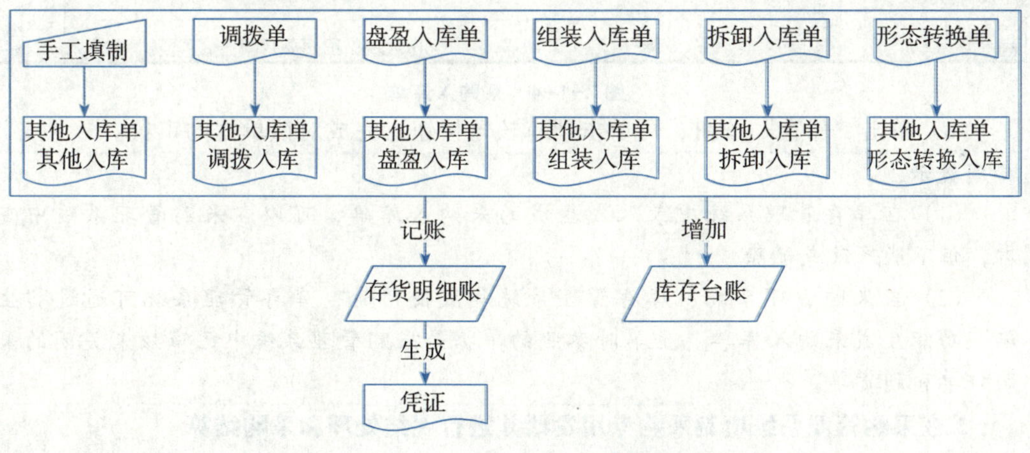

图7-1-3 其他入库单的填制流程

二、审核入库单据

库存管理系统中的审核具有多层含义，既可表示通常意义上的审核，也可用单据是否审核代表实物的出入库行为。

任务实施

业务一

【操作步骤】

1.1月23日，在库存管理系统直接填制采购入库单并审核

微课7-1

如何进行采购入库业务处理

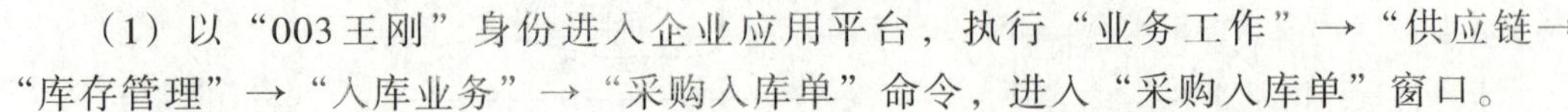

（1）以“003王刚”身份进入企业应用平台，执行“业务工作”→“供应链→“库存管理”→“入库业务”→“采购入库单”命令，进入“采购入库单”窗口。

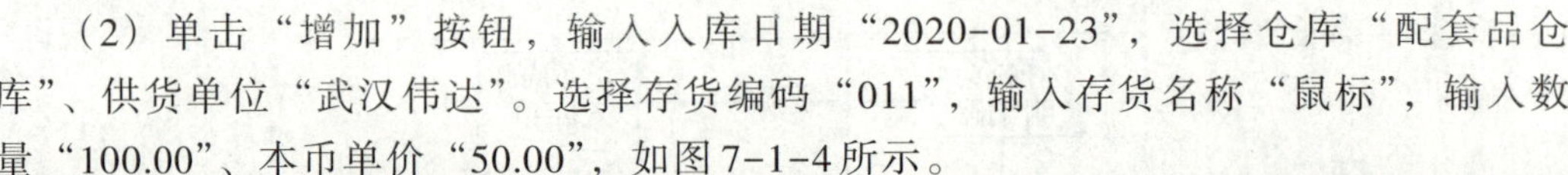

（2）单击“增加”按钮，输入入库日期“2020-01-23”，选择仓库“配套品仓库”、供货单位“武汉伟达”。选择存货编码“011”，输入存货名称“鼠标”，输入数量“100.00”、本币单价“50.00”，如图7-1-4所示。

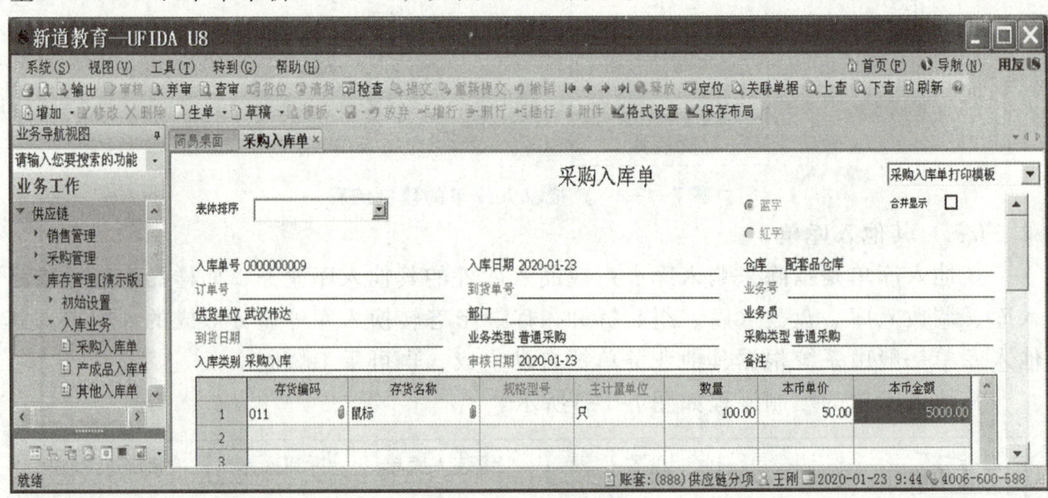

图7-1-4　采购入库单

（3）单击“保存”按钮，再单击“审核”按钮，完成对该单据的审核。

特别提示：

（1）在库存管理系统中录入或生成的采购入库单，可以在采购管理系统中查看，但不能修改或删除。

（2）当采购管理系统、库存管理系统集成使用时，库存管理系统可通过“生单”功能生成采购入库单。生单时参照的单据是采购管理系统中已审核未关闭的采购订单和到货单。

2.在采购管理系统填制采购专用发票并进行现结处理和采购结算

（1）执行“业务工作”→“供应链”→“采购管理”→“采购发票”→“专用采购发票”命令，进入“采购专用发票”窗口。

（2）单击“增加”按钮，单击“生单”按钮，选择“入库单”选项，打开“查询条件选择”对话框，单击“确定”按钮，进入“拷贝并执行”窗口，选择需要参照的采购入库单，如图7-1-5所示。

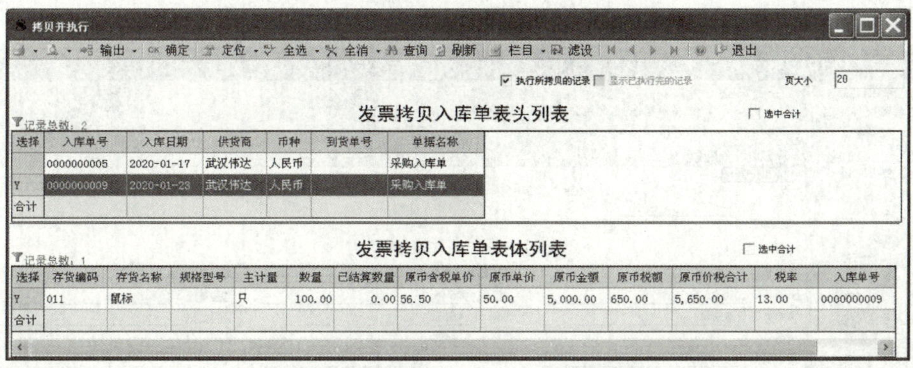

图 7-1-5　拷贝入库单生成采购发票

（3）单击“确定”按钮，修改发票号为“10150088”，日期为“2020-01-23”，单击“保存”按钮，如图 7-1-6 所示。

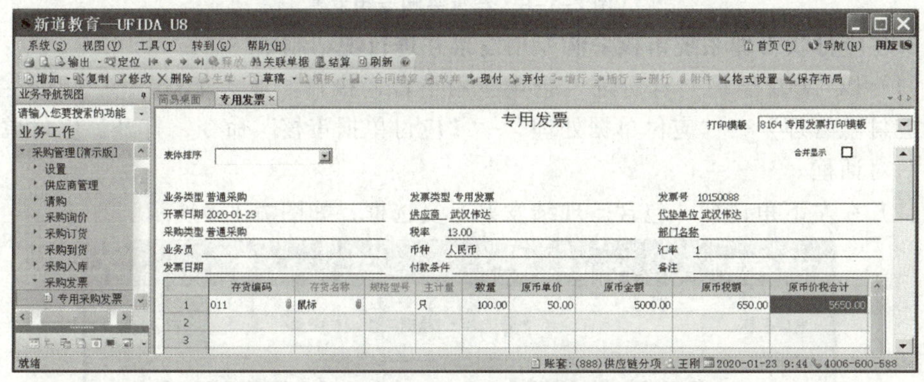

图 7-1-6　采购专用发票

（4）单击“现付”按钮，打开“采购现付”对话框。

（5）录入结算方式“202-转账支票”，输入原币金额“5 650.00”，录入票据号“Z0022”，如图 7-1-7 所示。

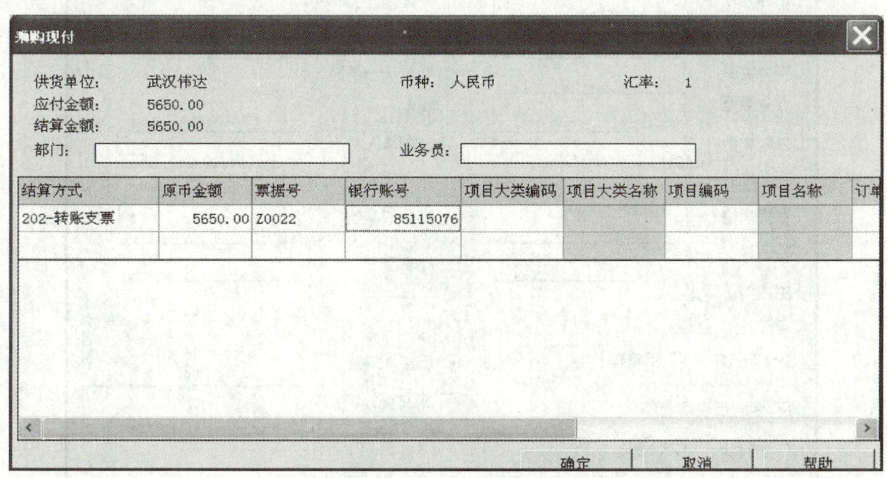

图 7-1-7　采购现付

（6）单击“确定”按钮，发票左上角显示“已现付”字样。单击“结算”按钮，自动完成采购结算，发票左上角显示“已结算”字样，如图7-1-8所示。

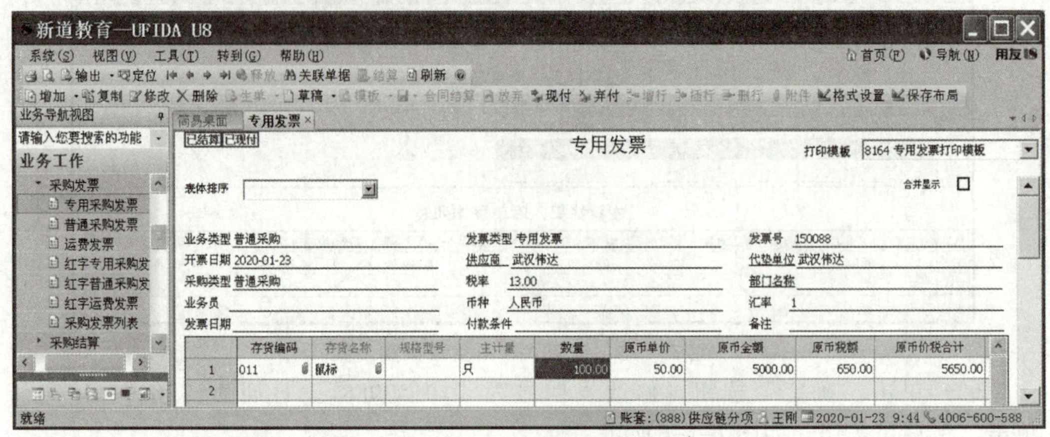

图7-1-8　结算采购专用发票

3.在应付款管理系统审核采购专用发票并进行现结制单

（1）以“002李伟”身份进入企业应用平台，执行“业务工作”→“财务会计”→“应付款管理”→“应付单据处理”→“应付单据审核”命令，打开“应付单查询条件”对话框。

（2）在左下角选择“包含已现结发票”复选框，如图7-1-9所示。

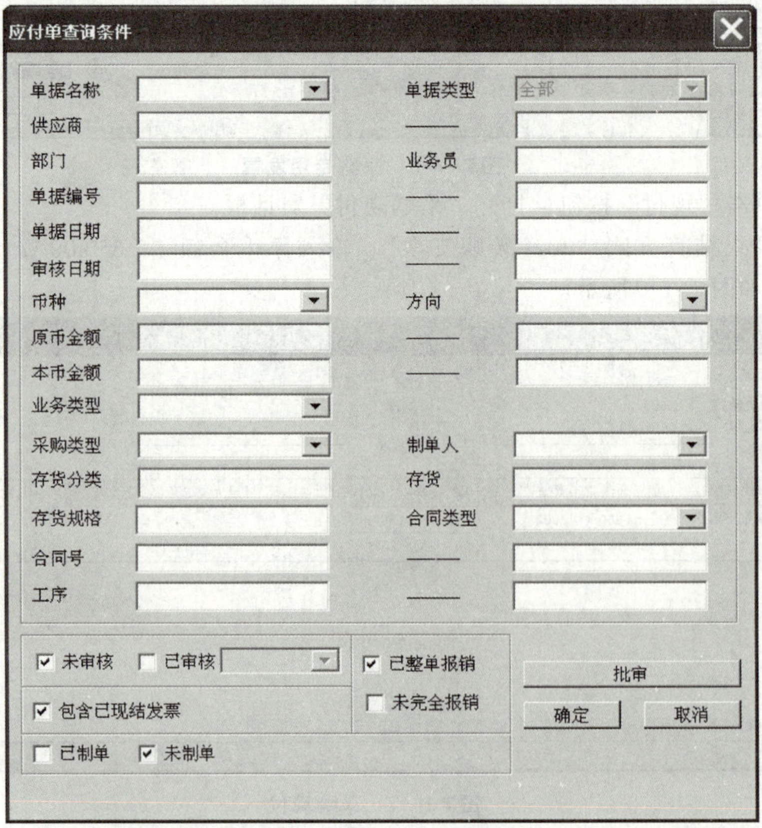

应付单查询条件

单据名称　单据类型 全部
供应商
部门　业务员
单据编号
单据日期
审核日期
币种　方向
原币金额
本币金额
业务类型
采购类型　制单人
存货分类　存货
存货规格　合同类型
合同号
工序

☑未审核　□已审核　☑已整单报销　批审
☑包含已现结发票　□未完全报销　确定　取消
□已制单　☑未制单

图7-1-9　应付单查询条件

（3）单击“确定”按钮，进入“单据处理”窗口。选择需要审核的单据，单击“审核”按钮，系统弹出“本次审核成功单据［1］张”，单击“确定”按钮后退出。

（4）执行“制单处理”命令，打开“制单查询”对话框，选择“现结制单”选项，如图7-1-10所示。单击“确定”按钮，进入“制单”窗口。

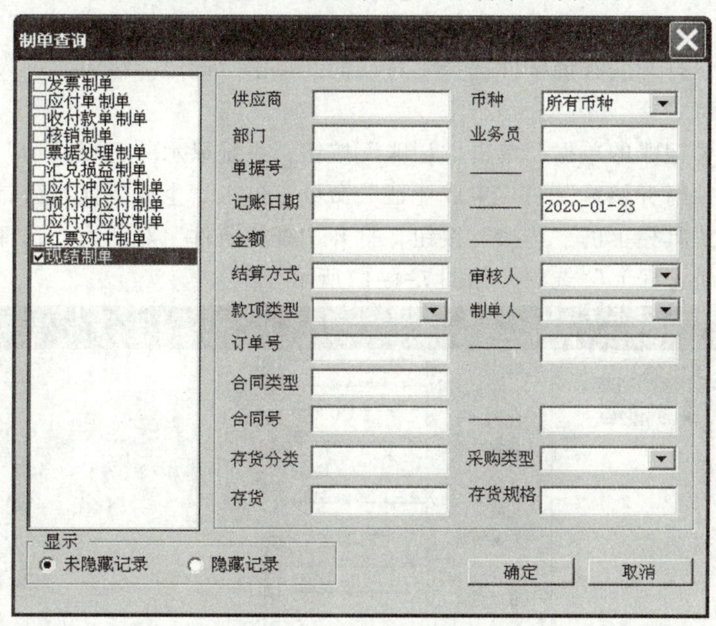

图7-1-10　制单查询

（5）选择要制单的记录行，选择凭证类别“付款凭证”，单击“制单”按钮，进入“填制凭证”窗口。单击“保存”按钮，凭证左上角出现“已生成”标志，表示凭证已传递到总账，如图7-1-11所示。

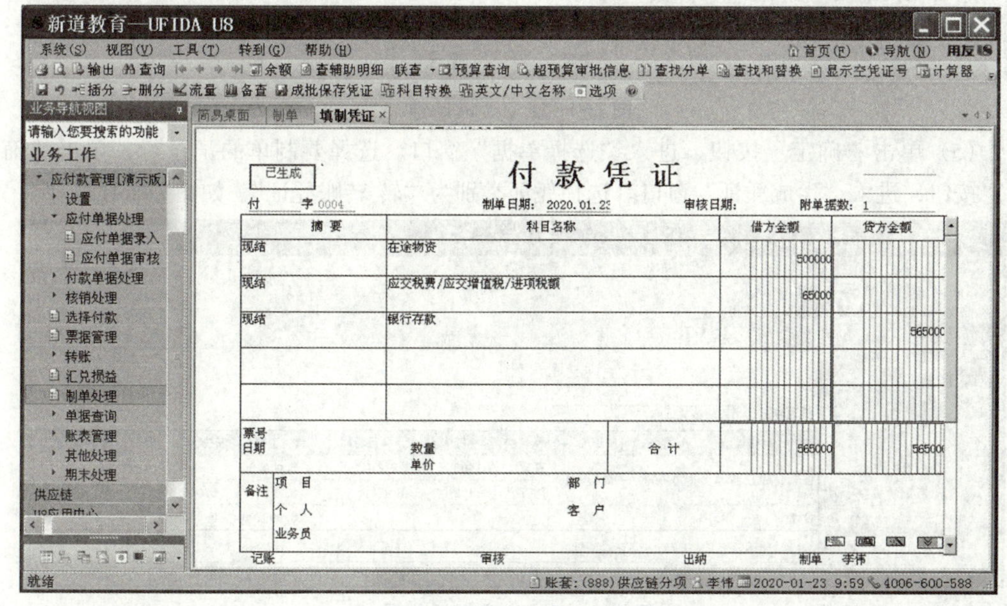

图7-1-11　生成凭证

特别提示：

如果操作员无法过滤出应付单据，可以在“应付款管理”→“设置”→“选项”→“权限与预警”中，取消“控制操作员权限”。

4.在存货核算系统记账并生成入库凭证

（1）执行“业务工作”→“供应链”→“存货核算”→“业务核算”→“正常单据记账”命令，打开“查询条件选择”对话框。单击“确定”按钮，进入“未记账单据一览表”窗口。

（2）选择要记账的单据，单击“记账”按钮，系统显示“记账成功”。

（3）执行“财务核算”→“生成凭证”命令，进入“生成凭证”窗口。

（4）单击工具栏上的“选择”按钮，打开“查询条件”对话框。选择“（01）采购入库单（报销记账）”选项，如图7-1-12所示。

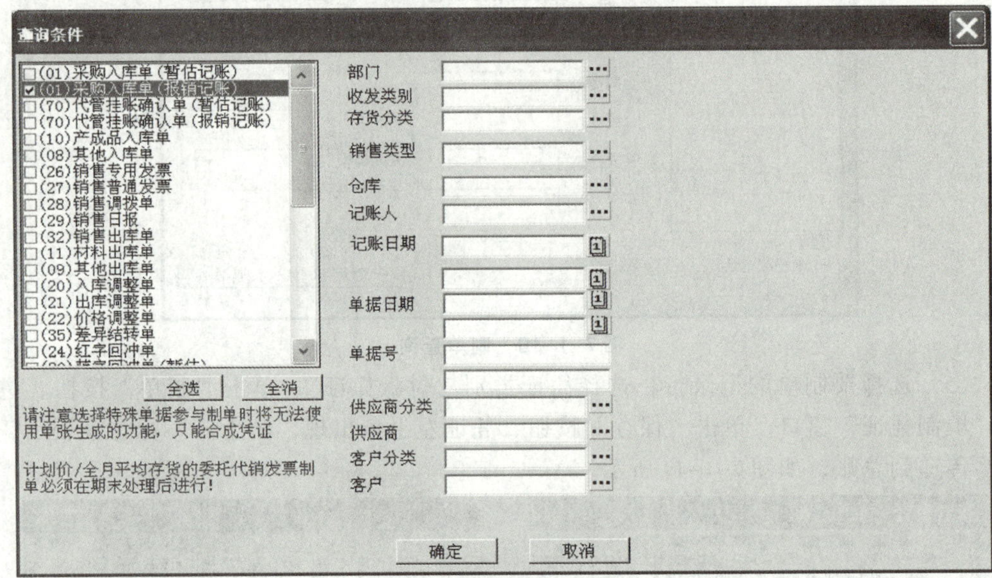

图7-1-12　查询条件

（5）单击“确定”按钮，进入“选择单据”窗口。选择要制单的记录行，单击“确定”按钮，进入“生成凭证”窗口。选择凭证类别为“转 转账凭证”，如图7-1-13所示。

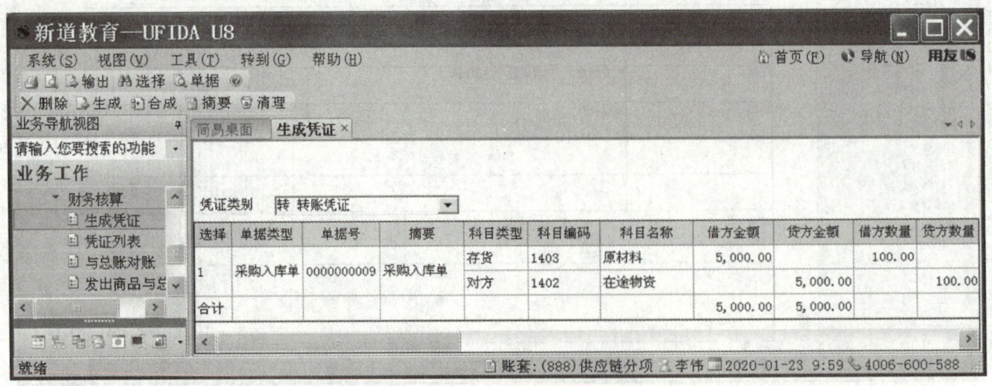

图7-1-13　生成凭证单据

（6）单击“生成”按钮，进入“填制凭证”窗口。单击“保存”按钮，凭证左上角出现“已生成”标志，表示凭证已传递至总账，如图7-1-14所示。

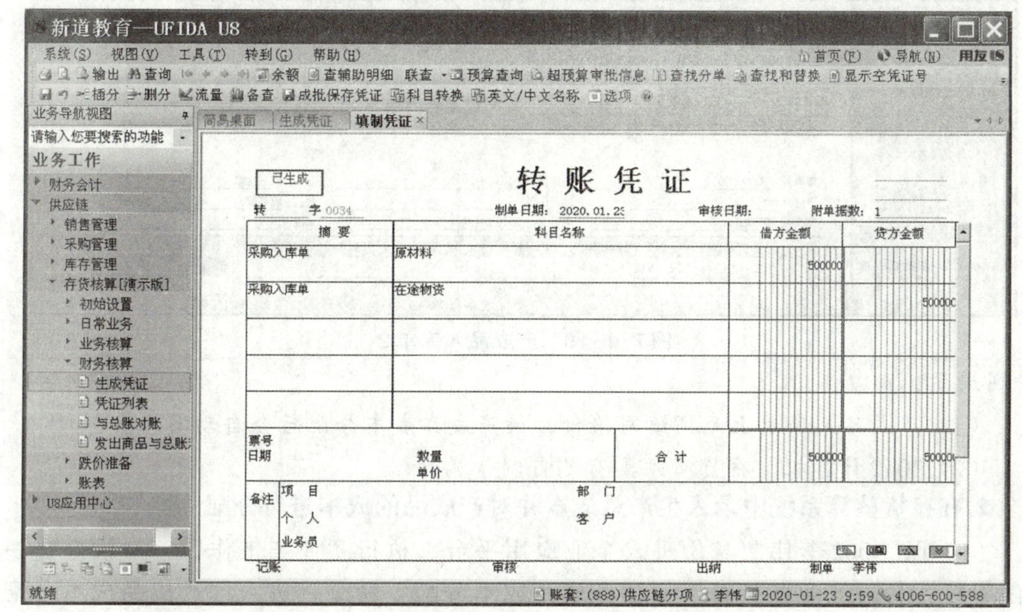

图7-1-14 生成凭证

微课7-2

如何进行产成品入库业务处理

业务二

【操作步骤】

1.1月23日，在库存管理系统中录入产成品入库单并审核

（1）以“003王刚”身份进入企业应用平台，执行“业务工作”→“供应链→“库存管理”→“入库业务”→“产成品入库单”命令，进入“产成品入库单”窗口。

（2）单击“增加”按钮，输入入库日期“2020-01-23”，选择仓库“成品仓库”、入库类别“产成品入库”、部门“组装部”。选择产品编码“012”，输入产品名称“计算机”，输入数量“10.00”。单击“保存”按钮，再单击“审核”按钮，完成对该单据的审核，如图7-1-15所示。

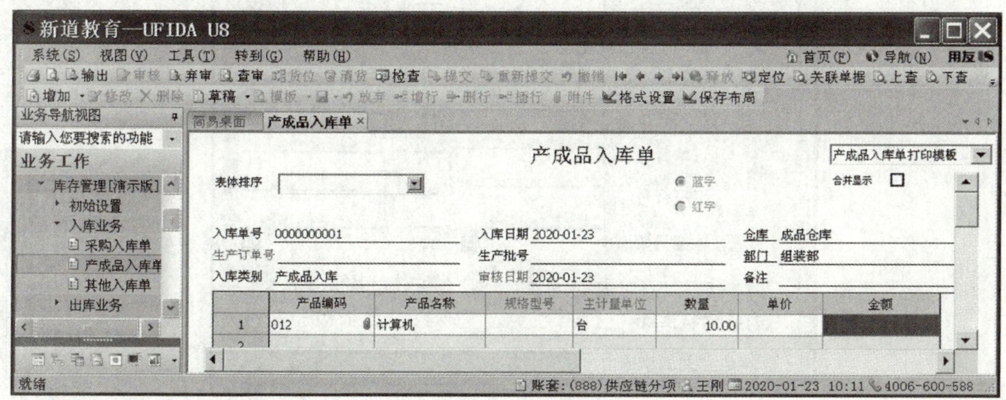

图7-1-15 产成品入库单1

（3）同理，增加并审核第二张产成品入库单，如图7-1-16所示。

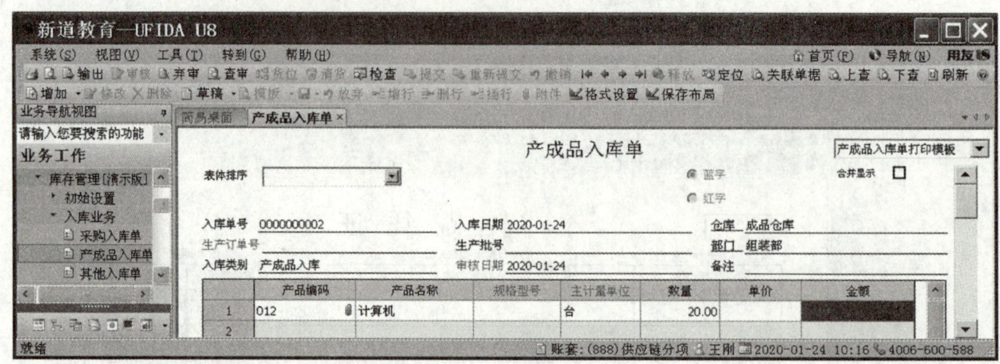

图7-1-16　产成品入库单2

特别提示：

（1）产成品入库单上无须填写单价，待产成品成本分配后会自动写入。

（2）“012计算机”存货必须具有“自制”属性。

2.在存货核算系统中录入生产总成本并对产成品的成本进行分配

（1）以“002李伟”身份进入企业应用平台，执行“业务工作”→“供应链→“存货核算”→“业务核算”→“产成品成本分配”命令，进入“产成品成本分配表”窗口。

（2）单击“查询”按钮，打开“产成品成本分配表查询”对话框。选择“成品仓库”，如图7-1-17所示。

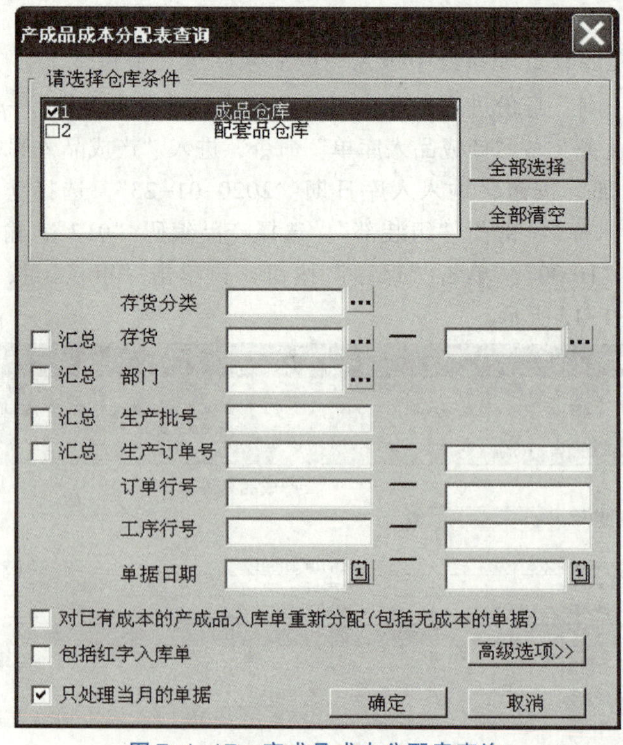

图7-1-17　产成品成本分配表查询

（3）单击“确定”按钮，系统将符合条件的记录带回“产成品成本分配表”。在“012计算机”记录行的“金额”栏中输入“129 000.00”，单击“分配”按钮，系统弹出“分配操作顺利完成！”，如图7-1-18所示，单击“确定”按钮返回。

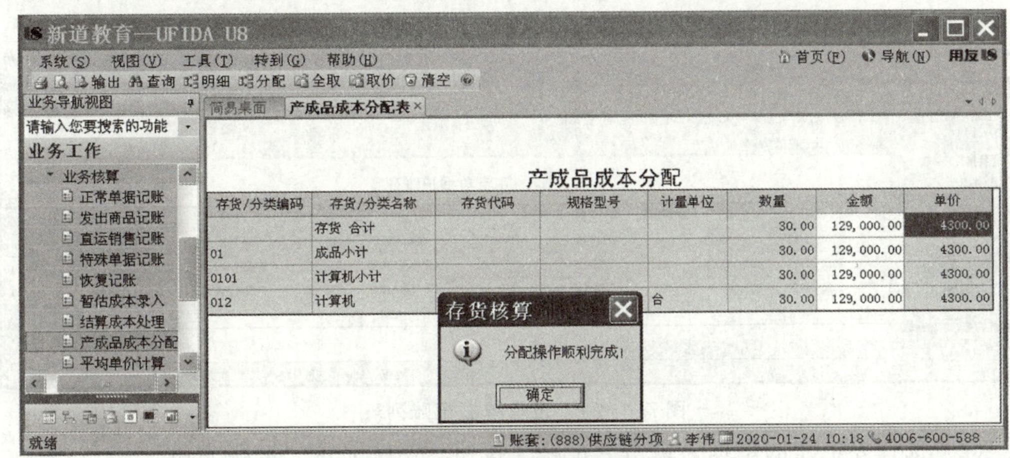

图7-1-18　产成品成本分配表

（4）以“003王刚”身份进入企业应用平台，执行“业务工作”→“供应链→“库存管理”→“入库业务”→“产成品入库单”命令，进入“产成品入库单”窗口，查看入库产成品的单价，自动分配为4 300元，如图7-1-19和7-1-20所示。

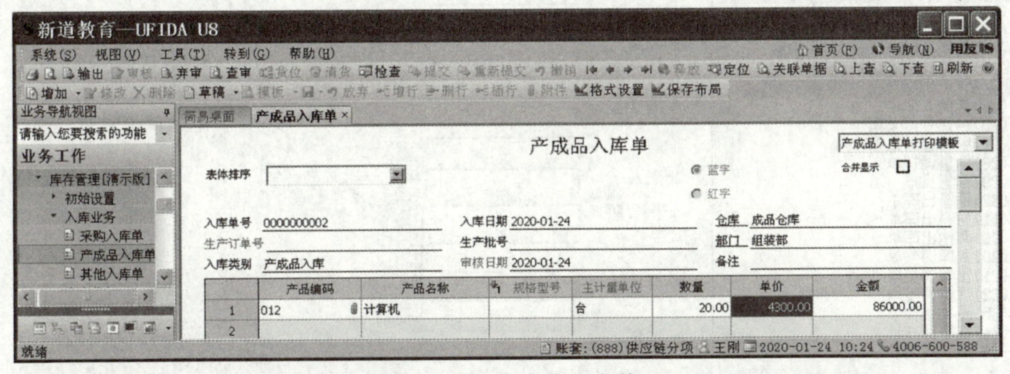

图7-1-19　产成品入库单1

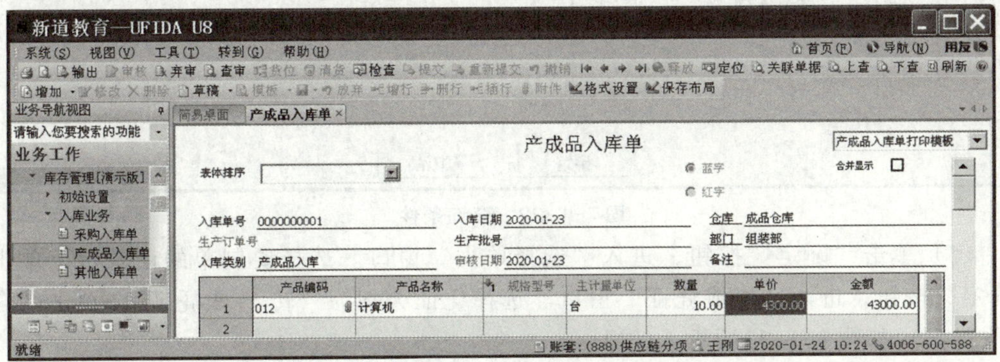

图7-1-20　产成品入库单2

3. 在存货核算系统中对产成品入库单记账并生成凭证

（1）以“002李伟”身份进入企业应用平台，执行“业务工作”→“供应链”→“存货核算”→“业务核算”→“正常单据记账”命令，打开“查询条件选择”对话框。单击“确定”按钮，进入“未记账单据一览表”窗口，如图7-1-21所示。

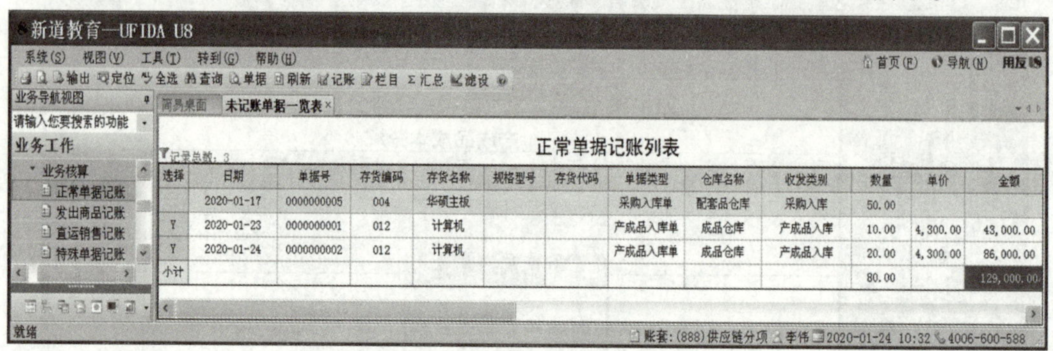

图7-1-21　正常单据记账列表

（2）选择要记账的单据，单击“记账”按钮，系统显示“记账成功”。

（3）执行“财务核算”→“生成凭证”命令，进入“生成凭证”窗口。

（4）单击工具栏上的“选择”按钮，打开“查询条件”对话框。选择“（10）产成品入库单”选项，如图7-1-22所示。

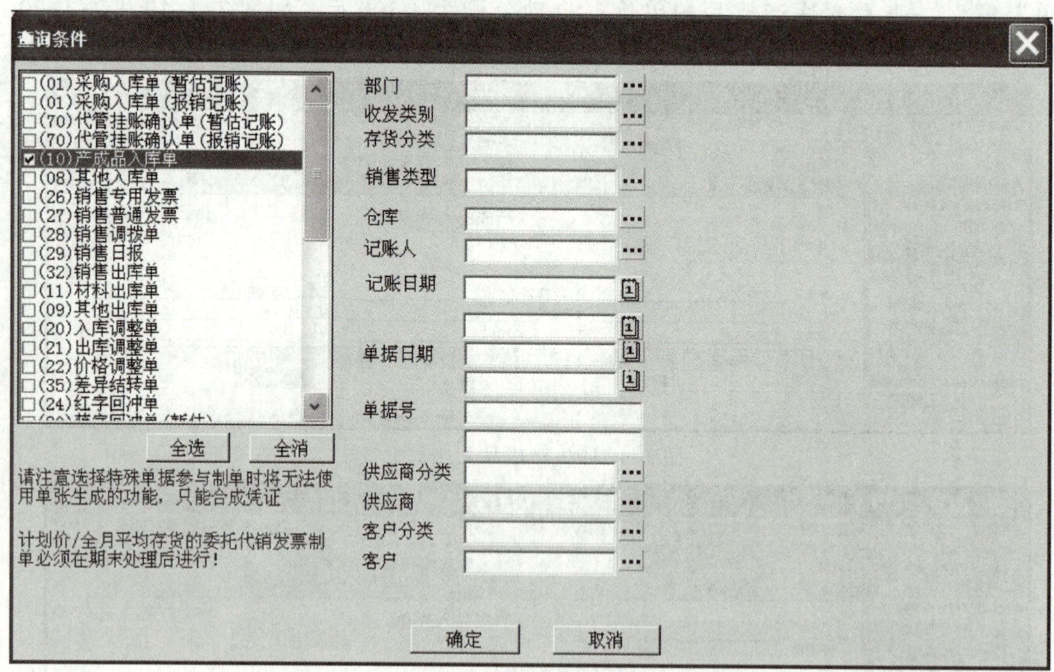

图7-1-22　查询条件

（5）单击“确定”按钮，进入“选择单据”窗口。选择要制单的记录行，单击“确定”按钮，进入“生成凭证”窗口。选择凭证类别为“转 转账凭证”，单击“合成”按钮，如图7-1-23所示。

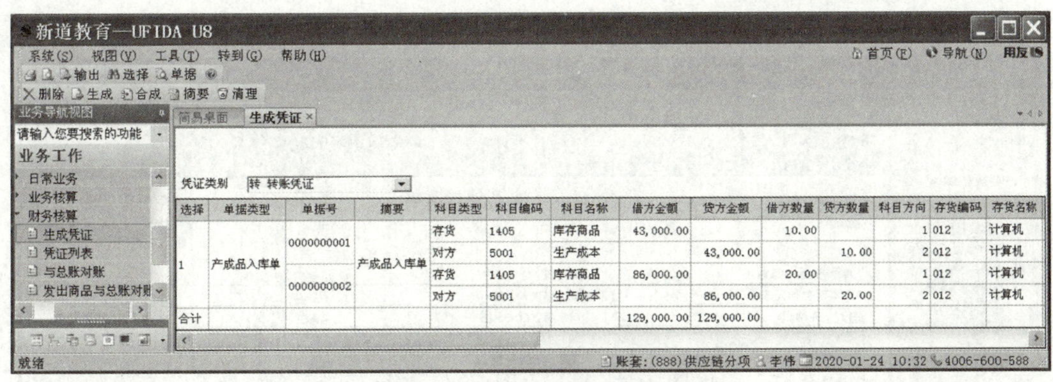

图 7-1-23 生成凭证单据

（6）进入“填制凭证”窗口，单击“保存”按钮，凭证左上角出现“已生成”标志，如图 7-1-24 所示，表示凭证已传递至总账。

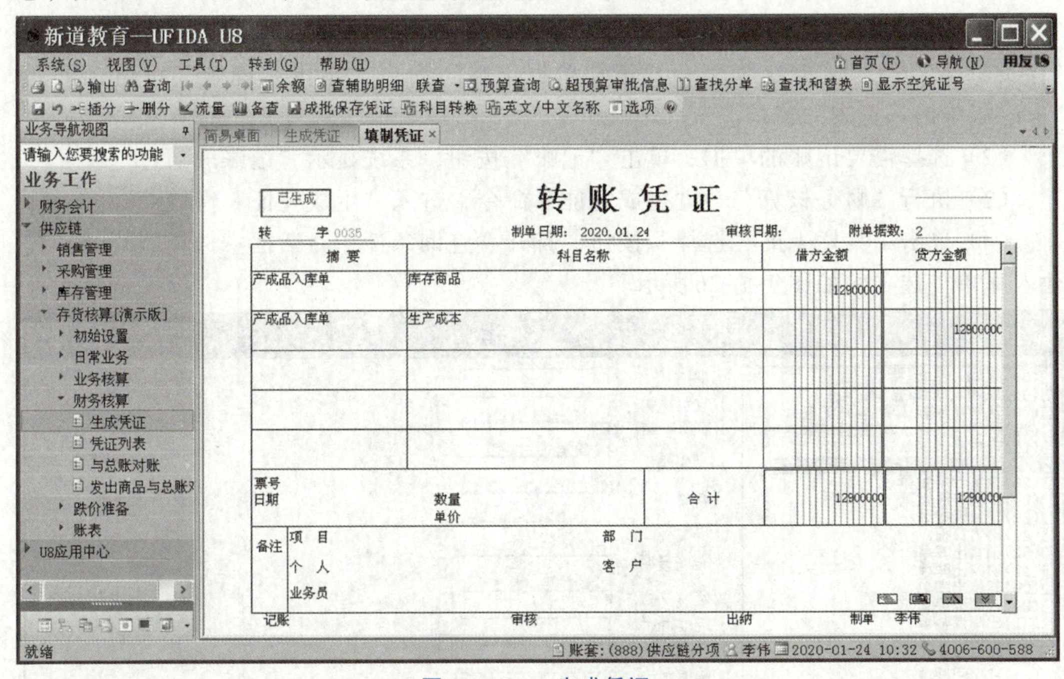

图 7-1-24 生成凭证

如何进行捐赠入库业务处理

业务三

【操作步骤】

1. 1月25日，在库存管理系统中录入其他入库单并审核

（1）以“003 王刚”身份进入企业应用平台，执行“业务工作”→“供应链”→“库存管理”→“入库业务”→“其他入库单”命令，进入“其他入库单”窗口。

（2）单击“增加”按钮，输入入库日期“2020-01-25”，选择仓库“成品仓库”、入库类别“其他入库”、部门“采购部”。选择存货编码“013”，输入存货名称“惠普打印机”，输入数量“1.00”，单价“1 800.00”，单击“保存”按钮，再单击“审核”

按钮，如图 7-1-25 所示。

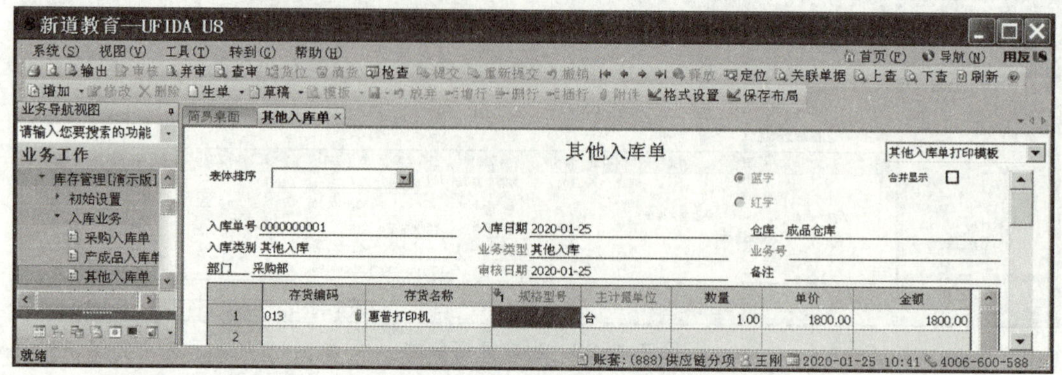

图 7-1-25　其他入库单

2. 在存货核算系统中对其他入库单记账并生成凭证

（1）以“002 李伟”身份进入企业应用平台，执行“业务工作”→“供应链”→“存货核算”→“业务核算”→“正常单据记账”命令，单击“确定”按钮，进入“未记账单据一览表”窗口。

（2）选择需要记账的单据，单击“记账”按钮，系统显示“记账成功”。

（3）执行“财务核算”→“生成凭证”命令，进入“生成凭证”窗口。

（4）单击工具栏上的“选择”按钮，打开“查询条件”对话框。选择“（08）其他入库单”选项，如图 7-1-26 所示。

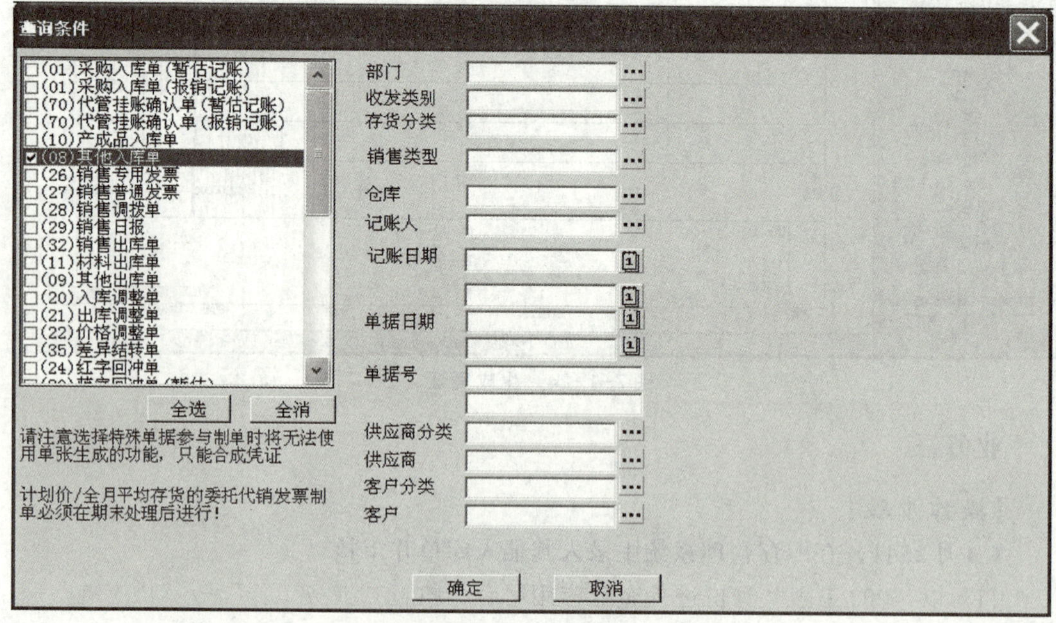

图 7-1-26　查询条件

（5）单击“确定”按钮，进入“选择单据”窗口。选择要制单的记录行，单击“确定”按钮，进入“生成凭证”窗口。选择凭证类别为“转 转账凭证”，补充贷方科目“6301 营业外收入”，如图 7-1-27 所示。

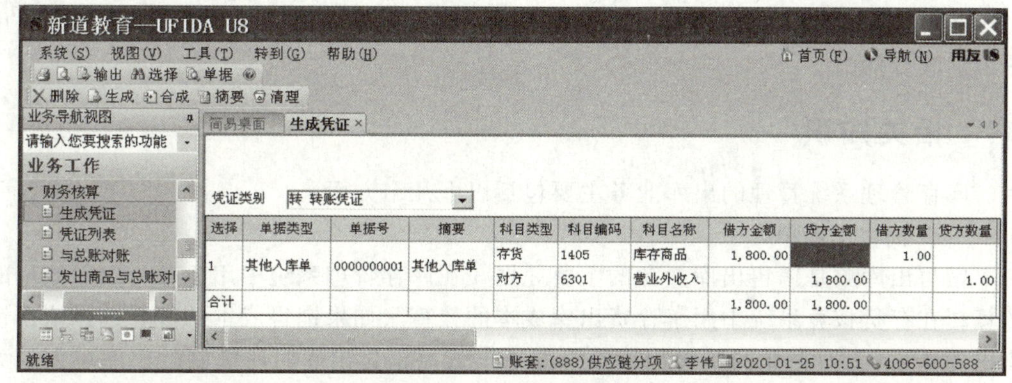

图 7-1-27 生成凭证单据

(6) 单击"生成"按钮，进入"填制凭证"窗口，单击"保存"按钮，凭证左上角出现"已生成"标志，表示凭证已传递至总账，如图 7-1-28 所示。

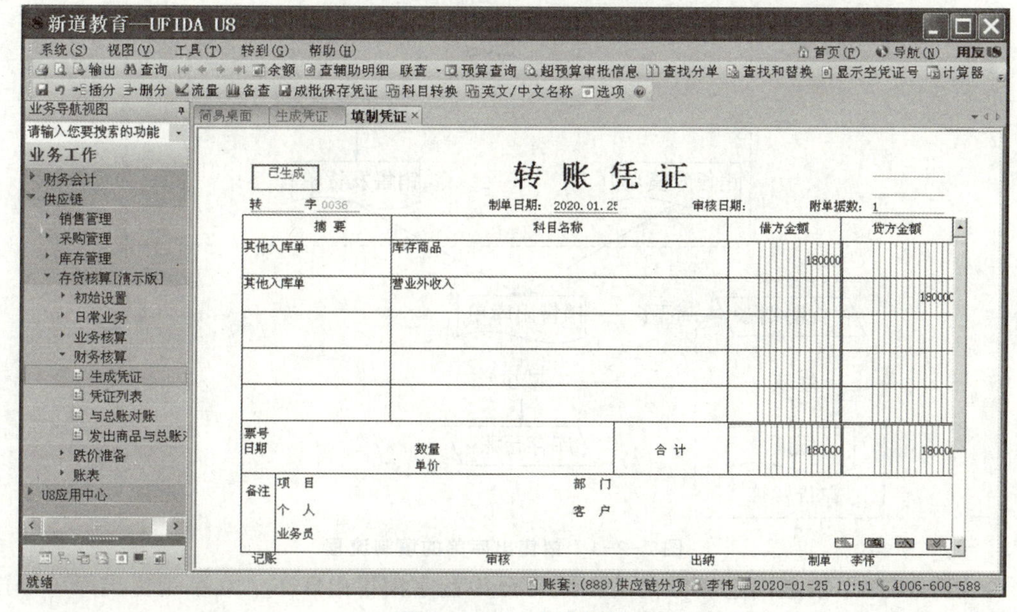

图 7-1-28 生成凭证

任务测试 7-1

任务 2 出库业务处理

任务资料

业务一：1月25日，组装部向配套品仓库领用奔腾 CPU50 盒、西部数据硬盘 50 盒，用于计算机组装。

业务二：1月25日，销售一部向武汉精益公司出售计算机10台，无税报价 4 500 元，货物从成品仓库发出。当日根据上述发货单开具专用发票一张，票号为 10250100。同时收到客户以转账支票支付的全部货款，票号为 ZP0044。

业务三：1月26日，销售一部领取5台计算机，同期对外售价每台4 500元，用于捐助教育部门。

相关知识

库存管理系统管理的出库业务主要包括以下几个方面：

一、销售出库单

销售出库单是销售出库业务的主要凭据，在库存管理系统中用于存货出库数量的核算，在存货核算系统中用于存货出库成本的核算（如果销售成本的核算选择依据销售出库单）。工业企业的销售出库单一般指产成品销售出库时所填制的出库单据，商业企业的销售出库单一般指商品销售出库时所填制的出库单据。

销售出库单的填制流程如图7-2-1所示。

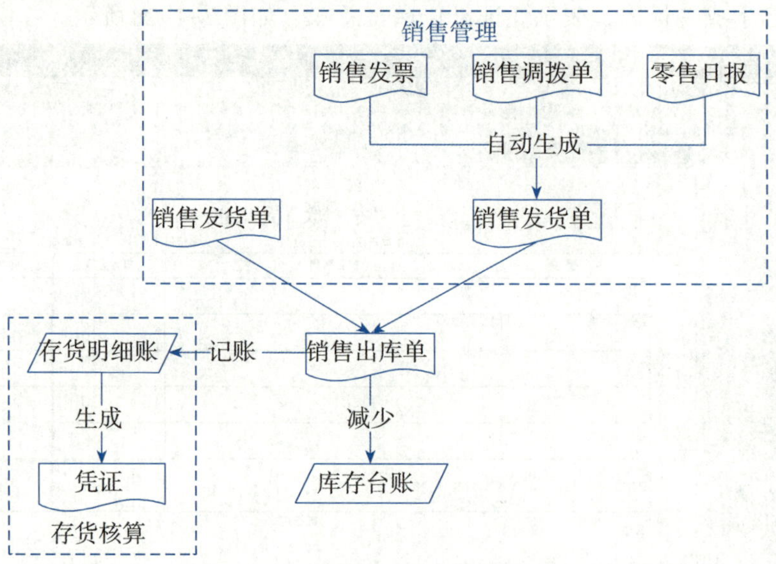

图7-2-1　销售出库单的填制流程

销售出库单按进出仓库方向的不同可分为蓝字销售出库单、红字销售出库单；按业务类型的不同可分为普通销售出库单、委托代销出库单、分期收款出库单。

如果没有启用销售管理系统，销售出库单需要手工增加。

如果启用了销售管理系统，则在销售管理系统中填制销售发票、销售调拨单、零售日报、销售发货单，经复核后均可以参照生成销售出库单。

根据选项设置，销售出库单可以在库存管理系统中填制、生成；也可以在销售管理系统中生成后传递到库存管理系统中，然后在库存管理系统中进行审核。

二、材料出库单

材料出库单是工业企业领用材料时所填制的出库单据，材料出库单也是进行日常业务处理和记账的主要原始单据之一。

只有工业企业才有材料出库单，商业企业没有此单据。

材料出库单的填制流程如图7-2-2所示。

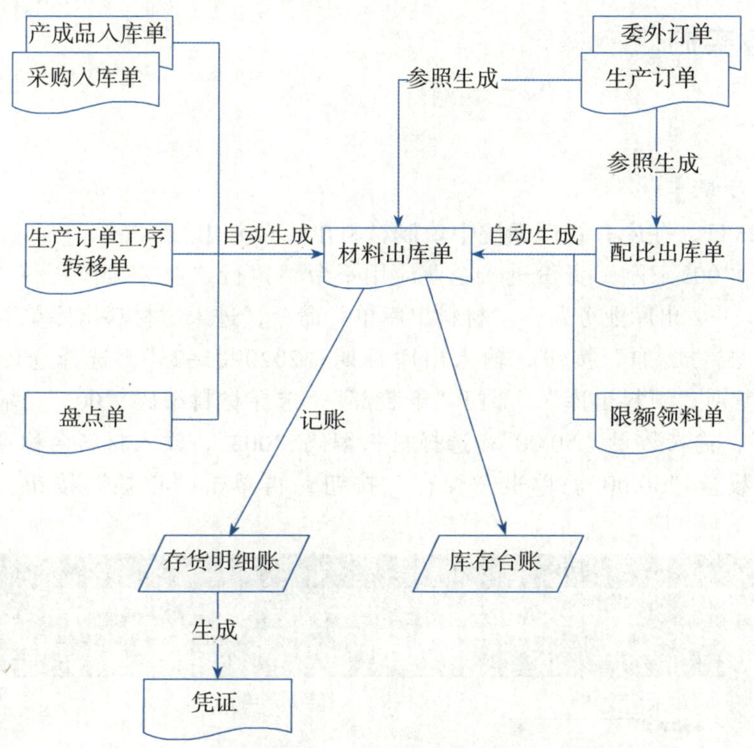

图7-2-2 材料出库单的填制流程

三、其他出库单

其他出库是指除销售出库、材料出库外的其他出库业务，如维修、办公耗用、样品出库、赠品出库、调拨出库、盘亏出库、组装拆卸出库、形态转换出库等。其他出库单一般由系统根据其他业务单据自动生成，也可手工填制。

其他出库单的填制流程如图7-2-3所示。

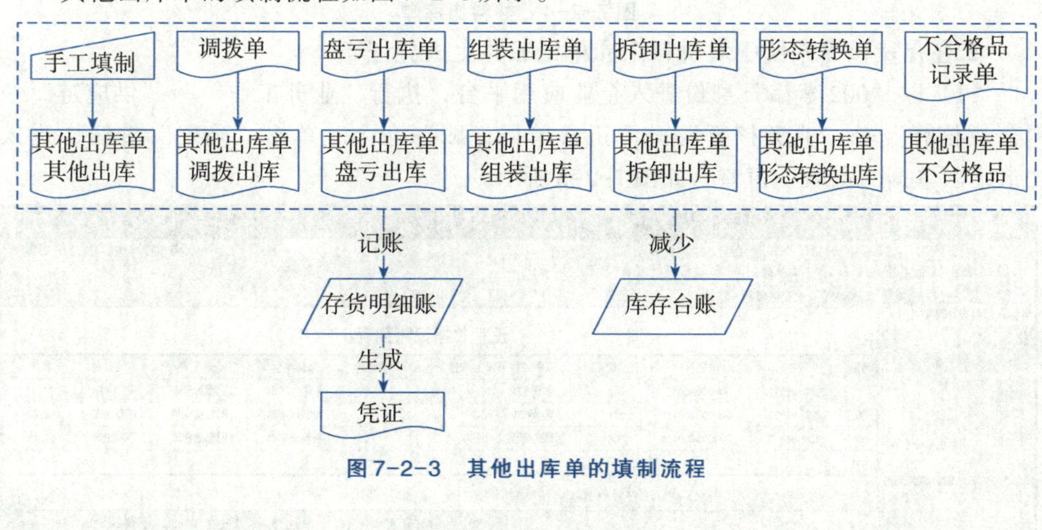

图7-2-3 其他出库单的填制流程

任务实施

业务一

微课7-4

如何进行生产出库业务处理

【操作步骤】

1.1月25日，在库存管理系统中填制材料出库单并审核

（1）以“003王刚”身份进入企业应用平台，执行“业务工作”→“供应链”→“库存管理”→“出库业务”→“材料出库单”命令，进入“材料出库单”窗口。

（2）单击“增加”按钮，输入出库日期“2020-01-25”，选择仓库“配套品仓库”、出库类别“领料出库”、部门“组装部”。选择材料编码“001”，输入材料名称“奔腾CPU”，输入数量“50.00”；选择材料编码“003”，输入材料名称“西部数据硬盘”，输入数量“50.00”。单击“保存”按钮，再单击“审核”按钮，如图7-2-4所示。

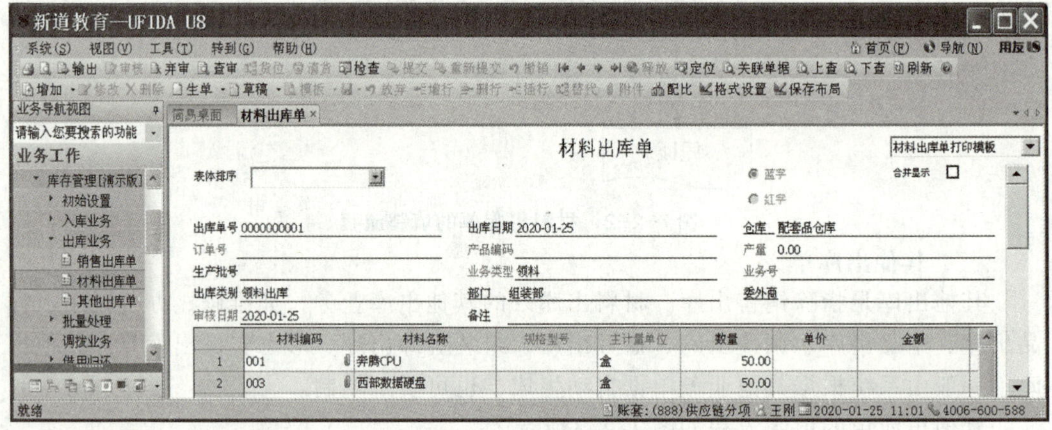

图7-2-4 材料出库单

2.在存货核算系统中对材料出库单记账并生成凭证

（1）以“002李伟”身份进入企业应用平台，执行“业务工作”→“供应链”→“存货核算”→“业务核算”→“正常单据记账”命令，单击“确定”按钮，进入“未记账单据一览表”窗口，如图7-2-5所示。

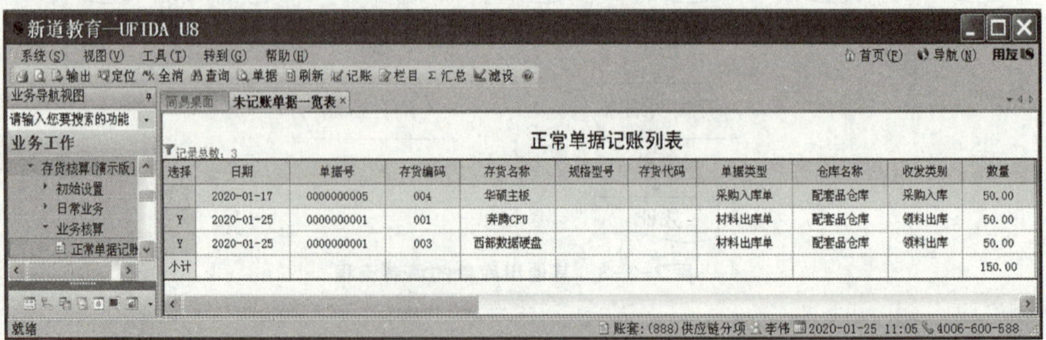

正常单据记账列表

记录总数：3

选择	日期	单据号	存货编码	存货名称	规格型号	存货代码	单据类型	仓库名称	收发类别	数量
	2020-01-17	0000000005	004	华硕主板			采购入库单	配套品仓库	采购入库	50.00
Y	2020-01-25	0000000001	001	奔腾CPU			材料出库单	配套品仓库	领料出库	50.00
Y	2020-01-25	0000000001	003	西部数据硬盘			材料出库单	配套品仓库	领料出库	50.00
小计										150.00

图7-2-5 正常单据记账列表

（2）选择需要记账的单据，单击“记账”按钮，系统显示“记账成功”。

（3）执行“业务工作”→“供应链”→“存货核算”→“财务核算”→“生成凭证”命令，进入“生成凭证”窗口。

（4）单击工具栏上的“选择”按钮，打开“查询条件”对话框。选择“（11）材料出库单”选项，如图7-2-6所示。单击“确定”按钮，进入“选择单据”窗口。

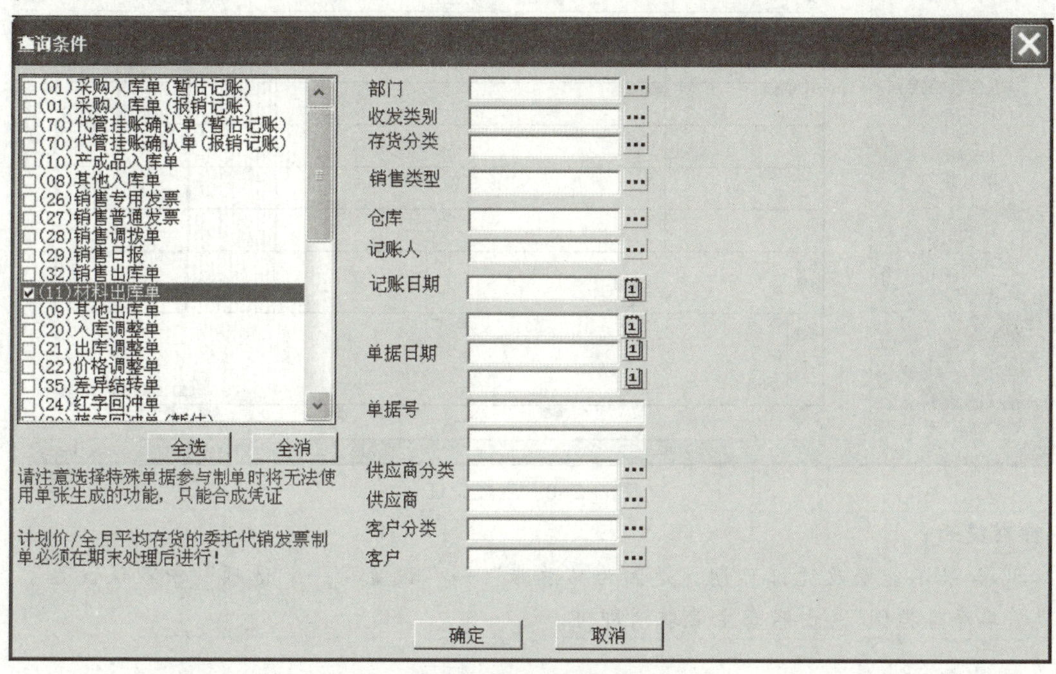

图7-2-6 查询条件

（5）选择要制单的记录行，单击“确定”按钮，进入“生成凭证”窗口。选择凭证类别为“转 转账凭证”，如图7-2-7所示。

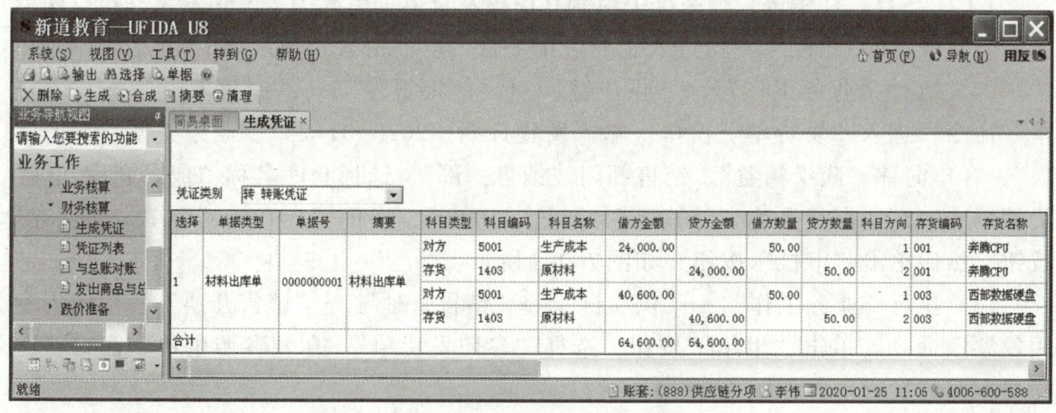

选择	单据类型	单据号	摘要	科目类型	科目编码	科目名称	借方金额	贷方金额	借方数量	贷方数量	科目方向	存货编码	存货名称
1	材料出库单	0000000001	材料出库单	对方	5001	生产成本	24,000.00		50.00		1	001	奔腾CPU
				存货	1403	原材料		24,000.00		50.00	2	001	奔腾CPU
				对方	5001	生产成本	40,600.00		50.00		1	003	西部数据硬盘
				存货	1403	原材料		40,600.00		50.00	2	003	西部数据硬盘
合计							64,600.00	64,600.00					

图7-2-7 生成凭证单据

（6）单击“合成”按钮，进入“填制凭证”窗口，单击“保存”按钮，凭证左上角出现“已生成”标志，如图7-2-8所示，表示凭证已传递至总账。

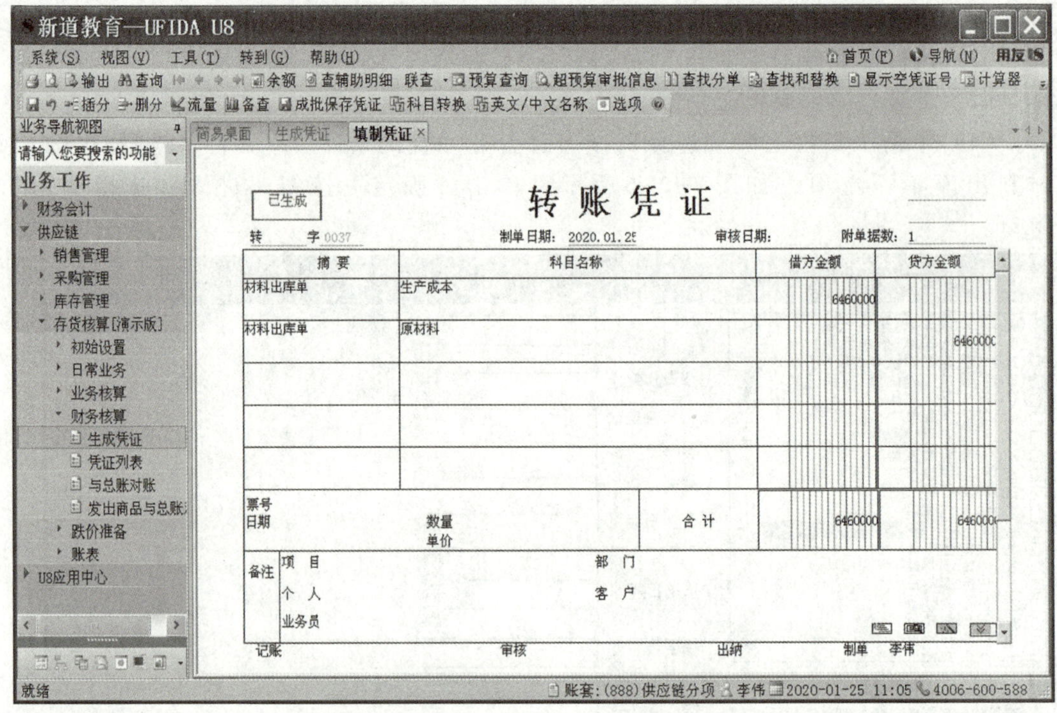

图7-2-8 生成凭证

特别提示：

如果不能修改凭证日期，是因为“总账”→“设置”→“选项”中默认设置了“制单序时控制”，由账套主管取消即可。

微课7-5

如何进行销售出库业务处理

业务二

【操作步骤】

1.1月25日，在销售管理系统中填制并审核发货单，生成销售专用发票并执行现结

（1）以“003王刚”身份进入企业应用平台，取消销售管理系统1月份结账。

（2）执行“业务工作”→“供应链”→“销售管理”→“销售发货”→“发货单”命令，进入“发货单”窗口。输入发货日期“2020-01-25”、业务类型“普通销售”、客户简称“武汉精益”、销售部门“销售一部”，选择仓库名称“成品仓库”、存货编码“012”、存货名称“计算机”、数量“10.00”，报价“4 500.00”，单击“保存”按钮，然后单击“审核”按钮，如图7-2-9所示。

（3）执行“业务工作”→“供应链”→“销售管理”→“销售开票”→“销售专用发票”命令，单击“生单”按钮，选择“参照发货单”，在“参照生单”窗口，选择要参照的发货单，如图7-2-10所示。

（4）单击“确定”按钮，将发货单信息带入销售专用发票。修改发票号为“10250100”、日期为“2020-01-25”，单击“保存”按钮，如图7-2-11所示。

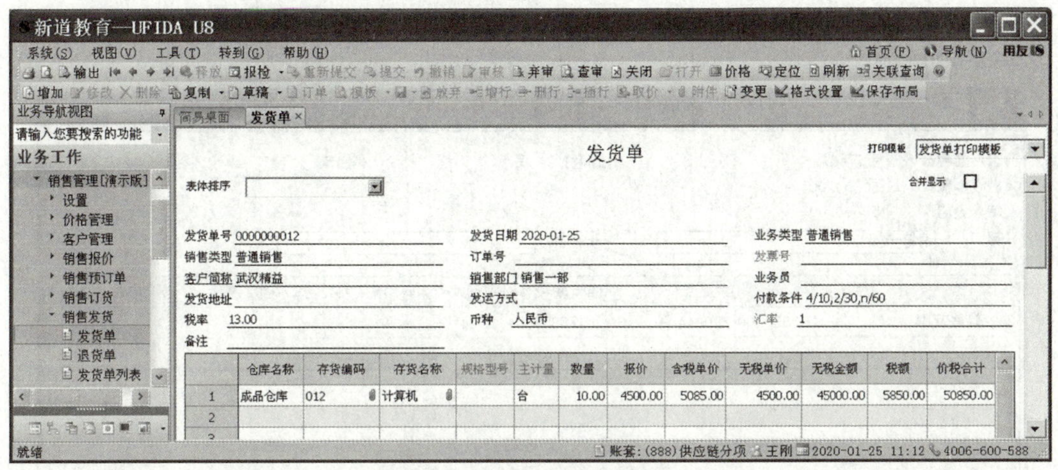

图 7-2-9 销售发货单

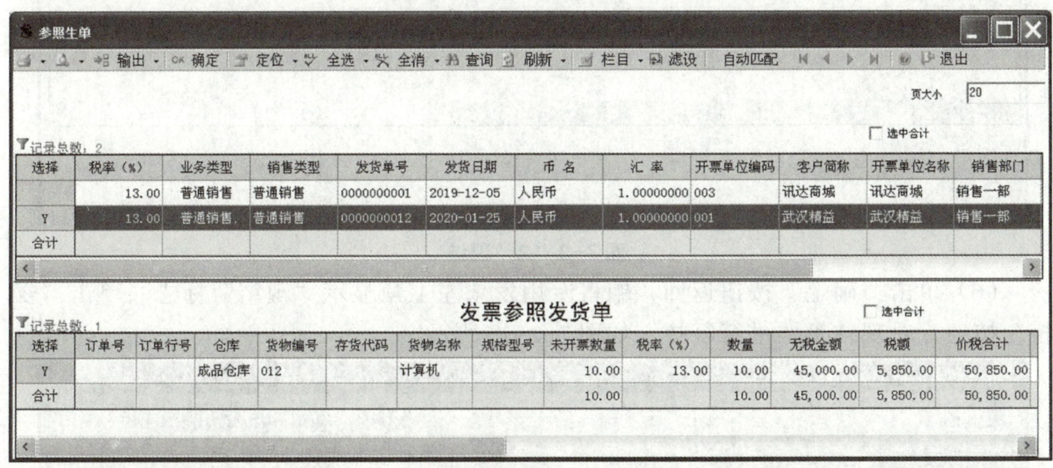

图 7-2-10 参照生单

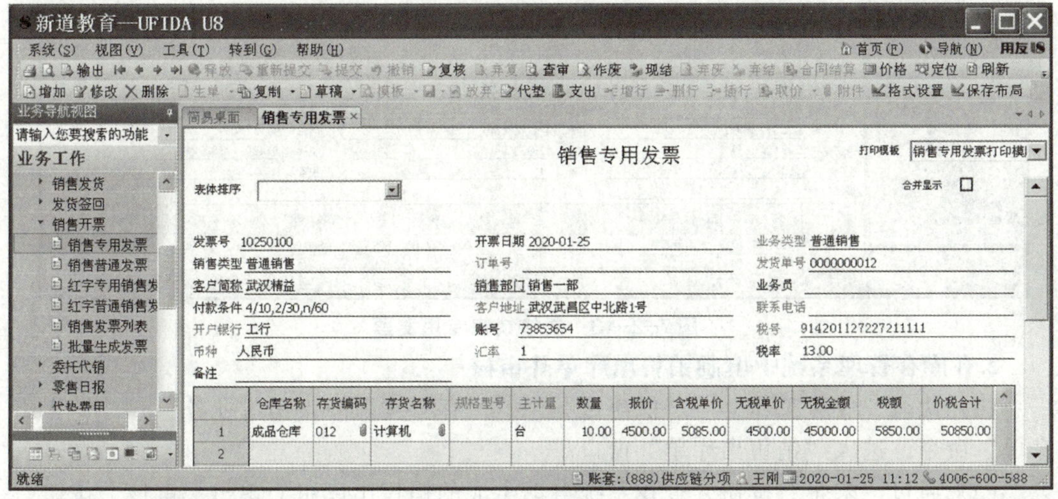

图 7-2-11 销售专用发票

（5）在销售专用发票界面，单击“现结”按钮，打开“现结”对话框。录入结算方式“202-转账支票”，输入原币金额“50 850.00”，录入票据号“ZP0044”，如图7-2-12所示。

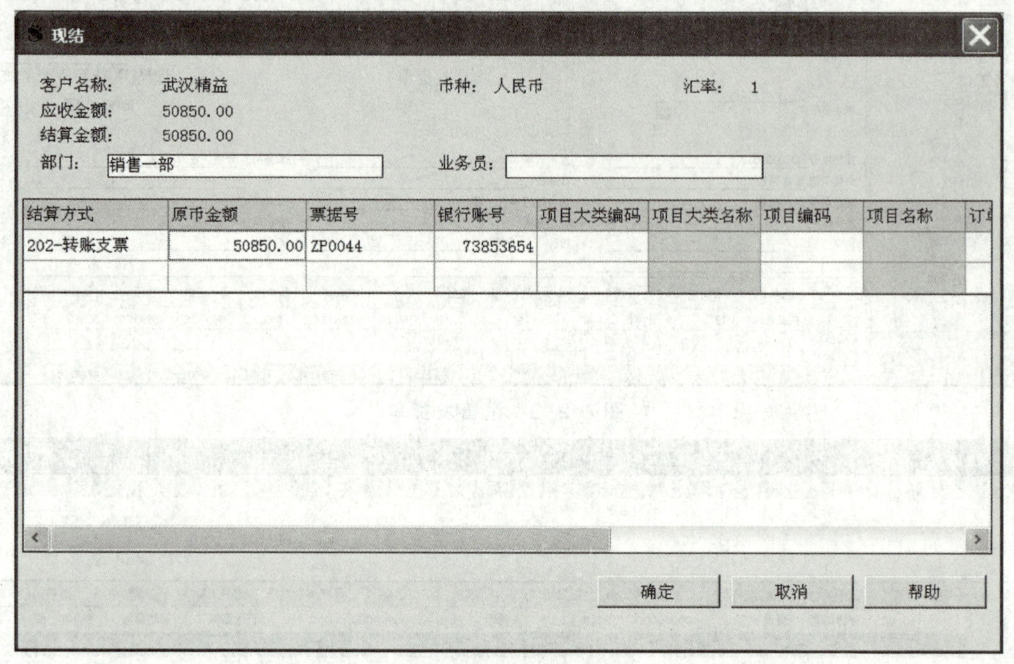

图7-2-12 现结

（6）单击“确定”按钮返回，销售专用发票左上角显示“现结”标志。单击“复核”按钮，对现结发票进行复核，如图7-2-13所示。

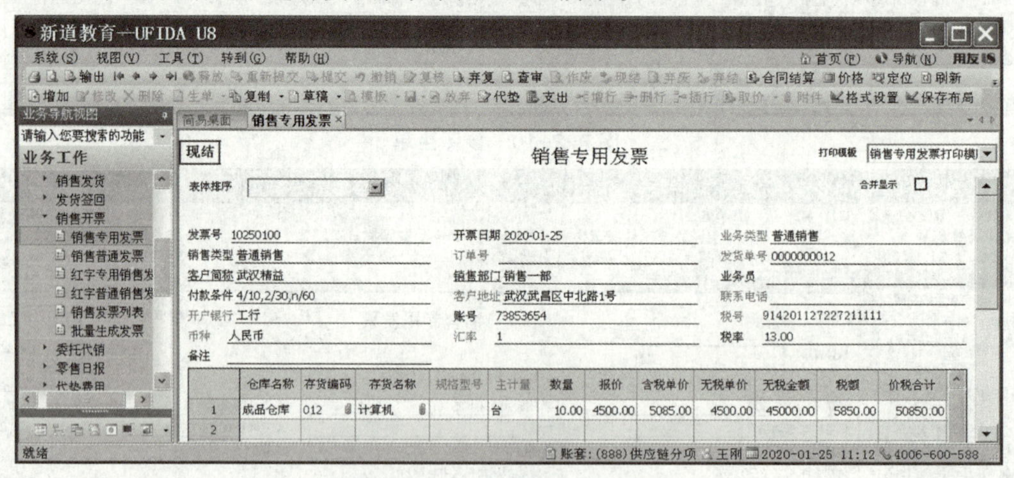

图7-2-13 复核销售专用发票

2.在库存管理系统中填制销售出库单并审核

（1）执行“业务工作”→“供应链”→“库存管理”→“出库业务”→“销售出库单”命令，进入“销售出库单”窗口。

（2）通过“末张”按钮，查找系统自动生成的销售出库单，单击“审核”按钮后退出，如图7-2-14所示。

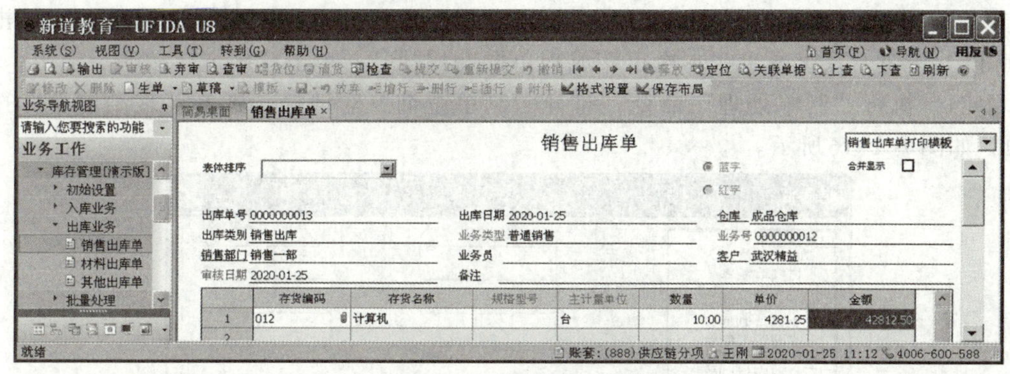

图7-2-14 销售出库单

特别提示：

（1）当销售管理系统未启用时，可直接填制销售出库单。

（2）当销售管理系统、库存管理系统集成使用时，只有在销售管理系统中取消“销售生成出库单”选项，库存管理系统才可通过“生单”功能生成销售出库单，否则只能查询和审核销售出库单。

3.在应收款管理系统中审核应收单据和现结制单

（1）以“002李伟”身份进入企业应用平台，执行“业务工作”→“财务会计”→“应收款管理”→“应收单据处理”→“应收单据审核”命令，打开“应收单查询条件”对话框。

（2）在左下角选择“包含已现结发票”复选框，如图7-2-15所示。

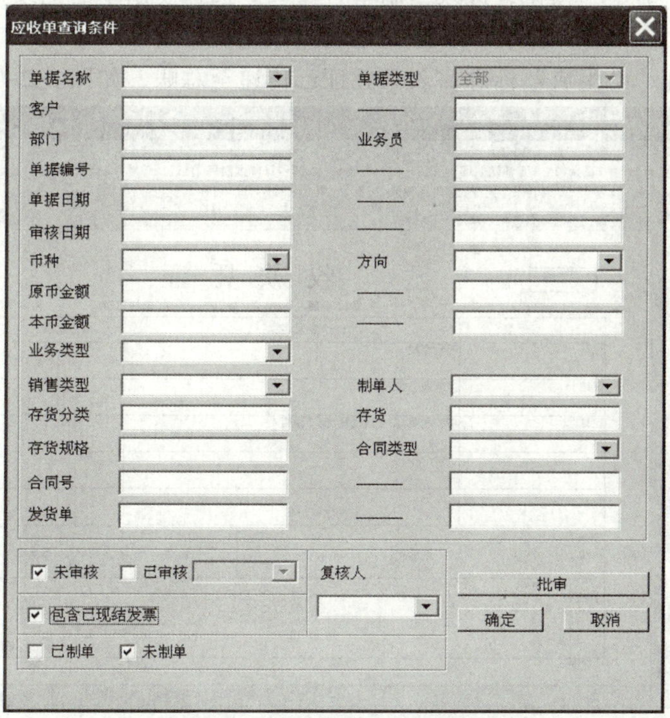

应收单查询条件
单据名称
单据类型 全部
客户
部门
业务员
单据编号
单据日期
审核日期
币种
方向
原币金额
本币金额
业务类型
销售类型
制单人
存货分类
存货
存货规格
合同类型
合同号
发货单
未审核
已审核
复核人
包含已现结发票
已制单
未制单
批审
确定
取消

图7-2-15 应收单查询条件

（3）单击“确定”按钮，进入“单据处理”窗口。选择需要审核的单据，单击“审核”按钮，系统弹出“本次审核成功单据［1］张”，单击“确定”按钮后退出。

（4）执行“制单处理”命令，打开“制单查询”对话框，选择“现结制单”选项，如图7-2-16所示。

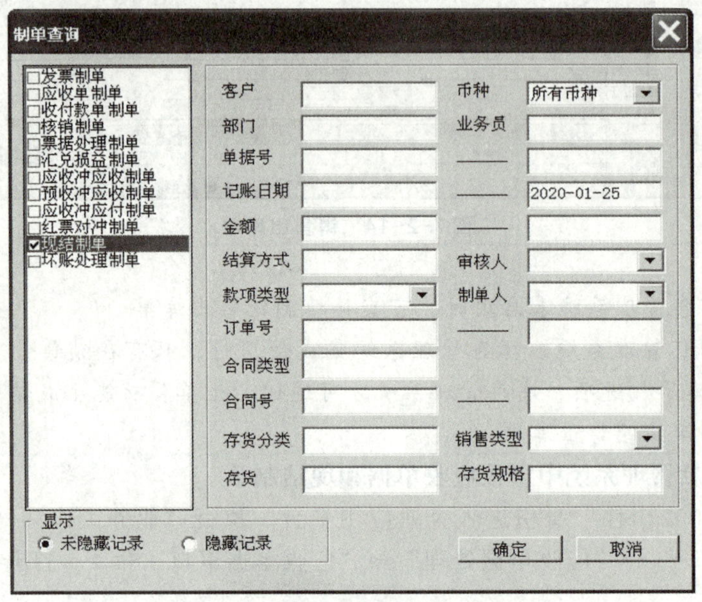

图7-2-16　制单查询

（5）单击“确定”按钮，进入“制单”窗口。选择要制单的记录行，选择凭证类别“收款凭证”，单击“制单”按钮，进入“填制凭证”窗口，单击“保存”按钮，凭证左上角出现“已生成”标志，表示凭证已传递至总账，如图7-2-17所示。

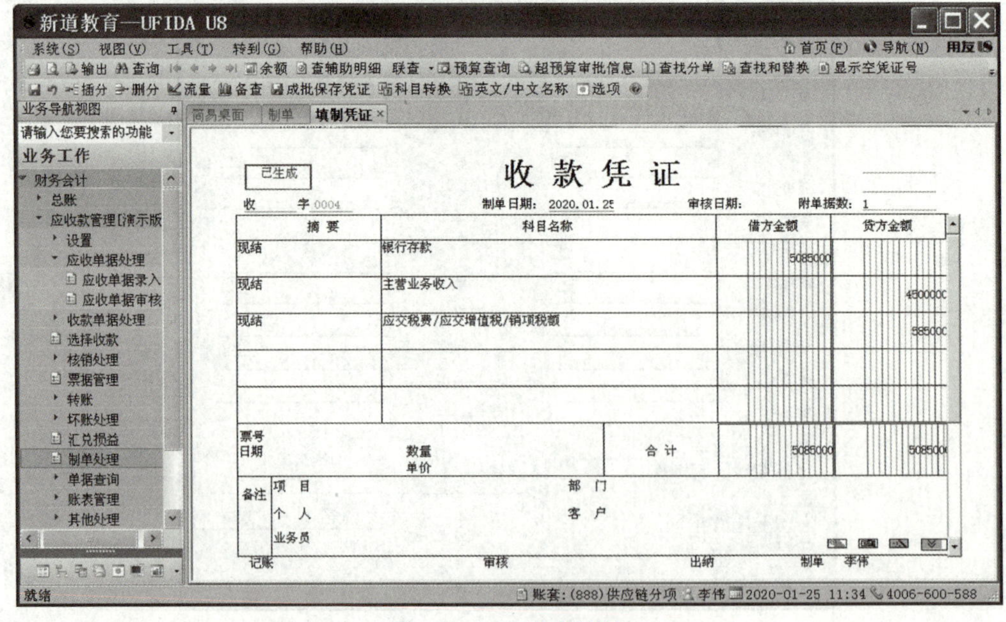

图7-2-17　生成凭证

4.在存货核算系统记账并结转销售成本

（1）执行“业务工作”→“供应链”→“存货核算”→“业务核算”→“正常单据记账”命令，打开“查询条件选择”对话框。单击“确定”按钮，进入“未记账单据一览表”窗口。

（2）选择需要记账的单据，单击“记账”按钮，系统显示“记账成功”。

（3）执行“财务核算”→“生成凭证”命令，进入“生成凭证”窗口。

（4）单击工具栏上的“选择”按钮，打开“查询条件”对话框，选择“（26）销售专用发票”选项。

（5）单击“确定”按钮，进入“选择单据”窗口。选择要制单的记录行，单击“确定”按钮，进入“生成凭证”窗口。选择凭证类别为“转 转账凭证”，如图7-2-18所示。

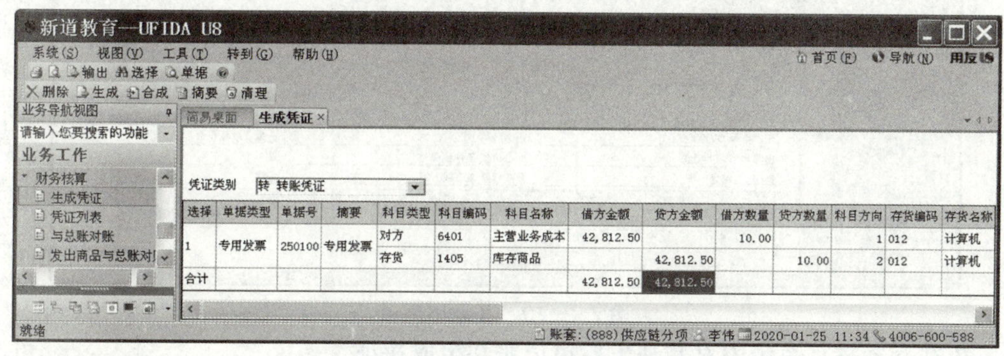

图7-2-18 生成凭证单据

（6）单击“生成”按钮，进入“填制凭证”窗口，单击“保存”按钮，凭证左上角出现“已生成”标志，如图7-2-19所示，表示凭证已传递至总账。

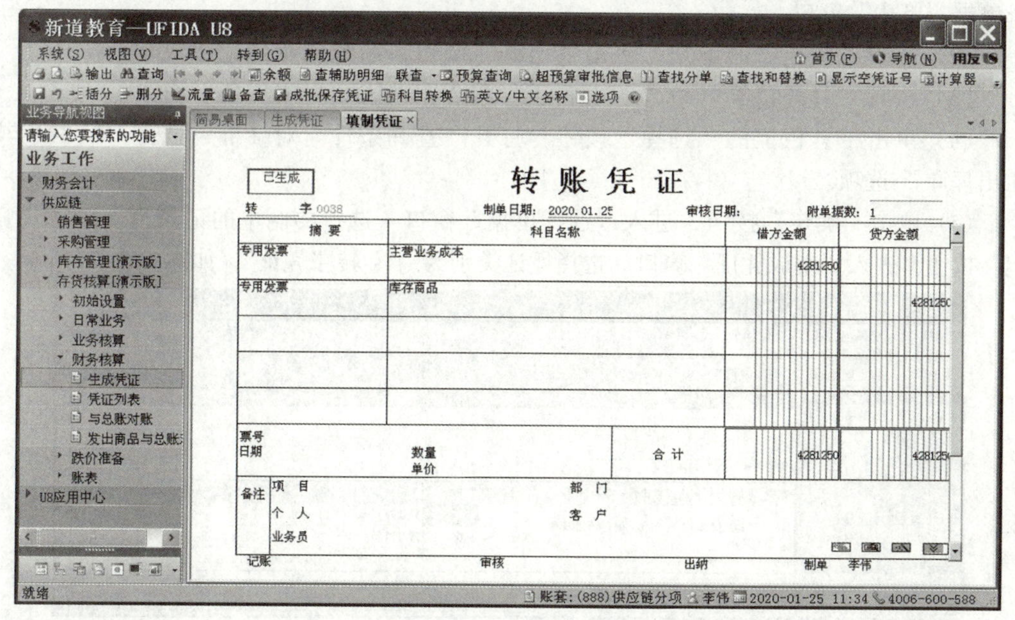

图7-2-19 生成凭证

业务三

【操作步骤】

1.1月26日，在库存管理系统中录入其他出库单并审核

微课7-6

如何进行捐赠出库业务处理

（1）以“003王刚”身份进入企业应用平台，执行“业务工作”→“供应链”→“库存管理”→“出库业务”→“其他出库单”命令，进入“其他出库单”窗口。

（2）单击“增加”按钮，输入入库日期“2020-01-26”，选择仓库“成品仓库”、出库类别“其他出库”、部门“销售一部”，选择存货编码“012”，输入存货名称“计算机”，输入数量“5.00”。单击“保存”按钮，然后单击“审核”按钮，如图7-2-20所示。

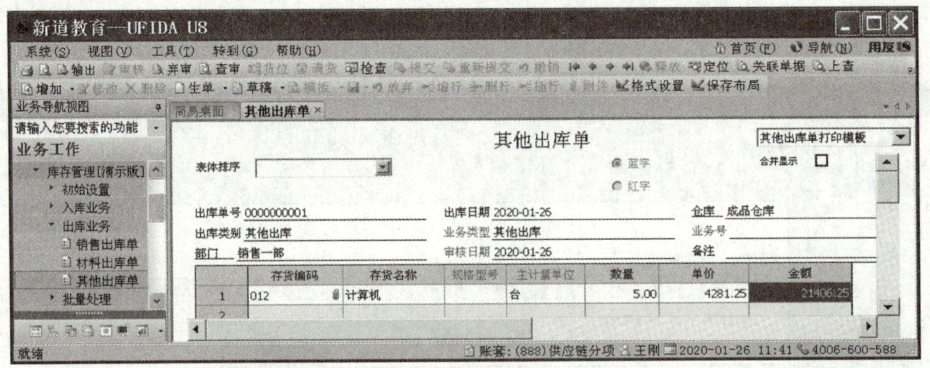

图7-2-20　其他出库单

2.在存货核算系统中对其他出库单记账并生成凭证

（1）以“002李伟”身份进入企业应用平台，执行“业务工作”→“供应链”→“存货核算”→“业务核算”→“正常单据记账”命令，单击“确定”按钮，进入“未记账单据一览表”窗口。

（2）选择需要记账的单据，单击“记账”按钮，系统显示“记账成功”。

（3）执行“财务核算”→“生成凭证”命令，进入“生成凭证”窗口。

（4）单击工具栏上的“选择”按钮，打开“查询条件”对话框，选择“（09）其他出库单”选项。

（5）单击“确定”按钮，进入“选择单据”窗口。选择要制单的记录行，单击“确定”按钮，进入“生成凭证”窗口。选择凭证类别为“转 转账凭证”，如图7-2-21所示。

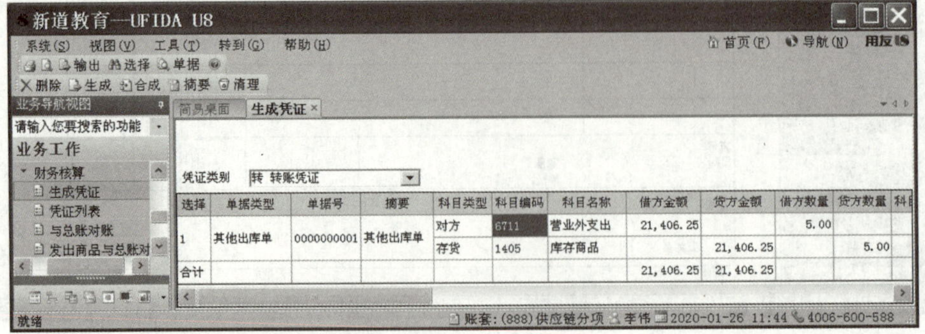

图7-2-21　生成凭证单据

（6）单击“生成”按钮，进入“填制凭证”窗口，在第三行分录插入科目名称“应交税费/应交增值税/销项税额”，其贷方金额为2 925.00，第一行分录借方金额自动取值为24 331.25。单击“保存”按钮，凭证左上角出现“已生成”标志，如图7-2-22所示，表示凭证已传递至总账。

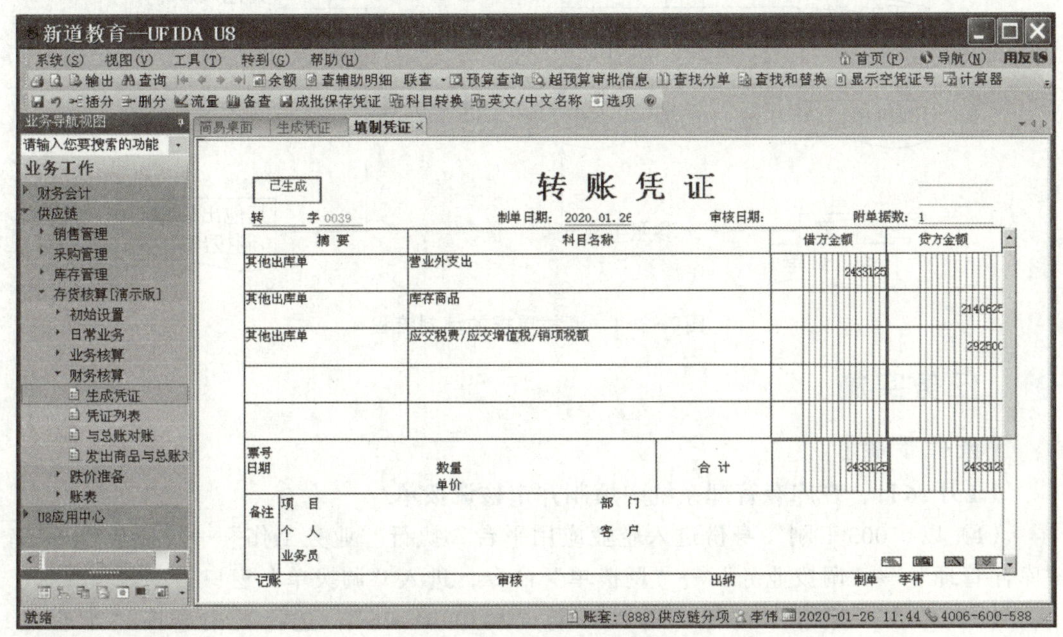

图7-2-22 生成凭证

特别提示：

将自产货物捐赠他人，应按视同销售处理，不确认收入，但要确认销项税额。

任务3 库存调拨业务

任务资料

1月26日，将配套品仓库中的5台三星显示器调拨到成品仓库。

相关知识

库存管理系统中提供了调拨申请单和调拨单。

调拨申请单用于录入门店或分支机构的要货情况，或者录入企业配货指令，仓库可以根据调拨申请分次调拨。在库存调拨业务处理流程中，调拨申请环节可省略。

调拨单用于处理仓库之间存货的转库业务或部门之间的存货调拨业务。如果调拨单上的转出部门和转入部门不同，则表示是部门之间的调拨业务；如果转出部门和转入部门相同，但转出仓库和转入仓库不同，则表示是仓库之间的转库业务。

在同一个业务日期，转入仓库和转出仓库均相同的存货可以填列在一张调拨单上，从而完成调拨业务的账面调动。

调拨单据的填制流程如图 7-3-1 所示。

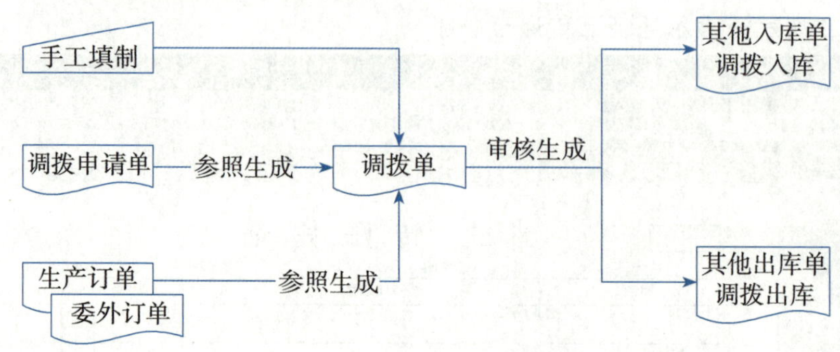

图 7-3-1　调拨单据的填制流程

微课 7-7
如何进行库存调拨业务处理

任务实施

【操作步骤】

1. 1 月 26 日，在库存管理系统中填制并审核调拨单

（1）以“003 王刚”身份进入企业应用平台，执行“业务工作”→“供应链”→“库存管理”→“调拨业务”→“调拨单”命令，进入“调拨单”窗口。

（2）单击“增加”按钮，输入日期“2020-01-26”，选择转出仓库“配套品仓库”、转入仓库“成品仓库”，录入出库类别“调拨出库”、入库类别“调拨入库”。

（3）选择存货编码“009”，输入存货名称“三星显示器”，输入数量“5.00”。单击“保存”按钮，然后单击“审核”按钮，如图 7-3-2 所示。

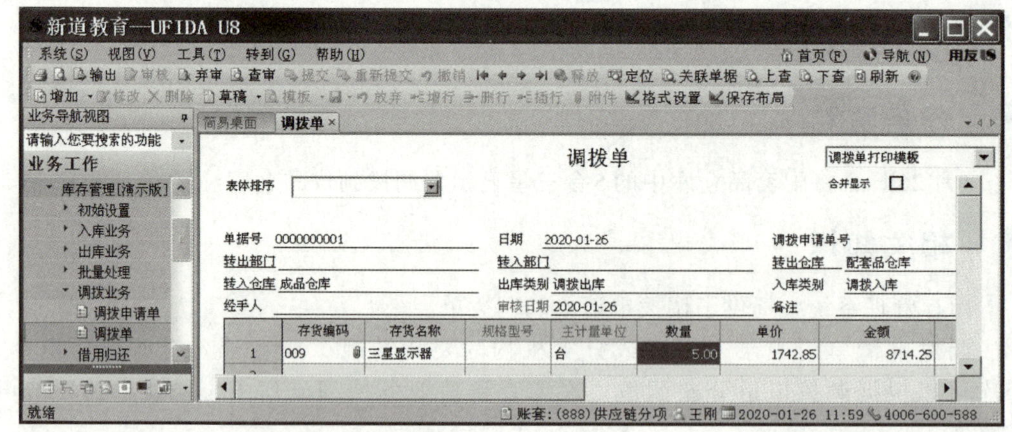

图 7-3-2　调拨单

特别提示：

（1）转出仓库的计价方法为移动平均法、先进先出法时，调拨单的单价可以为空，系统根据计价方式自动计算填入。

（2）调拨单保存后，系统自动生成其他入库单和其他出库单，且由调拨单生成的其他出入库单不得修改或删除。如果调拨单被弃审，那么相应的其他出入库单自动被删除。

2.在库存管理系统中对调拨单生成的其他出入库单进行审核

（1）执行“业务工作”→“供应链”→“库存管理”→“出库业务”→“其他出库单”命令，进入“其他出库单”窗口。

（2）通过“末张”按钮，找到系统自动生成的其他出库单，单击“审核”按钮，如图7-3-3所示。

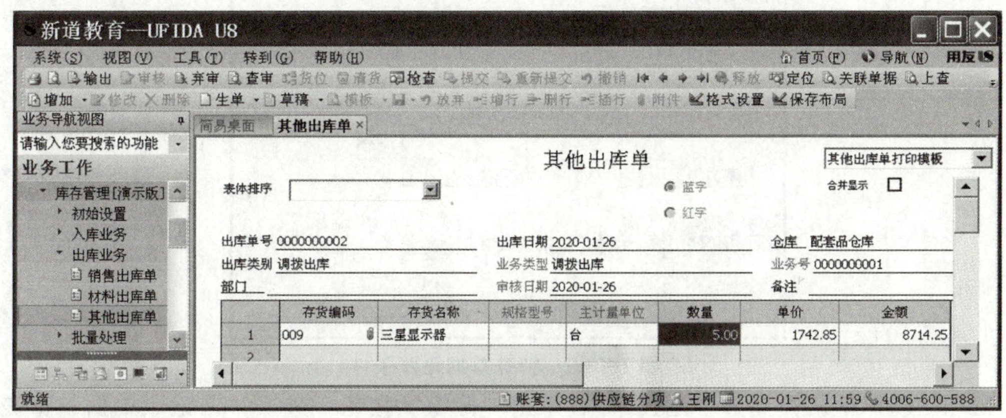

图7-3-3　其他出库单

（3）执行“业务工作”→“供应链”→“库存管理”→“入库业务”→“其他入库单”命令，进入“其他入库单”窗口。同理，完成对其他入库单的审核，如图7-3-4所示。

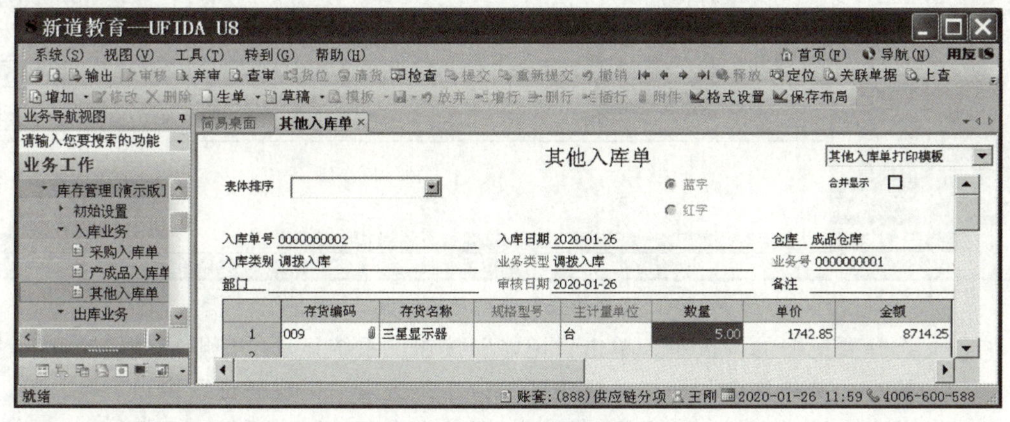

图7-3-4　其他入库单

3.在存货核算系统中对其他出入库单记账并制单

（1）以“002李伟”身份注册进入企业应用平台，执行“业务工作”→“供应链”→“存货核算”→“业务核算”→“特殊单据记账”命令，打开“特殊单据记账条件”对话框，如图7-3-5所示。

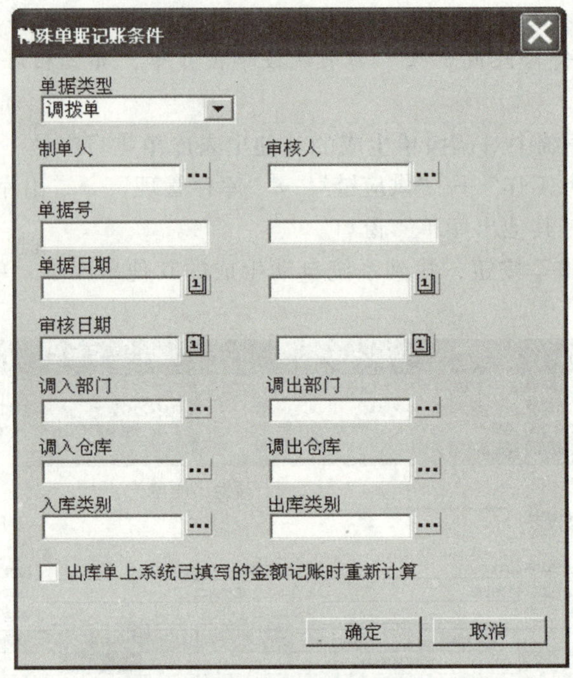

图7-3-5　特殊单据记账条件

（2）选择单据类型为“调拨单”，单击“确定”按钮，进入“未记账单据一览表”窗口，如图7-3-6所示。

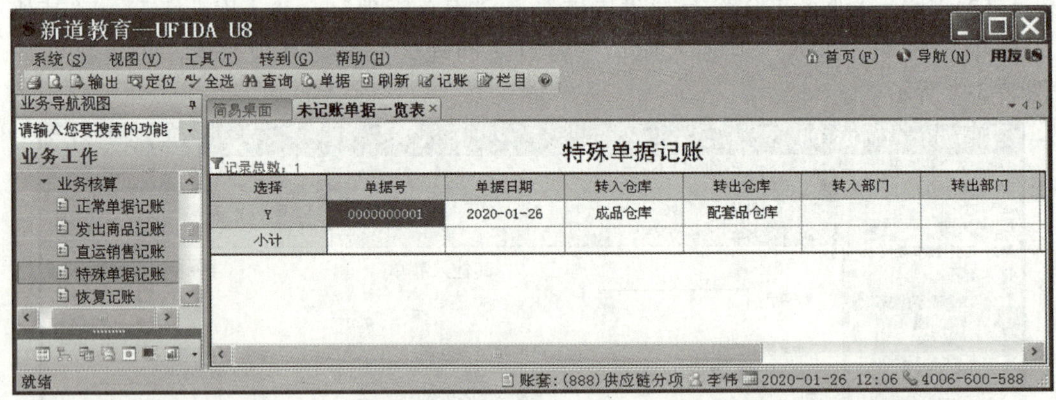

图7-3-6　特殊单据记账

（3）选择要记账的调拨单，单击“记账”按钮，系统显示“记账成功”。

（4）执行“财务核算”→“生成凭证”命令，进入“生成凭证”窗口。

（5）单击工具栏上的“选择”按钮，打开“查询条件”对话框。选择“（12）调拨单”选项，如图7-3-7所示。

（6）单击“确定”按钮，进入“选择单据”窗口。单击“全选”按钮，选择要制单的记录行，如图7-3-8所示。

（7）单击“确定”按钮，进入“生成凭证”窗口。选择凭证类别为“转 转账凭证”，如图7-3-9所示。

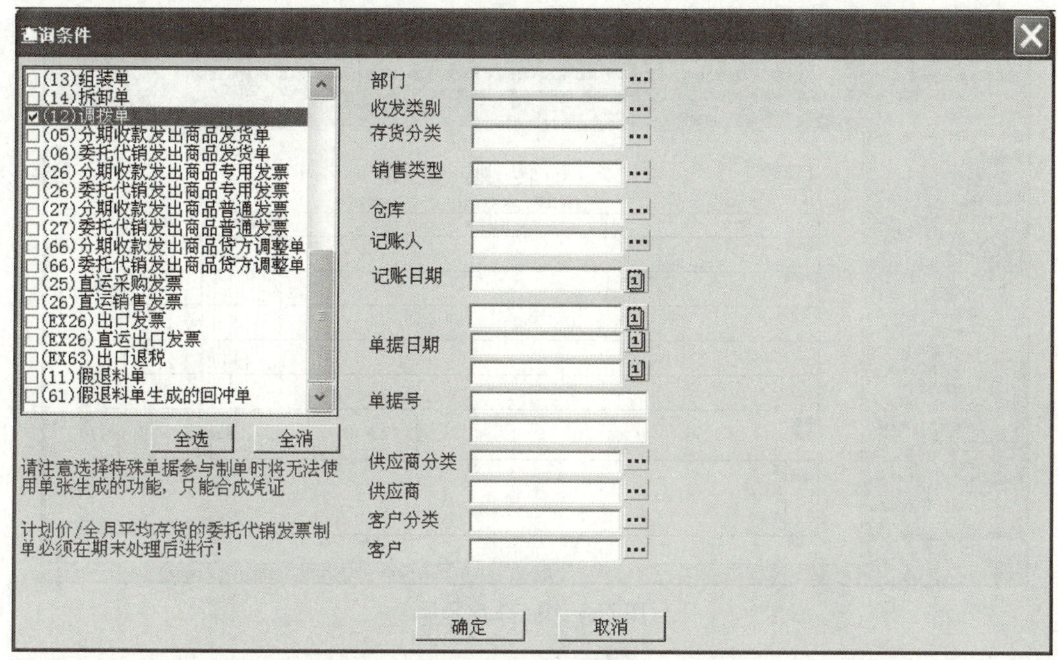

图7-3-7 查询条件

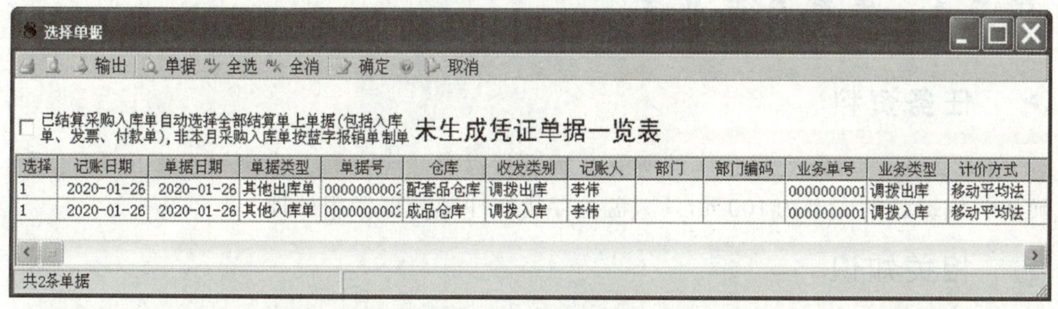

选择	记账日期	单据日期	单据类型	单据号	仓库	收发类别	记账人	部门	部门编码	业务单号	业务类型	计价方式
1	2020-01-26	2020-01-26	其他出库单	0000000002	配套品仓库	调拨出库	李伟			0000000001	调拨出库	移动平均法
1	2020-01-26	2020-01-26	其他入库单	0000000002	成品仓库	调拨入库	李伟			0000000001	调拨入库	移动平均法

图7-3-8 选择单据

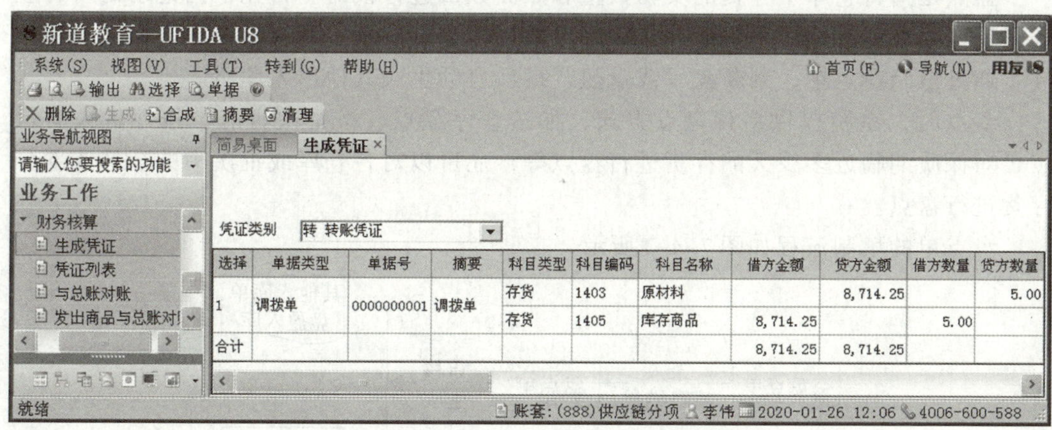

选择	单据类型	单据号	摘要	科目类型	科目编码	科目名称	借方金额	贷方金额	借方数量	贷方数量
1	调拨单	0000000001	调拨单	存货	1403	原材料		8,714.25		5.00
				存货	1405	库存商品	8,714.25		5.00	
合计							8,714.25	8,714.25		

图7-3-9 生成凭证单据

（8）单击“合成”按钮，进入“填制凭证”窗口，单击“保存”按钮，凭证左上角出现“已生成”标志，如图7-3-10所示，表示凭证已传递至总账。

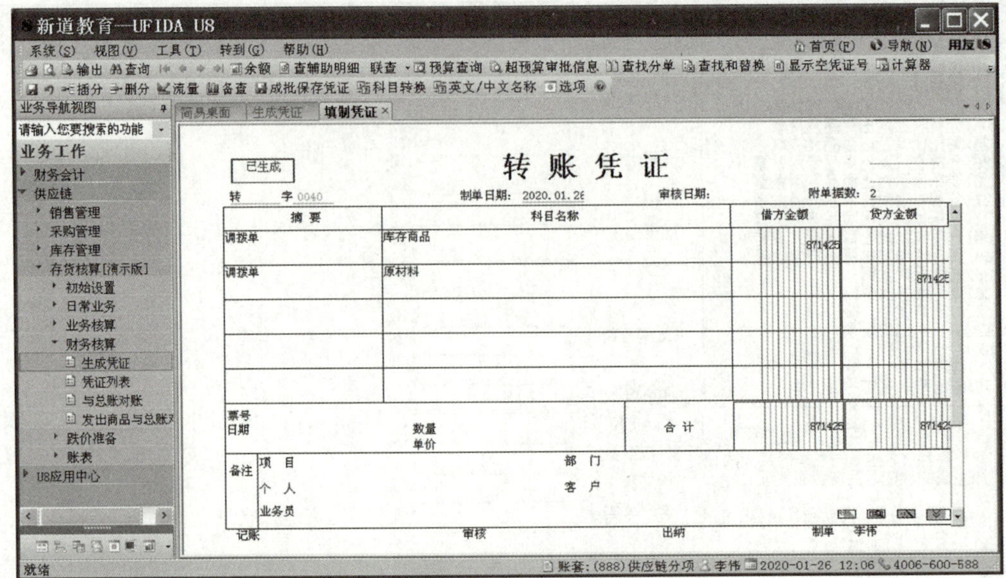

任务测试 7-3

图 7-3-10 生成凭证

任务 4 库存盘点业务

任务资料

1月27日，对配套品仓库的所有存货进行盘点。盘点后，发现键盘多出5只。经确认，该键盘的成本为100元/只。盘盈存货作冲减管理费用处理。

相关知识

盘点是指将仓库中存货的实物数量和账面数量进行核对。首先根据记录的所有业务得到账面数量，然后手工录入实际库存数量即盘点数量，系统会根据它们之间的差异，通过填制盘点单，判断盘亏或盘盈，最后自动生成其他出入库单。

盘点时，系统提供多种盘点方式，如按仓库盘点、按批次盘点、按存货大类盘点、对保质期临近多少天的存货进行盘点等，还可以对各仓库或批次中的全部或部分存货进行盘点。

盘点单的填制流程如图 7-4-1 所示。

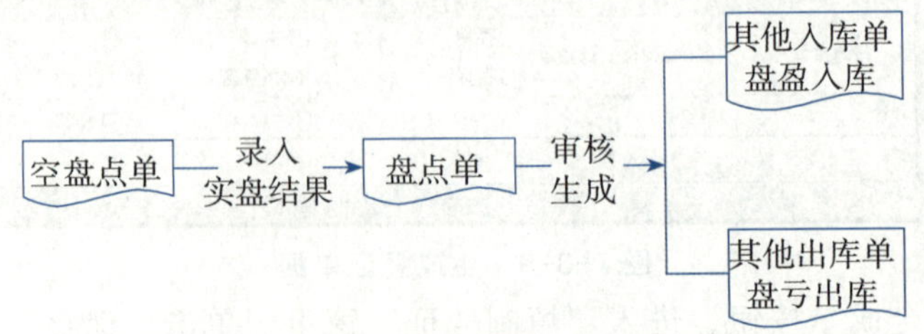

图 7-4-1 盘点单的填制流程

任务实施

【操作步骤】

1.1月27日，在库存管理系统中增加盘点单

微课7-8

如何进行库存盘点业务处理

（1）以“003王刚”身份进入企业应用平台，执行“业务工作”→“供应链”→“库存管理”→“盘点业务”命令，进入“盘点单”窗口。

（2）单击“增加”按钮，输入日期“2020-01-27”，选择盘点仓库“配套品仓库”、出库类别“盘亏出库”、入库类别“盘盈入库”。

（3）单击“盘库”按钮，系统弹出“盘库将删除未保存的所有记录，是否继续?”，单击“是”按钮，弹出“盘点处理”对话框。选择盘点方式“按仓库盘点”，如图7-4-2所示。

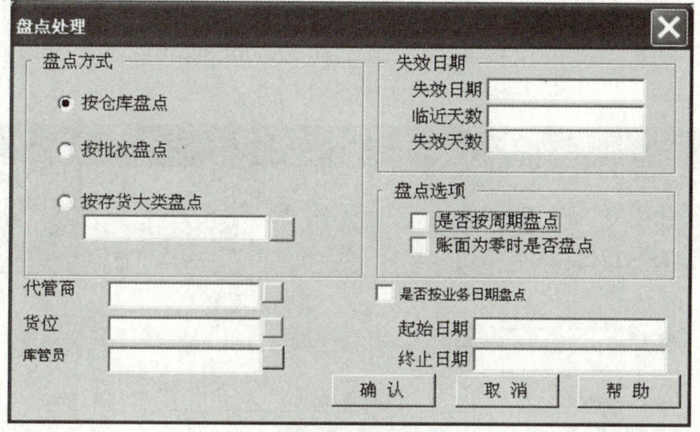

图7-4-2 盘点处理

（4）单击“确认”按钮，系统将盘点结果带回盘点单。输入存货编码“010”、盘点数量“275”、单价“100”。单击“保存”按钮，然后单击“审核”按钮，如图7-4-3所示。

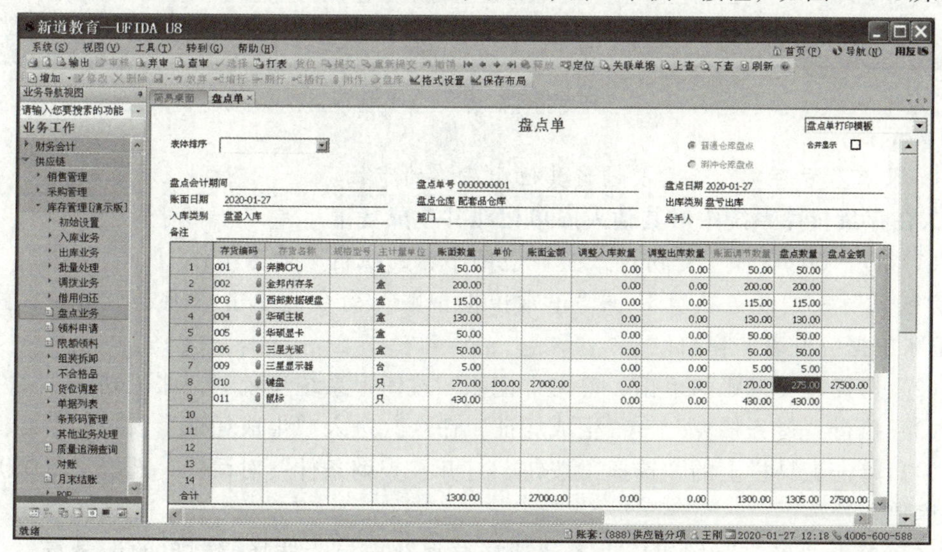

图7-4-3 盘点单

特别提示：

（1）盘点前，应将所有已办理实物出入库的单据处理完毕，否则账面数量会不准确。

（2）盘点单审核后，系统会自动生成相应的其他出库单和其他入库单。所有盘亏的存货生成一张其他出库单，业务类型为盘亏出库；所有盘盈的存货生成一张其他入库单，业务类型为盘盈入库。

（3）盘点单弃审时，同时删除生成的其他出入库单。生成的其他出入库单如已审核，则对应的盘点单不可弃审。

（4）单击“盘库”按钮，表示选择盘点仓库中所有的存货进行盘点；单击“选择”按钮，表示按存货分类批量选择存货进行盘点。

2.在库存管理系统中对盘点单生成的其他出入库单进行审核

（1）执行“入库业务”→“其他入库单”命令，进入“其他入库单”窗口。

（2）通过“末张”按钮，找到系统自动生成的其他入库单，单击“审核”按钮，如图7-4-4所示。

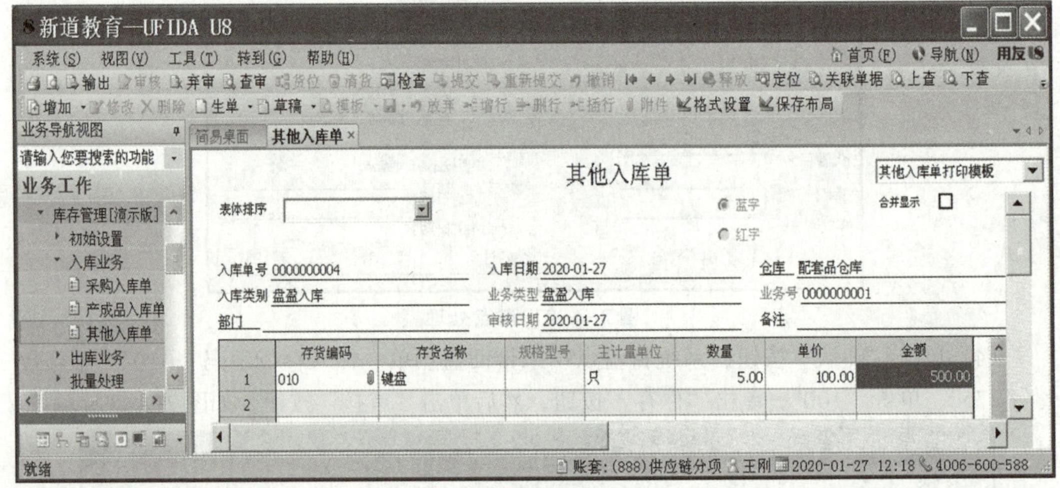

图7-4-4　其他入库单

特别提示：

如果有盘亏存货，还需要进行其他出库单的审核。

3.在存货核算系统中对其他入库单记账并生成凭证

（1）以“002李伟”身份进入企业应用平台，执行“业务工作”→“供应链”→“存货核算”→“业务核算”→“正常单据记账”命令，单击“确定”按钮，进入“未记账单据一览表”窗口。

（2）选择需要记账的单据，单击“记账”按钮，系统显示“记账成功”。

（3）执行“财务核算”→“生成凭证”命令，进入“生成凭证”窗口。

（4）单击工具栏上的“选择”按钮，打开“查询条件”对话框，选择“（08）其他入库单”选项。

（5）单击“确定”按钮，进入“选择单据”窗口。选择要制单的记录行，单击

"确定"按钮，进入"生成凭证"窗口。选择凭证类别为"转 转账凭证"，如图7-4-5所示。

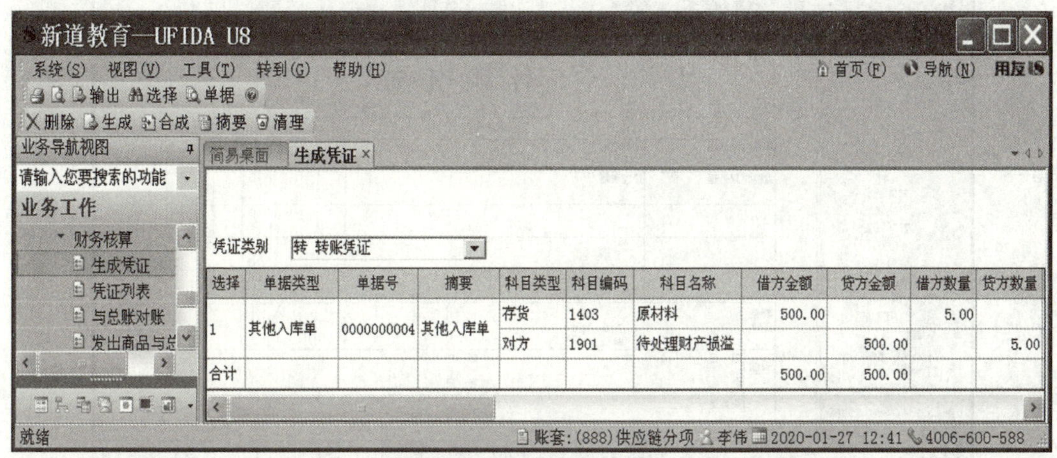

图7-4-5 生成凭证单据

（6）单击"生成"按钮，进入"填制凭证"窗口，单击"保存"按钮，凭证左上角出现"已生成"标志，如图7-4-6所示，表示凭证已传递至总账。

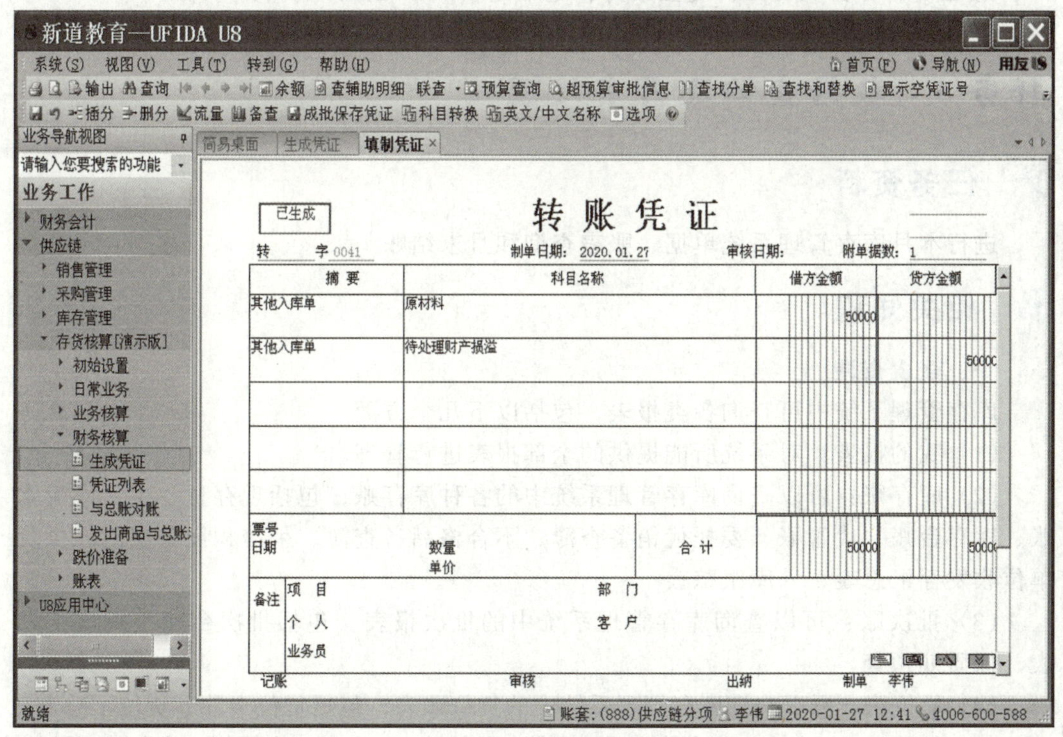

图7-4-6 生成凭证

4.在总账系统中对盘盈结果进行处理

执行"业务工作"→"财务会计"→"总账"→"凭证"→"填制凭证"命令，进入"填制凭证"窗口，录入盘盈结果处理凭证，如图7-4-7所示。

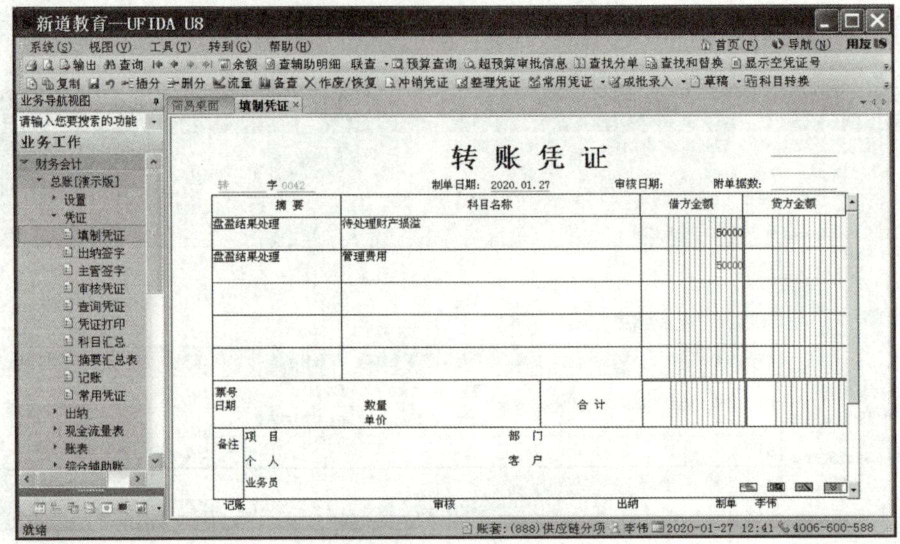

图 7-4-7　生成凭证

任务测试 7-4

特别提示：

损益类科目出现反方向发生额时，通常是在正常记账方向用红字表示。

任务 5　数据查询及月末处理

任务资料

进行本月库存管理系统单据、账表查询和月末结账。

相关知识

一、账表查询

库存管理系统中可查询各类报表，包括以下几个方面：

（1）我的报表：对系统所能提供的全部报表进行管理。

（2）库存账：可以查询库存管理系统中的各种库存账，包括现存量、出入库流水账、库存台账、代管账、委托代销备查簿、不合格品备查簿、呆滞积压备查簿、供货单位收发存汇总表、入库跟踪表。

（3）批次账：可以查询库存管理系统中的批次报表，包括批次台账、批次汇总表、保质期预警。

（4）货位账：可以查询库存管理系统中的货位账表，包括货位卡片、货位汇总表。

（5）统计表：可以查询库存管理系统中的各种统计表，包括库存展望、收发存汇总表、存货分布表、业务类型汇总表、限额领料汇总表、组装拆卸汇总表、形态转换汇总表。

（6）储备分析：可以查询库存管理系统中的储备分析报表，包括安全库存预警、超储存货查询、短缺存货查询、呆滞积压分析、库龄分析、缺料表。

（7）ROP采购计划报表：可以根据多种单价查看ROP采购计划报表，包括ROP

采购计划资金预算和ROP采购计划执行情况。

二、月末结账

月末结账是指将每月的出入库单据逐月封存，并将当月的出入库数据录入有关账表中。

结账前，用户应检查本会计月工作是否已全部完成，只有在当前会计月所有工作全部完成的前提下，才能进行月末结账，否则会遗漏某些业务。

若结账或取消结账未成功，则系统提示错误信息。

不允许跳月结账，只能从未结账的第一个月逐月结账。不允许跳月取消结账，只能从最后一个月逐月取消结账。

上月未结账，本月单据可以正常操作，不影响日常业务的处理，但本月不能结账。月末结账后将不能再做已结账月份的业务，只能做未结账月份的日常业务。

如果库存管理系统和采购管理系统、销售管理系统集成使用，只有在采购管理系统、销售管理系统结账后，库存管理系统才能进行结账。

如果库存管理系统和存货核算管理系统集成使用，那么只有存货核算管理系统当月未结账或取消结账后，库存管理系统才能取消结账。

任务实施

一、账表查询（以查询现存量为例）

【操作步骤】

（1）以“003王刚”身份进入企业应用平台，执行“业务工作”→“供应链”→“库存管理”→“报表”→“库存账”→“现存量查询”命令，打开“现存量查询”窗口。

（2）录入相应的过滤条件，单击“确定”按钮，系统列出所有符合条件的记录，如图7-5-1所示。

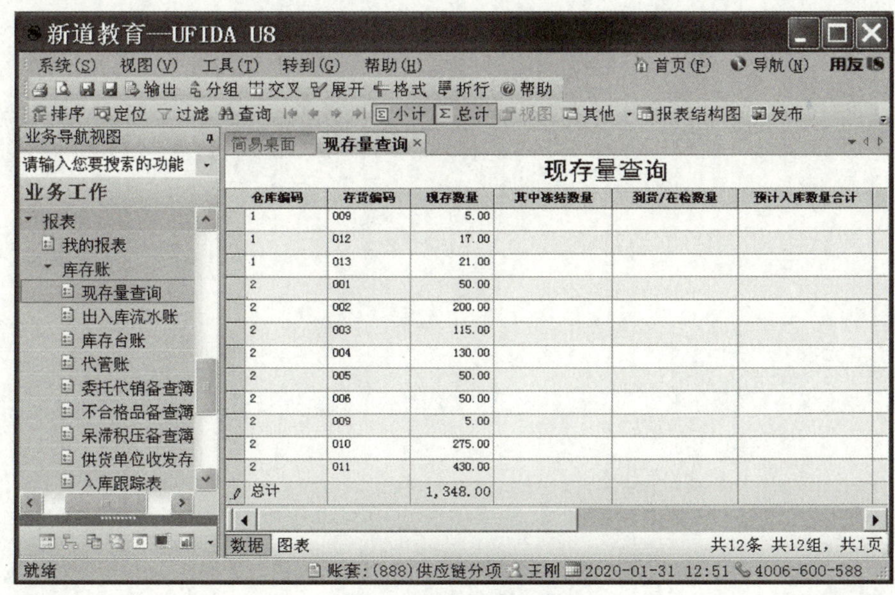

仓库编码	存货编码	现存数量	其中冻结数量	到货/在检数量	预计入库数量合计
1	009	5.00			
1	012	17.00			
1	013	21.00			
2	001	50.00			
2	002	200.00			
2	003	115.00			
2	004	130.00			
2	005	50.00			
2	006	50.00			
2	009	5.00			
2	010	275.00			
2	011	430.00			
总计		1,348.00			

图7-5-1 现存量查询

二、月末结账

【操作步骤】

（1）执行“业务工作”→“供应链”→“库存管理”→“月末结账”命令，打开“结账”窗口，如图7-5-2所示。

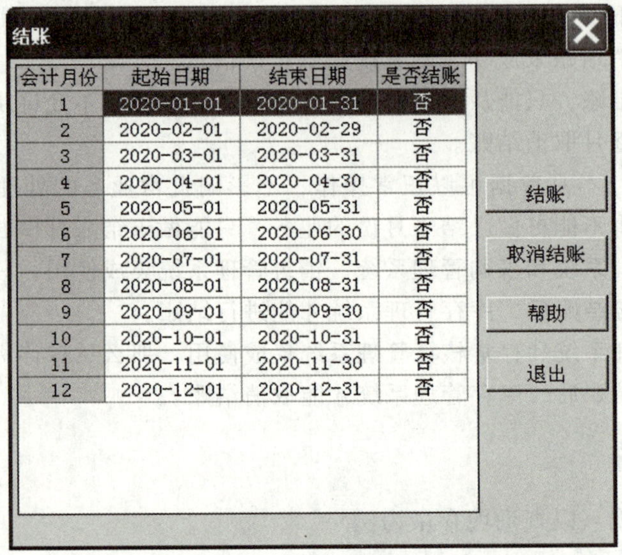

图7-5-2　月末结账

（2）选择要进行结账的月份，单击“结账”按钮，系统弹出“库存启用月份结账后将不能修改期初数据，是否继续结账?”，单击“是”按钮，系统提示“因为采购系统尚未结账，所以不能结账！因为销售系统尚未结账，所以不能结账！”，单击“确定”按钮返回。待采购管理系统和销售管理系统结账后，再进行库存管理系统结账操作。

项目八

存货核算系统

知识目标

通过本项目的学习，了解存货核算系统的主要功能；了解存货核算系统的重要作用；了解存货核算系统的相关内容；理解企业存货日常业务处理的方法；理解存货核算系统与其他系统之间的数据传递关系。

能力目标

通过本项目的学习和实训，掌握用友ERP-U8管理软件中存货核算系统中企业暂估业务、调整业务、单据记账的处理方法，以及相关账表的查询和月末处理的操作技能。

任务1　调整和暂估业务处理

任务资料

1月份存货核算系统发生的业务如下：

业务一：1月28日，将1月15日采购的金邦内存条入库成本调增200元。

业务二：1月30日，将1月18日出售给武汉利群公司的计算机的出库成本调增200元。

业务三：1月17日，收到武汉伟达公司提供的华硕主板50盒，入配套品仓库(发票尚未收到)。1月31日，该发票仍未收到，确认该批货物的暂估价为800元/盒，总成本为40 000元（只做月末处理）。

相关知识

存货核算系统是用友ERP-U8供应链管理系统的一个子系统，它的主要任务是从资金的角度管理存货的出入库业务，反映和监督存货的收发、领退和保管情况，以及存货资金的占用情况。

一、暂估处理

暂估处理是指存货本月已经入库，但采购发票尚未收到，不能确定存货的入库成本，月末，为了正确核算企业的库存成本，需要将这部分存货暂估入账，形成暂估凭证。

存货核算系统对采购暂估入库业务提供了3种不同的处理方法。

（一）月初回冲

下月初，存货核算系统自动生成与暂估入库单完全相同的“红字回冲单”，同时登记相应的存货明细账，冲回存货明细账中上月的暂估入库。对“红字回冲单”制单，冲回上月的暂估凭证。

收到采购发票后，录入采购发票，对采购入库单和采购发票作采购结算。结算完毕后，进入存货核算系统，进行“暂估处理”，系统根据发票自动生成一张“蓝字回冲单”，其上的金额为发票上的金额。同时登记存货明细账，使库存增加。对“蓝字回冲单”制单，生成采购入库凭证。

（二）单到回冲

下月初不做处理，收到采购发票后，在采购管理系统中录入采购发票并进行采购结算。结算完毕后，进入存货核算系统进行“暂估处理”，系统自动生成“红字回冲单”“蓝字回冲单”，同时据以登记存货明细账。“红字回冲单”的入库金额为上月暂估金额，“蓝字回冲单”的入库金额为发票上的金额。在存货核算系统中生成凭证，选择对“红字回冲单”“蓝字回冲单”制单，生成凭证并传递到总账系统。

（三）单到补差

下月初不做处理，收到采购发票后，在采购管理系统中录入并进行采购结算。结算完毕后，再到存货核算系统中进行“暂估处理”，如果发票金额与暂估金额的差额不为零，则产生“调整单”，一张采购入库单生成一张“调整单”，用户确认后，自动记入存货明细账。如果发票金额与暂估金额的差额为零，则不生成“调整单”。最后对“调整单”制单，生成凭证并传递到总账系统。

以单到回冲为例，暂估业务处理流程如图8-1-1所示。

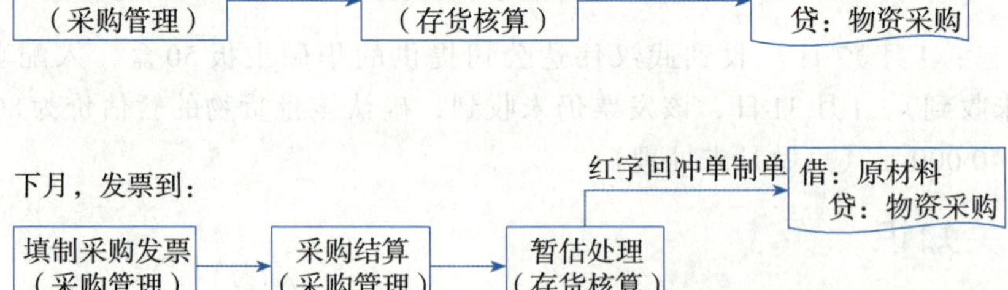

图8-1-1 单到回冲暂估业务处理流程

二、调整业务

出入库单据记账后，发现单据金额错误，如果是录入错误，通常采用修改方式进行调整；但如果遇到由于暂估入库后发生零出库业务等原因所造成的出库成本不准确，或库存数量为零而仍有库存的情况，就需要利用调整单据进行调整。

调整单据包括入库调整单和出库调整单。它们都只针对当月存货的出入库成本进行调整，并且只调整存货的金额，不调整存货的数量。

出入库调整单保存即记账，因此已保存的单据不可修改和删除。

任务实施

业务一

【操作步骤】

1.1月28日，在存货核算系统中录入调整单据并记账

（1）以“002李伟”身份进入企业应用平台，执行“业务工作”→“供应链”→“存货核算”→“日常业务”→“入库调整单”命令，进入“入库调整单”窗口。

（2）单击“增加”按钮，选择仓库“配套品仓库”，输入日期“2020-01-28”，选择收发类别为“采购入库”。选择存货“002金邦内存条”，调整金额200元。单击“保存”按钮，再单击“记账”按钮，如图8-1-2所示。

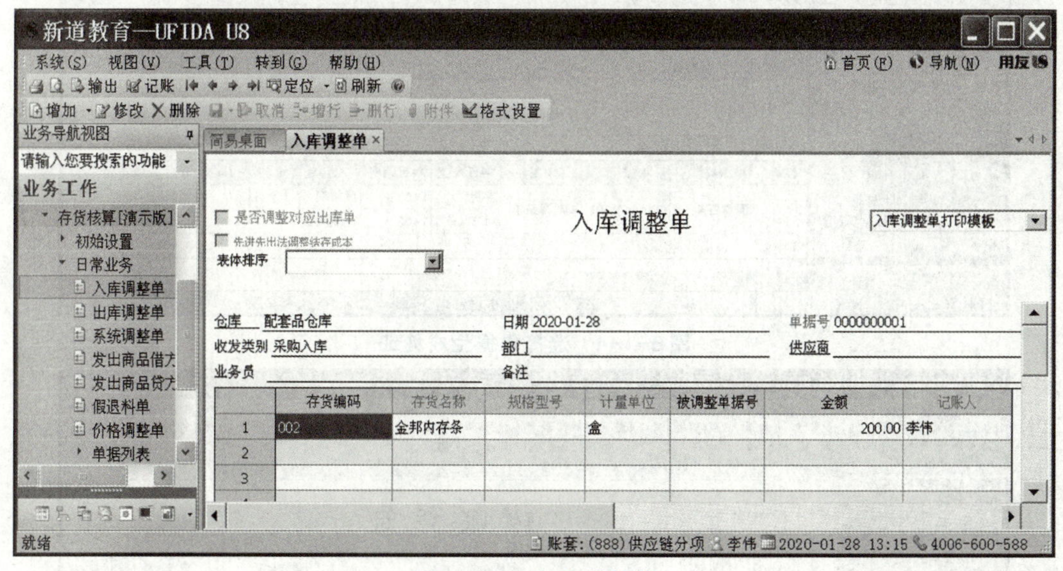

图8-1-2 入库调整单

2.在存货核算系统中生成入库调整凭证

（1）执行“业务工作”→“供应链”→“存货核算”→“财务核算”→“生成凭证”命令，进入“生成凭证”列表窗口。单击“选择”按钮，打开“查询条件”对话框，选择“（20）入库调整单”选项，如图8-1-3所示。

（2）单击“确定”按钮，进入“选择单据”窗口。选择要记账的单据，单击“确定”按钮，进入“生成凭证”窗口，选择凭证类别为“转 转账凭证”，如图8-1-4所示。

（3）单击“生成”按钮，保存生成的凭证，如图8-1-5所示。

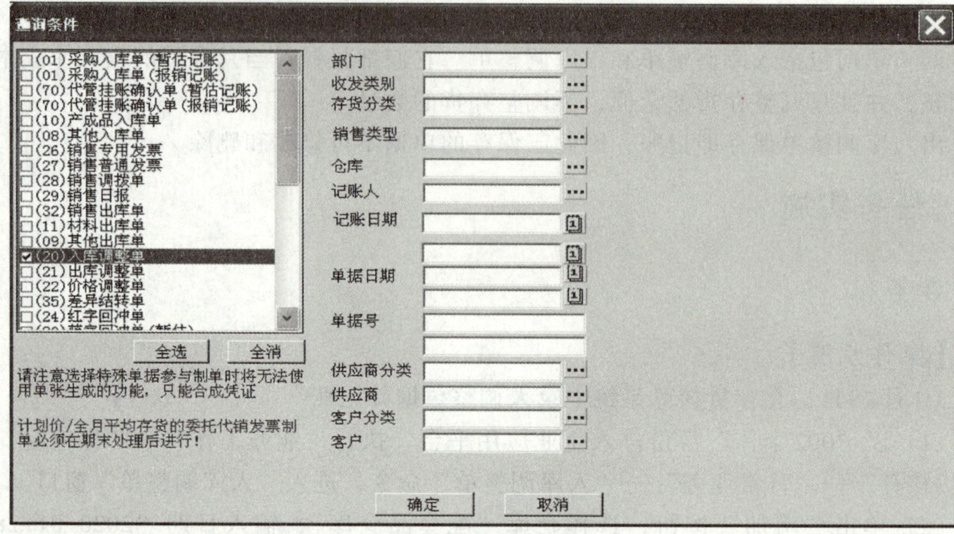

图 8-1-3　查询条件

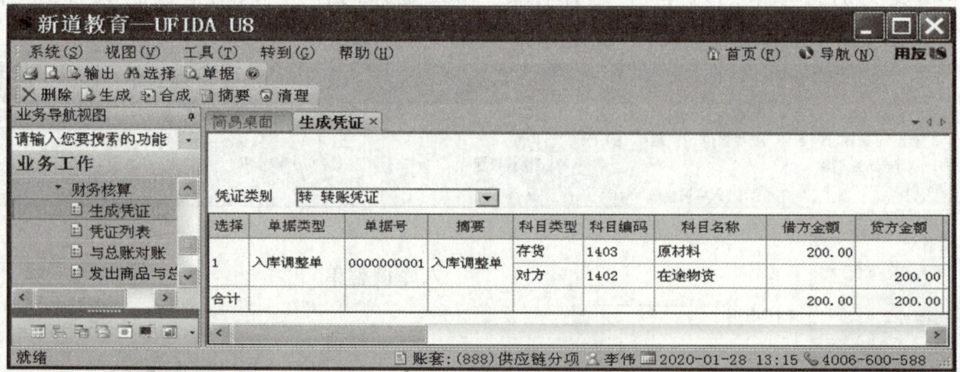

图 8-1-4　选择单据生成凭证

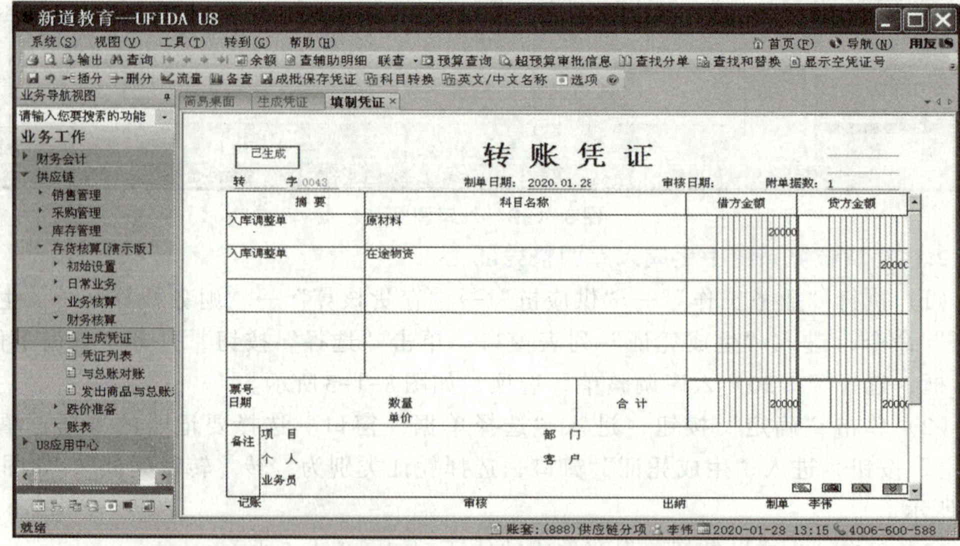

图 8-1-5　生成凭证

特别提示：

（1）入库调整单是对存货的入库成本进行调整的单据，可针对单据进行调整，也可针对存货进行调整。

（2）在入库调整单中，如果不输入被调整单据的单据号，则视作调整该仓库下的所有存货的入库成本，调整金额计入该仓库下存货的总金额。

（3）如果是要调整一张采购入库单，先记下该采购入库单的单据号，并填列到入库调整单中的“被调整单据号”中，此时“金额”栏的调整金额对应入库单上该存货的金额。

（4）要调整采购入库单，该采购入库单必须是在采购管理系统中做了采购结算的。

业务二

【操作步骤】

1.1月30日，在存货核算系统中录入调整单据并记账

（1）以“002李伟”身份进入企业应用平台，执行“业务工作”→“供应链”→“存货核算”→“日常业务”→“出库调整单”命令，进入“出库调整单”窗口。

（2）单击“增加”按钮，选择仓库“成品仓库”，输入日期“2020-01-30”，选择收发类别为“销售出库”、客户为“武汉利群”。选择存货编码“012计算机”，调整金额为200元，单击“保存”按钮，再单击“记账”按钮。如图8-1-6所示。

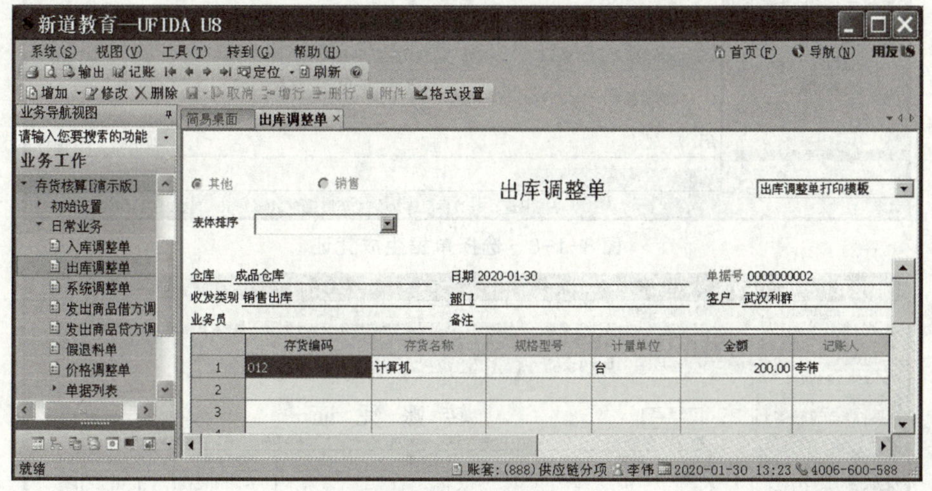

图8-1-6 出库调整单

2.在存货核算系统中生成出库调整凭证

（1）执行“业务工作”→“供应链”→“存货核算”→“财务核算”→“生成凭证”命令，进入“生成凭证”列表窗口。单击“选择”按钮，打开“查询条件”对话框，选择“（21）出库调整单”选项，如图8-1-7所示。

（2）单击“确定”按钮，进入“选择单据”窗口。选择要记账的单据，单击“确定”按钮，选择凭证类别为“转 转账凭证”，如图8-1-8所示。

（3）单击“生成”按钮，保存生成的凭证，如图8-1-9所示。

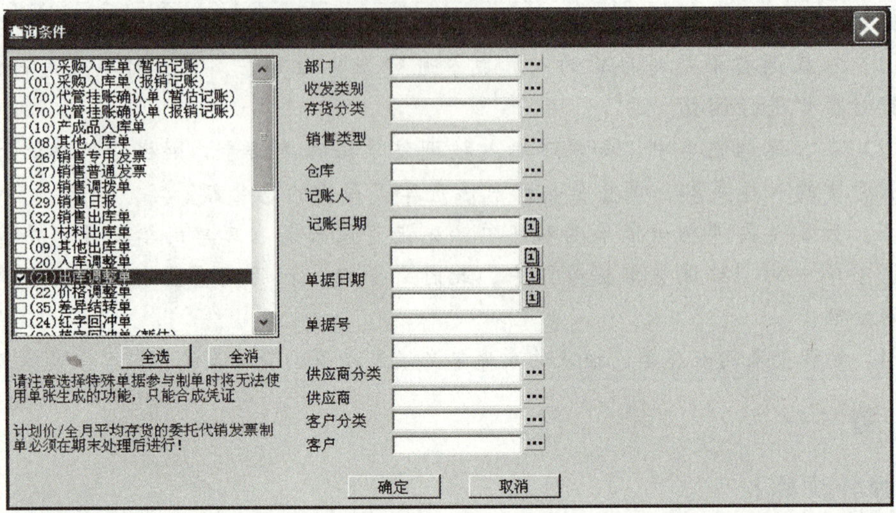

图 8-1-7　查询条件

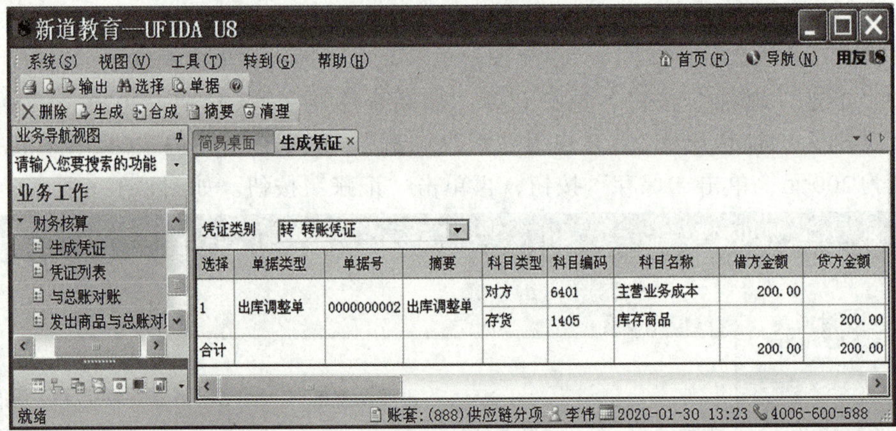

图 8-1-8　选择单据生成凭证

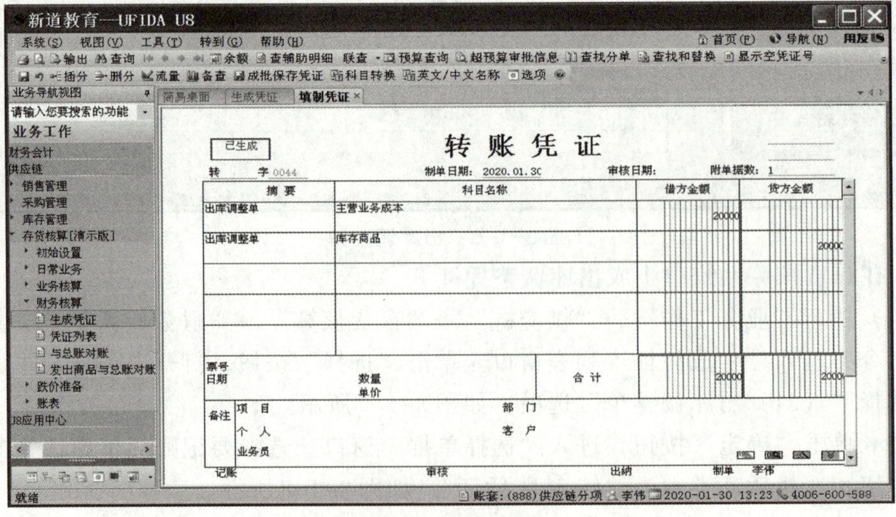

图 8-1-9　生成凭证

业务三

【操作步骤】

1.1月31日，在存货核算系统录入暂估入库成本并记账

微课8-2

如何进行期末暂估处理

（1）以”002李伟”身份进入企业应用平台，在存货核算系统中，执行“业务工作”→“供应链”→“存货核算”→“业务核算”→“暂估成本录入”命令，进入“查询条件选择”窗口。单击“确定”按钮，进入“暂估成本录入”窗口。输入单价800元，如图8-1-10所示。单击“保存”按钮，系统弹出“保存成功！”提示对话框，单击“确定”按钮返回。

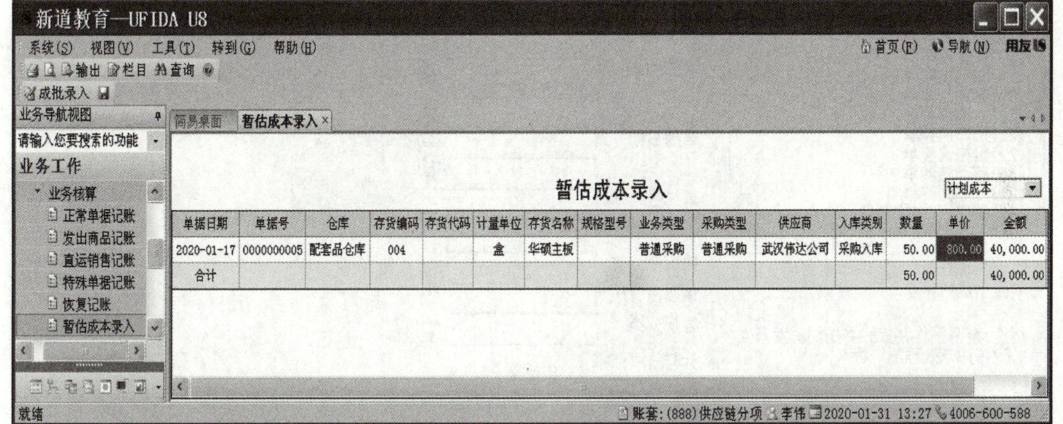

图8-1-10 暂估成本录入

> **特别提示：**
>
> 若在“暂估成本录入”窗口未查询到相关记录，可能该业务已被记账，执行“业务核算”→“恢复记账”，恢复该业务记账即可暂估成本。

（2）执行“业务工作”→“供应链”→“存货核算”→“业务核算”→“正常单据记账”命令，打开“查询条件选择”对话框。单击“确定”按钮，进入“未记账单据一览表”窗口，选择要记账的单据，如图8-1-11所示。单击“记账”按钮，系统显示“记账成功”。

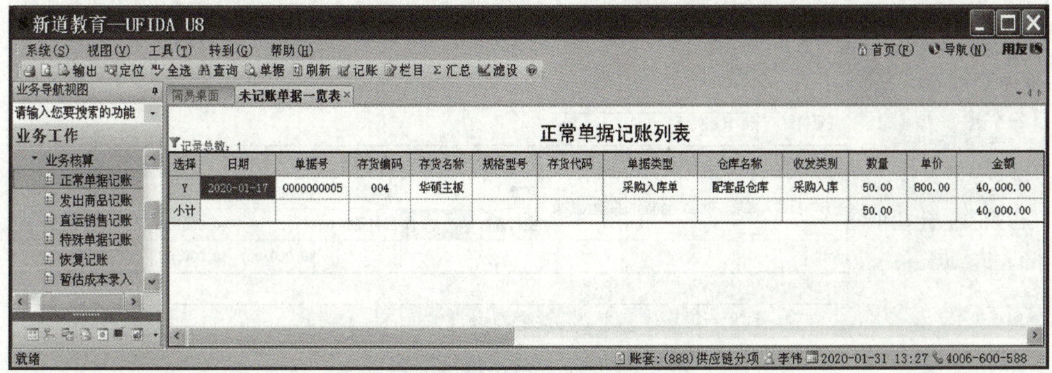

图8-1-11 正常单据记账

2.在存货核算系统中生成入库凭证

（1）执行“财务核算”→“生成凭证”命令，进入“生成凭证”列表窗口。单击“选择”按钮，打开“查询条件”对话框，选择“（01）采购入库单（暂估记账）”选项，如图8-1-12所示。

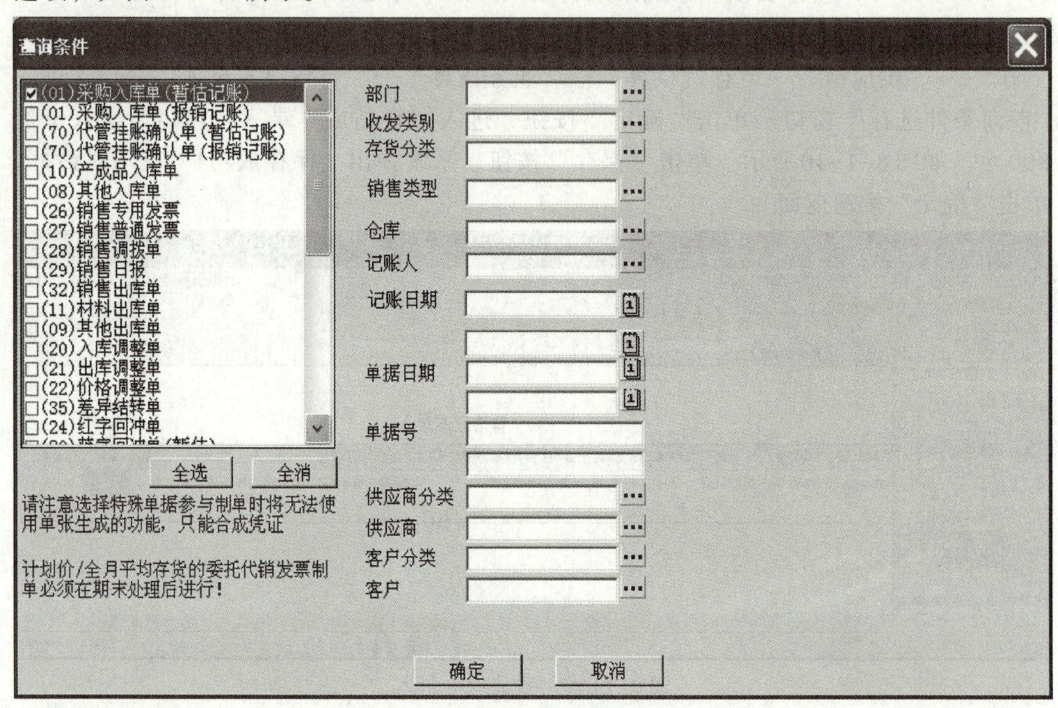

图8-1-12 查询条件

（2）单击“确定”按钮，进入“生成凭证”窗口。选择要记账的单据，单击“确定”按钮，进入“生成凭证”窗口。选择凭证类别为“转 转账凭证”，补充贷方科目为“2202应付账款”，如图8-1-13所示。

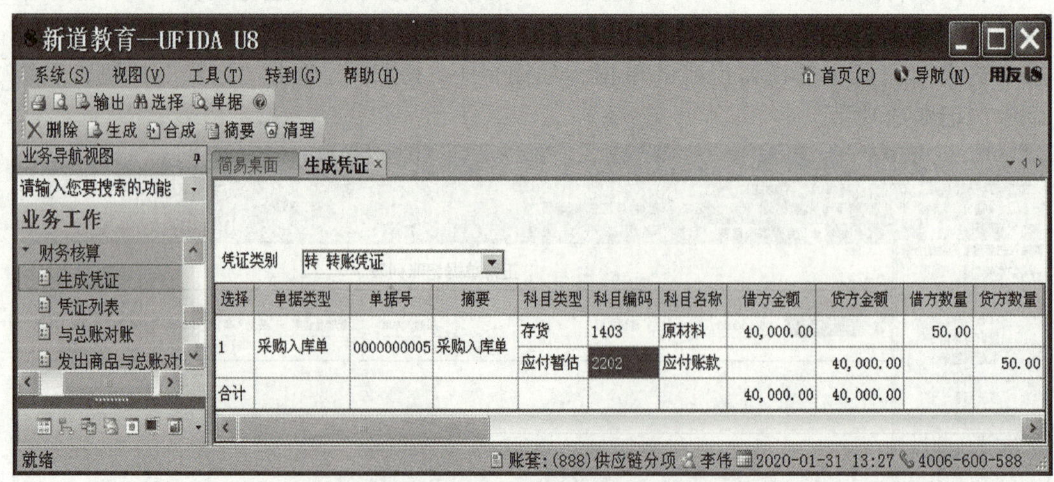

选择	单据类型	单据号	摘要	科目类型	科目编码	科目名称	借方金额	贷方金额	借方数量	贷方数量
1	采购入库单	0000000005	采购入库单	存货	1403	原材料	40,000.00		50.00	
				应付暂估	2202	应付账款		40,000.00		50.00
合计							40,000.00	40,000.00		

图8-1-13 “生成凭证”窗口

（3）单击“生成”按钮，保存生成的凭证。如图8-1-14所示。

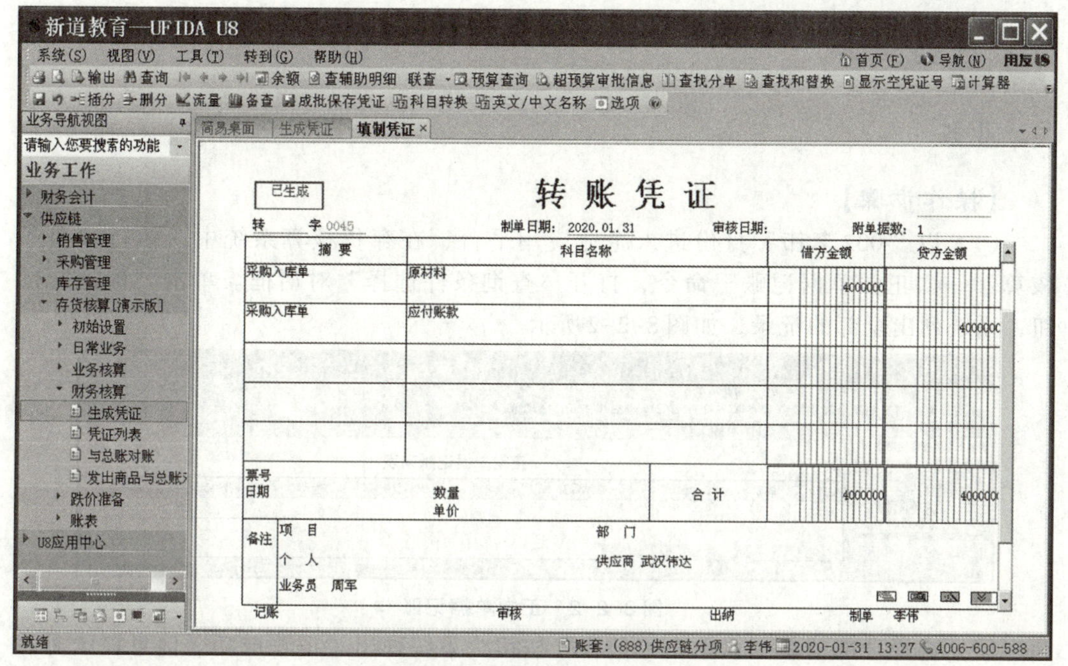

图 8-1-14 “暂估入库凭证生成”窗口

特别提示：

此笔暂估业务于1月17日已填制采购入库单，此处只进行月末暂估处理。此处记录的应付账款实为应付暂估款项。

任务测试8-1

任务 2 单据记账

任务资料

业务一：1月31日，在存货核算系统中进行所有单据记账。

业务二：1月31日，将所有出入库业务生成凭证。

相关知识

单据记账是将所输入的各种出入库单据记入存货明细账、差异明细账、受托代销商品明细账以及受托代销商品差价账中。

如果记账前的数据尚未处理完或者需要修改记账前的数据，则需要恢复记账。恢复记账用于将用户已登记明细账的单据恢复到未记账状态。

单据记账流程如图8-2-1所示。

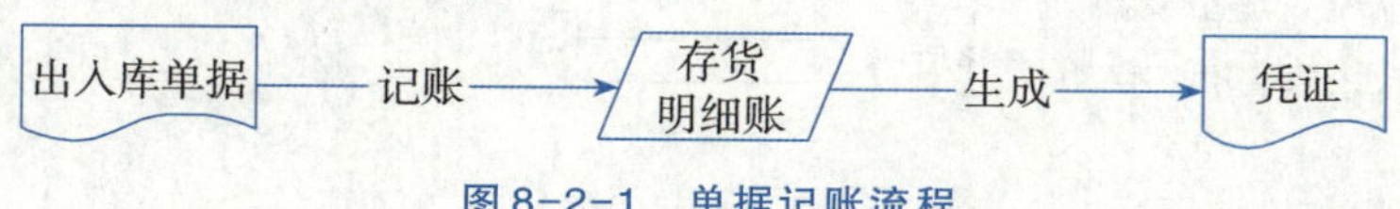

图 8-2-1 单据记账流程

任务实施

业务一

【操作步骤】

（1）以“002李伟”身份进入企业应用平台，在存货核算系统中，执行“业务核算”→“正常单据记账”命令，打开“查询条件选择”对话框。单击“确定”按钮，系统列出全部的记录，如图8-2-2所示。

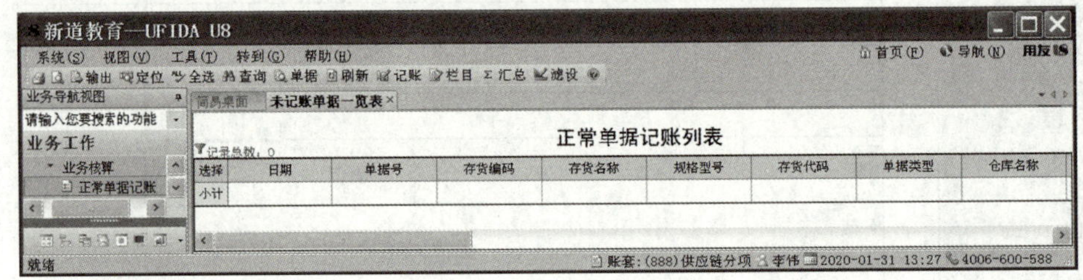

图8-2-2 正常单据记账

（2）选择全部的单据，单击“记账”按钮，系统弹出“记账成功”信息提示对话框，单击“确定”按钮返回，完成所有单据的记账。

特别提示：

因为前面的经济业务已经按单笔进行了正常单据记账，故月末无可记账单据。若平时不记账，也可在月末一次性完成单据记账工作。

业务二

【操作步骤】

（1）李伟（002）在存货核算系统中，执行“财务核算”→“生成凭证”命令，进入“生成凭证”窗口。单击“选择”按钮，打开“查询条件”对话框，如图8-2-3所示。

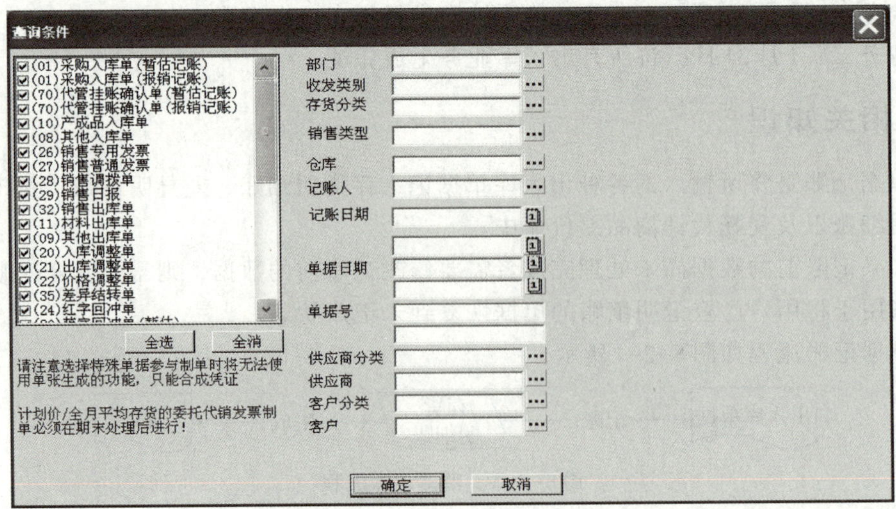

图8-2-3 查询条件

（2）选择“查询条件”，单击“确定”按钮，进入“选择单据”窗口。选择要记账的单据，如图8-2-4所示。单击“确定”按钮，进入“生成凭证”窗口，单击“生成”按钮，保存凭证。

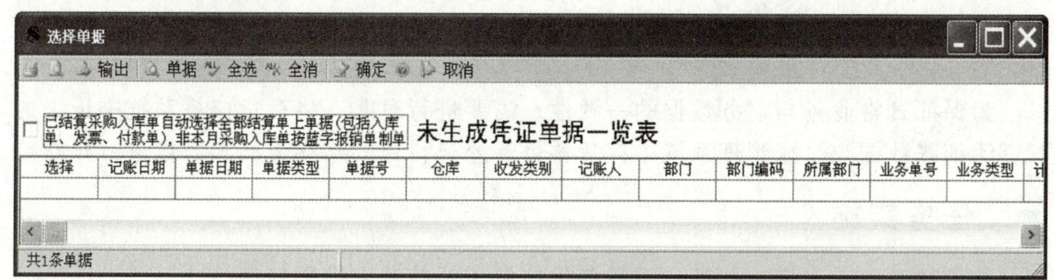

图8-2-4 选择单据

特别提示：

因为前面的经济业务已经按单笔进行了凭证生成，故月末无可生成凭证的单据。若平时不生成凭证，也可在月末一次性完成凭证生成工作。

任务测试8-2

任务3 数据查询及月末处理

任务资料

进行本月供应链管理系统单据、账表查询和月末结账。

相关知识

一、账表查询

在存货核算系统中可以进行账簿、汇总表和分析表查询。

（1）账簿：可以查询存货核算系统中的各种账簿，包括流水账、明细账、总账、计价辅助数据。

（2）汇总表：可以查询存货核算系统中的各种汇总表，包括入库汇总表、出库汇总表、差异分摊表、收发存汇总表、暂估材料/商品余额表、发出商品汇总表。

（3）分析表：可以查询存货核算系统中的各种分析表，包括存货周转率分析表、ABC成本分析表、库存资金占用规划表、库存资金占用分析表、入库成本分析表。

二、月末处理工作

存货核算系统的月末处理工作包括期末处理和月末结账两部分。

1.期末处理

当存货核算系统日常业务全部完成后，就可以进行期末处理，系统自动计算出按全月平均方式核算的存货的全月平均单价及本月出库成本，自动计算出按计划价/售价方式核算的存货的差异率/差价率及其本月的分摊差异/差价，并对已完成日常业务的仓库/部门做处理标志。

2. 月末结账

存货核算系统期末处理完成后，就可以进行月末结账。如果是集成应用模式，必须在采购管理、销售管理、库存管理全部结账后，存货核算系统才能结账。

系统提供恢复期末处理功能，但是总账结账后将不可恢复。

3. 与总账系统对账

为保证日常业务与财务数据的一致性，需要进行对账，将存货核算系统中记录的存货明细账数据与总账管理系统中存货科目和差异科目的结存金额和数量进行核对。

任务实施

微课8-3

如何进行供应链系统月末处理

前已述及账表查询，此处只进行各供应链子系统月末结账处理。

【操作步骤】

1. 采购管理系统月末结账

（1）以“003王刚”身份进入企业应用平台，执行“业务工作”→“供应链”→“采购管理”→“月末结账”命令，进入“月末结账”窗口。

（2）单击“结账”按钮，系统弹出“是否关闭订单”，单击“否”，月末结账完毕。如图8-3-1所示。

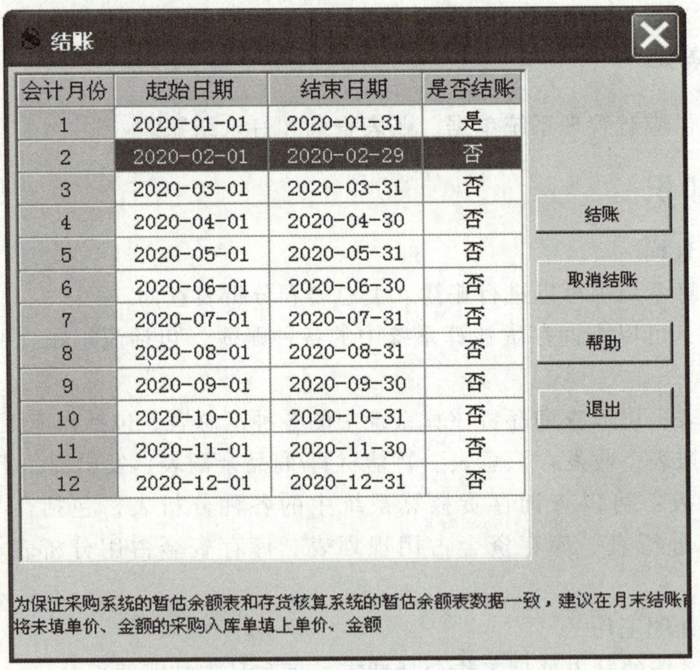

会计月份	起始日期	结束日期	是否结账
1	2020-01-01	2020-01-31	是
2	2020-02-01	2020-02-29	否
3	2020-03-01	2020-03-31	否
4	2020-04-01	2020-04-30	否
5	2020-05-01	2020-05-31	否
6	2020-06-01	2020-06-30	否
7	2020-07-01	2020-07-31	否
8	2020-08-01	2020-08-31	否
9	2020-09-01	2020-09-30	否
10	2020-10-01	2020-10-31	否
11	2020-11-01	2020-11-30	否
12	2020-12-01	2020-12-31	否

图8-3-1　采购管理系统月末结账

2. 销售管理系统月末结账

（1）执行“业务工作”→“供应链”→“销售管理”→“月末结账”命令，进入“月末结账”窗口。

（2）单击“结账”按钮，系统弹出“是否关闭订单”，单击“否”，月末结账完毕。如图8-3-2所示。

结账

会计月份	起始日期	结束日期	是否结账
1	2020-01-01	2020-01-31	是
2	2020-02-01	2020-02-29	否
3	2020-03-01	2020-03-31	否
4	2020-04-01	2020-04-30	否
5	2020-05-01	2020-05-31	否
6	2020-06-01	2020-06-30	否
7	2020-07-01	2020-07-31	否
8	2020-08-01	2020-08-31	否
9	2020-09-01	2020-09-30	否
10	2020-10-01	2020-10-31	否
11	2020-11-01	2020-11-30	否
12	2020-12-01	2020-12-31	否

结账
取消结账
帮助
退出

如果《应收款管理》按照单据日期记账，《销售管理》本月有未复核的发票，月末结账后，这些未复核的发票在《应收款管理》就不能按照单据日期记账了，除非在《应收款管理》改成按业务日期记账。

图8-3-2 销售管理系统月末结账

3.库存管理系统月末结账

（1）执行“业务工作”→“供应链”→“库存管理”→“月末结账”命令，进入“月末结账”窗口。

（2）单击“结账”按钮，系统弹出“库存启用月份结账后将不能修改期初数据，是否继续结账？”提示对话框，单击“是”，月末结账完毕。如图8-3-3所示。

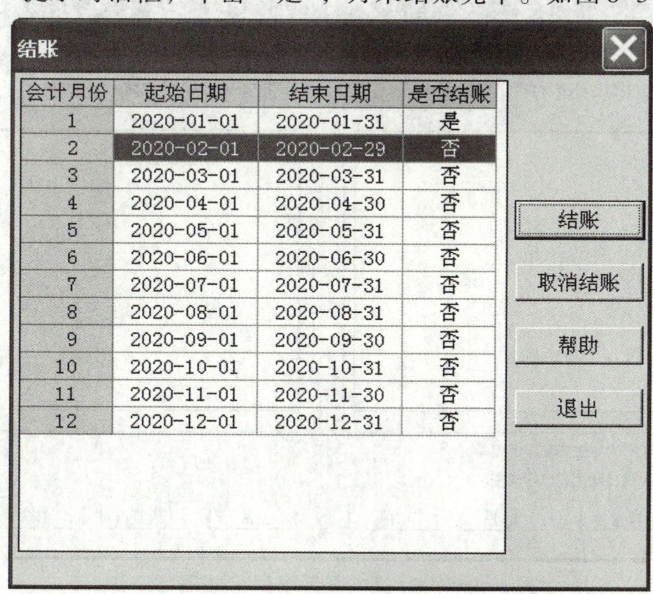

结账

会计月份	起始日期	结束日期	是否结账
1	2020-01-01	2020-01-31	是
2	2020-02-01	2020-02-29	否
3	2020-03-01	2020-03-31	否
4	2020-04-01	2020-04-30	否
5	2020-05-01	2020-05-31	否
6	2020-06-01	2020-06-30	否
7	2020-07-01	2020-07-31	否
8	2020-08-01	2020-08-31	否
9	2020-09-01	2020-09-30	否
10	2020-10-01	2020-10-31	否
11	2020-11-01	2020-11-30	否
12	2020-12-01	2020-12-31	否

图8-3-3 库存管理系统月末结账

4.存货核算系统月末结账

（1）以“002李伟”身份重注册，执行“业务工作”→“供应链”→“存货核算”→

“业务核算”→“期末处理”命令，进入“期末处理-1月”窗口，勾选“成品仓库”和“配套品仓库”，如图8-3-4所示。

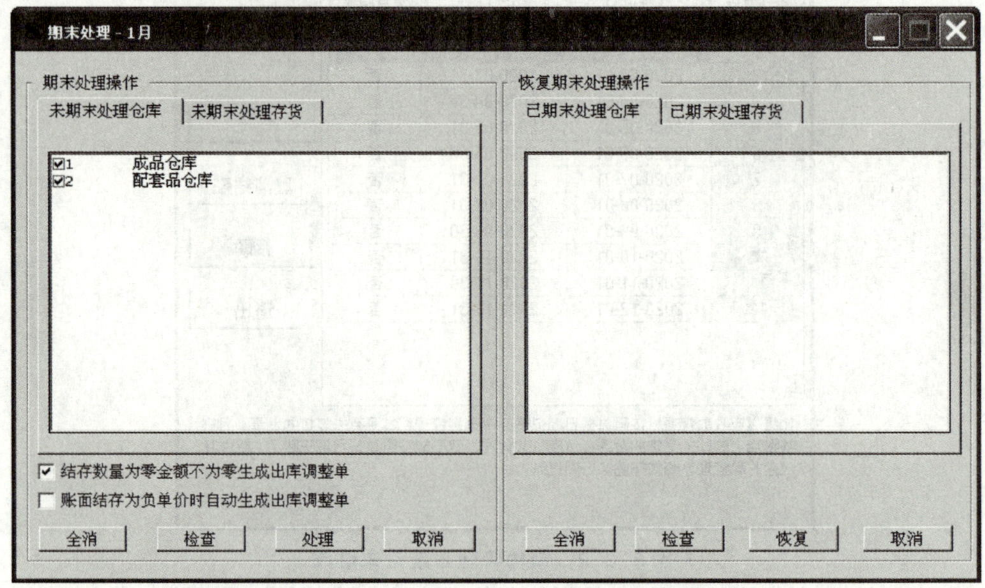

图8-3-4 存货核算系统期末处理窗口1

（2）单击“检查”按钮，系统提示“检测成功!”，单击“确定”按钮。单击“处理”按钮。系统提示“期末处理完毕!”，单击“确定”按钮后，“期末处理-1月”窗口如图8-3-5所示。

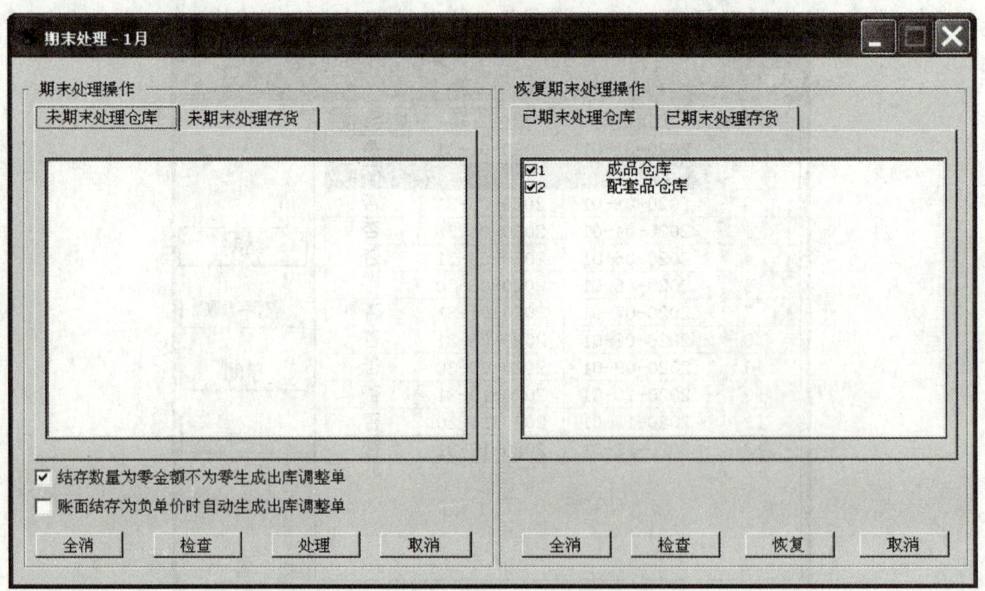

图8-3-5 存货核算系统期末处理窗口2

（3）执行“业务工作”→“供应链”→“存货核算”→“业务核算”→“月末结账”命令，单击“结账”按钮，系统提示“月末结账完成!”，如图8-3-6所示。单击“确定”，月末结账完毕。

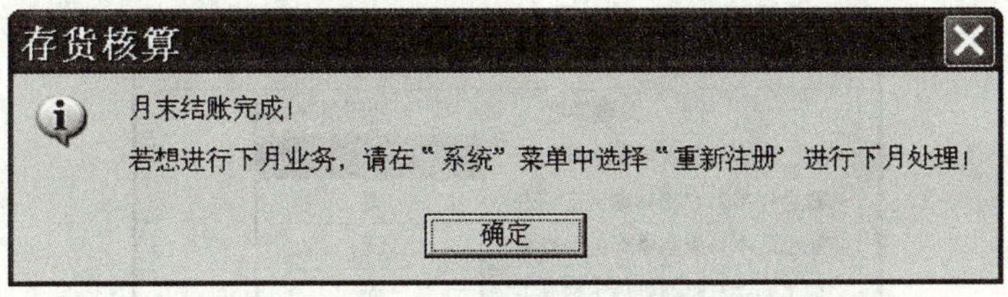

图8-3-6　存货核算系统月末结账

特别提示：

（1）若应付款管理或库存系统或存货核算系统已结账，采购管理不能取消结账。若应收款管理或库存系统或存货核算系统已结账，销售管理不能取消结账。

（2）存货核算系统期末处理前应检查需要记账的单据是否已全部记账。存货核算系统期末处理需要在采购管理、销售管理、库存管理系统结账后进行。

5.应付款管理系统月末结账

（1）执行"业务工作"→"财务会计"→"应付款管理"→"期末处理"→"月末结账"命令，进入"月末处理"窗口。

（2）在会计月份1月"结账标志"处双击，显示"Y"，然后单击"下一步"按钮，进入"月末处理"窗口，如图8-3-7所示。单击"完成"按钮，系统提示"1月份结账成功"，单击"确定"按钮退出。

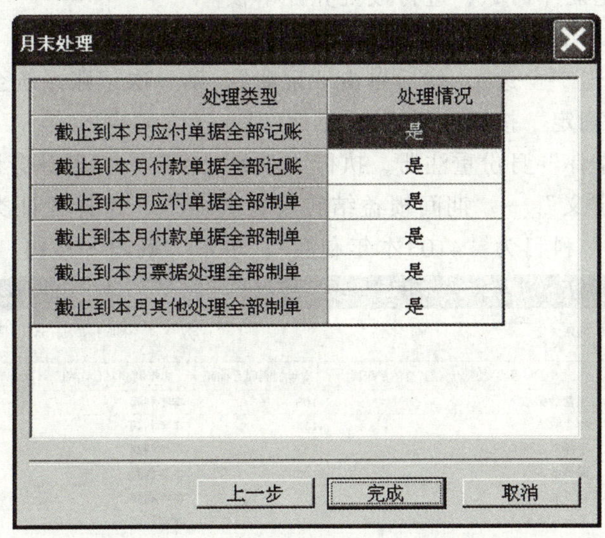

图8-3-7　应付款管理系统月末处理

6.应收款管理系统月末结账

（1）执行"业务工作"→"财务会计"→"应收款管理"→"期末处理"→"月末结账"命令，进入"月末处理"窗口。

（2）在会计月份1月"结账标志"处双击，显示"Y"，然后单击"下一步"按钮，进入"月末处理"窗口，如图8-3-8所示。单击"完成"按钮，系统提示"1月份结账成功"，单击"确定"按钮退出。

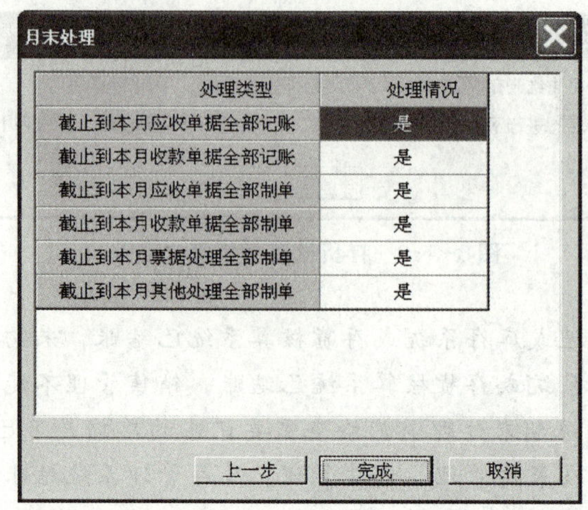

图 8-3-8　应收款管理系统月末处理

7.总账系统月末结账

（1）执行“业务工作”→“财务会计”→“总账”→“凭证”→“填制凭证”命令，进入“填制凭证”窗口，单击“整理凭证”命令，进行作废凭证整理。

（2）以“001张明”身份重注册，执行“业务工作”→“财务会计”→“总账”→“凭证”→“审核凭证”命令，进行成批凭证审核。

（3）执行“业务工作”→“财务会计”→“总账”→“凭证”→“记账”命令，进行凭证记账。单击“全选”，然后单击“记账”，第一次记账系统会对期初数据进行试算平衡，单击“确定”按钮，退出。

（4）以“002李伟”身份重注册，执行“业务工作”→“财务会计”→“总账”→“期末”→“转账定义”→“期间损益结转设置”命令，选择凭证类别为“转　转账凭证”，“本年利润”科目为“4103本年利润”，单击“确定”按钮，如图8-3-9所示。

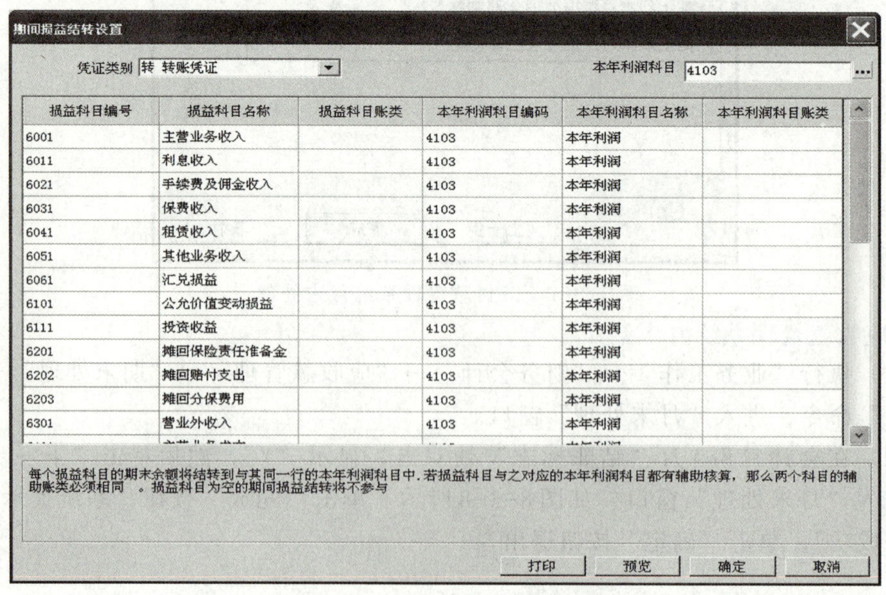

图 8-3-9　期间损益结转设置

（5）执行“业务工作”→“财务会计”→“总账”→“期末”→“转账生成”命令，在“转账生成”窗口选择“期间损益结转”，结转月份为“2020.01”，类型为“全部”，单击“全选”按钮，如图8-3-10所示。

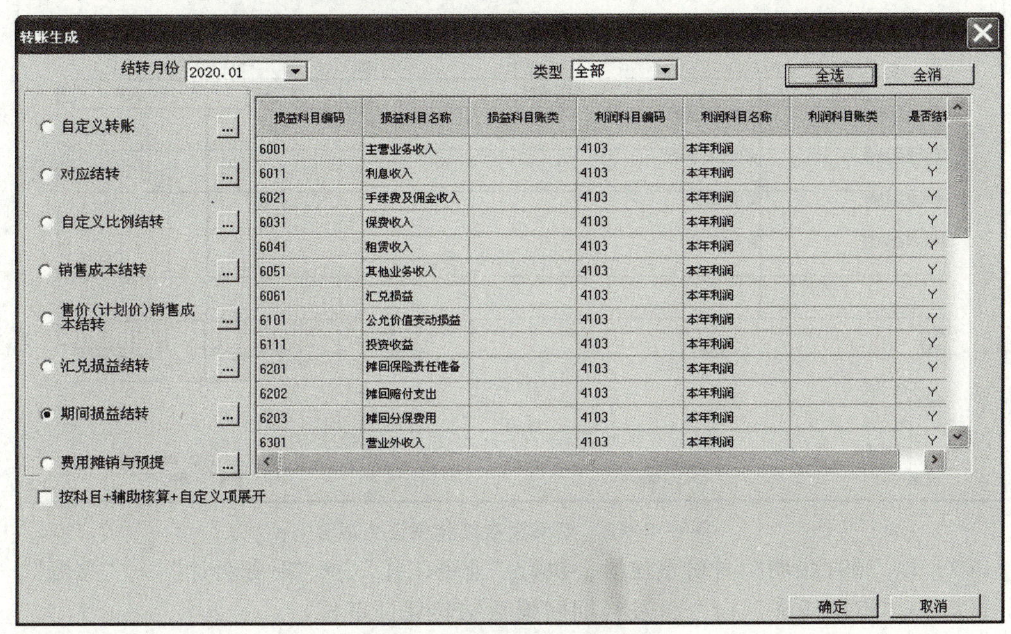

图8-3-10 期间损益转账生成

（6）单击“确定”按钮，生成期间损益结转凭证，如图8-3-11、图8-3-12所示。

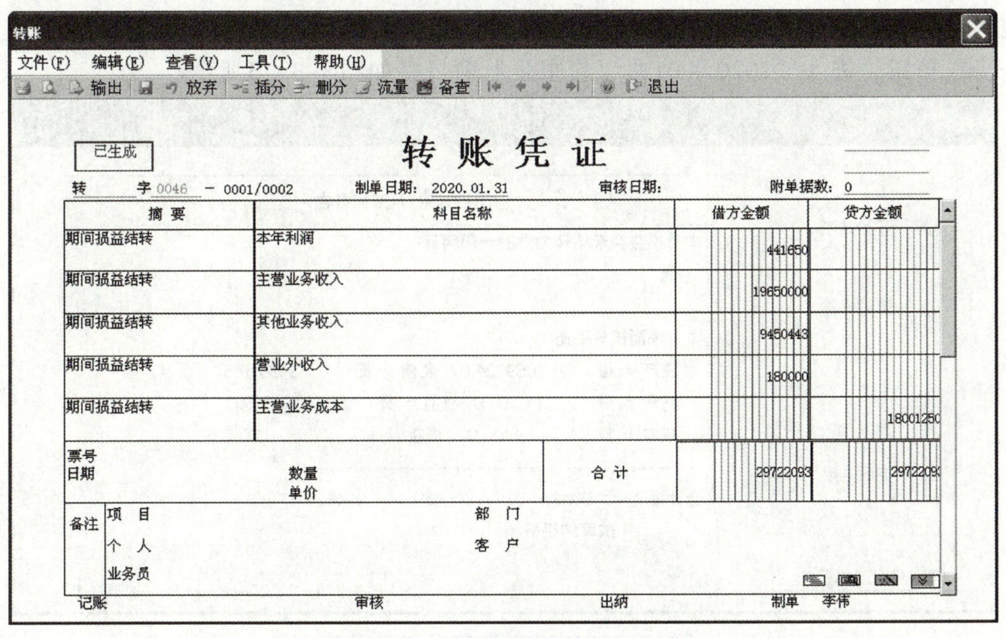

图8-3-11 期间损益结转凭证生成1

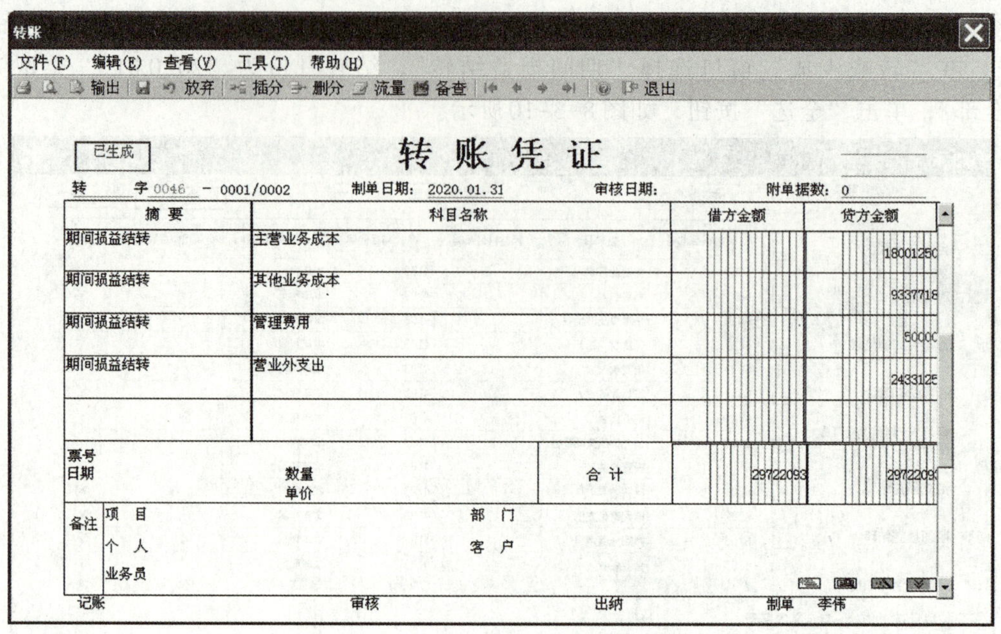

图8-3-12 期间损益结转凭证生成2

（7）以“001张明”身份重注册，执行“业务工作”→“财务会计”→“总账”→“凭证”→“审核凭证”命令，进行期间损益结转凭证审核。

（8）执行“业务工作”→“财务会计”→“总账”→“凭证”→“记账”命令，进行期间损益结转凭证记账。

（9）执行“业务工作”→“财务会计”→“总账”→“期末”→“结账”命令，进入“结账”窗口。单击“下一步”按钮，单击“对账”按钮，对账完毕再单击“下一步”按钮，进入“2020年01月工作报告”窗口，如图8-3-13所示。

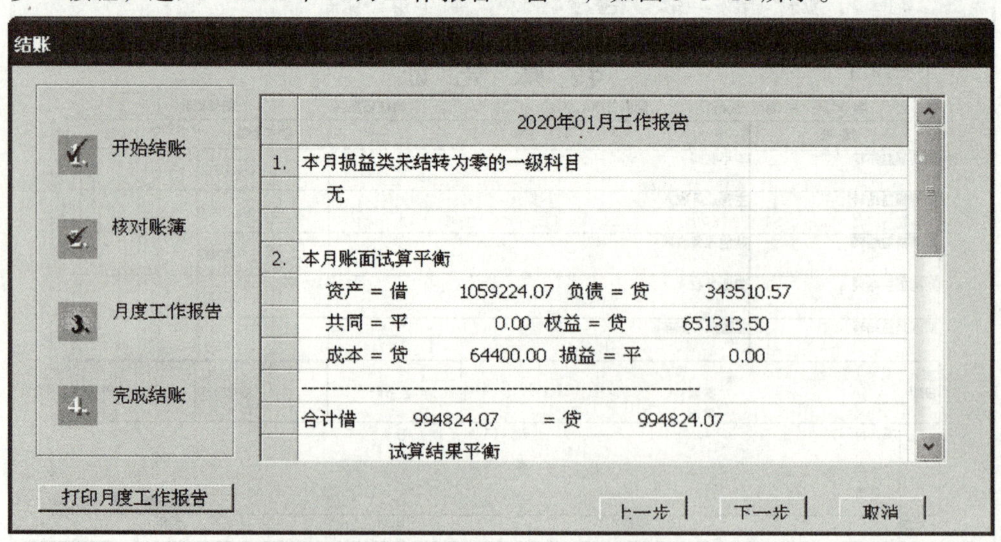

图8-3-13 2020年01月工作报告

（10）单击“下一步”按钮，系统提示工作检查完成，可以结账，如图8-3-14所示。单击“结账”按钮，完成总账系统结账工作。

图 8-3-14 总账系统完成月末结账

任务测试 8-3

项目九

供应链系统综合实训

微课 9-1

从单项能力向综合能力的提升

一、单位概况

1.账套信息

账套号：007；账套名称：供应链系统综合实训；启用会计期：2020年1月。

2.单位信息

单位名称：AAA电脑公司；单位简称：AAA公司；税号：914203102256437465。

3.核算类型

企业类型：工业；行业性质：2007新会计制度科目；账套主管：李明；按行业性质预置科目。

4.基础信息

存货、客户及供应商均分类，无外币核算。

5.编码方案

（1）科目的编码方案为“42222”；

（2）部门的编码方案为“22”；

（3）存货分类的编码方案为“2233”；

（4）收发类别的编码方案为“22”；

（5）结算方式的编码方案为“2”；

（6）客户分类和供应商分类的编码方案为“2222”；

（7）其他编码项目保持不变。

6.数据精度

保持系统默认设置。

7.系统启用

启用“采购管理”“销售管理”“库存管理”“存货核算”“应收款管理”“应付款管理”“总账”系统，启用日期均为“2020-01-01”。

8.AAA电脑公司电算化工作岗位人员及权限分工

（1）201李明：账套主管。

（2）202王丽：拥有“公共单据”“公用目录设置”“应收款管理”“应付款管理”“总账”“存货核算”的所有权限。

（3）203张平：拥有“公共单据”“公用目录设置”“采购管理”“销售管理”“库存管理”的所有权限。

二、基础档案

1.部门档案

（1）营业中心（01）。营业中心分为采购部（0101）和销售部（0102）。

（2）管理中心（02）。管理中心分为财务部（0201）和人力资源部（0202）。

（3）制造中心（03）。制造中心分为一车间（0301）和二车间（0302）。

2.人员档案（见表9-1）

表9-1 人员档案

人员编码	人员姓名	性别	人员类别	行政部门	是否业务员	业务或费用部门
010101	张平	女	正式工	采购部	是	采购部
010201	王丽	女	正式工	销售部	是	销售部

3.客户分类

客户分为“01批发”、“02代销”、“03专柜”和“04零售”。

4.客户档案（见表9-2）

表9-2 客户档案

客户编码	客户简称	所属分类	税号	所属银行	开户银行	账号	是否默认值
0101	华宏公司	批发	91420310003154	工行		112	是
0102	昌新贸易公司	批发	91420310108777	中行	中行南京分行	567	是
0201	精益商行	代销	91420315000123	建行		158	是
0301	利氏公司	专柜	91420315452453	招行	招行大连分行	763	是

5.供应商分类（见表9-3）

供应商分为“01原料供应商”和“02成品供应商”。

表9-3 供应商档案

供应商编码	供应商简称	所属分类	税号
0101	金陵商行	原料供应商	91420310821385
0102	建昌公司	原料供应商	91420314825705
0201	泛美商行	成品供应商	91420318478228
0202	艾德公司	成品供应商	91420310488008

6.存货分类（见表9-4）

表9-4 存货分类

存货分类编号	存货分类名称	存货分类编号	存货分类名称
01	原材料	02	产成品
0101	主机	0201	计算机
0101001	芯片	03	外购商品
0101002	硬盘	0301	打印机
0102	显示器	0302	传真机
0103	键盘	04	应税劳务
0104	鼠标		

7.计量单位分组（见表9-5）

表9-5 计量单位分组

编号	组名	类别
01	数量	无换算

8.计量单位（见表9-6）

表9-6 计量单位

计量单位编号	计量单位名称	所属计量单位组	计量单位组类别
01	盒	数量	无换算
02	台	数量	无换算
03	个	数量	无换算
04	千米	数量	无换算

9.存货档案（见表9-7）

表9-7 存货档案

存货编码	存货名称	所属类别	计量单位	税率（%）	存货属性
010100101	PIII芯片	芯片	盒	13	外购，生产耗用
010100201	40G硬盘	硬盘	盒	13	外购，生产耗用，外销，内销
0102001	17寸显示器	显示器	台	13	外购，生产耗用，外销，内销
0103001	键盘	键盘	个	13	外购，生产耗用，外销，内销
0104001	鼠标	鼠标	个	13	外购，生产耗用，外销，内销
0201001	计算机	计算机	台	13	自制，外销，内销
0301001	1600K打印机	打印机	台	13	外购，外销，内销
04001	运输费	应税劳务	千米	9	外购，外销，内销，应税劳务

10.会计科目

修改会计科目“应收账款”“应收票据”“预收账款”辅助核算为“客户往来”，受控于“应收款系统”；修改会计科目“应付票据”“应付账款”“预付账款”辅助核算为“供应商往来”，受控于“应付款系统”；增加“140601委托代销商品”“222101应交增值税”“22210101进项税额”“22210102销项税额”科目。

11.凭证类别

选择凭证类别为“记账凭证”。

12.结算方式

结算方式分为“01现金结算”、“02支票结算”和“03汇票结算”。

13.开户银行

开户银行信息：编码：01；名称：中国工商银行武汉分行；账号：765848980001。

14.仓库档案（见表9-8）

表9-8　仓库档案

仓库编码	仓库名称	计价方式
001	原料仓库	全月平均
002	产成品仓库	全月平均
003	外购品仓库	全月平均

15.收发类别（见表9-9）

表9-9　收发类别

收发类别编码	收发类别名称	标志	收发类别编码	收发类别名称	标志
01	入库	收	02	出库	发
0101	采购入库	收	0201	销售出库	发
0102	产成品入库	收	0202	领料出库	发
0103	调拨入库	收	0203	调拨出库	发
0104	盘盈入库	收	0204	盘亏出库	发
0109	其他入库	收	0209	其他出库	发

16.采购类型

采购类型为“01普通采购”，入库类别均为“采购入库”。

17.销售类型

销售类型为“01经销”和“02代销”，出库类别均为“销售出库”。

三、各子系统初始化

1.应收款管理子系统初始化

（1）应收系统选项参数。

坏账处理方式：应收余额百分比法。

（2）基本科目设置：应收科目为“1122（应收账款）”，预收科目为“2203（预收账款）”，销售收入科目为“6001（主营业务收入）”，税金科目为“22210102（销项税额）”。

结算方式科目设置：现金结算对应的科目编码为“1001”，支票结算对应的科目编码为“1002”，汇票结算对应的科目编码为“1002”。

坏账准备设置：提取比率为0.5%，期初余额为10 000元，“坏账准备”科目为“1231（坏账准备）”，对方科目为“6702（信用减值损失）”。

（3）期初余额中涉及华宏公司的余额为25 000元（以应收单形式录入，科目编码为“1122”）。

2.应付款管理子系统初始化

（1）基本科目设置：应付科目为“2202（应付账款）”，预付科目为“1123（预付账款）”，采购科目为“1402（在途物资）”，税金科目为“22210101（进项税额）”。

结算方式科目设置：现金结算对应的科目编码为“1001”，支票结算对应的科目编码为“1002”，汇票结算对应的科目编码为“1002”。

（2）期初余额中涉及金陵商行的余额为5 000元（以应付单形式录入，科目编码为“2202”）。

3.采购管理子系统初始化

（1）系统控制参数。

在基础设置“单据设置”中将采购专用发票、采购普通发票等单据改为“手工改动，重号时自动重取”。

（2）期初数据。

2019年12月25日，采购部张平收到金陵商行提供的40G硬盘100盒，单价为800元，商品已验收入原料仓库，至今尚未收到发票。

（3）期初采购记账。

4.销售管理子系统初始化

（1）系统控制参数。

在基础设置“单据设置”中将销售专用发票、销售普通发票等单据改为“手工改动，重号时自动重取”。

有委托代销业务；报价不含税。

（2）期初数据。

2019年12月28日，AAA公司销售部向昌新贸易公司出售计算机10台，报价为6 500元，由产成品仓库发货，销售类型为“经销”，该发货单尚未开发票。（期初发货单保存后审核）

5.库存管理子系统初始化

（1）系统控制参数。

在“自带出单价的单据”里，选择“采购入库单”“销售出库单”“产成品入库单”“材料出库单”“其他入库单”“其他出库单”“调拨单”。

（2）总账子系统录入各仓库期初库存并审核（见表9-10）。

表9-10　各仓库期初库存

仓库名称	存货名称	数量
原料仓库	PIII芯片	700盒
原料仓库	40G硬盘	200盒
产成品仓库	计算机	380台
外购品仓库	1600K打印机	400台

6.存货核算子系统初始化

（1）系统控制参数。

“核算方式”中，“零成本出库选择”“入库单成本选择”“红字出库单成本”均选择“手工输入”，“销售成本核算方式”选择“销售发票”，“委托代销成本核算方式”选择“发出商品”，“暂估处理方式”选择“单到回冲”。

（2）设置“存货科目”（见表9-11）。

表9-11　设置“存货科目”

存货分类	存货科目
原料仓库	原材料（1403）
产成品仓库	库存商品（1405）
外购品仓库	库存商品（1405）

（3）设置“对方科目”（见表9-12）。

表9-12　设置“对方科目”

收发类别	对方科目	暂估科目
采购入库	在途物资（1402）	应付账款（2202）
产成品入库	生产成本（5001）	
盘盈入库	待处理财产损溢（1901）	
销售出库	主营业务成本（6401）	

（4）各仓库期初余额（见表9-13）。

表9-13　　各仓库期初余额　　金额单位：元

仓库名称	存货名称	数量	单价
原料仓库	PIII芯片	700盒	1 200
原料仓库	40G硬盘	200盒	820
产成品仓库	计算机	380台	4 800
外购品仓库	1600K打印机	400台	1 800

（5）期初余额记账。

7.总账子系统初始化

（1）系统控制参数。

可以使用应收、应付、存货受控科目。

（2）总账子系统期初余额（见表9-14）。

表9-14　　总账子系统期初余额　　金额单位：元

科目编码	科目名称	方向	期初余额
1122	应收账款	借	25 000
1402	在途物资	借	-80 000
1403	原材料	借	1 004 000
1405	库存商品	借	2 544 000
2202	应付账款	贷	5 000
4103	本年利润	贷	3 478 000
1231	坏账准备	贷	10 000

（3）取消数据权限控制设置。

四、AAA公司2020年1月经济业务（以下业务如无特别说明，其单价均为不含税单价）

（1）2020年1月1日，AAA公司业务员张平向建昌公司询问，确定键盘的不含税价格为95元/个，觉得价格合适，随后向公司上级主管提出请购要求，请购数量为300个。业务员据此填制请购单。

（2）2020年1月2日，AAA公司上级主管同意向建昌公司订购键盘300个，单价为95元，要求到货日期为2020年1月5日。

（3）2020年1月5日，AAA公司收到所订购的键盘300个，并填制到货单。

（4）2020年1月5日，AAA公司将所收到的货物验收入原料仓库，并填制采购入库单。当天收到该笔货物的专用发票一张，发票号为“10001002”。业务部门将采购发票交给财务部门，财务部门确认此笔业务所涉及的应付账款及采购成本。

（5）2020年1月7日，AAA公司向建昌公司购买40G硬盘200盒，单价为800元，分两次入库，每次100盒，均入原料仓库。同时，收到专用发票一张，票号为“1085012”。另外，在采购的过程中，发生运输费200元，税率为9%，收到速运公司（供应商编码为“0301”，供应商分类为“03劳务类”）的运费专用发票一张，票号为“10005678”。

（6）2020年1月8日，AAA公司采购部收到艾德公司提供的1600K打印机100台，入外购品仓库，发票尚未收到。

（7）2020年1月10日，AAA公司收到金陵商行提供的上月已验收入库的100盒40G硬盘的专用发票一张，票号为“1048210”，发票上注明的单价为820元。

（8）2020年1月15日，AAA公司从建昌公司购入的键盘质量有问题，退回2个，单价为95元。同时，收到票号为“10665218”的红字专用发票一张，不含税单价为95元。（此业务不要生成财务凭证，下面业务要做修改处理）

（9）2020年1月15日，AAA公司产成品仓库收到当月加工完成的10台计算机，作为产成品入库。

（10）2020年1月16日，产成品仓库收到当月加工完成的20台计算机，作为产成品入库。随后收到财务部门提供的完工产品成本数据，其中计算机的总成本为144 000元，立即进行成本分配。

（11）2020年1月16日，AAA公司经确认，2020年1月15日退还给建昌公司的键盘，只退回1个（单价为95元）。其他单据信息不变。

（12）2020年1月17日，昌新贸易公司想购买10台计算机，向AAA公司销售部了解价格。AAA公司销售部报价为6 300元/台（无税单价）。填制并审核报价单。昌新贸易公司了解情况后，要求订购10台，发货日期为2020年1月19日。填制并审核销售订单。

（13）2020年1月19日，AAA公司销售部从产成品仓库向昌新贸易公司发出其所订购货物，并据此开具专用销售发票一张。同时，在销售商品过程中发生了一笔代垫的安装费500元。

（14）2020年1月20日，AAA公司业务部门将销售发票交给财务部门，财务部门结转此业务的收入及成本，没有收回货款。

（15）2020年1月20日，AAA公司一车间从原料仓库领用PIII芯片100盒、40G硬盘100盒，用于生产。

（16）2020年1月21日，AAA公司销售部委托利氏公司代为销售计算机50台，售价为6 200元，货物已从产成品仓库发出。

（17）2020年1月23日，AAA公司收到利氏公司的委托代销清单一张，结算计算机30台，售价为6 200元。AAA公司立即开具销售专用发票给利氏公司。

（18）2020年1月25日，AAA公司委托利氏公司销售的计算机退回2台，入产成品仓库。由于该货物已经结算，故开具红字专用发票一张。

（19）2020年1月27日，AAA公司销售部销售给昌新贸易公司计算机10台，单价为6 500元，从产成品仓库发出。

（20）2020年1月28日，AAA公司销售部销售给昌新贸易公司的计算机因质量问题，退回1台，单价为6 500元，收回产成品仓库。2020年1月28日，开具相应的专用发票一张，数量为9台。

（21）2020年1月29日，AAA公司将原料仓库中的50个键盘调拨到外购品仓库，单价手工输入。

（22）2020年1月31日，AAA公司对原料仓库的所有存货进行盘点。盘点后，发现键盘少了1个（账面数为249个，盘点数为248个）。

（23）至2020年1月31日，AAA公司1月8日向艾德公司购入的1600K打印机的发票仍未收到，故确认该批货物的暂估成本为65 000元。

（24）月末，登录采购管理系统、销售管理系统、库存管理系统和存货核算系统进行结账。

五、实训要求

（1）由系统管理员（admin）完成操作员设置及财务分工。

（2）由账套主管李明完成基础档案设置及各子系统初始化工作。

（3）由操作员王丽完成对总账、应收、应付和存货各项经济业务的处理。

（4）由张平完成对采购、销售和库存管理各项经济业务的处理。

（5）由账套主管完成凭证审核、各子系统的月末结账工作。

（6）由账套主管完成账套数据备份、维护工作。

六、业务流程指导

录屏9-1

业务一：

填制并审核请购单（供应链→采购管理→请购→请购单）。

录屏9-2

业务二：

填制并审核采购订单（供应链→采购管理→采购订货→采购订单）。

业务三：

录屏9-3

填制并审核到货单（供应链→采购管理→采购到货→到货单）。

业务四：

（1）填制并审核采购入库单，入库单金额为28 500元（供应链→库存管理→入库业务→采购入库单）。

录屏9-4

（2）填制专用采购发票（供应链→采购管理→采购发票→专用采购发票），手工修改发票号为“10001002”，不含税价合计28 500元，增值税税额为3 705元，价税合计32 205元。

（3）进行采购结算（手工结算）（供应链→采购管理→采购结算→手工结算）。

（4）在应付款管理系统中审核采购专用发票，并进行发票制单。

记001：借：在途物资	28 500	
应交税费——应交增值税——进项税额	3 705	
贷：应付账款——建昌公司		32 205

（5）在存货核算系统中进行正常入库单据记账及生成入库凭证。

记002：借：原材料　28 500

　　贷：在途物资　28 500

业务五：

（1）填制两张采购入库单并审核（供应链→库存管理→入库业务→采购入库单）。

（2）填制专用采购发票（供应链→采购管理→采购发票→专用采购发票）。

（3）填制运费发票（供应链→采购管理→采购发票→专用采购发票）。

录屏9-5

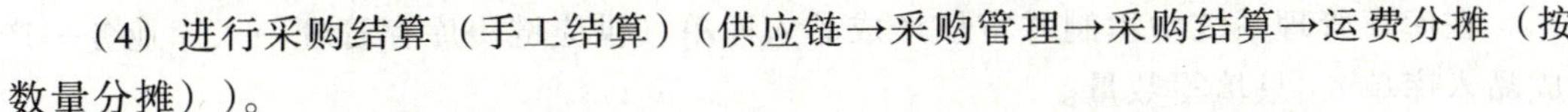

（4）进行采购结算（手工结算）（供应链→采购管理→采购结算→运费分摊（按数量分摊））。

（5）在应付款管理系统中审核两张采购发票，并进行发票“合并”制单。

记003：借：在途物资　160 200

　　应交税费——应交增值税——进项税额　20 818

　　贷：应付账款——建昌公司　180 800

　　　　——速运公司　218

（6）在存货核算系统中进行入库单据记账及生成入库凭证（两张入库单生成一张凭证）。

记004：借：原材料（200×800+200）　160 200

　　贷：在途物资　160 200

录屏9-6

业务六：

填制并审核采购入库单（供应链→库存管理→入库业务→采购入库单）。

录屏9-7

业务七：

（1）填制采购发票（供应链→采购管理→采购发票→专用采购发票），供应商为金陵商行，修改数量为100盒，修改单价为820元。

（2）进行采购结算（供应链→采购管理→采购结算→手工结算）。

（3）进行结算成本处理（供应链→存货核算→业务核算→结算成本处理）。

注意：选择仓库，将“未全部结算的单据是否显示”执行“打勾”→“确定”→“选择单据”命令，点击工具栏上的“暂估”按钮，系统自动生成“红字回冲单”和“蓝字回冲单”。

（4）在应付款管理系统中审核采购发票，并进行发票制单。

记005：借：在途物资　82 000

　　应交税费——应交增值税——进项税额　10 660

　　贷：应付账款——金陵商行　92 660

（5）在存货核算系统中生成凭证（供应链→存货核算→财务核算→生成凭证），“红字回冲单”和“蓝字回冲单”单独生成凭证。

红字回冲单：记006：借：原材料　-80 000

　　贷：应付账款　-80 000

蓝字回冲单：记007：借：原材料　82 000

　　贷：在途物资　82 000

业务八：

录屏 9-8

（1）退货时，填制红字采购入库单（供应链→库存管理→入库业务→采购入库单），在采购入库单右上角选择“红字”，数量必须为负数。

录屏 9-9

（2）收到退货发票时，在采购系统中填制红字专用采购发票（供应链→采购管理→采购发票→红字专用采购发票）。

（3）进行自动结算（供应链→采购管理→采购结算→自动结算）。

录屏 9-10

业务九：

在库存管理系统中填制并审核产成品入库单（供应链→库存管理→入库业务→产成品入库单），只填写数量。

业务十：

（1）在库存管理系统中填制并审核产成品入库单（供应链→库存管理→入库业务→产成品入库单），只填写数量。

（2）在存货核算系统中进行产成品成本分配（供应链→存货核算→业务核算→产成品成本分配→查询），选择“产成品仓库”，单击“确定”，在“合计”栏输入“144 000”“分配”“取价”。

（3）在存货核算系统中进行正常单据记账及生成凭证。

记 008：借：库存商品　　144 000

　　贷：生产成本　　144 000

录屏 9-11

业务十一：

（1）执行“采购管理”→“采购结算”→“结算单列表”，选中相关结算单删除。

（2）打开红字专用采购发票（采购管理→采购发票→红字专用采购发票），修改数量“-2”为“-1”，保存。

（3）打开红字采购入库单（库存管理→采购入库单），“弃审”后“修改”，修改数量“-2”为“-1”，保存，再审核。

（4）最后，再进行自动结算（方法参见业务八）。

（5）在应付款管理系统中审核采购发票，并进行发票制单。

记 009：借：在途物资　　-95

　　应交税费——应交增值税——进项税额　　-12.35

　　贷：应付账款　　-107.35

（6）在存货核算系统中进行正常单据记账，并生成凭证。

记 010：借：原材料　　-95

　　贷：在途物资　　-95

录屏 9-12

业务十二：

（1）填制并审核报价单（供应链→销售管理→销售报价→销售报价单）。

（2）填制并审核销售订单（供应链→销售管理→销售订货→销售订单）。

录屏 9-13

业务十三：

（1）填制并审核销售发货单（供应链—销售管理—销售发货—发货单）。

（2）在销售管理系统中根据发货单填制并复核销售发票（供应链→销售管理→销售开票→销售专用发票）。

（3）增设费用项目“安装费”（基础设置→基础档案→业务→费用项目分类中增加“1.其他费用”；基础设置→基础档案→业务→费用项目中增加“1.安装费”），填制并审核代垫费用单。

（4）在库存管理系统中审核销售出库单（供应链→库存管理→出库业务→销售出库单）。

业务十四：

录屏9-14

（1）在存货核算系统中进行正常单据记账。

（2）在应收款管理系统中审核销售发票和其他应收单，并合并生成一张销售收入凭证（制单处理时，选择“发票制单”和“应收制单”）。

记011：借：应收账款　　71 690

　　　贷：主营业务收入　　63 000

　　　　　应交税费——应交增值税——销项税额　　8 190

　　　　　银行存款　　500

业务十五：

录屏9-15

（1）在库存管理系统中填制并审核材料出库单（供应链→库存管理→出库业务→材料出库单）。

（2）在存货核算系统中进行单据记账并合并生成凭证。

记012：借：生产成本　　202 000

　　　贷：原材料　　202 000

业务十六：

录屏9-16

（1）填制并审核委托代销发货单（供应链→销售管理→委托代销→委托代销发货单）。

（2）审核销售出库单（供应链→库存管理→出库业务→销售出库单）。

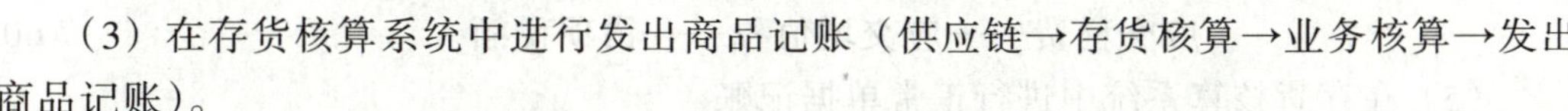
（3）在存货核算系统中进行发出商品记账（供应链→存货核算→业务核算→发出商品记账）。

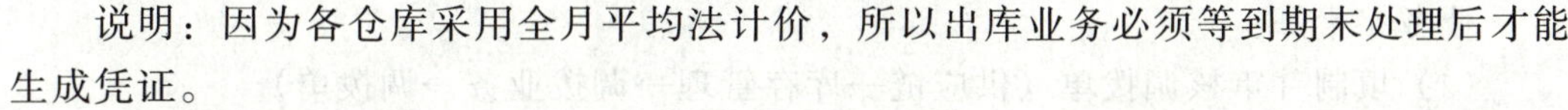
说明：因为各仓库采用全月平均法计价，所以出库业务必须等到期末处理后才能生成凭证。

业务十七：

录屏9-17

（1）在销售管理系统中填制并审核委托代销结算单（供应链→销售管理→委托代销→委托代销结算单），修改数量为“30”，系统将自动生成销售（专用）发票。

（2）在销售管理系统中复核销售发票（供应链→销售管理→销售开票→销售专用发票）。

（3）在应收款管理系统中审核销售发票及生成销售凭证。

记013：借：应收账款　　210 180

　　　贷：主营业务收入　　186 000

　　　　　应交税费——交增值税——销项税额　　24 180

（4）在存货核算系统中进行发出商品记账。

录屏9-18

业务十八：

（1）在销售管理系统中填制并审核委托代销退货单、结算退回单（供应链→销售管理→委托代销→委托代销结算退回），修改数量为“-2”。

（2）在销售管理系统中复核红字专用销售发票。

（3）在库存管理系统中审核红字销售出库单。

（4）在应收款管理系统中审核发票并制单。

记014：借：应收账款　　-14 012

　　贷：主营业务收入　　-12 400

　　　　应交税费——应交增值税——销项税额　　-1 612

（5）在存货核算系统中进行发出商品记账。

录屏9-19

业务十九：

（1）发货时，在销售管理系统中填制并审核发货单（供应链→销售管理→销售发货→发货单）。

（2）审核销售出库单（供应链→库存管理→出库业务→销售出库单）。

录屏9-20

业务二十：

（1）退货时，在销售管理系统中填制并审核退货单（供应链→销售管理→销售发货→退货单，修改数量为“-1”）。

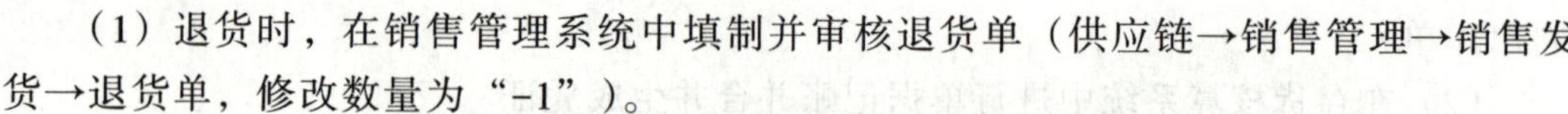

（2）审核销售出库单（供应链→库存管理→出库业务→销售出库单）。

（3）在销售管理系统中填制并审核销售专用发票（供应链→销售管理→销售开票→销售专用发票）。

（4）在应收款管理系统中审核销售发票并生成销售收入凭证。

记015：借：应收账款　　66 105

　　贷：主营业务收入　　58 500

　　　　应交税费——应交增值税——销项税额　　7 605

（5）在存货核算系统中进行正常单据记账。

录屏9-21

业务二十一：

（1）填制并审核调拨单（供应链→库存管理→调拨业务→调拨单）。

注意：审核后的调拨单自动生成一张其他入库单和一张其他出库单。

（2）审核其他入库单（供应链→库存管理→入库业务→其他入库单）。

（3）审核其他出库单（供应链→库存管理→出库业务→其他出库单）。

（4）在存货核算系统中执行特殊单据记账（供应链→存货核算→业务核算→特殊单据记账），手工输入单价“95元”，并生成凭证（供应链→存货核算→财务核算→生成凭证），选择“调拨单”。

记016：调拨单凭证：借：库存商品　　4 750

　　贷：原材料　　4 750

录屏9-22

业务二十二：

（1）盘点前：在库存管理系统中填制盘点单（供应链→库存管理→盘点业务），选择“键盘”后，盘点单上自动生成“账面数量”为“249个”。

（2）盘点后：

①修改并审核盘点单，录入盘点数量（248个）和单价（95元）。

注意：审核后的盘点单自动生成一张其他出库单（盘亏）。

②在库存管理系统中对其他出库单进行审核。

③在存货核算系统中对其他出库单进行正常单据记账，并生成凭证。

记017：借：待处理财产损溢　　95

　　　　贷：原材料　　95

业务二十三：

录屏9-23

（1）录入暂估入库成本（供应链→存货核算→业务核算→暂估成本录入），暂估成本为65 000元。

（2）进行正常单据记账（供应链→存货核算→业务核算→正常单据记账）。

（3）生成凭证（供应链→存货核算→财务核算→生成凭证）。

记018：借：库存商品　　65 000

　　　　贷：应付账款　　65 000

业务二十四：

录屏9-24

（1）采购管理系统结账（供应链→采购管理→月末结账）。

（2）销售管理系统结账（供应链→销售管理→月末结账）。

（3）库存管理系统结账（供应链→库存管理→月末结账）。

（4）存货核算系统期末处理（供应链→存货核算→业务核算→期末处理），在"未期末处理仓库和存货"下选择所有仓库，点击"处理"。

（5）生成凭证（供应链→存货核算→财务核算→生成凭证）。

①01月20日，销售计算机。

记019：借：主营业务成本（=10×4 800）　　48 000

　　　　贷：库存商品　　48 000

②01月21日，委托代销发出商品。

记020：借：发出商品——委托代销商品　　240 000（数量：50）

　　　　贷：库存商品　　240 000

③01月23日，委托代销结算。

记021：借：主营业务成本　　144 000（数量：30）

　　　　贷：发出商品——委托代销商品　　144 000

④01月25日，委托代销发货单（红字）。

记022：借：发出商品——委托代销商品　　-9 600（数量：-2）

　　　　贷：库存商品　　-9 600

01月25日，红字专用发票。

记023：借：主营业务成本　　-9 600（数量：-2）

　　　　贷：发出商品——委托代销商品　　-9 600

⑤01月28日，销售计算机。

记024：借：主营业务成本（=9×4 800）　　43 200

　　贷：库存商品　　43 200

（6）存货核算系统月末结账（供应链→存货核算→业务核算→月末结账）。

（7）应收款管理系统月末结账（财务会计→应收款管理→期末处理→月末结账）。

（8）应付款管理系统月末结账（财务会计→应付款管理→期末处理→月末结账）。

（9）总账系统月末结账。

①审核凭证（财务会计→总账→凭证→审核凭证），进行成批凭证审核。

②记账（财务会计→总账→凭证→记账）。

③定义期间损益结转凭证（财务会计→总账→期末→转账定义→期间损益结转设置→转账凭证，“本年利润”科目编码为“4103”。

④生成期间损益结转的凭证（财务会计→总账→期末→转账生成→期间损益结转）。

记025：借：主营业务收入　　295 100

　　贷：主营业务成本　　225 600

　　　　本年利润　　69 500

⑤审核生成的期间损益结转凭证（财务会计→总账→凭证→审核凭证）。

⑥将期间损益结转凭证记账（财务会计→总账→凭证→记账）。

⑦结账（财务会计→总账→期末→结账）。